第二大都市

镀金时代芝加哥、白银时代莫斯科
与明治时代大阪

[美]布莱尔·A.卢布 —————— 著

孙慧杰 —————— 译

中国出版集团 东方出版中心

图书在版编目（CIP）数据

第二大都市：镀金时代芝加哥、白银时代莫斯科与
明治时代大阪 /（美）布莱尔·A. 卢布著；孙慧杰译
.一上海：东方出版中心，2023.3
（城市与文明丛书 / 张玥主编）
ISBN 978-7-5473-2161-4

Ⅰ.①第⋯　Ⅱ.①布⋯　②孙⋯　Ⅲ.①城市史—研究
—芝加哥②城市史—研究—莫斯科③城市史—研究—大阪
Ⅳ.①K971.2②K956.1③K931.3

中国国家版本馆 CIP 数据核字(2023)第 078610 号

第二大都市： 镀金时代芝加哥、白银时代莫斯科与明治时代大阪

著　　　者　[美] 布莱尔·A. 卢布
译　　　者　孙慧杰
丛书策划　刘佩英
责任编辑　徐建梅　周心怡
装帧设计　青研工作室

出版发行　东方出版中心有限公司
地　　　址　上海市仙霞路 345 号
邮政编码　200336
电　　　话　021-62417400
印 刷 者　上海颛辉印刷厂有限公司

开　　　本　890mm×1240mm　1/32
印　　　张　15.375
字　　　数　350 千字
版　　　次　2023 年 8 月第 1 版
印　　　次　2023 年 8 月第 1 次印刷
定　　　价　98.00 元

谨以此书献给卡塔娅、加琳娜和艾拉

城市如人：不与其建立真正关系，它就只是个名字，一个外在形态，不久就遗忘于脑海。要想建立真正的关系，就必须观察城市，理解它的独特个性、它的"自我"、它的精神、它的身份，及其随时空变化而演变的生活环境。

——伊凡·克里玛(Ivan Klima)

《布拉格精神》

总　序

　　城市在人类文明史中占有重要地位。英语中的文明
（civilization）一词，源于拉丁文的 civis，指城市或公民。东汉
学者许慎在《说文解字》里对"城"字的解释是，"城，以盛民
也"。可见，在东西方语境中，城市的含义是一致的，即滋养
文明、使人民繁荣兴盛的场所。

　　谈及人类文明往往要追溯到古希腊时期，辉煌的古希腊文明
起源于它的城邦（city-state）。城邦既是一种国家形式，也是一
种社会组织结构，各个城邦在政治、经济及军事上的多元化发展
构成了异彩纷呈的古希腊文明，而诞生于雅典城邦的公民参与机
制更为西方近代民主制度奠定了基础。14—17 世纪的文艺复兴
是一场生长于城市的伟大复兴。意大利的佛罗伦萨、威尼斯、
米兰等地，是文艺复兴的发源地与重镇。这些城市不仅是当时
欧洲制造业、商业和贸易的中心，也是绘画、雕塑、建筑等艺术
形式蓬勃发展的文化中心。人本主义思想亦在这一时期出现，
深刻影响了未来社会生活的方方面面。随后到来的英国工业革
命发源于英格兰西北部，而作为英国纺织业中心的曼彻斯特则被
称为工业革命的故乡。1830 年开通的连接利物浦和曼彻斯特两

座城市的铁路，是世界上第一条完全使用蒸汽作为动力的铁路。
工业革命不仅促进了近代资本主义的发展，也推动了城市化进
程，使得城市化与工业化紧密相连。 20 世纪早期，英国、法
国、德国和美国等西方国家的绝大多数人口都已经生活在城市
中了。

如果说 20 世纪之前世界城市化的重心是欧洲和北美，那么
21 世纪这一重心则是亚洲、非洲和拉丁美洲等广大发展中国家
所处的地区。 目前，全世界超过一半的人口居住在城市，预计
世界城市化率在 2050 年将达到 70%，而其中 86% 的未来城市人
口增长将出现在发展中国家。 在世界上人口超过一千万的 30 座
超大型城市中，三分之二的城市在发展中国家。 就经济发展指
标而言，世界上最大的 300 座城市的经济产出占世界经济总量的
一半。 从 20 世纪 80 年代至今，中国经历了高速经济发展和与
之相伴随的、人类历史上速度最快和规模最大的城市化。

正是在这样的背景下，我们出版了这套城市与文明丛书。
这套丛书的出版目的，主要是向国内读者系统介绍海外城市研究
的经典及高水平最新作品。 希望读者能够通过这套丛书，了解
城市在人类文明史中的特殊地位与作用，同时以城市为视角重新
考察人类文明进程。 城市，既是一场流动的盛宴，也是复杂的
政治、经济与社会空间；既是历史与文明的结晶，也是展望未来
的舞台。 衷心希望这套丛书能够帮助大家更好地理解中国与世
界，以及中国城市化的未来。

张　玥

2021 年 11 月

序

　　本书是研究 20 世纪俄国中心城市命运三部曲中的最后一部。 第一部《列宁格勒： 塑造一座苏维埃城市》，追溯了列宁格勒在第二次世界大战后如何从旧时帝都及一座全国领军城市，到苏联末期沦为区域中心城市。 第二部《金钱之歌： 后苏维埃时代雅罗斯拉夫尔城市空间的政治变迁》，描述了苏联解体时社会充斥的困惑和乐观情绪。 第三部——本书对即将成为苏维埃首都之前、地处俄国中心地带的大都市莫斯科进行了比较研究。这三部曲只是冰山一角，揭示了 20 世纪动荡年间俄国城市生活的多面性，那里没有政治首都的帝国雄心、繁文缛节和焦灼氛围。

　　研究相当庞杂，感谢同事和朋友们的耐心支持和鼓励。 在此，我衷心感谢艾莉森·艾布拉姆斯、秋木健吾、鲍里斯·安纳尼奇、哈雷·巴尔泽、皮纳尔·巴杜尔·范德·利普、西奥多·C. 贝斯托、苏珊·布朗森、杰弗里·达贝尔科、托尼·法兰西、凯瑟琳·M. 朱斯蒂诺、杰弗里·W. 怀恩、大卫·霍夫曼、彼得·霍尔奎斯特、罗伯特·胡伯、帕维尔·伊林、格里戈里·卡加诺夫、妮娜·赫鲁晓娃、史蒂夫·拉格斐、苏珊·古德里奇·莱曼、罗伯特·利特瓦克、露丝·奥布莱恩·米勒、大卫·W. 普拉斯、南希·波普森、彼得·斯塔夫拉基斯、斯蒂芬·塔纳卡、罗伯特·瑟斯顿、罗纳德·托比、约瑟夫·图尔钦、加利纳·乌里亚诺娃、道格拉斯·韦纳、伊丽莎白·伍德、伊戈尔·泽韦列夫，以及几位不愿透露姓名的审校者，感谢他们认真审阅了早期文稿。 关一传记作者杰弗里·汉斯给予的慷慨支持令我无以言表、不胜感激。 杰弗里·布鲁克斯、威廉·蔡斯、蒂莫西·J. 吉尔福伊尔和威廉·格里森也给予了鼎力支持，提出了宝贵意见。

京都大学村松道夫以及供职于日本国籍文化会馆、后来到了东京日本基金会的田奈辰也给了我大力支持，让我永远难以回报。 在本书撰写过程中，京都大学秋木健吾既是学术知音也是挚友。 大阪市立大学贺茂敏夫和桃山学院大学芝村笃树也给予了我巨大的支持和鼓励。 在整个过程中，还有其他关西历史学家，尤其是松下孝夫、水口纪仁、稻津浩明等提供了重要帮助，我不胜感激。 研究日本的美国专家西奥多·C. 贝斯托、斯蒂芬·塔纳卡和罗纳德·托比以各种方式不时敦促我继续开展大阪研究。 还要感谢阿列克谢·克拉尔和香织花村帮助我理解日语中许多神秘之处。 这些日本学者和美国的日本专家对于我这个不懂日语、所谓俄国专家的人给予了大量鼓励、热情支持，使得本书对我个人意义非凡。 对这些杰出的日本和美国同事的感激之情，永远无以言表。

我发现，在进行如此宏大的比较研究中，没有日语听说或阅读能力是个巨大障碍。 比起芝加哥和莫斯科，关于大阪的材料必然更为有限、有所欠缺。 明知如此，我还是宁愿看似愚蠢也要一试，因为在莫斯科和芝加哥的比较中加入这座特别的第三个城市，能形成大量有趣的对比和洞见。希望读者也能对我这个永远不可能完全了解大阪或日语城市材料的研究者所做的观察持开放包容态度。如果书中大阪这条线索能够与莫斯科和芝加哥的缜密研究形成鲜明比较，就算成功了。

本书的学术研究之旅，源于帕维尔·伊林友情建议我写一篇比较世纪之交时纽约和莫斯科的文章。那篇文章于 1992 年在《莫斯科杂志》发表，而我脑海里留下了大量问题，让我对那一时代的莫斯科深深着迷起来。在此必须感谢帕维尔和他的妻子埃拉·卡根给了我灵感。

在如何思考城市、认识城市、感受城市方面，我从维亚切斯拉夫·格拉济切夫、格里戈里·卡加诺夫和约瑟夫·苏比罗斯那里收获更多。斯拉瓦和格里沙也是真正的学富五车。位于巴塞罗那的佩普虽非俄国专家但也是学术精英。与他们之间的友谊让我受益无穷。希望这部书能尽量企及他们的学术高度，哪怕反映出一点点他们的研究洞见。

借此机会，还要感谢凯南俄罗斯问题高级研究所实习生科林·布林克、阿丽娜·恩丁、安东尼·S. 劳伦、蒂莫西·J. 洛佐尼斯、凯莉·莉莎白·马塞科特、辛西娅·尼尔、大卫·罗素、约瑟夫·席尔、拉霍斯·萨斯迪、马特·沃肖、莫妮克·威尔逊，还有京都大学北村渡，在研究过程中给予了大量帮助。尤其是辛西娅·尼尔帮助筹备了最终书稿的出版。还要感谢伍德罗·威尔逊国际学者中心、京都大学法学院和（大阪）三得利文化财团提供了资料支持和精神鼓励。文字编辑崔西·纳格为书稿做了大量修订工作。

　　和许多研究人员一样，要不是有国会图书馆——在本研究方面全球最好的图书馆——以及芝加哥历史学会的图书管理员和工作人员的帮助，我可能早就迷失了方向。 伍德罗·威尔逊国际学者中心图书馆在跨馆借书上给了我极大便利。 大阪城市历史编辑部的堀田昭夫和其大阪府立图书馆同事一样，都特别善解人意、乐于助人。 纽约公共图书馆的爱德华·卡西内克也反复证明了纽约公共图书馆及其本人对这一研究的重要性。

　　请读者注意，在俄语单词和名字上，我采用了国会图书馆的音译系统，除了少数例外，即有的单词和名字已经有了常用英语拼写，例如采用既有拼写"Leo Tolstoy"而不是音译拼写"Lev Tol'stoi"。 日语名字保留了日语本身姓在前、名在后的顺序。

　　第一部分里每个城市的历史综述旨在强调与后文案例研究相关的历史要素，而非对每个城市历史的全面评估。 相关论证错综复杂、模棱两可。 我尽力不把所有实证根据都融入一个叙述和论证中。 细心的读者会发现内在矛盾之处，有时所举例证和总的论证观点相反。

　　同样，尽管我已经极力避免，但还担心有一两页可能会出现明显事实错误。 任何研究这几座城市和社会方面的专家都会发现不少足以针砭、足以商榷、足以反驳之处。 希望读者能如我所写的这些讲求实用的多元主义者一样，比起和一个可能与自己属于不同学科和区域研究领域的作者对峙相比，包容和耐心更能有所收获。 单是阅读本书，可能就需要有本书所写的这种都市包容性。

　　最后，我很幸运在本书整个撰写和研究过程中，能与叶卡捷琳娜·阿列克谢娃、加琳娜·莱维娜和艾拉·彼得罗娃三位杰出的莫斯科人士共事。 她们是 20 世纪 90 年代以来凯南研究所的优秀代表。 她们充满创造力和情怀、正直、乐观，为华盛顿所有共事的各位人士树立了高标准。 卡塔娅（叶卡捷琳娜）、加琳娜和艾拉是本书所想表达的价值观的化身。 她们代表了莫斯科所有好的一面，谨以此书献给她们。

Contents ｜ 目 录

第一章
引言：从霸权主义到讲求实用的多元主义

一般认为，任何时期的莫斯科都不能算作城市多元主义的案例。过去人们一直都是透过 20 世纪早期一次次革命及内战的视角（1905—1907 年、1917 年 2 月、1917 年 10 月、1917—1921 年、1928—1932 年）来观察 20 世纪的莫斯科[1]。如今，人们重新审视帝制俄国晚期历史后发现，俄国专制革命的形象特征变得愈加模糊。在后共产主义时期兴起了对苏维埃成立之前俄国历史的争论，将俄国的城市发展历程置于比较视角之下，有助于厘清这些争论中的大量问题。

---

[1] 罗纳德·格里格·萨尼在一篇具有开创性的文章中有力地阐述了这一观察。萨尼写道："可以理解，历史学家在处理革命年代的复杂史料时不太容易把他们个人政治上对苏联的好恶完全撇开。历史经常是倒退回去写以前的事情，……时间上再向 1917 年的激情岁月（和更早期）回溯，从中探究哪里出了问题。" Ronald Grigor Suny, "Toward a Social History of the October Revolution," *American Historical Review* 88, no. 1, pp. 31 – 52: 31.

　　无论在 20 世纪初期还是 21 世纪初期，俄国一直是个很难被定义的概念，因为从来就没有单一的俄国国情。 同时存在着多面的俄国： 富裕的俄国与贫穷的俄国、都市的俄国与乡村的俄国、市场化的俄国与封建制度的俄国……俄国大部分人口生活在农村，城镇人口中只有几百万人集中在两个世界级的大城市，而大多数的城镇人口生活在各具特色的小城和小镇[1]。 任何单一的解释都无法包罗如此多样的俄国现实，这一时期的伟大文学作品比后来的社会科学研究更能刻画出当时多样化的俄国。 借用亚历山大·索尔仁尼琴的话说，俄国已经变成了"群岛"。一个世纪后的今天究竟该如何理解所有这些内在矛盾呢？ 更何况当时的背景是多条线索相互交织，有时线索之间还表面上相互冲突。

　　本书采用的方法是将俄国特色国情放在更广阔的比较情景下。 许多俄国国情观察家对此持怀疑态度。 毕竟俄国非常特殊，它一直在欧洲式的现代化未来与传统的观念、雄心之间进退维谷。 这一时代的俄国城市反映了其国家身份拉锯在"传统与现代之间"的两个层面[2]。

　　本书没有质疑俄国的多特殊性，每个社会、每种文化在一定程度上都是特殊的。 可是，本书阐释了俄国与世界其他国家并没有那么大的不同，并试图以此来扩展人们对俄国特殊性的理解。 为此，本书将莫斯科与美国的芝加哥、日本的大阪进行比

---

[1] 这些社会正是丹尼尔·R. 布劳尔重要专著的研究对象，*The Russian City between Tradition and Modernity*，*1850 - 1900*（Berkeley：University of California Press，1990）。

[2] 这种二元性是布劳尔的权威研究中所涉及的问题。 出处同前。

较研究。 虽不是每个细节都一样，但在 1917 年布尔什维克革命前的半个世纪里，这两个城市与莫斯科在诸多方面有相似之处。

本书响应了许多历史学家的呼吁，他们希望在后苏维埃时期重新做俄国城市研究。 其中，历史学家露易丝·麦克雷诺兹指出："过去那些有鉴于 1917 年十月革命的俄国城市史研究，要么过分凸显了即将出现的阶级矛盾，要么过分强调了地方领袖无力领导有实质意义的城市改革，又或二者兼而有之。 特别是当与非俄国的城市史相比时，这类情况尤甚……公民意识在多大程度上有效挑战了我们已经熟知的阶级意识呢？"[1]

露易丝·麦克雷诺兹和其他持类似观点的历史学家在探究帝制末期在俄国城市里公民意识能否挑战阶级意识时，并非提出"非此即彼"的二元化问题，而是更深入地挖掘这一时期的社会演化，更细致地探索那些年里到底发生了什么才导致 1917 年十月革命。 最终采用的这套史学研究方法虽不排斥分类，但更注重过程。

这些历史学家已经证明，公民意识和阶级意识之间的斗争，

---

[1] Louise McReynolds，"Urbanism as a Way of Russian Life," *Journal of Urban History* 20，no. 2（February 1994），pp. 240 - 251：250. 麦克雷诺兹观察到关于俄国的地方史学过分关注工人问题和阶级矛盾，值得注意的是，在此之前 15 年，凯特琳·尼尔斯·康岑就在美国地方史学的一篇评论中提及这一问题。 参见 Kathleen Neils Conzen，"Community Studies，Urban History，and American Local History," in Michael Kammen，ed.，*The Past Before Us: Contemporary Historical Writing in the United States*（Ithaca：Cornell University Press，1980），pp. 270 - 291。 康岑认为最优秀的此类著作"代表着城市历史和工人历史传统的创造性混合"（第 283 页）。 而俄国地方史学的研究仅是偶尔产生这样"有创造性的混合"。

不仅表现在城市社会中，也体现在每一位城镇居民身上。 由于某一时间节点人们所处的境遇不同，阶级、地区、性别、宗教、民族、故乡或社区等一系列要素特征定义着俄国城镇居民的多重身份。

早在露易丝·麦克雷诺兹的论文之前，已经有众多历史学家对俄国城市史的各个方面进行了大量探索[1]。 他们的研究详细阐释了在帝制晚期俄国是如何进行日常运转的。 他们就代议机构和新生公共部门作用的争论恰好揭示了俄国的治理为何既成功又失败。 总体而言，他们的观点是模糊不清的。 一方面，他们发现代议机构与政府官员之间存在分歧与不可调和的矛盾；另一方面，他们发现很多时候参与型政治正在被制度化地固定下来；他们还探究了地方城市政治是怎样影响国家政策的，哪些取得了成功，哪些导致了失败[2]。

---

[1] 一些美国和加拿大的学者选择了城市主题来开展俄国研究，除了麦克雷诺兹之外，其他重要学者还有 James Bater，Joseph Bradley，Jeffrey Brooks，Daniel Brower，William Chase，Katerina Clark，Timothy Colton，Barbara Alpern Engel，William Gleason，Michael Hamm，Patricia Herlihy，Robert E. Johnson，Diane Koenker，Stephen Kotkin，Joan Neuberger，Thomas Owen，Alfred J. Reiber，Robert W. Thurston，James L. West，和 David Wolff。 本书的参考文献提供了这些学者著作的基本信息。

[2] 玛丽·谢弗·康罗伊写过一本关于沙皇晚期民主体制萌芽的书，在书的序言中她也提出了这些观察。 参见 Mary Schaeffer Conroy，"Introduction，" in Mary Schaeffer Conroy，ed.，*Emerging Democracy in Late Imperial Russia: Case Studies on Local Self-Government* (*the Zemstros*)，*State Duma Elections*，*the Tsarist Government*，*and the State Council Before and During World War One* (Niwot：University of Colorado Press，1998)，pp. 1 - 29。

　　这些杰出同仁的重要工作为本书开展比较研究奠定了坚实的基础。他们的这些学术研究值得被再度关注，这些研究是人类智慧的结晶，可它们对公众认知俄国历史的影响还相对非常之小。若能引起人们去更多地关注他们的重要工作，也算是本书研究的一点功劳。

比较视角的重要意义

　　人们普遍认为，100 年前的俄国社会与欧洲社会和北美社会并不相同。据说，当时俄国没有中产阶级，没有"真正意义上的"城市，没有独立自主的私营部门。这些关于差异的断言本身就很难让人理解。所以有必要进行比较研究，从而更加全面地认识那些经常被视为体现俄国核心本质的特色。

　　对俄国发展进行比较研究时，欧洲往往是首选，也是最重要的比较对象。大概 20 年前，罗纳德·桑尼就抱怨道："尽管学者们反复声称客观独立，但经常还是根据相当不同的欧美经验标准来评判 1917 年十月革命和苏联。"[1]桑尼隐含的意思是，与欧洲类比可能不是最适合的分析框架。其他处于现代与传统交界处的社会可提供更有价值的参照，例如明治时代和大正时代的日本。如果一项研究只涉及一个俄国城市，难免让人对总体研究方法有所顾虑。而尝试对莫斯科这样的俄国重要城市进行比较研究，则能从宏观上推动人们就俄国与外部世界关系进行一些有意义的探讨。

————————

[1] Suny，"Toward a Social History," p. 32.

芝加哥和大阪是理想的参照点，可从多方面探究它们之间的一致性与差异性，从而为俄国研究引入全新的视角。 19 世纪 60 年代，美国、俄国和日本都经历了政治改革和社会变革的十年动荡。 美国爆发了内战，随后经济迅速发展并且通过了多项宪法修正案；俄国亚历山大二世推行了农奴制改革；日本开始明治维新。 这三个国家都走上了崭新的社会、经济、政治道路。 战争重塑了这三个国家的经济，战胜使美日制造商和金融家盆满钵满，战败却使俄国制造商和金融家倾家荡产。

虽然这三个城市所在国的国家文化都具有鲜明的反城市特点，但是这三个城市都对国家政治和政策产生了影响。 20 世纪到来之际，芝加哥、莫斯科、大阪都在全球人口增长最快的城市之列[1]。 1870 年芝加哥城市人口为 49.353 1 万人，到 1920 年剧增到 339.499 6 万人[2]；1871 年莫斯科人口刚超过 60 万人，到 1917 年 9 月增长到近 200 万人，涨幅超 3 倍[3]；大约同期，

---

[1] 这一点在如下两个文献中得到进一步阐述: Joseph Bradley, *Muzhik and Muscovite: Urbanization in Late Imperial Russia* (Berkeley: University of California Press, 1985), pp. 3 – 5; Henry D. Smith II, "Tokyo as an Idea: An Exploration of Japanese Urban Thought until 1945," *Journal of Japanese Studies* 4, no. 1 (Winter 1978), pp. 45 – 80。

[2] Irving Cutler, *Chicago: Metropolis of the Mid-Continent*, 3d ed. (Dubuque, Iowa: Kendall/Hunt, 1982), Appendix A.

[3] Robert W. Thurston, *Liberal City, Conservative State: Moscow and Russia's Urban Crisis, 1906 – 1914* (New York: Oxford University Press, 1987), pp. 197 – 198; Adol'f Grigor'evich Rashin, *Naselenie Rossii za 100 let (1811 – 1933gg). Statisticheskie ocherki* (Moscow: Gosstatizdat, 1956), p. 115.

大阪也从 35 万人口的小镇，发展成为约 220 万人口的城市[1]。在接下来的几十年间，工业、商业、交通和技术革命将彻底改变世界经济，而这三个城市吸纳的新增人口也数以万计[2]。

这一时期，芝加哥、莫斯科、大阪站在了全球城市金字塔的顶端。根据当时推测，1914 年 8 月第一次世界大战爆发时，芝加哥是全球第五大城市，莫斯科是全球第九大城市[3]。尽管大阪当时并未列入此类榜单，但根据人口规模大约位于全球前十二大城市之列。

按照如今的理念，这三座中心城市都是连接国家经济与全球经济的纽带。与新兴国际资本主义经济密切挂钩，依赖电气工程、交通、通信和建筑领域的最新技术，旧有势力与私有利益驱动下多元化的地方经济并存，所有这些因素使得这三座城市在

[1] Anthony Sutcliffe, "Introduction: Urbanization, Planning, and the Giant City," in Anthony Sutcliffe, ed., *Metropolis, 1890 – 1940* (Chicago: University of Chicago Press, 1984), pp. 1 – 18: 7.

[2] 在芝加哥、莫斯科和大阪，不能低估多项交通技术革命爆发的重要性。本书后续章节中对交通的描述印证了威廉·H. 麦克内尔的论断，交通对现代经济的出现至关重要。参见 William H. McNeill, "The Eccentricity of Wheels, or Eurasian Transportation in Historical Perspective," *American Historical Review* 92, no. 5 (December 1987), pp. 1111 – 1126; William H. McNeill, "The Changing Shape of World History," in Philip Pomper, Richard H. Elphick, and Richard T. Vann, eds., *World Historians and Their Critics* (Middletown, Conn.: Wesleyan University, 1995), pp. 8 – 26。

[3] A. Mikhailovskii, "Munitsipal'naia Moskva," in N. A. Geinike, N. S. Elagin, E. A. Efimova, and I. I. Shitts, eds., *Po Moskvie. Progulki po Moskvie i eia khudozhestvennym" i prosvietitel'nym" uchrezhdeniiam"* (Moscow: Izdanie M. i S. Sabashnikovykh", 1917), pp. 121 – 158: 121.

20世纪到来之前就已经具有20世纪城市的特征。虽然这三个国家的政治权力集中在首都华盛顿、圣彼得堡和东京，但芝加哥、莫斯科和大阪主宰了北美、欧亚中部和日本关西地区。这三座城市的相似程度足以进行比较研究，既各具特色，又体现了各自社会的特点[1]。

本书通过探究大约一百年前这三座城市之间的联系，旨在重新解读其各自所属的社会，以此来拓展对俄国城市发展的基本认识，并且敦促开展更多的城市比较研究。社会碎片化通常被认为是民主发展的障碍，本书着重强调，社会碎片化在很大程度上阻止了任何单一团体获得无限权力，反而积极促成了可谓"讲求实用的多元主义"。本书认为，社会碎片化——再加上少许的财富积累、法律上或事实上中央管理的缺位、社会和经济变革带来的剧变，以及地方核心精英的实用主义领导方式——能够为多元化公共政策创造必要条件。

虽然宏观上的俄国专制制度是以强化社会割裂和碎片化作为手段，从而把权力限定在沙皇顾问和大臣圈子内，但莫斯科还是产生了讲求实用的多元主义。到20世纪早期，现今认为的"公民社会"已经开始在莫斯科出现[2]。沙皇的统治策略最终阻

---

[1] 如下文献在涉及芝加哥时，有力地探究了这种独特性与代表性的融合。Karen Sawislak, *Smoldering City: Chicagoans and the Great Fire, 1871－1874*（Chicago: University of Chicago Press, 1995），pp. 9－11.

[2] 如下文献在涉及俄国艺术时，其论证有力地支持在第一次世界大战爆发之前俄国就已有新兴的市民社会。Aaron Joseph Cohen, "Making Modern Art National: Mass Mobilization, Public Culture, and Art in Russia during the First World War"（Ph. D. diss., Johns Hopkins University, 1998）.

碍了各种社会自治组织发展成熟，频繁地导致僵局和极端化，并且最后造成了系统性崩塌，这在后文的讨论中将被阐述清楚。正如克里斯蒂娜·鲁恩敏锐地指出，帝制晚期俄国的诸多矛盾之一，就是"政府的改革措施反而破坏了其本想持续维系的社会体系。政府和社会之间本应通过保持合作来共同建设现代化工业国家，结果却演化成政府及旧有特权精英与新兴精英之间无休止的争斗"[1]。如鲁恩所言，在 19 和 20 世纪之交的俄国，莫斯科便是新旧势力不断斗争的舞台之一。

　　莫斯科城市生活的复杂多样，反而促成了一些实用主义联盟和具有包容性的城市管理战略。社会碎片化有时推动了莫斯科社会和政治舞台上各种势力间的相互合作。同样来自鲁恩的研究：当时公共空间还是一个非常新的概念，面对来自俄国社会各个方向的不断挑战，公共空间的形态一直还在变化和演进[2]。本书专门突出了莫斯科的城市运转与世界上其他许多大城市的相似之处，这些相似的地方比人们通常认知的要多[3]。

　　后续各章不是要审视权力本身的分配情况，也不是为了讨论内在价值、思想或信念问题。本书主要关注外在行为。一个联

---

[1] Christine Ruane, *Gender, Class, and the Professionalization of Russian City Teachers, 1860 - 1914* (Pittsburgh：University of Pittsburgh Press, 1994), p. 4.

[2] 出处同前，p. 195。

[3] 本书建立在罗伯特·W. 瑟斯顿研究的基础之上，是他最初在诸如《自由的城市，保守的国家》等著作中开始探究莫斯科与同时代其他城市在公共管理上的共同之处。

盟的建立也许并不能改变各个参与方的思想信念，但建立联盟的
行为本身就足以支持本书的论证。 本书的研究不过是为了阐
明，当处于复杂社会中时，就算是拥有大量政治和经济资源的人
在行使权力时依然会受到阻碍。 简而言之，最具权势的莫斯科
人也无法迫使他人去做自己不愿做的事，在这一点上，最具权势
的芝加哥人和大阪人也是如此。 权力被分割、四散，相互间又
发生对抗。 从这一视角出发，莫斯科这座城市并非那么与众
不同。

　　要想做莫斯科同芝加哥和大阪的比较研究，首要的途径便是
比较研究城市理论和城市历史的文字资料。 这三座城市毕竟都
属于全球规模最大的城市之列。 有关城市发展比较研究的文献
为开展本次研究提供基本的依据。

城市规模的重要性

　　大约在 20 世纪，出现了一种新的城市形态——巨型工业化
城市。 当然，在此之前就已经存在非常大型的城市。 安东尼·
沙克利夫曾指出，巨型城市“作为人类文明的一个组成部分已经
存在数千年之久”[1]。 但这些新型“都市”还是让许多观察家
恐慌。 都市发展速度之快、交通之便捷、人口流动之大以及

---

[1] Anthony Sutcliffe, “Introduction: The Giant City as a Historical
Phenomenon,” in Theo Barker and Anthony Sutcliffe, eds., *Megalopolis:
The Giant City in History* (London: St. Martin's, 1993), pp. 1 – 13: 1. 这本
书是由 1990 年在马德里召开的国家史学大会多个专题讨论的论文集改编
而成的，有关巨型城市历史变迁的议题是会上一个主要研究焦点。

"资产阶级价值观与无产阶级价值观对峙之紧张"[1]似乎都前所未有。 在非同寻常挑战的重压下，传统的社会、政治和文化体系土崩瓦解。

都市扩张的开放性和加速度不同于中世纪和近代早期相对自闭的较缓慢增长[2]。 急速发展的工业城镇常常因为城市扩张而与周围农村和国家政府发生矛盾。 城市政府和国家政府间处于明显的拉锯状态，甚至在历史不长的美国也是如此，倔强的商业阶层通过反抗地方原有利益来谋求不受限制的政治和文化权利[3]。 各地的城市社会既处在萌芽状态，又在日益多元化，以及碎片化[4]。

19 世纪的城市重塑了城市形态。 仅仅经过一两代人的时

---

[1] 这一措辞出自亨利·弗朗西斯·马尔格雷夫给奥托瓦格纳新版《现代建筑》写的序言。 Otto Wagner, *Modern Architecture. A Guidebook for his students to this Field of Art*, intr. and trans. Henry Francis Mallgrave (Santa Monica, Calif.: Getty Center for the History of Art and Humanities, 1988), pp. 1 - 55: 11.

[2] 这一观点由彼得·哈内克在他的如下论文中提出。 "Urbanization and Civilization: Vienna and Budapest in the Nineteenth Century," in Peter Hanek, ed., *The Garden and the Workshop: Essays on the Cultural History of Vienna and Budapest* (Princeton: Princeton University Press, 1998), pp. 3 - 43: 3.

[3] 由约翰·博德纳尔在如下书中证明。 *Remaking America: Public Memory, Commemoration, and Patriotism in the Twentieth Century* (Princeton: Princeton University Press, 1992), p. 35.

[4] 要想简明、感性地考察工业化都市所带来的反响，可参见 Peter Hall, "Metropolis, 1890 - 1940: Challenges and Responses," in Sutcliffe, ed., *Metropolis*, pp. 19 - 66。

间，工业化生产体制就彻底改变了 19 世纪城市的空间布局[1]。工厂、商业大道、铁路站场、公寓大楼构成了变化多端、眼花缭乱的城市环境。 自那时起许多观察家就已经指出，"无常"成了"现代"城市的标志[2]。 在这样一个沉迷速度的时代，想要维持超越群体身份的公民意识绝非易事。

新的城市规模之大、差异之多，没有任何单个的社会、政治、经济或民族组织能够长期主宰地方政治。 巨型城市并非"一个独立历史主体"，而是"巨大财富总额被分割成多份所有权，造就多样化"[3]。 彼得·霍尔在其关于城市文明历史的巨著《文明中的城市》中指出，问题不仅仅是大城市的规模太大，而是"大"孕育着复杂。 根据霍尔的观点，大城市不但人口更多，而且"包含各式各样的人，出生地、种族、社会阶层、财富都可能不同，的确在任何能区分人的方面都可能不同"[4]。 用伊丽莎白·威尔逊的话说，对于社会中那些高贵的成员们，19世纪晚期的工业重镇成了"污秽之城"，"街道上挤满了杂七杂八各式人等"[5]。

[1] Peter Fritzsche, *Reading Berlin, 1900* (Cambridge: Harvard University Press, 1996), pp. 28 - 29.

[2] 可参见如下著作: Christopher Prendergast, *Paris and the Nineteenth Century* (Cambridge, Mass.: Blackwell, 1992); Marshall Berman, *All That Is Solid Melts into Air: The Experience of Modernity* (New York: Simon and Schuster, 1985)。

[3] Sutcliffe, "Introduction," p. 3.

[4] Peter Hall, *Cities in Civilization* (New York: Pantheon, 1998), p. 612.

[5] Elizabeth Wilson, *The Sphinx in the City: Urban Life, the Control of Disorder, and Women* (Berkeley: University of California Press, 1991), p. 29.

　　在这些新的巨型城市里，各个社会团体不得不小心翼翼地选择站位，只有在真正关乎切身生存或福祉的方面，他们才会采取行动维护自身利益。城市多元主义的新时代已初具雏形，在全国和地方层面都颠覆了人们以往对权力和政治效能的认知。城市政治有时必须恰到好处地调和相互竞争的各种私利，因为随着城市的发展，其所面临的各种问题常常充满争议[1]。政治需要广泛地调和各方，政策选择也不能再是简单的二选一问题。若不考虑他人，往往就得付出难以承受的代价。对此，显然许多俄国人在 1917 年帝制解体后都有过痛苦的经验。

　　芝加哥摄影师西格蒙德·克劳斯给我们留下了一部摄影集，它既体现了 19 世纪晚期城市生活的庞杂多样，又透露出那一时代来自资产阶级的偏见[2]。克劳斯仔细摆拍了 36 个"街边形象"，这部"人物研究"展现了摄影师克劳斯和他的文字撰稿人能够搜集到的所有典型形象。如众人所料，克劳斯编纂的这部摄影集作为这一时代地方流行的代表，在 1892 年世界博览会上大卖。这位摄影师成功捕捉了 19 世纪 90 年代芝加哥多元化的影子。

　　通过浏览这部摄影集，其中有非裔美国人、中国人、爱尔兰人、意大利人、俄国人、犹太人、叙利亚人小商小贩和流浪儿童，可以想象有产阶级对工业时代城市担忧的画面，对此伊丽莎白·威尔逊阐述得清清楚楚。办公室职员，街头艺人，邮递

---

[1] Carl Abbott, "Thinking About Cities: The Central Tradition in U. S. Urban History," *Journal of Urban History* 22, no. 6 (1996), pp. 687 – 701: 698.

[2] Sigmund Krausz, *Street Types of Chicago: Character Studies* (Chicago: Max Stern and Co., 1892).

员，流浪儿童，饱经风霜的内战老兵，盲人乞丐，站街女子，捡垃圾者，卖冰糕、卖啤酒、卖农产品的商贩等，都在美国这个核心都市争求一席之地。尽管克劳斯在工作室里并不愿或无法展现拍摄对象应有的体面和尊严，但这部摄影集还是反映了丰富多样的差异。

在 19 与 20 世纪之交时出现的巨型城市，极大影响了随后几十年人类的经历，甚至后来出现了更大的"超大都市"和"世界城市"[1]。关于这些巨型城市的形态功能及成败的著述浩如烟海，而巨型城市对政治生活的重要影响在近代城市研究中却没有得到足够重视。

本书除了关于莫斯科的研究，还通过阐明城市增长与城市多元政治之间的关系，力图探索研究城市政府对于地方和国家政治生活的重要意义。本书采用的方法是比较自 1870 年开始而后半个世纪的芝加哥、莫斯科和大阪三座城市。本书的案例研究也试图从国际比较视角回答被卡尔·艾伯特称作美国城市史学一个半世纪中两大核心问题之一："这些聚集区（19 世纪中叶的新兴城市）的成员们是如何进行联合、交互以及作为公民实体（或者用 20 世纪的话称作'城市社区'）发挥作用的呢？"[2]换言

---

[1] 在 20 世纪末对"巨型城市"现象的讨论可参见 Mattei Dogan and John D. Kasarda，eds.，*The Metropolis Era*，2 vols.（Beverly Hills：Sage，1988）；Anthony D. King，*Global Cities：Post-Imperialism and the Internationalization of London*（New York：Routledge，1990）；Saskia Sassen，*The Global City：New York*，*London*，*Tokyo*（Princeton：Princeton University Press，1991）；and Deyan Sudjic，*The 100 - Mile City*（New York：Harcourt Brace，1992）。

[2] Carl Abbott，"Thinking about Cities，" p. 688. 艾伯特指出的第二个核心问题是："大城市中的人们为什么要聚集起来？他们是怎样聚集起来的？"

之，这一时代新的中心都市是怎样调和当时前所未有又充满风险的政治、社会、经济、文化、种族和宗教等方面多元化的呢？

城市增长与调和分歧

通过援引大卫·C. 哈马克的研究，莎莉·安·黑斯廷斯认为，关于城市社会权力分配，人们的观察角度决定了其观察所见。 重视正统体制和政治领袖的观察家倾向于认为社会权力集中在少数人手中[1]。 黑斯廷斯等广泛关注社区、社会组织、正式和非正式组织的研究者则会发现权力是分散的，无论在纽约、纽黑文、东京还是达累斯萨拉姆都是如此[2]。 对此哈马克写道："尽管大部分关注精英的历史学家强调权力集中，而详细研究企业创业、社会政策、低阶层群体或地方政治的历史学家……更多坚持认为权力是分散的。"[3]这是很重要的论点，正因如

---

[1] Sally Ann Hastings, *Neighborhood and Nation in Tokyo*, *1905 - 1937* (Pittsburgh: University of Pittsburgh Press, 1995), p. 196.

[2] 穆罕默德·哈尔法尼在关于他祖国的城市达累斯萨拉姆的著作中用当代叙事的手法说明了同样的观点。 参见 Mohamed Halfani, "Marginality and Dynamism: Prospects for the Sub-Saharan African City," in Michael A. Cohen, Blair A. Ruble, Joseph S. Tulchin, and Allison M. Garland, eds., *Preparing for the Urban Future: Global Pressures and Local Forces* (Washington, D. C.: Woodrow Wilson Center Press, 1996), pp. 83 - 107。

[3] David Hammack, "Problems of Power in the Historical Study of Cities, 1800 - 1960," *American Historical Review* 83, no. 2 (April 1978), pp. 323 - 349: 333.

此，即使对于帝制晚期莫斯科或者明治时代大阪这种名义上集权的城市政府，本书的研究仍然强调其多元化的方面。

黑斯廷斯关于东京的研究显示，问题意义不只是认可观察角度、决定观察所见。 问题关键在于，通常具有高度排他性的正式权力结构与日常生活中实际组织间存在动态关系。 本书的研究认为，冲突或差异空间越大，越能够对差异进行多元化调解。即便许多组织被排斥在直接权力之外，情况依然如此。 政治不再是清晰的选择题，政府面临的挑战变成要管理好各种竞争利益、满足共同社会需求和实现进步[1]。

与黑斯廷斯研究一样，本书在哈马克对城市社区权力研究的基础上开展比较研究[2]。 哈马克强调： 在 19 与 20 世纪之交，财富和权力高度集中在少数纽约人手中，但这些纽约人在男性公民普遍享有选举权的体系里也不能为所欲为[3]。 很多显赫的纽约人名义上退出了城市政治，但是在必要时，他们还是会通过非直接方式继续维护自身利益。

有些观察家认为政治大佬统治着城市，也有人认为富人或富裕集团主宰了城市[4]。 还有些更为复杂的论述——如一个世纪前具有洞察力的俄国人莫依塞·奥斯特洛戈斯基到美国观察所

———————

[1] Lawrence W. Kennedy, *Planning the City upon a Hill: Boston since 1630* (Amherst：University of Massachusetts Press, 1992), p. 253.

[2] 参见 Hammack, "Problems of Power" ; and David C. Hammack, *Power and Society: Greater New York at the Turn of the Century* (New York：Russell Sage Foundation, 1982)。

[3] Hammack, *Power and Society*, p. 7.

[4] 出处同前, pp. 7 – 19。

述——描述了政治大佬在资本家和选民之间斡旋[1]。 政治机器将基于大众的社会组织与经济精英聚集一起，决定了在快速变革的时代由谁控制地方政治[2]。 在 19 世纪末、20 世纪初的美国，这种政治机器的成功之处在于为城市中一些极为偏激的主体提供了有效的中间地带。

哈马克有力地说明了此类斡旋调解的必要性。 哈马克写道："富有的有识之士通常认为财富和地位能带来权力。 但是他们一直关注选民权力、政党角色、移民的态度和各种经济精英的品行，这至少表明富人并不能随心所欲主宰一切。"[3]

哈马克研究了 19 与 20 世纪之交美国城市发展。 他所研究的问题超越了美国政治，超越了其高度开放和参与式的习惯与传统。 黑斯廷斯研究证明，权力集中和当权者能力不足之间的矛盾在很多不同的历史、文化、政治背景下都可能出现。尼尔·L. 沃特斯探索研究了日本明治转型时期看似平静的川崎区域地方政治情况，他的杰出工作同样表明了在剧烈的变革时期，碎片化的社会和政治机构对变革强度具有潜在的缓冲作用[4]。

---

[1] Moisei Ostrogorski, *Democracy and the Organization of Political Parties* (New York: Macmillan, 1902).

[2] Harvey Boulay and Alan DiGaetano, "Why Did Political Machines Disappear?" *Journal of Urban History* 12, no. 1 (November 1985), pp. 25 – 50: 26.

[3] Hammack, *Power and Society*, p. 19.

[4] Neil L. Waters, *Japan's Local Pragmatists: The Transition from Bakumatsu to Meiji in the Kawasaki Region* (Cambridge, Mass.: Harvard University Press, 1983).

　　根据沃特斯描述，在江户晚期、明治早期，川崎政府是
"三色棋盘，有些方格从一个颜色变为另一个颜色，也有些方
格其实呈现了几种颜色"[1]。 这种复杂性非但没有侵蚀区域
特性和一致性，反而确保了任何单一地方组织都不会独自承受
来自上层任意或武断的命令。 沃特斯继续道："没有任何一个
地方领主能单独采取行动而不触及其他领主的利益。"[2]

　　虽然沃特斯描述的是全面工业化前的农村地区，但他的这一
观察依然与本书研究的城市蔓延有着相关性。"复杂的行政管理
不仅使得川崎农村避免了非正常或强制剥削，还保证了农村之间
的横向组织结构具有相当大的权力。 尽管这一地区的纵向管理
错综复杂，但整体上看该地区经济上还是相互依赖的。"[3]任
何单一地方领主或精英团体都无法为所欲为，从而确保了川崎地
区向工业化时代平稳过渡。

　　以上事例强调了行政管理的复杂性及个体政治行动的重要
性，这一点在哈马克、黑斯廷斯、沃特斯的著作中得到体现，但
这与集体治理和精英治理有点不一致[4]。 本书将介绍，权力
通常是附着于暂时的各个具体问题，导致各个利益集团和公民间

----

[1] Neil L. Waters, *Japan's Local Pragmatists: The Transition from Bakumatsu to Meiji in the Kawasaki Region* (Cambridge, Mass.：Harvard University Press, 1983), p. 41.

[2] 出处同前，pp. 41 - 42。

[3] 出处同前，p. 41。

[4] 有关进一步讨论集体治理的政治方式在多大程度上降低了领袖个人的重要性，参见 Raymond E. Wolfinger, *The Politics of Progress* (Englewood Cliffs, N. J.：Prentice-Hall, 1974), p. 11。

促成各种临时的或者更为长久的联盟[1]。反过来，这些联盟的根源在于现代都市的私有制本质。

私有制的都市

芝加哥、莫斯科、大阪不仅仅是大城市而已。它们还是私有制经济发展的产物，而不是依靠国家权力所赋予的。这三座城市的首要属性都是商业城市，都存在着基于各种各样不同规模商人之间的交换关系。

这三座大城市的复杂特点导致了他们社会、经济、政治形态丰富多样又深深割裂。在当时及之后的非政治首都城市也有类似情形，比如巴塞罗那、孟买、格拉斯哥、曼彻斯特、米兰、圣保罗等。曼彻斯特是世界上第一个工业化城市，它在很多方面可以说是本书讨论的这种工业化"第二大都市"的原型[2]。

在这种"第二大都市"，脱离国家政治舞台，城市政治家要获得成功，通常是寻求妥协调解，而不是强制命令或政治统治。一个世纪前，芝加哥、莫斯科、大阪的地方管理催生了讲求实用的多元主义政治形态。莫斯科和大阪在充满敌意的国家政治环境下，无法保持政治容忍，从而与芝加哥形成了有趣对比。

---

[1] 该观点来自 Nelson W. Polsby, *Community Power and Political Theory: A Further Look at Problems of Evidence and Inference*, 2d ed. (New Haven: Yale University Press, 1980), p. 115。

[2] 有关曼彻斯特城市兴起的进一步讨论，参见 Hall, *Cities in Civilization*, pp. 310 – 454。

　　芝加哥工厂主、莫斯科商人、大阪金融家培养出了过去一个
世纪左右一种独特的城市主义，即城市由私有资本主宰。此前
有些"巨型城市"已从私有经济活动中获得巨大收益。在大都
市伦敦、阿姆斯特丹、安特卫普，政府开支在城市生产总值中的
占比，远小于工业化前其他世界城市占比[1]。但 19 世纪前，
大城市基本还是君主或统治者雅致的居住场所。

　　都铎王朝的伦敦也许是贸易驱动型城市发展最有趣的代表。
伦敦在工业化前通过生产商品和给异地产品增加附加值聚积财
富[2]。鉴于白厅宫廷生活与城市商业相互分开，人们可能认
为那一时期伦敦发展完全没有受到国家引导和政治干预。

　　伦敦当时是一座繁华熙攘的城市，商业精英们在此发家致
富，而就在他们旁边，显得特别"寒酸"的各种移民越聚越
多[3]。工业化之前的伦敦一直是处在经济增长中心的商业巨
头，旁边的威斯敏斯特则是王权威重之地[4]。

　　卡尔·波兰尼在其 1944 年出版的《大转型》一书中表示：
"19 世纪文明"——后来伦敦从很多方面成为主导——特征鲜
明，因为"它选择的发展动机在人类社会历史上只被极少数认可
合理，此前也从未上升到作为行动或行为依据的高度，这个动机

[1] Sutcliffe, "Introduction," pp. 1 – 13：8.

[2] Theo Barker, "London：A Unique Megalopolis?" in Barker and Sutcliffe,
eds., *Megalopolis*, pp. 43 – 60：49.

[3] Roy Porter, *London. A Social History* (Cambridge：Harvard University Press,
1995), p. 49.

[4] 此观点来自 Anthony Sutcliffe in "Introduction," p. 8。

即是获利"[1]。　芝加哥、莫斯科、大阪是利用这种社会结构特殊形式的先驱。

资本驱动型（相对的是国家主导型）的城市优势是起伏不定的[2]。　工人和职员面临失业威胁，厂主和店主担忧破产风险[3]。　他们可能一夜暴富，也可能顷刻之间化为乌有[4]。经济不确定性触发大大小小观望者之间激烈冲突，因为竞争、弄虚作假、运气不好、能力不足都很容易导致巨大损失[5]。　这一时期在芝加哥、莫斯科、大阪，很多人都在富有和破产之间跌宕起伏。

私有制的都市与其他城市竞争，争夺资金和人口，就像各个

---

[1] Karl Polanyi, *The Great Transformation* (New York: Farrar and Rinehart, 1944), p. 30.

[2] 这一时期，莫斯科银行业的剧烈波动与圣彼得堡银行业的相对稳定形成鲜明对比，证明了这一论点。　莫斯科股票协会、银行和交易所时起时伏。　圣彼得堡的商业银行趋于稳定，依靠国家存款的优势来控制帝制晚期俄国的资本市场。　有关这种反差的进一步讨论，参见 I. F. Gindin, *Russkie kommercheskie banki. Iz istorii finansovogo kapitala v Rossii* (Moscow: Gosfinizdat, 1948)。

[3] William L. O'Neill, *The Progressive Years: America Comes of Age* (New York: Dodd, Mead, 1975), p. 2.

[4] 利马·鲁宁·舒尔茨对芝加哥 1871 年大火前的 400 家企业做过调研，得出这一结论。　Rima Lunin Schultz, "The Businessman's Role in Western Settlement: The Entrepreneurial Frontier, Chicago, 1833－1872" (Ph. D. diss., Boston University, 1985), esp. pp. 358－381.

[5] Frederic Cople Jaher, *The Urban Establishment: Upper Strata in Boston, New York, Charleston, Chicago, and Los Angeles* (Urbana: University of Illinois Press, 1982), p. 476.

企业和公司争夺利润一样。 城市居民面临着变化莫测又不由控制的地区、国家、国际经济形势。 建立在王室宫廷或有效议会基础上的稳定性，在私有制的都市根本就不存在。 借用加里·威尔斯的观察所言，与莫斯科和大阪不同，芝加哥等商业城市完全是摸索着前进，一直深陷在无序资本主义的繁荣与萧条周期里[1]。

　　非首都城市的组织结构复杂性——通常既要服从国家、区域、地方政府，还要同时服从许多私人利益和企业利益——不会赋予任何单个组织广泛权力。 国家对地方生活的直接干预相对缺失，为互相妥协及采取包容性领导策略留下空间，这点对于产生本书讨论的讲求实用的多元主义非常必要。

　　在城市里，国家领导权从来不能全部落实。 有时——比如在伦敦，也可能在江户时期的东京——国家政府影响首都城市的能力仍然有限[2]。 有一点很重要：国家权力在"权力宝座之地"城市永远不会完全缺失。 在 19 和 20 世纪之交，国家权力在芝加哥、莫斯科、大阪体现稍弱。 正因如此，这种第二大都市可能比一些杰出城市更能提供城市多元主义的优秀案例。

―――――

[1] Garry Wills, "Chicago Underground," *New York Review of Books*, October 21, 1993, pp. 15 - 22: 16.

[2] 有关伦敦和江户时期东京的进一步讨论，参见 Roy Porter, *London: A Social History* (Cambridge, Mass.: Harvard University Press, 1995); 以及下书中的一些论文 James L. McClain, John M. Merriam, and Kaoru Ugawa, eds., *Edo and Paris: Urban Life and the State in the Early Modern Era* (Ithaca: Cornell University Press, 1994)。

工业资本主义与讲求实用的多元主义

如果大都市的城市特性相当于芝加哥、莫斯科、大阪之间的第一层对比，那么资本主义就相当于第二层对比。资本主义虽然将权力、财富、资源集中在少数人手中，但同时也阻止任何单个组织对其他人建立起长期垄断。在资本主义生产方式萌生时，情况更是如此。

后期观察家在看 19 世纪资本主义城市时，很容易发现有着明确的分三个阶层的体系，"顶层是巨大财富和权力拥有者，中间是商人、专业人员、白领，底层是广大工薪阶层"[1]。更近距离观察时，这个体系的层级并不那么明显。

大卫·哈马克有力地说明了随着城市规模变大和经济专业化对技术及合作的日益依赖，权力就会逐渐分散化[2]。相互竞争的各个团体和个体要想互相合作，必须进行妥协，相互调解，做出让步[3]。而且他们还必须在快速变革、日益复杂的城市环境中进行合作。正在形成的资本主义导致了社会碎片化和剧变——类似大都市的城市特性——培养了讲求实用的多元主义，最终有可能发展形成成熟的民主化社会、政治、文化、经济准则和行为方式。迪特里希·鲁施迈耶、伊夫琳·休伯·斯蒂芬斯和约

---

[1] Robert H. Wiebe, *The Search for Order, 1877 – 1920* (New York: Hill and Wang, 1967), p. 13.

[2] Hammack, "Problems of Power."

[3] Edward C. Banfield and James Q. Wilson, *City Politics* (Cambridge, Mass.: Harvard University Press, 1967), p. 47.

翰·D. 斯蒂芬斯认为："新的主导力量并不是资本主义市场也不是资本家，而是资本主义的各种矛盾推动了民主事业的进步。"[1]

在工业时代新兴城市，社会矛盾和资本主义矛盾前所未有地显现出来。要完成向多元化政治转型，仅仅做出姿态是不够的。鲁施迈耶、休伯·斯蒂芬斯和约翰·斯蒂芬斯补充道："最终，建立民主要求进行复杂的阶级妥协并且融入新型体制管理中。"[2]甚至即便在新型体制管理下进行的政治和社会妥协并不是政治流程参与者所希望的，但也必须如此[3]。社会和政治和谐不仅依赖各方调和意愿，更依靠冲突持续存在。

那么，讲求实用的多元主义的本质在于从与那些在其他方面被认为是讨厌的个体或组织接触中获益的能力。讲求实用的多元主义不是针对"社区"，社区在本质上是一种社会组织的独特形态。众所周知，社区并不包容尚未被接纳者。多元主义源于一种宽容的意愿，是在刘易斯·芒福德称为"有目的的社会复杂性"的城市中生存的需要[4]。讲求实用的多元主义来自包容有点冒犯的行

———

[1] Dietrich Rueschemeyer, Evelyne Huber Stephens, and John D. Stephens, *Capitalist Development and Democracy* (Chicago: University of Chicago Press, 1992), p. 7.

[2] 出处同前，p. 78。

[3] 艾米·布雷奇在关于内战之前纽约政治机器崛起的研究中强调了这一点。参见 Amy Bridges, *A City in the Republic: Antebellum New York and the Origins of Machine Politics* (Cambridge, U. K.: Cambridge University Press, 1984)。

[4] Lewis Mumford, "What Is a City?" in Donald L. Miller, ed., *The Lewis Mumford Reader* (New York: Pantheon, 1986), pp. 104 – 107.

为的意愿[1]。 这种被动包容是充斥竞争的城市多元化环境的产物，是既依赖合作又依赖竞争的新兴资本主义体系的产物。

1975年，弥尔顿·拉科夫对其"在戴利政治机器内"的经历进行了生动描述。 拉科夫在他还是一名政治学专业研究生时进入了地方政治生活的最底层，他在《别无所作为，别不支持败者》序言中说道，芝加哥政治"可怕的真相是并不存在所谓的公共利益"，而是"互相斗争的私人利益有着大量分歧，它们都打着公共利益的旗号"[2]。 讲求实用的多元主义与其说是界定公共利益的过程，不如说是"在公共利益旗号下"寻求足够空间的过程，在这部分空间中各种互相斗争的私人利益得以共存。

芝加哥、莫斯科、大阪的经济活力和多元主义，与都市城市主义和工业资本主义都有着很大关系。 大量马克思主义者和非马克思主义者都写过一个世纪前资本主义社会里工业资产阶级具有霸权地位。 不过读者可能已经发现，本书的观点与上述观点有点相反。 资本主义在推行霸权时，也释放了熊彼特式的毁灭力量，导致长期存在的社会、经济和政治关系四分五裂[3]。 这

---

[1] Edward C. Banfield, "Introduction," in Edward C. Banfield, ed., *Civility and Citizenship in Liberal Democratic Societies* (New York: Paragon House, 1992), p. xii.

[2] Milton L. Rakove, *Don't Make No Waves, Don't Back No Losers: An Insider's Analysis of the Daley Machine* (Bloomington: Indiana University Press, 1975), p. 9.

[3] 有关1942年熊彼特对资本主义具有"创造性破坏"能力的经典讨论，参见 Joseph A. Schumpeter, *Capitalism, Socialism, and Democracy* (New York: Harper Torchbooks, 1975)。

种碎片化确保了没有任何单一阶层或社会组织能够在所有方面为所欲为。 在城市政治游戏中，在任何方面成员要想成功，不得不超越零和游戏，与他人积极互动并小心站位，采取包容性战略争取潜在盟友。 这种妥协构成了讲求实用的多元主义的实践基础。

转型中的资本主义城市

芝加哥、莫斯科、大阪都处在向资本主义城市转型中。 芝加哥是座完全崭新的城市。 莫斯科和大阪刚走出前资本主义——或者更准确地说是"原工业化"——社会和经济体系[1]。 大阪——一直是金钱和市场交易中心——在明治维新前

---

[1] 俄国在 1861 年废除了农奴制；日本的现代化进程开始于 1868 年，那时德川幕府灭亡、明治维新开始。 比如，罗恩·托比和其他一些学者强调当时联结基础农业地区与相对重工业化地区的银行间批量信贷网络在全日本范围内不断扩张，这种资金和市场导向逐步改变了日本的经济和社会结构。 财富从武士阶层转移到商人和农村企业家的手中。

有关"原工业化"的概念，参见富兰克林·门德尔斯最初关于这种经济的表述，这种经济正经历着高速的增长，"组织方式还是传统的，但具有市场导向，主体还是农村的产业"。 Franklin Mendels, "'Proto-Industrialization': The First Phase of the Industrialization Process," *Journal of Economic History* 32, no. 1 (1972), pp. 241 - 261. 读者们同时还可以参考门德尔斯曾经的合作者汉斯·梅迪克的著作，比如参见 Hans Medick, "The Proto-Industrial Family Economy," in Peter Kriedte et al., eds., *Industrialization before Industrialization: Rural Industry in the Genesis of Capitalism* (Cambridge, U. K.: Cambridge University Press, 1981)。

研究日本经济发展的专家们参与到了原工业化的讨论，有时明确地采用门德尔斯的模型，比如在罗恩·托比的著作中；有时暗暗地描述门德尔斯创造这个术语前的过程，比如在托马斯·C. （转下页）

（接上页）史密斯的著作中。　参见 Ronald P. Toby，"Both a Borrower and a
Lender Be：From Village Moneylender to Rural Banker in the Tempo Era，"
Monumenta Nipponica 46，no. 4（Winter 1991），pp. 483 – 512；Ronald P.
Toby，"Changing Credit：From Village Moneylender to Rural Banker in
Protoindustrial Japan，" in Gareth Austin and Kaoru Sugihara，eds.，*Local
Suppliers of Credit in the Third World*，*1750 – 1960*（New York：St. Martin's，
1993），pp. 55 – 90；Thomas C. Smith，"Japan's Aristocratic Revolution，"
Yale Review 50（Spring 1961），pp. 370 – 383；Thomas C. Smith，*The
Agrarian Origins of Modern Japan*（New York：Atheneum，1966）；Thomas C.
Smith，"Premodern Economic Growth：Japan and the West，" *Past Present* 60
（1973），pp. 127 – 160；Thomas C. Smith，*Political Change and Industrial
Development in Japan: Government Enterprise*，*1868 – 1880*（Stanford：Stanford
University Press，1955）；Thomas C. Smith，*Native Sources of Japanese
Industrialization*，*1750 – 1920*（Berkeley：University of California Press，
1988）。　史密斯对日本经济史研究的深远贡献参见 Osamu Saito，"Bringing
the Covert Structure of the Past to Light，" *Journal of Economic History* 49，no. 4
（1989），pp. 992 – 999。　齐藤（Saito）着重说明了早在门德尔斯与梅迪克的
研究之前史密斯对"原工业化"过程的描述。

　　后续研究探讨这些主题时特别研究了与明治时代产业和企业的关
系，比如参见 W. Mark Fruin，*Kikkoman: Company*，*Clan*，*and Community*
（Cambridge，Mass.：Harvard University Press，1983）；David L. Howell，
Capitalism from Within: Economy，*Society*，*and the State in a Japanese Fishery*
（Berkeley：University of California Press，1995）。

　　阿卡狄奥斯·卡汉在有关犹太和俄国经济史的著作中类似地指出俄
帝国经济发展的某种"原工业化"趋势，尽管卡汉和史密斯一样没有明
确地描述"原工业化"的概念。　参见 Arcadius Kahan，"Notes on Jewish
Entrepreneurship in Tsarist Russia，" in Greg Guroff and F. V. Carstensen，
eds.，*Entrepreneurship in Imperial Russia and the Soviet Union*（Princeton：
Princeton University Press，1983），pp. 104 – 124；以及包含在下列书目中
的多篇论文，Arcadius Kahan，*Essays in Jewish Social and Economic History*，
Roger Weiss，ed.（Chicago：University of Chicago Press，1986）；（转下页）

已经完全走上了资本主义和工业化道路 [1]。 但是，1868 年之后的半个世纪，大阪在经济结构和发展方向上经历了质变，导致了社会和政治巨大转型。 对于莫斯科和俄国经济来说，继 1861年亚历山大二世改革之后，在组织结构、发展方向、整体框架上可以说是更为混乱[2]。

————

（接上页）Arcadius Kahan, *Studies and Essays on the Soviet and East European Economies*, Peter B. Brown, ed., 2 vols. （Newtonville, Mass.：Oriental Research Partners, 1992 and 1994）；以及在 Richard Hellie 编辑的协助下， Arcadius Kahan, *The Plow, the Hammer, and the Knout: An Economic History of Eighteenth-Century Russia*（Chicago：University of Chicago Press, 1985）。 在俄国工业化过程的每个阶段，这种现象都比日本的更为突出。 与同期日本（如史密斯、托比和其他学者的判定）相比，俄国本地乡村以市场为导向的产业活动所发挥的作用非常有限（尽管不是不存在）。

[1] Nobutaka Ike, *The Beginnings of Political Democracy in Japan*（Baltimore：Johns Hopkins University Press, 1950）, p. 12. 关于德川时代日本和大阪的经济发展情况，参见 E. Sydney Crawcour, "The Tokugawa Heritage," in William W. Lockwood, ed., *The State and Economic Enterprise in Japan: Essays in the Political Economy of Growth*（Princeton：Princeton University Press, 1965）, pp. 17 - 44；and Kazushi Ohkawa and Henry Rosovsky, "A Century of Japanese Economic Growth," in Ibid., pp. 47 - 92。

[2] 杰佛瑞·布尔德斯对俄国贫农经历作了重要的后苏维埃重新解读，其中写道，莫斯科周边中央工业区的各个村庄长期以来，"维持着一种混合经济，这种经济到底属于勉强维持生计或者资本主义是模糊不清的。 因为他们生活在一片贫瘠的土地上，这里的农作物生长季节非常短而且不规律，这一地区的农民到 19 世纪时已经习惯于通过各种各样的主要非农业工作来增加他们通常有限的农业收入，从而满足个人、家庭和村庄的生存必需"。 Jeffrey Burds, *Peasant Dreams and Market Politics: Labor Migration and the Russian Village, 1861 - 1905*（Pittsburgh：University of Pittsburgh Press, 1998）, p. 17。

芝加哥、莫斯科、大阪发展速度惊人。 这三座城市都是巨大的商业中心，在向新时代迈步。 它们并非以根深蒂固的高端文化精英为中心的传统城市（虽然莫斯科和大阪已有数世纪历史），而是利用各个方面的新兴才干。 无论是本地还是外地，各种人才面对社会和经济快速变革中的矛盾时，产生了大量创新。这三座城市从根本上肯定了彼得·霍尔的假说，即创新与转型齐头并进。 芝加哥、莫斯科、大阪都以开放姿态迎接经济转型。

社会和经济快速变革要求成功必须具备新的不同技能。 思维灵敏、对早期资本形成高度敏锐，远比"校友关系"之类更能决定成败。 这三座城市都展示了霍尔认为是创新先决条件的一些特征： 相对缺少老旧传统、充满"紧张能量"、让新来者相信没有什么是不可能的。

芝加哥、莫斯科、大阪是"不刻板、不分阶级、不分等级之地"，霍尔认为这点非常重要，它解释了特定城市在特定时期如何极具创造力和创新性[1]。 与纽约、华盛顿、圣彼得堡、京都、东京这些国家政治经济中心相比，这三座城市明显更加开放。 当然，东海岸有些贵族也在芝加哥取得成功，就像以前大阪武士和莫斯科贵族也有获得成功的。 他们的成功是源于把握住了城市新态势，而不是源于个人关系或家庭背景。

例如，霍尔认为，19 世纪末的美国社会是建立在吸纳大量移民和迎接新观念新理念基础上的。 精英阶层无法仅仅靠名义上的权力来维持他们的自身地位[2]。 同样，在明治天皇亟须推动国家"现代化"的统治下，德川幕府精英阶层也必须展示自

---

[1] Hall, *Cities in Civilization*, pp. 3，493.

[2] 出处同前，p.305。

身价值。

曾经幸运的芝加哥人、莫斯科人和大阪人只要拥有蓬勃的工业资本主义所需的生存技能，就可以获得成功[1]。 明治时代武士通常拥有时代所需知识[2]。 在日本明治时期，德川幕府的武士阶层包括政府官员、士兵、教育者、办公职员、金融代理人、艺术家、医生、作家等[3]。 当然，许多曾经的上层人士并不具备新时代技能和思维[4]。

在这转型时期，这三座城市最引人注目的一点，是许多重要人物在 19 世纪 60 年代以前并没有任何特殊背景[5]。 例如，在 1873 年莫斯科高居商会顶层的家族中，几乎有一半是从 1861 年起就取得这一地位，而 1800 年前只有六分之一位于顶层[6]。 这些早期阿莫家族、菲尔德家族、斯威夫特家族、莫罗佐夫家

[1] E. Patricia Tsurumi, *Factory Girls: Women in the Thread Mills of Meiji Japan* (Princeton: Princeton University Press, 1990), p. 41.

[2] Gary D. Allinson, *Japanese Urbanism: Industry and Politics in Kariya, 1872 - 1972* (Berkeley: University of California Press, 1975), pp. 28 - 29; Bernard S. Silberman, *Ministers of Modernization: Elite Mobility in the Meiji Restoration, 1868 - 1873* (Tucson: University Arizona Press, 1964), pp. 11 - 19, 32 - 33; Smith, *Political Change*, pp. 31 - 34, 101 - 103.

[3] Allinson, *Japanese Urbanism*, pp. 28 - 29.

[4] R. Portal, "Industriels moscovites: le secteur cotonnier (1861 - 1914)," *Cahiers du Monde Russe et Sovietique* 4, nos. 1 - 2 (January-June 1963), pp. 5 - 46: 9.

[5] 伯纳德·席伯尔曼在关于精英阶层流动的开创性研究中着重强调了日本明治时代的这一情况，参见 Silberman, *Ministers of Modernization*。

[6] A. S. Nifontov, *Moskva vo vtoroi polovine XIX stoletiia. Stenogramma publichnoi lektsii, prochitannoi 26 Marta 1947 goda v Lektsionnom zale v Moskve* (Moscow: Izdatel'stvo "Pravda," 1947), p. 7.

族、休金家族、涩泽家族、野村家族或者藤田家族几乎不可能进入纽约、京都或圣彼得堡的上流社交圈子。 他们都是资本主义形成时期的受益者。

固有精英阶层和社会分化

芝加哥、莫斯科、大阪城市规模相似，都处在向资本主义经济转型时期，因而具有比较基础。 工业、商业和科技革命导致这些城市社会经历深刻变革，最终将转变各个地方人们的生活方式。 固有精英阶层看似是享有优势的，却通常无法适应身边发生的巨大变革。

朱莉娅·瑞格利在其关于芝加哥公共教育的权威研究中指出，享有上层地位的许多学者认为工人阶级反抗只不过是本能的偶然爆发现象[1]。 这种看法并没有看到阶级斗争实际上改变了地方现状，形成了与上层社会相对立的价值观。

在瑞格利研究对象——学校改革方面，工人和工会代表"形成了与社会上层人士有着重要不同的一种理念"[2]。 在特定问题上，工人阶级父母、加入工会的老师与中层改革者甚至商业团体会建立短暂联盟。 结果并没有走向持多元主义观点的作者们会认为的"更加完美的社会"。 下至公立学校每个教室，芝加哥教育政策通常是"有时公开、有时隐匿的持续政治斗争的产物，在这种政治斗争中获利通常有重要意义，但也不是全部，可

---

[1] Julia Wrigley, *Class Politics and Public Schools: Chicago*, *1900 – 1950* (New Brunswick, N. J. : Rutgers University Press, 1982), pp. 9 – 15.

[2] 出处同前，p. 262。

能会有变化"[1]。

在 19 和 20 世纪之交政治组织较弱、城市治理较为无序的时代，这些斗争"直接爆发，而没有一个强力统一的政党从中斡旋。 在无序的城市背景下，企业、工人、自由'改革'主体在推进各自政治议程中发展出了强大的组织"[2]。 芝加哥就是如此。 每当固有精英阶层受到挑战时，这种碎片化环境就尤其容易促成建立实用主义的联盟。

更重要的是，即使商业和金融利益集团经济资源更丰富、更受政府官员尊敬，还是有空间让无数组织争取在公众事务中的影响力[3]。 社会各个阶层采取了不同的政治策略[4]。 本土白

---

[1] Julia Wrigley, *Class Politics and Public Schools: Chicago, 1900 - 1950* (New Brunswick, N. J. : Rutgers University Press, 1982), p. 270. 这种基于财富的芝加哥本地社会层级形式（可追溯到大卫·哈马克对纽约的观察）与进步主义时代的历史学家对更广泛的美国生活和政治的结论是一致的。 用现在的价格计算，美国的国内生产总值从 19 世纪 80 年代中期的 110 亿美元增加到 1919 年的 840 亿美元。 把那一时期全国人口翻了 2 倍多也计算在内，人均国内生产总值从 19 世纪 80 年代中期的 208 美元增加到 1919 年的 804 美元。 然而，到 1890 年，美国最富有的 1% 的家庭拥有全国 51% 的实际个人财产，而经济上最贫穷的 44% 的家庭仅拥有全国所有财产的 1.2%。 Nell Irvin Painter, *Standing at Armageddon: The United States, 1877 - 1919* (New York: Norton, 1987), pp. xix - xx.

[2] Wrigley, *Class Politics*, p. 22.

[3] 这一观察来自理查德·L. 麦克考米克 1990 年关于进步主义时代（1877 年至 1917 年）最新的史学评论，参见 Richard L. McCormick, "Public Life in Industrial America, 1877 - 1917," in Eric Foner, ed., *The New American History* (Philadelphia: Temple University Press, 1990), pp. 93 - 177: 99。

[4] Peter G. Filene, "An Obituary for 'The Progressive Movement'," *American Quarterly* 22 (Spring 1970), pp. 20 - 34: 23.

人拥有选举权[1]。 其他组织被迫通过选举之外的方式推进其政治议程。 移民工人逐渐转向工会，中产阶级妇女转向俱乐部、协会、慈善机构等大量组织[2]。 选举之外的这些活动表明，缺乏选举权本身并未排除个人和集体行动的可能性。 选举可能代表了要建立以开放包容为基础的政治体制的一种必要条件。 下文在芝加哥案例研究中会讨论，要和平解决争端，拥有相对独立的司法系统可能与竞选机制同样重要。

　　工业化、公司崛起、妇女参与公众事务、阶级斗争、来自东欧南欧的大量移民，以及 1893 年至 1897 年的经济大萧条，深刻改变了美国人民的生活[3]。 美国社会各个层面都受到影响，在这极为艰难的时代各个组织都努力自保。 而在工业城市中，这些力量冲突最为剧烈[4]。

———————

[1] McCormick，"Public Life," p. 96.

[2] 出处同前，p. 101。

[3] 对这类问题的解释，参见 Paula Baker，"The Domestication of Politics：Women and American Political Society，1780 - 1920," *American Historical Review* 89，no. 3 （1984），pp. 610 - 647；Alan M. Kraut，*The Huddled Masses: The Immigrant in American Society*，*1880 - 1921* （Arlington Heights，Ill. ：Harlan Davidson，1982）；Richard Oestreicher，"Urban Working-Class Political Behavior and Theories of American Electoral Politics，1870 - 1940," *Journal of American History 74*，no. 4 （1988），pp. 1257 - 1286；Glen Porter，*The Rise of Big Business*，*1860 - 1920*，2d ed. （Arlington Heights，Ill. ：Harlan Davidson，1992）；Stephen Skowronek，*Building a New American State: The Expansion of National Administrative Capacities*，*1877 - 1920* （Cambridge，U. K. ：Cambridge University Press，1982）。

[4] 简·亚当斯在 1909 年相当悲伤地记下这一点，参见 Jane Addams，*The Spirit of Youth and the City Streets* （New York：Macmillan，1909），p. 141。

在资本主义城市芝加哥和整个美国，权力同时都在分化。这个强盗资本家时代也是公司资本主义崛起的时代。25 年前，社会史学家和企业史学家开始热情描述公司体制[1]，他们质疑了过去的一些观点，包括争论中有的历史学家认为公司对美国社会进行了重组对美国价值观和道德标准不利[2]；有的历史学家认为这种新型工薪阶层对工作环境进行了重塑[3]。不管怎么说，不穷不富的企业中层出现，改变了美国生活。

公司与社会两者关系常常成为极度模糊性的根源。企业中

---

[1] 例如，参见 Alfred Dupont Chandler, Jr. , *The Visible Hand: The Managerial Revolution in American Business* (Cambridge, Mass. : Harvard University Press, 1977) ; Olivier Zunz, *Making America Corporate*, *1870 – 1920* (Chicago: University of Chicago Press, 1990) , esp. pp. 1 – 7。

[2] 例如，参见 Thorstein Veblen, *The Theory of the Leisure Class* (1899; reprint, New York: Viking, 1967) ; Thorstein Veblen, *The Instinct of Workmanship and the State of the Industrial Arts* (New York: B. W. Huebusch, 1918) ; Thorstein Veblen, *Higher Learning in America: A Memorandum on the Conduct of Universities by Business Men* (New York: B. W. Huebusch, 1918) ; Robert and Helen Lynd, *Middletown in Transition: A Study in Cultural Conflicts* (New York: Harcourt, Brace, 1937) ; C. Wright Mills, *The Power Elite* (New York: Oxford University Press, 1956) ; C. Wright Mills, *White Collar: The American Middle Classes* (New York: Oxford University Press, 1951)。

[3] 例如，参见 Richard Hofstadter, *The Structure of American History* (Englewood Cliffs, N. J. : Prentice-Hall, 1964) ; Richard Hofstadter, *The Progressive Movement* (Englewood Cliffs, N. J. : Prentice-Hall, 1963) ; Richard Hofstadter, *The Age of Reform: From Bryan to F. D. R.* (New York: Knopf, 1955) ; Richard Hofstadter, *The Progressive Historians: Turner, Beard, Parrington* (Chicago: University of Chicago Press, 1979)。

层崛起，既为社会分化创造了条件，又为社会稳定创造了条件，形成了一种控制权支离破碎的情形：即使控制了社会政治和经济霸权的人也不得不包容和顾及他人。政治变得"碎片化、易变、议题导向"，认识不一致，意识形态不统一，在这样一个时代，没有哪个单一组织能够一直主宰这种政治乱象，即使占据显著优势、受过教育的白人男性清教徒也不行[1]。

在镀金时代的美国，阶级和种族主宰具有巨大影响，支持以阶级视角研究城市历史也就更具可信度。正如卡伦·萨威斯拉克所言："对于城市史学生来说，本土商人拥有巨大权力毫不奇怪。"[2] 鉴于芝加哥多元化现实，只要"不是只想找出'主宰'案例"，就会发现芝加哥和整个美国生活错综复杂、波动起伏[3]。

破碎霸权与城市被动包容

芝加哥等城市的霸权是个复杂的问题。对于在政治体制建立在选举基础之上的城市社会，情况尤其如此。萨威斯拉克在研究 1871 年大火之后和 1873 年经济大恐慌间极为艰苦的岁月时，发现大部分芝加哥人都接受了"北方佬"精英们的基本信条——"美德和'公共利益'（要）广泛属于每个独立的美国人"，同时始终确保"广泛听取各种声音"[4]。芝加哥城市

---

[1] Daniel T. Rodgers, "In Search of Progressivism," *Reviews in American History* 10, no. 4（December 1982）, pp. 113 - 132.

[2] Sawislak, *Chicagoans and the Great Fire*, p. 16.

[3] 出处同前，p. 16。

[4] 出处同前，p. 279。

"明显口音分界线"并未消失。 社会组织的根本问题备受争议，萨威斯拉克研究也体现了这一点。 本土精英常常主导政治辩论，但也并非总是如此，本书第八章讨论宪章改革时就明显体现了这点。 争论是主流，而不是相互和解或让步。

阶级霸权和主宰不足为奇；需要阐释的是争论。 在这一点上，芝加哥、莫斯科、大阪的城市突出特征必须再次进入视野。因为在研究这一时期这些城市时，不可能忽略资本主义、工业化、技术变革带来的影响，但本书努力在论述上有所调整，最重要的是把这三座城市视为转型中的特大城市中心。 这些城市正处于更大的国家甚至国际力量与日常生活现实交汇处[1]。

城市生活——在资本主义鼎盛时期，在苏联社会主义时期，在各种前现代和后现代时期——本身就导致社会复杂、空间拥挤，各色各样的人被迫在空间里聚集、互动，行为不像真实的自己。 生存很少能一直"愉快"。 任何组织不管多有权势，很少能在权力、财富和资源争夺中一直处于不败之地。 必须作出选择——艰难抉择，不过也很少只有非此即彼的选择。 大城市提供多样的选择机会。 正是由于大城市密度高、多样化，为作出艰难让步和妥协提供了空间。 这正是本书"讲求实用的多元主义"的根本源头。

因此，本书关注的是必要的包容，而不是任何传统意义上的"民主"[2]。 莫斯科和大阪的政治体系不能算是 20 世纪晚期

---

[1] Sharon Zukin, *The Culture of Cities* (Cambridge, Mass.: Blackwell, 1995), p. 46.

[2] 这一过程通常更接近吉列尔莫·奥唐纳和菲利普·C. 施密特尔所称的"自由化"（如"重新定义和扩展权利的过程"）而不是他 （转下页）

北美概念中的"民主"[1]。 就这方面来说，芝加哥市民比莫斯科和大阪市民更有机会参与地方政治。 芝加哥的竞选机制——地方政治生活这一特征将美国城市政治与帝制俄国和明治时期日本显著区别开来——然而只是面向城市少数居民，妇女和外地移民通常没有选举权[2]。

　　在这些伟大的"第二大都市"里，克制与包容是城市快速增长及资本主义形成相关社会错位造成的结果。 结果证明差异性与复杂性有着积极意义，这个发现与彼得·霍尔的巨著《文明城市》中的发现一致。 无论在过去还是现在，有些城市居民开始认为，间或处于复杂性造成的差异之中是"城市生活的主要吸引力之一"[3]。 本书也会探讨一些这种情形。

（接上页）们所称的"民主化"，"民主化"同时包括权利和义务，即在进行集体决策时每个人都有被其他人同等对待的权利，在执行决策时，所有公民都可能成为执政者且对此负有不可推卸的责任。 Guillermo O'Donnell and Philippe C. Schmitter, "Defining Some Concepts (and Exposing Some Assumptions)," in Guillermo O'Donnell, Philippe C. Schmitter, and Laurence Whitehead, eds., *Transitions from Authoritarian Rule: Prospects for Democracy* (Baltimore：Johns Hopkins University Press, 1986), Part IV ("Tentative Conclusions about Uncertain Democracies"), pp. 6 - 15：7.

[1] 对 20 世纪晚期用来定义和评价"民主"准则的特征性描述，参见 Juan J. Linz, "Crisis, Breakdown, and Reequilibration," in Juan J. Linz and Alfred Stepan, eds., *The Breakdown of Democratic Regimes* (Baltimore：Johns Hopkins University Press, 1978), pp. 3 - 124：5 - 9。

[2] 进一步的讨论参见 Michael Wallace Homel, "Negroes in the Chicago Public Schools, 1910 - 1941" (Ph. D. diss., University of Chicago, 1971)。

[3] Larry Bennett, *Fragments of Cities: The New American Downtowns and the Neighborhoods* (Columbus：Ohio State University Press, 1990), p. 9.

文化与经济特殊性

芝加哥、莫斯科、大阪都具有一定城市规模、资本主义形态、出于必要的包容和讲求实用的多元主义，这为开展有意义的比较提供了坚实基础[1]。 城市居民互相都能体会到，这三座城市充满活力的重商主义和自由的资本主义扩张主义。

这三座城市也存在许多重大不同。 在美国、明治时期的日本、帝制俄国，工业化和经济发展水平参差不一，因此三座城市并不相同。 1912 年美国人平均每人消耗 500 千瓦时电量，而 1913 年俄国人平均每人才消耗 16 千瓦时电量[2]。

社会和政治冲突这一文化左右着帝制俄国的人们生活，不过莫斯科不一定如此，这点必须与更为包容的美国政治文化对比来看，美国政治文化更容易适应社会多元主义的现实。 在这一背景下，美国广泛（尽管很难说是普及）和高度发达的司法系统成为重要的因素[3]。 美国人偏爱公众问责制和更为开放的制度

---

[1] 莫斯科的现代化并没有太远地落后于西欧。 例如，在第一次世界大战爆发前，每一千居民的贝尔电话使用量大致上与德国、荷兰和英国差不多。 P. V. Sytin, *Kommunal'noe khoziaistvo. Blagoustroistvo Moskvy v sravnenii s blagoustroistvom drugikh bol'shikh gorodov* (Moscow：Novaia Moskva，1926)，p. 162.

[2] Jonathan Coopersmith, *The Electrification of Russia*，*1880 – 1926* (Ithaca：Cornell University Press, 1992)，p. 47.

[3] 尽管在 19 与 20 世纪之交时芝加哥还达不到理想状态下的民主，具有此类情形的美国城市不在少数。 甚至罗伯特·达尔所在的纽黑文城就是用来讨论美国城市多元主义的典型案例。 参见 Robert A Dahl, *Who Governs? Democracy and Power in an American City* (New Haven：Yale University Press, 1961)。

安排，这对于俄国人非常陌生。 明治时期政治体制则在不同程度上结合了这两点。

芝加哥、莫斯科、大阪城市体制不同，既体现在时间节点上，也体现在基础面上。 1871 年芝加哥大火至 1893 年芝加哥举办哥伦布纪念博览会（世界博览会）期间，芝加哥转型成为"现代"都市。 早在 1879 年，芝加哥选举了首位政客市长——老卡特·亨利·哈里森，到 1897 年其儿子首次当选市长时，芝加哥已从根本上形成了全新的政治体制。

随着商人市长尼古拉·阿列克谢夫开展"现代化"治理，19世纪 90 年代莫斯科开启了工业政治体制。 阿列克谢夫是个复杂人物，他由于治理城市有效而赢得了法国荣誉军团勋章，也由于推动和落实俄国帝制政府将犹太商人驱逐出城的政策，被俄裔犹太人永久憎恶[1]。

———————

[1] Walter S. Hanchett, "Moscow in the Late Nineteenth Century：A Study in Municipal Self-Government" （Ph. D. diss. , University of Chicago, 1964）, p. 141. 城市在 1897 年进行的人口普查显示，犹太人占莫斯科人口的 0.5%，比 1882 年调查时的百分比下降了三分之二以上，当时圣彼得堡当局强迫数万名犹太人迁徙到西部苍凉的定居点。 Timothy J. Colton. *Moscow: Governing the Socialist Metropolis* （Cambridge, Mass. ：Harvard University Press, 1995）, p. 35. 阿列克谢夫市长于 1891 年进一步驱逐了领头的犹太商业家族。 Jo Ann Ruckman, *The Moscow Business Elite: A Social and Cultural Portrait of Two Generations*, *1840 - 1905* （DeKalb：Northern Illinois University Press, 1984）, pp. 23 - 24. 然而，在同一时期阿列克谢夫也联合财政大臣谢尔盖·维特，成功反对了限制犹太人在布哈拉从事商业活动的政令，这一政令威胁到与阿列克谢夫有关联的纺织制造商的利益。 Thomas C. Owen, *Capitalism and Politics in Russia: A Social History of the Moscow Merchants*, *1855 - 1905* （Cambridge, U. K. Cambridge University Press, 1981）, p. 103.

　　来自圣彼得堡的持续干预削弱了莫斯科的政治改革，而 1893 年的暗杀导致阿列克谢夫任期骤然终止。莫斯科城市管理变革蹒跚前进，又因 1905 年革命再次中断——革命带来的动荡造成了深深的社会裂痕，一直恶化持续到 1917 年帝制解体。

　　1905 年日俄战争中日本战胜，大阪体制转型开始；1926 年地方选举中男性拥有普选权，大阪体制转型完成。1923 年关一就任大阪市长，可以说是首个由专业城市规划学家担任的市长。大阪成功建立并实施了新型地方政治体制，相比之下莫斯科却失败了。

　　最终，不能忽略 1905—1907 年、1917—1921 年、1928—1932 年俄国革命和内战的暴力影响[1]。本书解读基于的观点是 1861 年后、1907 年前俄国或多或少走在朝向"现代化"欧洲国家的改革之路上。

　　后面关于莫斯科初期公民社会的材料会显示，改革之路绝非一帆风顺。俄国的社会、经济、政治改革之路经历了非同一般的曲折坎坷。俄国沙皇退位不亚于耻辱地被日本战败，相当于国内近两年社会分崩离析。但是，1905 年革命之后，俄国变成了契诃夫式世界：实施议会选举和地方政府体制，中产阶级崛起，私人投资的工业部门逐渐壮大，农业和小农场不断发展。

　　1907 年 6 月 3 日，首相彼得·斯托雷平发动政变，解散了国家杜马，流放杜马代表，尼古拉二世开始脱离"现代化"欧洲国

---

[1] 正如当今众多社会历史学者已经证明的那样，这些动荡不过是 20 世纪最初的那些年里社会和政治暴力最直观的显现。例如参见 Joan Neuberger, *Hooliganism: Crime, Culture and Power in St. Petersburg, 1900 - 1914* (Berkeley: University of California Press, 1993)。

家建设之路[1]。 第三届杜马在限制性更多的选举法下重组，成功终结了俄罗斯早期民主转型之路。 在 1907 年 6 月之后，1917 年革命并非不可避免，但是如果没有十年前斯托雷平那场政变，1917 年革命很可能就不会发生。 差不多从那时起，莫斯科的发展就与芝加哥和大阪差异越来越大。

帝制日本与沙皇俄国的这些对比，并不意味着美国在推进具有社会包容度的政治方面完全成功或者一以贯之[2]，而是促进更加深入理解 20 世纪前后芝加哥、莫斯科、大阪的多样化命运。 更重要的是，美国、日本、俄国政治发展中这些不同，并不表示文中研究时期这三座"第二大都市"的比较没有价值。

美国、俄国、日本——更别说芝加哥、莫斯科、大阪——过去是，现在依旧是在日常生活中的许多基本现状上互不相同，本书并不否认这点。 地区特色带来的差异及韵味使其充满活力和动力。 正如捷克小说家伊凡·克利玛所言，"城市犹如个人"有着自己"独特个性、自'我'、精神、身份，并伴随时空变化而不断演变"[3]。

―――――

[1] 有关导致 1907 年 6 月 3 日斯托雷平"政变"的一系列事件的深入分析，参见亚伯拉罕·阿歇尔 1905 年革命历史的权威著作第二卷：Abraham Ascher, *The Revolution of 1905*, vol. 2: *Authority restored* (Stanford: Stanford University Press, 1992)。 克里斯蒂娜·鲁安在她对俄国城市教师的研究中主动探索了 1905—1907 年间的事件与俄国公共空间的初现之间的关系。 Ruane, *Gender, Class*, pp. 128 - 163.

[2] 对美国民族包容限度的精彩讨论，可以参见 Edgar Litt, *Beyond Pluralism: Ethnic Politics in America* (Glenview, Ill.: Scott, Foresman, 1970)。

[3] Ivan Klima, "The Spirit of Prague," *The Spirit of Prague and Other Essays*, trans. Paul Wilson (New York: Granta, 1994), p. 39.

　　个体在很多重要方面互不相同，社会分析通过找出个体间的共同特征来解读这个世界。 接下来的观点认为，将这三座城市视为具有共同社会形态——蓬勃发展的转型中资本主义"第二大"城市——比起关注这三座城市的特殊性，能够揭示更多。本书明确反对芝加哥、莫斯科、大阪无法互相衡量、特殊或独一无二的这种观念。

六个案例研究

　　本书将通过对比政策争议，探讨芝加哥、莫斯科、大阪讲求实用的多元主义的政治内涵。 争议情形将包括有些组织通过与其他方互动、追求共同目标而成功获胜，或者由于忽视社会经济竞争者而导致失败。

　　后面章节探讨的每个争议，都符合大卫·C.哈马克认为的此类案例研究的重要衡量标准[1]。 在这三座巨型城市，这些争议都改变着重要资源分配、政策制定和执行方式、"价值观、信仰、信息这些舆情构成要素"，从而影响了"相对相当大量的人口"。 这些政策问题"在当代及后来专家、公认的城市权势群体及大量城市人口看来都非常重要。 更重要的是，各个政策问题都得花数年才能解决"[2]。

　　要记住重要一点： 在本书六个案例中政策问题上，断言绝

───────

[1] 这些标准在如下文献中列出： Hammack, "Problems of Power," pp. 323 - 349: 345 - 465; Hammack, *Power and Society*, p. 22。

[2] Hammack, *Power and Society*, p. 22.

对成败与否是不现实的。 而且，接下来的讨论也会阐明，在何种程度上结局算是"成功"还是"失败"，也值得商榷。 芝加哥交通争夺战、莫斯科成人教育政策、大阪港口复兴——这三个较为正面的案例代表了实用主义政治达成妥协，产生了政策成果，成果虽不完美，但在提高城市居民生活质量方面具有意义。芝加哥城市宪章改革、莫斯科住房及卫生改革、大阪社会福利政策——这三个负面案例深受根深蒂固的冲突和矛盾之害，这些冲突和矛盾并未通过实用主义寻求和解而得到丝毫缓和。

接下来第一章中每个城市的概述，以及构成本书推论部分的第二章和政策案例研究的第三章，将突出介绍四位政客的政治生涯——老卡特·亨利·哈里森、小卡特·亨利·哈里森、尼古拉·阿列克谢夫和关一——这四位政客都充分表现了这三座"第二大都市"多元主义政治具有蓬勃活力，然后再次抛给读者引言开篇提出的问题。 哈里森家族、阿列克谢夫和关一，尽管每个人的个性、国家文化、教育和社会地位互不相同，但都在资本主义爆炸式发展顶峰之际，在治理分歧严重且发展迅速的巨型工业化城市中，努力克服了实际面临的各种问题。 他们做得最好的一点，就是推行包容性政治，缓解了城市大部分严重冲突（阿列克谢夫做得最不好的一点，是确信并积极推行了反犹政策）。他们面对紧迫问题时，注意采取实用主义解决方案，常把严峻的意识形态争端转变为较小的政策关切，不需要一方或另一方全胜才能解决。

审视这四位市长的政治生涯，把读者带回了开篇提到的 19 世纪末城市主义最根本的问题： 公民领袖如何有效处理资本主义工业化无序发展中的社会多元化、包容性和多元主义问题？

在帝制末期俄国城市，公民意识在多大程度上有效挑战了阶级意识？

芝加哥、莫斯科、大阪在当时是，现在依旧是截然不同的国家和文化的产物。不过，它们在同时进入高速增长和社会多元化时期时，都经历了重要的讲求实用的多元主义的包容性政治。持续变化的多极化政治游戏促成了非比寻常的各种联盟，没有任何单一群体能够主宰这一快速变革的世界。成功的政治家和公民领袖接纳复杂性，将城市管理视为一个过程，而不是一连串限定的政策成果。

芝加哥、莫斯科、大阪城市管理并不容易。爱德华·坎托维茨关于这一时期芝加哥政治的告诫同样适用于莫斯科和大阪。"平衡政治，"坎托维茨写道："可能听起来无趣，像追求安全合理的保守主义之类；但其实再真实不过了。事实上，在发展迅速又碎片化的城市，维持政治平衡是个极度灵活甚至勇敢的行为。"[1]权力依赖于在这种形势激烈的城市中心有能力"有技巧地、灵活地适应爆炸式增长及眼花缭乱的多元化"。要实现成功统治而不只是维持而已，芝加哥、莫斯科、大阪一样都依赖于一种政治资源：讲求实用的多元主义。

[1] Edward R. Kantowicz, "Carter H. Harrison II: The Politics of Balance," in Paul M. Green and Melvin G. Holli, eds., *The Mayors: The Chicago Political Tradition* (Carbondale: Southern Illinois University Press, 1987), p. 16.

第一部分

工业三巨头

第二章
屠宰之城

    19 和 20 世纪之交的芝加哥就像是童话中奥兹国的神奇城市。 莱曼·弗兰克·鲍姆在 1900 年创作的童话故事（后改编成美国经典电影）讲述了一个天真的中西部乡村女孩被带到了一座充满危险和惊喜的奇幻城市，里面有神奇的巫师、可敬的稻草人和邪恶的邻居。 作为芝加哥人，弗兰克·鲍姆的创作受到了故乡的启发[1]。

    从种满洋葱的农田变成北美第二城市，芝加哥用了不到一个世纪的时间，这一高速增长无论用哪种标准衡量都引人注目[2]。 从 1833 年原住民被迫签署协议放弃最后一块领地，仅

---

[1] 对此的研究见于 Kenan Heise, *A Sampling of Chicago in the Twentieth Century: Chaos, Creativity, and Culture* (Salt Lake City: Gibbs-Smith, 1998), pp. 13 – 14。

[2] 城市名字的起源一般认为与美洲原住民对这一区域的叫法 "Che-cau-gou" 有关，大部分观点认为与生长在名叫芝加哥的小河两岸的野生洋葱有关。 因此，这个名字可粗略地译为 "野生洋葱田地"，或者 "难闻的洋葱田地"。 例如参见 Lois Willie, *Forever Open, Clear, and Free: The Historic Struggle for Chicago's Lakefront* (Chicago: Henry （转下页）

仅一代人的时间，芝加哥就成了新大陆重要的交通枢纽[1]。

　　芝加哥充满活力和多样性，为城市基础设施和治理结构带来巨大压力。 在这个喧嚣的世界里，社会、商业和政治组织高度破碎、分散，迫使成功的政客要在其中充当掮客。 这一时代最成功的大佬并不是像在雪茄烟雾弥漫的密室里，在竞争对手间达成交易、靠命令就能统治的。 他们取得的巨大成就不仅有赖于奥兹国般的幻想，更是建立在艰苦的经验现实基础上。

　　如果真如普丽希拉·帕克赫斯特·弗格森所言，"通常认为19世纪巴黎所具有的现代性，根源在于给人变化之感，现在本质上总是暂时的、永未完成，以及改变即将来临"，那么，没有哪个19世纪的城市比芝加哥更"现代"[2]，也没有哪些政客比统治这座"风城"的无赖权力掮客更加"现代"。 正如这座城市发展概述所体现的，19世纪后期的芝加哥从根本上而言永远

（接上页）Regnery, 1972), p.5. 为了寻找一个更权威的定义，阿尔弗雷德·西奥多·安德里斯在他于1884—1886年间出版的重要的三卷本芝加哥城市史中论证，应当通过那个被选定为名字起源的原住民语言来理解真正的意思。 有种说法似乎是他的著作中独有的论证，城市的名字所代表的意思是"神圣的河流"。 Alfred Theodore Andreas, *History of Chicago*, vol. 1（Chicago：A. T. Andreas, 1885 – 86), pp. 33 – 37.

[1] 对此在如下文献中着重说明 William Cronon, *Nature's Metropolis: Chicago and the Great West*（New York：Norton, 1991), pp. 25 – 30; Andreas, *History of Chicago*。 也可参见 Michael P. Conzen, "A Transport Interpretation of the Growth of Urban Regions：An American Example," *Journal of Historical Geography* 1, no. 4（1975), pp. 361 – 382。

[2] Priscilla Parkhurst Ferguson, *Paris as Revolution: Writing the Nineteenth-Century City*（Berkeley：University of California Press 1994), p. 35.

处于未完成的暂时状态，正是因为 19 世纪之初它尚不存在。 早在 1857 年，俄国旅行者亚历山大·拉基耶尔就抱怨不可能买到准确的城市规划图或导游手册，因为新街道建设太快，地图印刷前要打上日期[1]。 很多时候，芝加哥城市管理者们像远方来的游客一样，明明身处这座充满活力的都市，却还是对这些街道感到迷惑不已。

命中注定的都会

芝加哥的出现有一种宿命的感觉，它是冰河时期的冰川与河流冲积作用的结果。 有一条仅仅 10 英尺（1 英尺 = 0.304 8 米——译者注）高的隆起隔开了两大主要水系（一个经五大湖区和圣劳伦斯河流入大西洋，另一个经密西西比河流入墨西哥湾），芝加哥横跨这个北美大陆分界线最下端，具有一些无可比拟的天然优势[2]。 它的成功源自人类与自然的大量交互[3]。芝加哥的环境卫生和航行运河的浩大工程，开启了它从一个小的

---

[1] Aleksandr Borisovich Lakier, *A Russian Looks at America: The Journey of Aleksandr Borisovich Lakier in 1857*, trans. and ed. Arnold Schrier and Joyce Story（Chicago：University of Chicago Press, 1979）, p. 174.

[2] 芝加哥天然成因的重要性以及冰川在创造城市的物理边界时所起的作用在如下文献中作了描述，Donald L. Miller, *City of the Century: The Epic of Chicago and the Making of America*（New York：Simon and Schuster, 1996）, pp. 42 – 47。

[3] 这些交互是威廉·克罗农有关芝加哥和中西部环境史的权威著作《自然的都市》的主题。

原始边疆定居点向北美首要交通中心的转变历程[1]。

芝加哥的起源可以追溯到第一个到达这一地区的非原住民巴普蒂斯特·杜·萨布尔。 杜·萨布尔于 1745 年出生于海地，父亲是法国人，母亲是自由黑人[2]。 杜·萨布尔是一位非常成功的商人，他的妻子金特哈瓦是伯塔瓦托米人，他们在湖畔建造的贸易点最后发展成了九幢建筑，其中包括城市的第一座滨湖豪宅。 1809 年杜·萨布尔的妻子过世，之后杜·萨布尔退居密苏里州圣查尔斯县，直到 1818 年去世。

从纽约州北部和新英格兰迁至芝加哥的居民，以及来自欧洲的移民，共同改造着这座城市，速度之快，几乎没有哪个精英能有机会完全控制[3]。 这是"一座被割裂的城市，既有黄金海岸又有贫民窟，既有半城市化的幽静住宅又有拥挤的移民聚居区，

---

[1] 有关运河在促进芝加哥崛起为都市中心的作用的进一步讨论，参见 Louis P. Cain, *Sanitation Strategy for a Lakefront Metropolis: The Case of Chicago* (DeKalb: Northern Illinois University Press, 1978)。 有关运河对早期芝加哥人致富的作用的进一步讨论，参见 Isaac N. Arnold and J. Young Scammon, *William B. Ogden and Early Days in Chicago* (Chicago: Fergus Printing Co., 1882), pp. 10 – 31。

[2] Willie, *Forever Open*, pp. 7 – 10; Andreas, *History of Chicago*, vol. 1, p. 70.

[3] 城市里最早的商人阶层中有 88% 的人出生于新英格兰和中大西洋各州。 来自这些地区的移民的作用在如下文献中进行了讨论 Rima Lunin Schultz, "The Businessman's Role in Western Settlement: The Entrepreneurial Frontier: Chicago, 1833 – 1872" (Ph. D. diss., Boston University, 1985), pp. 65 – 97, 403。 相关讨论还可参见 James Gilbert, *Perfect Cities: Chicago's Utopias of 1893* (Chicago: University of Chicago Press, 1991), pp. 5, 28。

既有屠宰场又有会计房，既有红灯区又有清教徒"[1]。

　　城市的高度流动性开启了一场对贸易、工业和艺术人才的大搜寻。它在美国中西部财富基础上，对谷物、肉类和木材行业进行了革新[2]。芝加哥尽管在政治上仅仅局限于管辖所在县域，但它创造了 20 世纪资本主义大都市[3]。

　　这样的独创力是美国城市的标志[4]。根据辩论家林肯·

---

[1] Edward R. Kantowicz, "Carter H. Harrison II: The Politics of Balance," in Paul M. Green and Melvin G. Holli, eds., *The Mayors. The Chicago Political Tradition* (Carbondale and Edwardsville: Southern Illinois University Press, 1987), p. 17.

[2] Cronon, *Nature's Metropolis*, pp. 97 - 259.

[3] 有很多观察家对芝加哥作为典型的 20 世纪城市做过评论，包括 Witold Rybczynski, *City Life: Urban Expectations in a New World* (New York: Scribner, 1995), p. 116. 这种观点随着 1941 年如下著作的出版而牢固，Sigfried Giedion, *Space, Time, and Architecture* (Cambridge, Mass.: Harvard University Press, 1962), pp. 333 - 424. 对于吉迪翁在奠定芝加哥在现代城市史中位置的作用，如下文献进行了深刻的讨论，David Van Zanten, "Chicago in Architectural History," in Elisabeth Blair Mac-Dougall, ed., *The Architectural Historian in America*, Studies in the History of Art 35 (Washington, D. C.: Center for Advanced Study in the Visual Arts, National Gallery of Art, 1990), pp. 91 - 99. 吉迪翁在 1938—1939 学年担任哈佛大学查尔斯·艾略特·诺顿诗歌讲席教授期间研究了芝加哥主题。参见 Eduard F. Sekler, "Sigfried Giedion at Harvard University," in Mac-Dougall, ed., *The Architectural Historian in America*, pp. 265 - 273。最近，这些观点被威廉·克罗农在《自然的都市》一书中作了考察。

[4] Robert Higgs, "Cities and Yankee Ingenuity, 1870 - 1920," in Kenneth T. Jackson and Stanley K. Schultz, eds., *Cities in American History* (New York: Knopf, 1972), pp. 16 - 22.

斯蒂芬斯的观点，芝加哥的成功凭借着一种不寻常的勇气和"运动精神"，培育了一种一往无前勇于冒险的精神，这种冒险精神就算按美国标准也是罕见的。 斯蒂芬斯写道："无论你是谁，无论你来自哪里，无论你想做什么，芝加哥都会给你机会。"[1]

这种全社会的冒险精神让年轻、野性、初露峥嵘的芝加哥得以抗衡其他颇具规模的城市，争夺对地域广大且异常富庶的美国中西部的经济支配权[2]。 在日渐繁荣的芝加哥，到处是渴望取得更大成就的勤劳人士。

芝加哥机会主义者把奴隶制矛盾视为一个巨大的商机的同时，在废奴上又占据了道义制高点[3]。 南北战争使芝加哥成为全国最大的牲畜市场、肉类加工中心和铁路枢纽。 芝加哥本地精英很快就联合起以纽约为主的东海岸资本，开发了以芝加哥为中心的巨大铁路网。 纽约人现在需要依靠他们的中西部伙伴对西部贸易的控制，因此在 1871 年芝加哥大火后，他们投入了必要的资本以确保城市能够迅速重建[4]。 之后不到十年，芝

---

[1] Lincoln Steffens, *The Autobiography of Lincoln Steffens* (New York：Harcourt. Brace, and World, 1931), vol. 2, p. 428.

[2] 对这类竞争的概述，参见 Carl Abbott, *Boosters and Businessmen: Popular Economic Thought and Urban Growth in the Antebellum Middle West* (Westport, Conn.：Greenwood, 1981)。

[3] 相反，圣路易斯市的领导人和他们的南方支持者在美国内战时期划分他们的依附关系时（一方是已脱离联邦的南方各州的传统盟友，另一方是反对奴隶制的势力），维持着内河船运优势的陈旧信念。 Wyatt Winton Belcher, "The Economic Rivalry between St. Louis and Chicago, 1850－1880" (Ph. D. diss., Columbia University, 1947).

[4] 出处同前，p. 185。

加哥就将与纽约竞争对整个北美经济的控制权[1]。

　　芝加哥最大的经济成就在于整合了货物贸易和金融，本地的金融家首次发明了把实体货物转换为流动的货币信用的交易媒介。像莫斯科和大阪一样，芝加哥利用其作为交通枢纽的地位来扩展经济力量[2]。这座城市引领了一系列技术创新的应用，如轻便木质龙骨构架和后来的钢铁构架建筑、大规模电气化、谷物仓储和运输，以及各种工业化食品加工技术[3]。与东海岸相

---

[1] 相反，圣路易斯市的领导人和他们的南方支持者在美国内战时期划分他们的依附关系时（一方是已脱离联邦的南方各州的传统盟友，另一方是反对奴隶制的势力），维持着内河船运优势的陈旧信念。Wyatt Winton Belcher, "The Economic Rivalry between St. Louis and Chicago, 1850 - 1880" (Ph. D. diss., Columbia University, 1947), pp. 201 - 206。

[2] 在 1890 年人口普查时，芝加哥超过了费城成为人口第二多的城市。Gilbert, *Perfect Cities*, p. 16.

[3] 有关轻便木质龙骨构架在住房建设中的革命，参见 Giedion, *Space, Time, and Architecture*, pp. 345 - 353；Miller, *City of the Century*, pp. 81 - 87；Clay Lancaster, *The American Bungalow, 1880 - 1930* (New York：Abbeville, 1985), pp. 97 - 108。有关摩天大楼和钢铁构架建筑，参见 Frank A. Randall, *History of the Development of Building Construction in Chicago* (Urbana：University of Illinois Press, 1949); Miller, *City of the Century*, pp. 300 - 377。有关大规模电气化，参见 Harold L. Platt, *The Electric City: Energy and the Growth of the Chicago Area, 1880 - 1930* (Chicago：University of Chicago Press, 1991)。有关食品加工，参见 Louise Carroll Wade, *Chicago's Pride: The Stockyards, Packingtown, and Environs in the Nineteenth Century* (Urbana：University of Illinois Press, 1987)；以及米勒对引入备有谷物升运器的谷仓和建立自动化牲畜围场的讨论，参见 *City of the Century*, pp. 106 - 109, 198 - 224。

比，芝加哥大亨更有资源也更有意愿去开拓新的产业[1]。

芝加哥人口构成

与同期其他许多美国城市一样，芝加哥力争成为城市新兴中产阶级的家园[2]。 在实现这一目标的进程中，芝加哥有一个好的开端，因为其最初吸引的定居者在识字率上高于其他西部城市[3]。芝加哥地区很快迎来了庞大的工人与移民组成的混合社区[4]。

---

[1] Frederic Cople Jaher, *The Urban Establishment: Upper Strata in Boston*, *New York*, *Charleston*, *Chicago*, *and Los Angeles* (Urbana: University of Illinois Press, 1982), p.491. 更多关于芝加哥出名企业家的个人描写可以参见米勒的著作《世纪城市》，其中从商业上进行现代化的改造者们的个人简单传记见书中 William Butler Ogden (pp. 73 - 76); Cyrus Hall McCormick (pp. 103 - 106); Gustavus Franklin Swift (pp. 205 - 211); Philip Danforth Armour (pp. 211 - 216); and Potter Palmer (pp. 137 - 141)。

[2] 芝加哥对商人和专业技术人员的后裔尤其有吸引力，参见 Schultz, "The Businessman's Role," pp. 1 - 15。

[3] Jaher, *The Urban Establishment*, p. 466.

[4] 有关讨论参见 Bessie Louise Pierce, *A History of Chicago*, vol. 3: *The Rise of a Modern City*, *1871 - 1893* (Chicago: University of Chicago Press, 1957), pp. 20 - 63. 更晚近的史学倾向于挑战民族和人群聚态的关联，因为前汽车时代的街区并非人们有些时候认为的那样难以理解。 此观点可参见 Kathleen Neils Conzen, "Immigrants, Immigrant Neighborhoods, and Ethnic Identity: Historical Issues," *Journal of American History* 66, no. 3 (1979). pp. 603 - 615. 芝加哥的民族多样性无疑是真实存在的，这一点可被那一时代的大量民族和街区研究印证。 例如参见 Florian Znaniecki and William I. Thomas, *The Polish Peasant in Europe and America*, ed. And abridged Eli Zaretsky (Urbana: University of Illinois Press, 1984); Humbert S. Nelli, *Italians in Chicago*, *1880 - 1930: A Study in Ethnic Mobility* (Oxford, U. K.: Oxford University Press, 1970); 或 Glen E. Holt and Dominic A. Pacyga, *Chicago: A Historical Guide to the Neighborhoods: The Loop and South Side* (Chicago: Chicago Historical Society, 1979)。

毫无疑问，芝加哥背负着残酷对待劳工的名声[1]。 19 世纪 70 年代经常发生激烈的罢工，还有被广泛报道的 1886 年干草市场游行中无政府主义者制造的爆炸，1894 年臭名昭著的普尔曼罢工，还有 1905 年夏天持续的牲畜市场大规模和平停工[2]。 与

---

[1] 正如卡尔·史密斯的有力论证，芝加哥那一时期的劳工冲突，叠加上灾难性的大火，共同定义了对城市的美式观点——"各文明进步的创造"——即城市不断地受到混乱和灾难的威胁。 芝加哥激烈的劳工关系在这时既是地方现象，又是全国现象。 芝加哥充斥着社会骚动和末日危险，以及夹杂美式乡村情怀，强化了民族文化中一股明显的反城市情绪。 有关这一过程的讨论，参见 Carl Smith, *Urban Disorder and the Shape of Belief: The Great Chicago Fire, the Haymarket Bomb, and the Model Town of Pullman* (Chicago: University of Chicago Press, 1995)。

[2] 有关芝加哥政治文化中劳工冲突的重要地位，参见 Maureen A. Flanagan, *Charter Reform in Chicago* (Carbondale: Southern Illinois University Press, 1987), pp. 29-33。 有关 19 世纪 70 年代的铁路大罢工，参见 "Chicago's Great Upheaval of 1877," *Chicago History* 9, no. 1 (Spring 1980), pp. 2-17; Shelton Stromquist, *A Generation of Boomers: The Pattern of Railroad Labor Conflict in Nineteenth-Century America* (Urbana: University of Illinois Press, 1987)。 有关干草市场事件，参见 Paul Avrich, *The Haymarket Tragedy* (Princeton: Princeton University Press, 1984); Miller, *City of the Century*, pp. 468-482; Henry David, *The History of the Haymarket Affair* (New York: Farrar and Rinehart, 1936); Bruce C. Nelson, *Beyond the Martyrs: A Social History of Chicago's Anarchist, 1870-1900* (New Brunswick, N. J.: Rutgers University Press, 1988), pp. 175-223; Smith, *Urban Disorder*, pp. 99-174。 有关普尔曼罢工，参见 Smith, *Urban Disorder*, pp. 175-270; Stanley Buder, *Pullman: An Experiment in Industrial Order and Community Planning, 1880-1930* (Oxford, U. K.: Oxford University Press, 1967), pp. 147-204; （转下页）

056　第二大都市：镀金时代芝加哥、白银时代莫斯科与明治时代大阪

美国其他地方一样，阶级政治经常被归入城市空间和社区的政治问题，寻求社会隔离的同时又使城市疏散和郊区化[1]。 隔离越来越多地牵涉阶级还有种族问题。

就在同一时期，芝加哥活跃的非裔美国人社区开始初具雏形。 种族关系在19世纪晚期相对平和[2]。 随着20世纪一二十年代南方黑人开始向工业化北方大迁徙，这种相对平静的状态被打破了。

詹姆斯·R. 格罗斯曼的权威著作《希望之地》记录了非裔美国人迁居芝加哥的经历，从地处密西西比河三角洲的各州搭乘伊利诺伊中部铁路北上，"努力在北部的工业经济中求得立足之地"[3]。 用保罗·路易·斯特瑞特的话说："哪怕在'令人憎恶'的牲畜市场找到一份糟透了的工作，对迁居黑人来说都是个

（接上页）　Almont Lindsey, *The Pullman Strike: The Story of a Unique Experiment and of a Great Labor Upheaval* (Chicago: University of Chicago, 1942)。 有关牲畜市场，参见 Jane Addams, *Twenty years at Hull-House* (1910: reprint, New York: New American Library, 1961), p. 164。 有关前一个夏天重要牲畜市场的一次停工，参见 Jane Addams, "Problem of Municipal Administration," *American Journal of Sociology* 10, no. 4 (January 1905), pp. 425-555: 433-436; Robert A. Slayton, *Back of the Yards: The Making of a Local Democracy* (Chicago: University of Chicago Press, 1986), pp. 92-94。

[1] Ira Katznelson, *City Trenches: Urban and the Patterning od Class in the United States* (New Work: Pantheon, 1981). 对特别的美式城市空间观念的进一步讨论，参见 Rybczynski, *City Life*。

[2] Michael Wallace Homel, "Negroes in the Chicago Public Schools, 1910-1941" (Ph. D. diss., University of Chicago, 1971).

[3] James R. Grossman, *Land of Hope: Chicago, Black Southerners and the Great Migration* (Chicago: University of Chicago Press, 1989), p. 5.

极大解放。"[1]

　　1910—1919 年，芝加哥的非裔美国人群体规模扩大到原来的两倍以上[2]。 非裔美国人从路易斯安那州、密西西比州、亚拉巴马州、堪萨斯州和得克萨斯州迁至芝加哥，给芝加哥注入了新的活力，改变了本地文化[3]。 1917 年奥斯卡·德·普莱斯特在第二选区被选为芝加哥市议会首位非裔美国人议员[4]。德·普莱斯特"富有活力、善于交际、乐于炫耀、脾气暴躁"，后来还担任了美国众议院议员[5]。

　　德·普莱斯特的选民越来越明显地被种族隔离。 来自南方的黑人们涌入了一片被称为"黑人带"的狭长地区，它有 3 英里（1 英里 = 1 609.344 米——译者注）长、四分之一英里宽，四周

———————

[1] Paul Louis Street，"Working in the Yards：A History of Class Relations in Chicago's Meatpacking Industry，1886 - 1943"（Ph. D. diss.，Stave University of New York at Binghamton，1993），p. 280.

[2] 城市居民中黑人后裔的数量在 1910—1919 年十年间从 4. 410 3 万增长到 10. 945 8 万。 Charles Russell Branham，"The Transformation of Black Political Leadership in Chicago，1864 - 1942"（Ph. D. diss.，University of Chicago，1981），p. 16. 芝加哥总人口中的黑人比例从 1890 年的 1. 2%跃升至 1910 年的 2%，到 1920 年是 4. 1%。 Paul Kleppner，*Chicago Divided: The Making of a Black Mayor*（DeKalb：Northern Illinois University Press，1985），p. 17.

[3] 对芝加哥这一时期非洲裔美国人的文化影响的讨论，参见 William Howland Kenney，*Chicago Jazz: A Cultural History 1904 - 1930*（Oxford，U. K.：Oxford University Press，1993）。

[4] Branham，"The Transformation of Blade Political Leadership，" p. 64.

[5] 出处同前，p. 94。 有关德·普莱斯特后来的生平，出处同前，pp. 94 - 140，240 - 292。

被铁路包围[1]。 迫于白人暴力与纵容，芝加哥的种族分歧使得地方生活全面恶化。 1919 年夏天爆发了一场异常恶劣的种族骚乱，此后种族问题取代民族问题和阶级问题，成为芝加哥最突出的社会和政治议题，本书的研究也很自然地截止于这一事件[2]。

在本书研究的时间跨度内，外国出生的移民大概是芝加哥社会生活中最显著的组成部分[3]。 几乎在整个这一时期，芝加哥仍然是德国人和爱尔兰人的城市[4]。 与其他美国城市相比，在芝加哥生活着更多的波兰人、瑞典人、捷克人、荷兰人、丹麦人、挪威人、克罗地亚人、斯洛伐克人、立陶宛人和希腊人[5]。

----

[1] 到 20 世纪 10 年代晚期，超过九成的芝加哥黑人居住的区域内非洲裔美国人超过 80%。 Thomas Lee Philpott, *The Slum and the Ghetto: Neighborhood Deterioration and Middle-Class Reform*, Chicago, *1880 – 1930* (Oxford, U. K.: Oxford University Press, 1978), pp. 141 – 147.

[2] 有关 1919 年骚乱的进一步讨论，出处同前，pp. 170 – 180。 还可参见重要著作如 William M. Tuttle, Jr., *Race Riot: Chicago in the Red Summer of 1919* (New York: Atheneum, 1970); "Contested Neighborhoods and Racial Violence: Chicago in 1919: A Case Study," in Jackson and Schultz, eds., *Cities in American History*, pp. 232 – 248。

[3] 到 1893 年，城市人口中差不多 41% 出生于国外，同时还有另外 41% 的居民虽然自己出生于美国，但他们的父母出生于美国之外。 Flanagan, *Charter Reform*, p. 28. 这一时期的芝加哥比 1960 年美国的 39 个州更加多元化。 Kleppner, *Chicago Divided*, pp. 17 – 18.

[4] 例如，德国裔芝加哥人在 1860 年占城市总人口的 20%，1890 年时占比是 15%，到 1910 年占比降到了不足 5%。 Andrew Jacke Townsend, "The Germans of Chicago" (Ph. D. diss., University of Chicago, 1927), p. 6.

[5] 对那一时期各民族社区在芝加哥选举政治中重要性的讨论，参见 Claudius O. Johnson, *Carter Henry Harrison I: Political Leader* (Chicago: University of Chicago Press, 1928), pp. 189 – 196, 292 – 293.

彼得·霍尔阐释了为何特定地点在特定时间异常具有创造性，镀金时代的芝加哥正是这样的技术创新型城市。霍尔在其里程碑式著作《文明中的城市》中，罗列了一系列条件，正是这一时代芝加哥的写照。他写道：

> （富有创造性的企业家）到处可见，但在一些特定地区他们更有可能取得突破。这些地区的特点……是具有一系列有利于观念进步的发达的社会和文化制度。它们可能是闻名已久的世界性的自由大都市，但更多的是作为发达世界与边缘地带之间转口港的新兴城市化地区。它们通过从发达世界进口货物，经济快速扩张；移民多是敢于试验、眼光独到的年轻人。他们有着强大的、灵活的技术知识交流和理念沟通机制。几乎没有什么创新传播的阻碍；总是在不断寻求新意。不但志同道合的个体间高度协同，迥异的社会经济文化组织之间也是如此；这就是开放型社会的典型特征[1]。

街区和居所

芝加哥城市的演变必须从 1871 年 10 月 8 日的大火灾说起，火灾摧毁了 4 英里长、平均四分之三英里宽、面积超过两千英亩（1 英亩＝4.046 856 ×10³ 平方米——译者注）的城市密集建成

---

[1] Peter Hall, *Cities in Civilization* (New York: Pantheon, 1998), p. 302.

区[1]。 根据此类统计，大约 300 人死于大火和相关创伤；近 10 万人无家可归；将近 1.8 万座房屋被毁，财产损失接近 2 亿美元（占当时城市总价值的三分之一）[2]。 大部分的破坏发生在芝加哥河以北，这里的街区几乎完全被毁[3]。 后来法令禁止在城市某些区域内采用木质结构建筑，这大大地改变了居民和游客对这个发展中的大都会的观感[4]。

这次大火为芝加哥烙上了印记[5]。 这座城市在心理上、政治上、社会上和物理形态上，都承载着抹不掉的火灾印记[6]。 它让不止一代芝加哥人铭记人世无常，同时也促成了城市的许多最伟大的成就，特别是在建筑和城市规划方面的成就。

围绕交通干线上的一个个街区中心，芝加哥市不同族群形成

[1] Smith，*Urban Disorder*，pp. 19 - 22. 有关真实火情的描述参见 Robert Comie，*The Great Fire*（New York：McGraw-Hill, 1958）；Miller，*City of the Century*，pp. 143 - 171。

[2] Smith，*Urban Disorder*，p. 22.

[3] Karen Sawislak，*Smoldering City: Chicagoans and the Great Fire，1871 - 1874*（Chicago：University of Chicago Press, 1995），p. 29.

[4] 大火之前北区的 13 800 栋建筑——北区内有昂贵的湖边住房和大量的工人屋舍、铺面、小工厂、教堂、学校和酒馆——仅有 500 座完好无损。 仅北部地区就有高达 74 450 人流离失所，占城市总人口的四分之一。 Perry R. Duis，*Chicago: Creating New Traditions*（Chicago：Chicago Historical Society，1976），p. 14.

[5] 如下文献对此进行了深入探究，Ross Millet，*American Apocalypse: The Great Fire and the Myth of Chicago*（Chicago：University of Chicago Press, 1990）；Sawislak，*Smoldering City*。

[6] Smith，*Urban Disorder*，pp. 19 - 98。

高度密集、拥挤不已的居住区[1]。 尽管随着时间推移，一个街区一般主要仍是一个民族居住，但人们也会搬来搬去[2]。 街区生活的中心是规模适当的教堂、一所学校以及——让1893年俄国旅行者尼古拉·波利斯基颇为高兴——几个酒馆和啤酒店[3]。

比起芝加哥学派建筑师的美学设计，长排的老式结构房屋才是芝加哥街景的主要特征和多数城市居民的日常现实[4]。 艾迪斯·艾伯特是芝加哥大学著名的社会服务管理学院的先驱，据他的记录，到1936年"芝加哥仍然主要是单户家庭房和廉租矮楼"[5]。 这些廉租楼有的一层，有的两三层，主要为木制框架结构，面宽狭窄（25英尺宽），每栋中有几套公寓，一般不超过三套，业主并不在此居住[6]。

----

[1] Edith Abbott, *The Tenements of Chicago*, *1908 – 1935* (Chicago： University of Chicago Press, 1936), pp. 20 – 22.

[2] Odd S. Lovoll, *A Century of Urban Life: The Norwegians m Chicago before 1930* (Northfield, Minn.： Norwegian-American Historical Association, 1988), p. 149.

[3] 波利斯基显然对芝加哥的酒馆文化着迷，极力推荐他的同胞们在世博会辛苦的一天过后一定要去街区酒吧坐坐。 Nikolai Pliskii, *Podrobnyi putevoditel'na Vsemirnuiu Kolumbovu vystavku v Chikago 1893ogo goda* (St. Petersburg：Stefanov i Kachka, 1893), p. 75.

[4] Abbott, *The Tenements of Chicago*, pp. 20 – 22.

[5] 出处同前，p. 183。

[6] 艾伯特的报告来自对廉租楼25年的研究，覆盖了分散在各个街区的151个城市街块，以挨家挨户的调查为基础，总共包括1.822 5万套公寓和单个家庭住宅（出处同前，p. x）。 这些建筑中，59.7%（转下页）

　　1900年夏天，罗伯特·亨特在调查廉租楼报告中研究了这类主题。 在城市住宅协会的召集下，亨特和另外五名杰出的芝加哥人，分别是安妮塔·麦克科密克·布莱恩、凯洛琳·麦克科密克、简·亚当斯、勒莫因和欧内斯特·比克内尔，率先采用社会科学方法，对芝加哥贫民窟状况展开研究。 亨特等人完成的报告《芝加哥廉租楼状况》为后来的社会学研究奠定了基调，包括艾伯特与其同事们的社会学研究[1]。 亨特认为，限制过度拥挤、改善自来水供应和约束失位的贫民窟业主，有助于抑制社会病态和人体疾病[2]。

　　亨特坚定认为，是经济因素至上造成了芝加哥恶劣的居住状况。 城市住宅协会从收益最大化角度看待住房问题，分析了从三个分散的移民街区收集的材料，一个主要是波兰人街区，一个主要是犹太人街区，一个主要是意大利人街区[3]。 业主希望从建筑地块上获得尽可能高的收入，而租客为了减少每人的房

———————

（接上页）是木框架结构，8.7%是砖和框架混合结构（pp. 184－189）；22.8%是单层"屋舍"结构，58.9%是双层建筑，另外16.1%是三层楼（p. 199）；25.3%含有一套公寓或居住单位，33.1%有两个单位，16.1%有三套公寓（p. 202）；41.8%的公寓有四个房间，16.2%的公寓有三个房间，另有13.3%的公寓有五个房间（p. 244）。 整个芝加哥住房拥有率——包括艾伯特和她的同事们调查的廉租楼以及更加高档的住所——在1890年为28.7%，1990年为25.1%，1910年为26.2%，1920年为27%（p. 363）。

[1] Robert Hunter, *Tenement Conditions in Chicago: Report of the Investigating Committee of the City Homes Association* (Chicago：City Homes Association, 1901).

[2] 出处同前，pp. 1－20。

[3] 出处同前，pp. 21－24。

租，每间房内就得挤进更多的人。 亨特担心，租客的策略反而会促使在不达标的居住条件下"勤劳节俭的工薪阶层"人数翻倍，而他们恰恰是芝加哥未来的希望[1]。

芝加哥的廉租唐楼通常建在 100 英尺或 125 英尺进深的小成本地块上，基本没有空间作院子、通风和照明[2]。 正如亨特及其同事所言，"后楼"尤其贻害深远[3]。 为了在建筑地块上获得最大收入，业主经常把老旧的木制房屋搬到地块后部，并在前面建一个更大的、有时是砖造的廉租楼[4]。 因为当时给穷人的大部分住房都没有室内马桶，后楼几乎从来都没有这类设施，卫生问题越来越恶化。 亨特与同事们总结说："干净在芝加哥几乎是一种奢侈品，得付高价才能获得。"[5]

到第一次世界大战时，芝加哥超过半数的廉租楼有了共用洗手间和马桶设施，一般在附属建筑物内，而大部分廉租楼都有了供电[6]。 由于建筑质量差、维护不到位、过度拥挤，以及极度缺乏阳光和新鲜空气，呼吁监管的要求频繁出现，1879—1881

[1] Robert Hunter, *Tenement Conditions in Chicago: Report of the Investigating Committee of the City Homes Association* (Chicago：City Homes Association, 1901）, p. 51.

[2] Abbott, *The Tenements of Chicago*, pp. 171 – 174. 尽管 1910 年通过了法律明令现有房屋改建或新建房屋不得占据普通地块面积超过 75%，或边角地块面积超过 90%，但是在芝加哥大学调查的建筑中有 26.3%的建筑占用了地块面积的 70%以上，而另有 30.1%的建筑占用地块面积在 50%~70%之间。 出处同前，pp. 173 – 174。

[3] Hunter, *Tenement Conditions*, pp. 36 – 41.

[4] 出处同前，p. 75。

[5] 出处同前，p. 111。

[6] Abbott, *The Tenements of Chicago*, p. 206.

年间形成了主要的城市法律开始出现，芝加哥最早的住房监管由此开始。 1902 年芝加哥通过了首个有关住房的综合性法令，开始进行更多监管[1]。 然而"尽管付出多年努力"，廉租楼住房问题仍然"任重道远"[2]。

不同文化的实验室

在地方改革的议程中，不单只有住房问题。 芝加哥社会经济和族群多样性，导致政治体系高度碎片化，为了能够互惠互利，各种团体之间被迫相互协作[3]。 赫伯特·斯泰德在 1893 年为流行的《评论文丛》撰写的文章中抓住了这一多样性，"芝加哥就像一个大熔炉，各个种族作为原料被倒入其中，人们充满好奇地期待着将混合出什么样的奇特结果"[4]。

这一时代的芝加哥充满了派系斗争，高度分散化的政治体系催生了各种派别，没有哪一派能取得绝对的领导权[5]。 用约

———————

[1] 这些法律经常被忽视。 确实存在几个不同部门来监管这些法律实施，但是每个部门担负的过多职责都没有足够的人手来履行。 参见 Hunter, *Tenement Conditions*, pp. 161 - 163。

[2] Abbott, *The Tenements of Chicago*, p. ix.

[3] Donald S. Bradley and Mayer N. Zald, "From Commercial Elite to Political Administration: The Recruitment of the Mayors of Chicago," *American Journal of Sociology* 71: 2 (September 1965) pp. 153 - 167; and Kleppner, *Chicago Divided*. p. 22.

[4] F. Herbert Stead, "The Civic Life of Chicago," *Review of Reviews* 8 (1893), pp. 93 - 96.

[5] Steven J. Diner, *A City and Its Universities: Public Policy in Chicago, 1892 - 1919* (Chapel Hill: University of North Carolina Press, 1980), p. 54.

一个世纪之后的加里·威尔斯的话说，充满变化的多元性使得芝加哥成为"一个在狭小空间里塞入多种不同文化的实验室。 巨富优雅地躲避开贫穷和脏乱"[1]。 就像威尔斯指出的那样，不难理解为什么这座城市里的著名大学会成为世界公认的在城市社会学研究方面的创新者[2]。

在这一时期，许多美国城市面临着来自南欧、东欧和更早期移民间"不同生活方式的正面碰撞"[3]。 由于不同族群根据宗教信仰支持相应的政治党派，在 20 世纪初，芝加哥发生了残酷的党派冲突，众多罗马天主教移民群体崛起为民主党的坚定支持者，这一格局延续了几十年[4]。

芝加哥经济以前所未有的速度扩张和拓展，支撑着这个多种文化的实验室。 经过激烈的争夺，城市的领袖把芝加哥放在了

[1] Garry Wills, "Sons and Daughters of Chicago," *New York Reviews of Books*, June 9, 1994, pp. 52－59：52.

[2] 出处同前。 尽管如简·亚当斯后来观察到那样，是社区服务机构而非大学引领着对许多美国城市现实调查的资助。 Jane Addams, *The Second Twenty Years at Hull-House: September 1909 to September 1929*, *with a Record of a Grouping World Consciousness* (New York：Macmillan, 1930), p. 405. 对芝加哥城市社会科学的兴起的进一步讨论，参见 John D. Fairfield, *The Mysteries of the Great City: The Politics of Urban Design*, *1877－1937* (Columbus：Ohio State University Press, 1993), pp. 158－224; Carla Cappetti, *Writing Chicago: Modernism*, *Ethnography and the Novel* (New York：Columbia University Press, 1993), pp. 20－72.

[3] Gunthar Paul Barth, *City People: The Rise of Modem City Culture in Nineteenth-Century America* (Oxford, U. K.：Oxford University Press, 1980), p. 15; and Kleppner, *Chicago Divided*, pp. 17－18.

[4] Kleppner, *Chicago Divided*, p. 29.

大陆运输系统的枢纽位置，融合了铁路运输线和水路运输线。这一首要枢纽地位赋予芝加哥在谷物、木材和牲畜贸易上绝对的优势，这些贸易创造了美国中西部财富膨胀[1]。当地企业家迅速应用了许多新技术来加速生产，包括谷物升降机、联合收割机和已知最高效的屠宰设备。作为农产品转运市场，芝加哥没有对手[2]。

当地企业家并不满足于控制贸易，很快瞄准了促进自然资源开发和交通运输的机械制造。有赖于如塞勒斯·麦克科密克发明的著名收割机等机械设备，到1890年，芝加哥已发展为全国第二大制造中心，在生产总值上仅次于纽约市[3]。麦克科密克和他的同事们除了设计前瞻性的机械设备，比如给世界带来农业革命的收割机，还在创造全新的生活方式[4]。麦克科密克之所以从多个备选地点中选择芝加哥，是因为极其便利的交通运输设施让他能够轻松汇集劳动力、原材料和客户[5]。

1888年，芝加哥的贸易商从木材生意上获利超过8 000万美

---

[1] 基于文献 Cronon, *Nature's Metropolis*, 以及 Pierce, *A History of Chicago*, vol. 3, pp. 64 - 107。

[2] Pierce, *A History of Chicago*, vol. 3, p. 67.

[3] 出处同前，p. 65。有关麦克科密克的工厂，参见 William T. Hutchinson, *Cyrus Hall McCormick*, vol. 1, *Seed-Time*, *1809 - 1856* (New York: Century, 1930); William T. Hutchinson, *Cyrus Hall McCormick*, vol. 2, *Harvest*, *1856 - 1884* (New York: D. Appleton-Century, 1935); McCormick, *The Century of the Reaper* (Boston: Houghton Mifflin, 1931)。

[4] Herbert N. Casson, *Cyrus Hall McCormick: His Life and Work* (Chicago: A. C. McClurg, 1909). pp. 37 - 53.

[5] 出处同前，p. 74。

元，不过比起1890年当地牲畜屠宰和加工的1.95亿美元盈利，木材收益就只是个零头[1]。芝加哥成了世界闻名的满是牲畜栏和大烟囱的城市[2]，诸如"屠宰之城""全世界的宰猪场"和"伟大的牛城"等绰号可谓实至名归[3]。铁路公司和肉类加工公司在芝加哥南城外建造了联合牲畜场，仅仅五年之后的1870年，每年就有300万头牲畜被宰杀[4]。1909年这一数字翻了接近5倍，对当年地方经济贡献超过3.23亿美元[5]。牲畜屠宰行业利润丰厚，牲畜们源源不断地流入巨大的"分拆"生产线，由移民工人完成最后的加工工序[6]。

联合牲畜场在头半个世纪的运营中收入接近100亿美元[7]。由于这样的牲畜场在世界上绝无仅有，因此立刻成了旅游景点，吸引着那些敢于亲眼看见大屠杀牲畜的游客。作为芝加哥盈利最多的商业区之一，垃圾处理和污染问题持续了多

---

［1］Pierce, *A History of Chicago*, vol. 3, pp. 103, 108 - 109.

［2］Kleppner, *Chicago Divided*, p. 15.

［3］Holt and Pacyga, *Chicago: The Loop and South Side*, pp. 28 - 37, 120 - 131.

［4］Wade, *Chicago's Pride*, pp. 47 - 60; Stephen Longstreet, *Chicago, 1860 - 1919* (New York: David McKay, 1973), pp. 56 - 60.

［5］George Edward Plumbe, *Chicago: Its Natural Advantages as an Industrial and Commercial Center and Market* (Chicago: Civic-Industrial Committee of the Chicago Association of Commerce, 1910), p. 22.

［6］Wade, *Chicago's Pride*, pp. 62 - 78, 218 - 240; Miller, *City of the Century*, pp. 198 - 224.

［7］这一估计所基于的数据来自 Plumbe, *Chicago: Its Natural Advantages*, p. 22。

年[1]。 大规模的流水线生产诞生于芝加哥阿莫家族、斯威夫特家族和莫里斯家族的工厂，而不是亨利·福特在底特律的工厂[2]。

芝加哥的肉制品巨头需要新式火车车厢把他们的货物更快地运到新开辟的市场，促使在芝加哥生产出世界上首批具有冷藏功能的火车车厢[3]。 当地的制造商和发明家不但为猪制造了更好的车厢，同时也为人制造了更佳的列车车厢。 乔治·普尔曼的"豪华"车厢为奢侈型火车车厢确立了世界标准[4]。 而且各种各样的日常必需品被生产出来供当地居民消费，从洗脸盆、浴缸到书籍、服装、靴子和鞋应有尽有，由此发展成为北美洲最多

---

[1] Wade, *Chicago's Pride*, pp. 352 – 369; Charles J. Bushnell, "The Social Problem at the Chicago Stock Yards" (Ph. D. diss., University of Chicago), 1902.

[2] 这一有力的观点出自 James R. Barrett, *Work and Community in the Jungle: Chicago's Packinghouse Workers, 1894 – 1922* (Urbana：University of Illinois Press, 1987), p. 20. 有关古斯塔夫斯·斯威夫特在这些发展中起的特殊作用，参见 Glenn Porter, *The Rise of Big Business, 1860 – 1910* (Arlington Heights, Ill.：Harlan Davidson, 1973), pp. 47 – 50; 有关同时代人对菲利普·阿莫作用的记述，参见 Arthur Warren, "Philip D. Armour：His Manner of Life, His Immense Enterprises in Trade and Philanthropy," *McClure's Magazine* 2 (December 1893 – May 1894), pp. 260 – 280。

[3] Piece, *A History of Chicago*, vol. 3, pp. 117 – 118; Longstreet, *Chicago, 1860 – 1919*, pp. 71 – 76; J. Ogden Armour, *The Packers, the Private Car Lines, and the People* (Philadelphia：Henry Altemus, 1906), p. 25.

[4] Pierce, *A History of Chicago*, vol. 3, pp. 158 – 161.

样化、最均衡、最快速扩张的制造业基地[1]。

随着希尔斯和蒙哥马利·沃德等公司引入大规模商品邮购模式，芝加哥人带来了零售贸易的革命[2]。 马歇尔·菲尔德、卡森·皮利等公司参与了19世纪末期的百货公司繁荣，这一热潮源自巴黎和纽约。 而反过来，芝加哥自己的零售经验传播得更远更广。 例如，马歇尔·菲尔德的门徒哈利·戈登·塞尔福里奇在遥远的伦敦革新了高端销售[3]。 芝加哥的零售商迅速完善了"科学地做广告"原则，并不可阻挡地将其拓展到了整个大陆[4]。 1896年12月开始发行的芝加哥室内设计杂志《美丽家居》，"成了全国中产阶级家庭品味的标杆"[5]。 此时名贵家居产业也发展起来[6]。

芝加哥的崛起与美国企业的强盛或多或少同步。 在19世纪末期，随着原来区域性的商业网络连成了一个全国市场，出现了

[1] Pierce, *A History of Chicago*, vol. 3, pp. 158 - 161, 161 - 177。

[2] 出处同前，pp. 184 - 191, 以及 Alfred Dupont Chandler, Jr., *The Visible Hand: The Managerial Revolution American Business* (Cambridge, Mass.: Harvard University Press, 1977), pp. 217 - 231。 对百货公司的创始人亚伦·蒙哥马利·沃德和理查德·瓦伦·希尔斯的描写，可见于 Miller, *City of the Century*, pp. 244 - 253。 读者也可以参见如下通俗传记 Nina Brown Baker, *Big Catalogue: The Life of Aaron Montgomery Ward* (New York: Harcourt, Brace, 1956)。

[3] Wayne Andrews, *Battle for Chicago* (New York: Harcourt and Brace, 1946), pp. 208 - 209.

[4] Duis, *Chicago: Creating New Traditions*, pp. 102 - 117。

[5] 出处同前，p. 117。

[6] Sharon Darling, *Chicago Furniture: Art, Craft and Industry, 1833 - 1983* (New York: Norton, 1984), pp. 37 - 268.

大型的商业机构[1]。 由东海岸资本出资、有组织化的中间经理人运营的铁路是美国最早的全国一体化企业之一[2]。 单独的社区变成了一个个节点，隶属更大的横贯整个大陆的经济体系，由中层经理人和文员组成的白领员工为它工作。 政府的和私有的官僚体制膨胀到了之前难以想象的规模，让诸如芝加哥这样的大城市变成了新兴企业中产阶级的中心[3]。 这一新兴的雇员阶层奠定了20世纪大部分时期美国社会和文化的基调。 作为企业总部和区域办公室的首要聚集地，芝加哥成了新商业理念的重要港湾。 西装革履的职员与血溅满身的屠宰场工人在世界上最复杂和最多样的大都市里争夺着城市空间。

美国文明的典范

这座伟大的牛城正在变成一个主要的文化中心和经济引擎。城中的作家是美国通俗文学的领导者，诸如莱曼·弗兰克·鲍姆、埃德加·赖斯·巴勒斯、西奥多·德莱塞、厄普顿·辛克莱、威尔·佩恩和埃拉·惠勒·威尔科克斯[4]。 城中的哲学家是美国实用主义的权威[5]。 从沿着黄砖路的小女孩多萝西

---

[1] 这个企业合并的过程在如下文献中被探究，Olivier Zunz, *Making America Corporate*, *1870 - 1920*（Chicago：University of Chicago Press，1990）；Chandler, *The Visible Hand*。

[2] Zunz, *Making America Corporate*, pp. 37 - 66.

[3] 出处同前，pp. 124 - 148。

[4] Heite. *A Sampling of Chicago*, pp. 20 - 21.

[5] 出处同前，pp. 21 - 22。

到揭示城市现实的嘉莉妹妹，从丛林中的人猿泰山到那些在南面屠宰场里的人们，芝加哥人重新定义着美国的书面语言。

与此同时，参加过南北战争的这一代芝加哥商业领袖们于19世纪八九十年代建立了城市的许多重要文化机构，包括艺术学院、纽贝里图书馆、芝加哥交响乐团、菲尔德·哥伦布博物馆、克里拉图书馆和重建的芝加哥大学[1]。这些伟大的机构涉及艺术和文化的广泛领域，把芝加哥从仅是经济上的地位拔高到美国标志代表的地位。

芝加哥混合了美式粗糙外在与活跃的经济创新甚至是社会创新内核。芝加哥成了激进改革的中心，"几乎涵盖了地方政府和公共政策的所有领域，从城市宪章到公共卫生，从城市规划到劳动立法，从犯罪控制到公共教育各个领域"[2]。与欧洲大陆不同，芝加哥的改革主要是由非政府组织推动的。在1892年至1919年间，共有差不多70个改革团体或机构，有215名芝加哥人参与了至少三个组织的活动[3]。

芝加哥改革群体融合了丰富多样、仅少数重叠的各类运动，调动了社会各界的公民，包括学术领袖（如艾迪斯·艾伯特、索弗尼斯巴·普雷斯顿·布雷肯尼奇、约翰·杜威、恩斯特·弗伦德、威廉·瑞尼·哈珀、查尔斯·爱德华·梅里亚姆）、作家（如德莱塞、刘易斯、罗伯特·赫里克）、社区组织者（如亚当斯、弗

---

[1] Helen Lefkowitz Horowitz, *Culture and the City: Cultural Philanthropy in Chicago from the 1880s to 1917* (Lexington: University Press of Kentucky, 1976), pp. ix - x.

[2] Diner, *A City and Its Universities*, p. 56.

[3] 出处同前，p. 56。

洛伦斯·凯利、艾伦·盖茨·斯塔尔）和宗教活动家（如威廉·托马斯·斯特德、好牧羊人姐妹）。 芝加哥活跃的改良主义是这一时代"进步主义"的代表。 几十年后，一波又一波的芝加哥学者将参与富兰克林·德拉诺·罗斯福在华盛顿的"新政"[1]。

随着 1893 年世界博览会的举行，芝加哥作为如奥兹国似的新兴美国文明的典范地位到达了顶点。 沃尔特·本杰明对巴黎世博会的评价用在芝加哥世博会上同样贴切："世博会是商品崇拜的朝圣之地。"[2]商品崇拜掩饰在这届世博会著名的新古典主义式建筑"白色城市"里面，这座"白色城市"是如今"未来世界"类建筑的先驱。

为了赢得世博会主办权，芝加哥竭尽全力与纽约市和华盛顿哥伦比亚特区竞争。 纽约太阳报的理查德·亨利·德纳戏称"风城"在努力捕获从芝加哥狂热支持者里散发的"热气"[3]。 俄国记者向其国内报道了这第一和第二城市之间为主办博览会而展开的激烈竞争[4]。 世博会的规划和设计团队由丹尼尔·伯纳姆领衔，囊括了当时全国最知名建筑师，芝加

[1] Diner, *A City and Its Universities*, p. 176. 有关芝加哥人在新政中的进一步讨论，参见出处同前，pp. 176 – 185。

[2] Walter Benjamin, *Reflections: Essay, Aphorisms, Autobiographical Writings*, *trans. Edmund Jephcott* (New York: Harcourt Brace Jovanovich, 1978), p. 151.

[3] Sidney Appelbaum, *The Chicago World's Fair of 1893: A Photographic Record* (New York: Dover, 1980), p. 1.

[4] 例如参见瓦尔瓦拉·马克盖金 1893 年在 Severnyi Vestnik 上的专栏"美国来信"，以及如下文献对芝加哥意义的讨论，I. M. Veniukov, "Illinois i Chicago," *Nabliudatel'* 1893, no. 5 (May), pp. 257 – 272。

哥世界博览会力图结合"城市的商业价值观——即对进步充满信心和对财富与芝加哥发展感到荣耀——与对欧洲文化形式的渴望"[1]。

白色和灰色的城市

芝加哥世界博览会是第 15 届世博会，也是仅第二次在新大陆举办[2]。 之前的世博会场地总是局限在周围伴有景观的一两座主要建筑内，但是芝加哥的狂热支持者几乎是再建了一座全新的城市，与密歇根湖边已有的城市差不多。 建筑群日间是白色色调，夜晚还从来没有哪里使用过这么多电灯照明，结合平衡对称的古典式设计，它宣告着一种新的文明[3]。 然而筹办方也明白，要吸引大众，只有崇高的理想是不够的。 他们聘请了杂耍表演经理索尔·布卢姆建起了大道乐园，确保游客们在这个成人游乐区花够了钞票之后才返回会场外现实的城里[4]。

[1] Robert I. Goler, "Visions of a Better Chicago," in Susan E. Hirsch and Robert I. Goler, eds., *A City Comes of Age: Chicago in the 1890s* (Chicago: Chicago Historical Association, 1990), pp. 90 - 153: 96 - 97.

[2] David F. Burg, *Chicago's White City of 1893* (Lexington: University Pres of Kentucky, 1976), p. xii.

[3] John P. Barrett, *Electricity at the Columbia Exposition*, *Including an Account of the Exhibit* (Chicago: R. R. Donnelley, 1894).

[4] 布卢姆取代了糊里糊涂的哈佛大学人种学者——普特南教授后，对自己对世博会的贡献直言不讳、让人耳目一新。 后者认为大道乐园上的"展览"应具有教育意义。 而布卢姆迅速着手"打造在娱乐领域的一次成功冒险活动"。 Sol Bloom, *The Autobiography of Sol Bloom* (New York: G. P. Putnam, 1948), p. 119.

古板又古朴的世博会场与场外喧嚣又充满创新的城市有意形成的鲜明对比——以及在世博会场内，头顶上是乔治·华盛顿·盖尔·费里斯设计的巨大摩天轮，尽可能掩藏着平静的中央场地与喧扰的大道乐园之间的这种刻意对比[1]——让高尚的文化批判主义、俗气的文学、无休止的学术与建筑的争论延续了一个世纪[2]。　无论是在世博会场还是在鲁普区内的市中心，庄严的建筑和世俗的娱乐碰撞在一起，让当时的欧洲游客无论走到哪里，总不时地感到不自在。　1893 年的芝加哥"对数以百计的英国、法国和德国游客来说，就像走进了扭曲的时空，提早遇见了未来"[3]。

看官方摄影师查尔斯·D. 阿诺德的博览会照片，一个世纪后仍然给人一种永恒之感，但实际上芝加哥世界博览会不过是一

---

[1] 关于大道乐园的如实情况，参见 Miller, *American Apocalypse*, pp. 224 - 227。　关于费里斯设计的第一个摩天轮，参见 Miller, *City of the Century*, pp. 496 - 497。

[2] 例如参见 Duis, *Chicago: Creating New Traditions*, pp. 44 - 52; Gilbert, *Perfect Cities*, pp. 75 - 130; Miller, *American Apocalypse*, pp. 195 - 250; Carl S. Smith, *Chicago and American Literary Imagination*, *1880 - 1920* (Chicago: University of Chicago Press, 1984), pp. 140 - 149; Donald K. Hartman, ed., *Fairground Fiction: Detective Stories of the World's Colombian Exposition* (Kenmore, N. Y.: Motif, 1992); Julie K. Brown, *Contesting Images: Photography and the World's Columbian Exposition* (Tucson: University of Arizona Press, 1994); R. Reid Badger, *The Great America Fair: The World's Columbian Exposition and American Culture* (Chicago: Nelson-Hall, 1979)。

[3] Arnold Lewis, *An Early Encounter with Tomorrow: Europeans, Chicago's Loop, and the World's Columbian Exposition* (Urbana: University of Illinois Press, 1997), p. 4。

堆匆匆完工的临时豆腐渣建筑。 世博会的极度繁华之后是多年的萧条，差不多整个"白色城市"在一系列具有象征意义的大火中被夷为平地[1]。 尽管如此，促成本次博览会的绝对商业支持主义还是在火灾突变和经济衰退中坚持过来了。

芝加哥人越来越多地投入他们自己的资本，支持着城市的快速增长。 几个涉及农产品的交易所都是全世界最重要的，特别是芝加哥期货交易所的谷物市场。 芝加哥期货交易所创立于1848 年，稳定了当时混乱的市场，1874 年芝加哥农产品交易所加入，1882 年中西部股票交易所加入，共同执掌本地资本。 芝加哥农产品交易所于 1898 年更名为芝加哥黄油与鸡蛋交易所，最后于 1919 年成为目前极具影响力的芝加哥商品交易所[2]。本地的主要银行也紧随其后[3]。 尽管总是作为次于纽约的资本市场，芝加哥还是越来越能承担起为超高速发展的融资任务。到 19 世纪 80 年代，重要的房地产产业已成规模[4]。 就像芝加哥其他行业的企业家一样，银行家和房地产公司老板也通过改革他们的业务力图服务迅速增长的美国中产阶级。 芝加哥人完善

---

[1] 随着对"白色城市"的兴趣出现新热潮，1980 年出现了非常有用的世博会影集，这一热潮后来于世博会 1993 年 100 周年时达到高潮。 参见 Appelbaum, *The Chicago World's Fair*；Brown, *Contesting Images*，pp. 67 - 78。

[2] 关于这些交易所的简史，参见 Bob Tamarkin, "Only the Market Knows," *Chicago Times Magazine* 1, no. 2（November - December 1987），pp. 54 - 61：58；Jonathan Lurie, *The Chicago Board of Trade, 1859 - 1905: The Dynamics of Self-Regulation*（Urbana：University of Illinois Press，1979）。

[3] Pierce, *A History of Chicago*, vol. 3, pp. 192 - 233.

[4] 出处同前，p. 207。

了住房按揭贷款和其他一些金融工具，它们维持着巨大的中产阶
级家庭住房市场[1]。 事实证明，经济活力和多样性强烈吸引
着人们移居芝加哥[2]。 人们纷至沓来，想参与这前所未有的
繁荣，尽管有些人的真实生活与芝加哥梦大相径庭[3]。 罗伯
特·赫里克在他的著作《生命的罗网》中有一段有轨电车沿着柯
泰奇格罗夫大街行驶的描写，恰好抓住了许多芝加哥人真实的
生活：

> 一个街区又一个街区，一英里后又一英里，到处都是一
> 样的景象。 地球上没有哪一个城市可以像柯泰奇格罗夫大
> 街这样杂糅俗艳、懒散、肮脏、下流。 印度和原为西班牙
> 殖民地的美洲国家可能在肮脏方面更甚，但绝没有这般既脏
> 乱又绵长。 满是污垢、红色和黄褐色斑驳的砖房子街区到
> 处坑坑洼洼，房子薄如纸，廉价得像是由奸诈开发商和劣等
> 工人堆砌而成。 靠一时的小聪明匆匆建起来，又很快地灰
> 飞烟灭……电车再一次驶过颠簸的路口，呈现在眼前的青草
> 地和高大结实的楼宇给人带来一些宽慰[4]。

正是在这样的路口，芝加哥描绘了后来被人们称为"现代"

[1] Pierce, *A History of Chicago*, vol. 3, pp. 207 – 210.

[2] Abbott, *Boosters and Businessmen*, p. 69.

[3] Pierce, *A History of Chicago*, vol. 3, p. 240.

[4] Robert Herrick, *The Web of Life* (New York: Macmillan, 1900), pp. 198 – 199. 关于富人"结实的楼宇"的描述，参见 John Drury, *Old Chicago Houses* (New York: Bonanza Books, 1941)。

的建筑场景。

拔地而起的坚实建筑

大火灾后，芝加哥吸引了一代年轻建筑师中的佼佼者，那时许多前所未有的新建筑技术正付诸实践。"草原学派"开创了鲜明的美式建筑风格，摩天大楼作为一种新的商业建筑形式日臻完善，由此开启了下一个世纪建筑范式和辩论的大幕[1]。丹克马尔·阿德勒、梭伦·斯宾塞·贝曼、丹尼尔·伯纳姆、亨利·艾夫斯·科布、威廉·勒巴隆·詹尼、约翰·韦尔伯恩·鲁特、路易·亨利·沙里文和弗兰克·劳埃德·赖特是那一时代最负盛名的美国建筑师[2]。尽管秉性和趣味迥异，但他们都追求革命

---

[1] 关于建筑领域芝加哥学派的深入讨论，参见 Daniel Bluestone, *Constructing Chicago* (New Haven: Yale University Press, 1991); Carl W. Condit, *The Chicago School of Architecture: A History of Commercial and Public Building in the Chicago Area, 1872 – 1925* (Chicago: University of Chicago Press, 1964); John Zukowsky, ed., *Chicago Architecture, 1972 – 1922: Birth of a Metropolis* (Chicago: Art Institute of Chicago, 1987)。

[2] 关于所有这些设计师之间关系的有益简述，可参见 James F. O'Gorman, *Three American Architects: Richardson, Sullivan, and Wright, 1865 – 1915* (Chicago: University of Chicago Press, 1991)。另可参见 Sibel Bozdogan Dostoglu, "Towards Professional Legitimacy and Power: An Inquiry into the Struggle, Achievements and Dilemmas of the Architectural Profession through an Analysis of Chicago, 1871 – 1909" (Ph. D. diss., University of Pennsylvania, 1983); Wayne Andrews, *Architecture in Chicago and Mid-America: A Photographic History* (New York: Atheneum, 1968); Lewis Mumford, "Towards Modern Architecture," in Donald L. Miller, （转下页）

性的设计，并力求满足客户的实用需求[1]。 在 19 世纪八九十年代，这些年轻的建筑师和他们的商业客户改变了美国甚至全世界的建筑与设计走向[2]。

1909 年，丹尼尔·伯纳姆为芝加哥做了宏大的学院派风格城市规划。 不像在欧洲可能有政府资助，伯纳姆的工作没有依靠任何政府机构的赞助，而是由声誉卓著的芝加哥商业俱乐部承担费用[3]。 礼堂大楼是由沙里文和阿德勒设计的革命性歌剧

（接上页）ed., *The Lewis Mumford Reader*（New York：Pantheon，1986），pp. 49 - 72；以及关于摩天大楼的发展的讨论 Donald L. Miller, *City of the Century*, pp. 301 - 353。

　　其中最富才华的可以说是鲁特，但他在 1891 年 1 月年仅 41 岁就悲剧地英年早逝，当时大部分建筑师都活得更久。 关于鲁特对芝加哥建筑至关重要的贡献的讨论，参见 Donald Hoffman, *The Architecture of John Wellborn Roof*（Baltimore：Johns Hopkins University Press，1973）。 读者还可参见 Andrews, *Architecture in Chicago*, pp. 40 - 43。

　　在哥伦比亚世博会记者戴维·F. 伯格等许多人看来，鲁特逝世"是比哥伦比亚世博会对芝加哥学派命运影响更大的一个因素……鲁特逝世使得芝加哥运动丧失了最受尊敬、最有号召力、最具创新力的建筑师"。 Burg, *Chicago's White City of 1983*, p. 306.

[1] 事实上，他们的客户和这些建筑师一样对芝加哥创新风格产生影响。 Miles L. Berget, *They Built Chicago: Entrepreneur Who Shaped a Great City's Architecture*（Chicago：Bonus Books，1992），pp. 23 - 194.

[2] Lewis Mumford, *Sticks and Stones: A Study of American Architecture and Civilization*（New York：Boni and Liveright，1924）.

[3] Commercial Club of Chicago, *The Plan of Chicago*（Chicago：Commercial Club of Chicago，1909）. 关于芝加哥规划对于后来尤其是纽约等区域规划的影响的有趣讨论，参见 David A. Johnson, *Planning the Great Metropolis: The 1929 Regional Plan of New York and Its Environs*（New York：E. and F. N. Spon，1996），pp. 48 - 55。 关于 15 年间规划（转下页）

院——可能是那一时代艺术成就最高的建筑——是一个风投性质的商业项目[1]。 芝加哥的建筑师从不试图摆脱这座快速发展的城市；从不脱离大公司高层、地方政客以及市井群众[2]。

芝加哥学派引领了城市商业建筑至少一个世纪之久，可是他们承担的项目却不仅仅局限于市中心的办公大楼或城市的工业园区。 就像铁路四通八达一样，芝加哥也在各个方向谋求发展，诸如威廉·利弗、埃比尼泽·霍华德和弗雷德里克·劳·奥姆斯特德等思想者开始探索在糟糕的工业化城镇之外建立理想社区的可能性[3]。 芝加哥及其周围地区见证了许多郊区乌托邦的建设，其中一些是出于商业利益而建造，另一些则更多来自天马行空的理想。 最终归于失败的普尔曼工业新城就兼有芝加哥学派的实用主义和田园城市的乌托邦主义的众多特征[4]。

19 世纪 80 年代早期，普尔曼豪华车厢公司建造了公司城，在位于芝加哥以南 10 英里、伊利诺伊中部铁路边上，这座城镇反映了公司创始人和董事长乔治·莫蒂默·普尔曼狂妄的梦想。梭伦·斯宾塞·贝曼是普尔曼最欣赏的建筑师，由他为老板设计了这座美丽宜人的工业城镇[5]。 贝曼的设计形象地展示了那

（接上页）成果的内部评估，参见 Chicago Plan Commission，*The Plan of Chicago in 1925*（Chicago：Chicago Plan Commission，1925）。

[1] Miller，*City of the Century*，pp. 354–377.

[2] Duis，*Chicago: Creating New Traditions*，p. 19.

[3] Robert Fishman，*Bourgeois Utopias: The Rise and Fall of Suburbia*（New York：Basic Books 1987）.

[4] 关于普尔曼故事的有益概述，参见 Buder，*Pullman*。

[5] 快速概览普尔曼，Andrews，*Architecture in Chicago*，pp. 34–35。 关于贝曼角色，参见 Miller，*City of the Century*，pp. 224–240。

一时代广泛接受的信念，即家庭在社会秩序中占据关键的中心地位[1]。

1894 年悲惨的普尔曼罢工后，许多讨论重复了理查德·伊利 1885 年的文章内容，他曾于结婚蜜月期间到访了普尔曼镇[2]。

伊利是当时约翰斯·霍普金斯大学的经济学家，他在流行的《哈珀新月刊杂志》撰文称这座城镇代表着"大规模的社会实验"[3]。普尔曼镇所代表的正是艺术情怀与商业实际的结合，这一特点在芝加哥学派的建筑中比比皆是。普尔曼本人也并不是同辈人中唯一领会到"美学商业价值"的人[4]。

普尔曼镇和同期许多其他建筑既增加了资本收益，也提高了美学商业价值。伊利准确地注意到实验本身即为实验埋下了失败的种子："一切都由普尔曼公司持有。整个镇中没有一寸土地、一座建筑是由个人私有的。没有任何组织能摆脱租客的地位，哪怕是教堂……没人把普尔曼镇当作真正的家，在普尔曼镇所有人都可以说是临时居民。"[5]事实上，"通过观察本案例的

[1] Janice L. Reiff, "A Modem Lear and His Daughters: Gender in the Model Town of Pullman," *Journal of Urban History* 23, no. 3 (March 1997), pp. 316 – 341.

[2] Richard Ely, "Pullman: A Social Study," *Harper's New Monthly Magazine* 70 (February 1885), pp. 453 – 466. 关于其蜜月旅行的叙述，参见伊利自传 Richard Theodore Ely, *Ground Under Our Feet: An Autobiography* (New York: Macmillan, 1938), pp. 166 – 171.

[3] Ely, "Pullman," p. 454.

[4] 出处同前，p. 461。

[5] 出处同前，pp. 462 – 463。

所有事实，不难得出结论，普尔曼镇不是美式理念的城镇"[1]。 过了不到十年，1893 年至 1897 年的萧条让普尔曼先生领地里无论是体面的管理层还是工业时代农奴式的寄居者都很难满意。 1894 年爆发的普尔曼罢工被联邦军队血腥镇压，地点正是伊利仅仅十年前到访的这座"富裕郊区城镇"[2]。

　　就像芝加哥其他方面一样，芝加哥建筑师脚踏实地，将设计和盈利统筹考虑，这样的例子有学院派风格的世博会场、新哥特式风格的大学校园、橡树园的草原学派住宅、鲁普区的商业大厦、为资产阶级设计的郊区"河畔"以及为工人阶级设计的普尔曼镇。 由于有了新的建筑技术，加上新型企业管理模式需要大量白领雇员，于是高层办公大楼应运而生[3]。

　　摩天大楼简直就是技术进步和组织架构的奇迹。"芝加哥钢框架结构建筑"颠覆了所有的建筑和设计。 1894 年，同时代观察家威廉·波克麦尔向读者解释说，框架结构的建筑代表的完全是"一种新型结构，其原理与旧的铸铁面、柱、木梁系统完全不同"[4]。 然而钢框架结构并非完全是芝加哥建筑带来的创新。

----

[1] Ely, "Pullman," p. 464.

[2] 伊利后来又过了 40 年回忆起他对普尔曼这座城镇和这位实业家的印象，认为普尔曼先生是他那一时代最伟大的工业领袖之一（Richard Theodore Ely, *Ground Under Our Feet: An Autobiography*, p. 170）。 伊利写道，"普尔曼先生不能说是有意识地在追求卓越。 但我可以说普尔曼公司管理是过去四五十年超出平均商业水平的真正优秀方式"（出处同前，p. 171）。

[3] Zunz, *Making America Corporate*, pp. 103 – 124.

[4] William H. Birkmire, *Skeleton Construction in Buildings*, *with Numerous Practical Illustrations of High Buildings*（New York：John Wiley, 1897）, p. iii.

研究摩天大楼的历史学家卡尔·康迪特提出，19世纪末芝加哥建筑所需的建筑技术飞跃，这种现象最晚在18世纪就已经发生了[1]。 在芝加哥第一批办公大楼建成之前，许多技术都已经出现几十年甚至上百年了，例如铁框架、抗风支撑、水密的沉箱基础、耐火技术、电梯、中央供暖、现代给排水、诱导通风等技术。 芝加哥和纽约不过是把这些成就汇合起来而已，对经济收益的强烈需求制造了这场前所未有的盛宴[2]。

这是所有建筑形式中最美国式的，它的发展更多的是出于经济方面的迫切需求而非美学意义上的考虑[3]。 至少到20世纪40年代以前，芝加哥和纽约是美国乃至全世界仅有的"摩天大楼都市"[4]。

这两座城市到底谁才是摩天大楼的"家"，至今仍有争论。这两个摩天大楼领域的开拓者为城市发展提供了完全不同的路径[5]。 在芝加哥，经过十来年的过度建设后，房地产于1893

---

[1] Carl W. Condit, "The two Centuries of Technical Evolution Underlying he Skyscraper," in Lynn S. Beddle, ed., *Second Century of the Skyscraper* (New York: Van Nostrand Reinhold, 1988), pp. 11 - 24.

[2] Ray Stannard Baker, "The Modern Skyscraper," *Munsey's Magazine* 22 (1899), pp. 48 - 56.

[3] Carol Willis, *Form Follow Finance: Skyscrapers and Skylines in New York and Chicago* (New York: Princeton Architectural Press, 1995).

[4] 卡罗尔·威利斯写道，一直到1960年，"只有三个其他（美国）城市有2座以上25层以上的建筑：底特律有8座，费城6座，匹兹堡5座"，出处同前，p. 9。

[5] 出处同前。 另参见 Mona Domosh, *Invented Cities: The Creation of Landscape in Nineteenth-Century New York and Boston* (New Haven: Yale University Press, 1996), pp. 76 - 81; Sarah Bradford Landau Carl （转下页）

年出现衰退，导致了市场管制。 当时芝加哥市议会通过了建筑物最高 130 英尺的高度限制，在接下来的 30 年里，这一限制被逐步提高到 260 英尺。 在纽约，1889 年后，楼高再也没有设限。 到了 1913 年，曼哈顿坐拥接近一千座 11~20 层的建筑，51座 21~60 层的建筑[1]。 芝加哥之所以不愿放弃管制并且不允许开发商把大楼无限制盖高，是出于对市场控制的需要，这样才能最大化风投性办公大楼的投资收益（当时大部分摩天大楼是办公楼，今天也是如此）。

芝加哥之所以形成处处摩天大楼的独特城市景观，除了后来被称为芝加哥学派商业建筑风格的美学考量外，还有功能需求、市政规范、成本预算、项目利润率的要素[2]。 疯狂波动的土地价格和经济周期也能毁掉设计师的宏伟规划[3]。

事实证明，摩天大楼的商业本质并不会妨碍美[4]。 正如鲁

（接上页） W. Condit, *Rise of the New York Skyscrapers*, *1865 – 1913*（New Haven：Yale University Press，1996）。

[1] Willis, *Form Follows Finance*, p. 9.

[2] 出处同前，p. 10。

[3] 在芝加哥，新建筑用美元计价的价格从 1887 年的 2 000 万美元增加到 1892 年的 6 350 万美元（当时正在筹备世界博览会），1893 年又跌落到 2 850 万美元，到 1900 年只有 1 910 万美元。 之后新建筑用美元计价的价格稳定上涨，到第一次世界大战前夕达到顶峰 1. 128 亿美元。 Horner Hoyt, *One Hundred Years of Land Values in Chicago: The Relationship of the Growth of Chicago to the Rise in Its Land Values*, *1830 – 1933*（Chicago：University of Chicago Press，1933）.

[4] 在众人之中，这一观点由威利斯提出，据她说是源自《工程杂志》的一名编辑巴尔·费尔瑞的文章。 Willis, *Form Follows Finance*, p. 15.

特所说："美是有用的，但并不总是显而易见。"[1]这座城市里商业最成功又经久不衰的霍拉伯德与罗奇建筑设计事务所就深谙其道，其设计项目很好地融合了商业与艺术[2]。 同时追求美和利润正是一个世纪以前芝加哥生活的典型写照。

市政管理

在联邦制体系中，芝加哥市政府在权力结构和财政安排上享有自治权。 芝加哥市政府并不直接隶属于库克郡、伊利诺伊州或联邦政府机构，而是在伊利诺伊州设立的章程框架内与这些上级政府进行磋商[3]。 本书第八章将对这些制度安排作详细讨论。 在这里简而言之，市政府、郡政府、州政府和联邦政府所有这四级政府中，立法机关成员和高级政府官员都是基于男性普

---

[1] John Wellborn Root, "A Utilitarian Theory of Beauty," in Donald Hoffman. Ed. , *The Meanings of Architecture: Buildings and Writings by John Wellborn Root* (New York: Horizon, 1967), pp. 172 - 174: 172.

[2] 霍拉伯德和罗奇的研究成果直到近期才得到应有的关注。 参见如下专著 Robert Bruegmann, *The Architects and the City: Holabird and Roche of Chicago, 1880 - 1918* (Chicago: University of Chicago Press, 1997)。

[3] 对这些问题的进一步讨论，参见 Flanagan, *Charter Reform*; Charles E. Merriam, *Chicago: A More Intimate View of Urban Politics* (New York: Macmillan, 1929); Paul Michael Green, "The Chicago Democratic Party, 1840 - 1920: From Factionalism to Political Organization" (Ph. D. diss. , University of Chicago, 1975); Ann Durkin Keating, "Governing the New Metropolis: The Development of Urban and Suburban Governments in Cook County, Illinois, 1831 - 1902" (Ph. D. diss. , University of Chicago, 1984)。

选体系选举产生的。 通常，这些经选举产生的官员再任命他们下面的行政官员，而不是再进行选举。

由于各管辖权分散化及相互竞争，导致政府需要建立大量专门机构和部门来管理和运营芝加哥地区的一系列服务，诸如自来水、污水管道和公园[1]。 伊利诺伊州那些有公债和税收自主权的城市和郡可以规避 1870 年州宪法要求的债务限制[2]。 现有政府无法回应日益增加的公共服务的需求，滋生出有时超越市政管辖范围内的部门。 于是，共和党的州立法机关成员就可以制约以民主党为主的市政府职权，这也减少了民主党人进行政治分赃的机会。

其结果就是梅里亚姆著作中的"杂烩政府"。 半个世纪后，爱德华·克里斯蒂·班菲尔德进一步指出，"从完全正统的角度来看，芝加哥地区可以说根本就没有政府。 那里有成百上千个团体，每个团体都有一定合法权力，但是没有哪个团体的权力大到可以不顾其他团体的反对而强行采取一些措施"[3]。

在城市范围内，每个市议员对各自选区拥有相当大的权

[1] 查尔斯·E. 梅里亚姆在他关于美国市政治理的经典研究中对此着重强调，*Scrambled Government: Who Rules What in Chicagoland?* Chicago, 1934。

[2] 根据伊利诺伊州宪法，城市和郡债务不得超过其管辖范围内财产估值的 5%。 Ester R. Fuchs, *Mayors and Money: Fiscal Policy in New York and Chicago* (Chicago: University of Chicago Press, 1992), p. 195.

[3] Edward C. Banfield, *Political Influence* (Westport, Conn.: Greenwood, 1961), p. 235.

力[1]。 从正式职权来看，市长基本上是一个很弱的角色，总是在与各方商量，包括市议员、党派大佬、州长和立法机关成员[2]。 芝加哥各选区的大佬掌控的自治资源比市长还多。

城市收入体系也是四分五裂的[3]。 芝加哥的快速扩张需要更强大的市政能力，但是它的税收体系却不能产生支持扩大城市服务所需的收入。 1906 年梅里亚姆在为芝加哥城市俱乐部撰写的著名的《芝加哥市政收入调查报告》中提到，在美国城市中，芝加哥是"税率最低、人均税收最低、人均市政总收入最低、人均政府负债最低"[4]。 梅里亚姆广泛研究了在芝加哥市收税的各个机构，包括伊利诺伊州政府、库克郡政府、芝加哥市政府，以及独立的图书馆、学校、卫生部门和公园委员会[5]。1880 年，市政总收入占城市税收总收入的一半；到了 1904 年，市政总收入仅占四分之一。 因此，如果用美元金额来衡量，四分之三的地方行政事项则不属于市政府的管辖范围。

所有这些收税机构——不论是归市政府、郡政府、州政府还

----

[1] 如下文献生动地探究了此观点，Lloyd Wendt and Herman Kogan, *Bosses in Lusty Chicago* (Bloomington：University of Indiana Press, 1967)。

[2] 对此的进一步讨论，参见 Green and Holli, eds., *The Mayors*；Robin L. Einhorn, *Property Rules: Political Economy in Chicago, 1833 - 1872* (Chicago：University of Chicago Press, 1991)；Frederick Rex, *The Mayors of the City of Chicago, from March 4, 1837, to April 13, 1933* (Chicago：Chicago Municipal Reference Library, 1934)。

[3] Flanagan, *Charter Reform*, p. 14.

[4] Charles E. Merriam, *Report on an Investigation of the Municipal Revenues of Chicago* (Chicago：City Club of Chicago, 1906), p. xi.

[5] 出处同前，pp. 19 - 20。

是公共机构管——有将近一半的开支用于公共卫生、公共安全和教育服务[1]。 芝加哥公共开支中，用于支付政府债券和政府贷款利息的比重相对较低，为 16.2%。 梅里亚姆认为这样的城市公共财政体系是"权力下放、缺乏系统、不负责任"[2]。 由此他得出结论："在芝加哥，各个收税机构所构成的地方财政系统极其复杂，再也找不出哪里比它更复杂的了，肯定是全美国最错综复杂的。"[3]

在这样一个高度割裂、权力分散的体系内，成功的在任市长就像是经纪人。 芝加哥的市长在城市治理体系中占主导地位，并非来自宪章，而是源自本地对特定当选者在资金和政治影响力方面的拥戴[4]。

在镀金时代芝加哥的翡翠屏风后面，许多政治舵手通过推、拉、转、旋各种操纵杆、旋钮和方向盘来下达指令。 冲突和对抗司空见惯。 可是，不同于莱曼·弗兰克·鲍姆小说中困在奥兹国的多萝西，芝加哥人不能轻点一下脚后跟就回到更为平静的时代。 实用主义多元化政治需要的不仅仅是摆摆花架子，还需要艰苦的努力。 通过不懈的努力，那些践行实用主义多元化政治的城市领袖们留下了许多成就，这些成就在一个世纪后依然发挥效用。

---

[1] Charles E. Merriam, *Report on an Investigation of the Municipal Revenues of Chicago* (Chicago: City Club of Chicago, 1906), pp. 29 – 32.

[2] 出处同前，p. 35。

[3] 出处同前，p. 71。

[4] Bradley and Zald, "From Commercial Elite to Political Administrator," pp. 153 – 167: 160 – 161.

第三章
棉纺心脏

1812 年，莫斯科大火将拿破仑大军推入了灾难性撤退境地，也摧毁了莫斯科在中世纪俄国生活中仅有的辉煌。 整整一个世纪以前，官方政权就已经逃到彼得大帝新建的"北都"圣彼得堡。 18 世纪初彼得大帝建立的帝国体制，在 18 世纪末叶卡捷琳娜大帝时达到全盛，这一体制无法容忍有其他政治、经济、社会或文化权力中心。 大火后拿破仑撤军只是印证了莫斯科已经衰退长达数十年之久，褪去曾经的辉煌，沦为了第二大都市。但是，这场大火的确给莫斯科清除了道路，让它重新崛起成为一个繁华熙攘又令人窘迫的工商业巨头。

大火之后，莫斯科作为俄国"第二大都市"，与帝国统治者之间的紧张关系长达一个世纪之久，一直持续到 1914 年 8 月第一次世界大战爆发。 莫斯科迅速发展为世界上最大的城市之一，这座"巨大村落"里有农民商贩、旧礼仪派商人、英德工厂主，以及永远无法进入圣彼得堡上流社会的各色各样冒险家。除了政治方面，从任何角度来看莫斯科都是名副其实的大都市。反过来，"第二大都市"莫斯科抓住帝国无视、无为或无能的一切机会，追求自我经济利益和社会改革。 莫斯科经济和文化领袖们可以追溯到彼得大帝到来之前更加辉煌的时代，那时莫斯科实际上是欧亚大陆中部唯一重要之地。 工业欣欣向荣、哲学保守主义，两者交融使莫斯科独具特色，现在几乎也很难进行定义。 其中许多矛盾起源于 14、15 和 16 世纪，这一时期莫斯科从最初边陲之地发展成了一座主要城市。

莫斯科早期在俄国生活中占据核心地位，得益于靠近蒙古、诺夫哥罗德、立陶宛和波兰边疆。 外来入侵者极难进入，莫斯科公国巧妙地培养资源，使这一要塞发展成该地区最强大的城市。 这种崛起折射了彼得·霍尔的观点： 新兴城市"作为发达世界与外部边疆地区的中转之地"，有能力崛起成为城市创新和增长中心[1]。

1054 年智者雅罗斯拉夫去世后，基辅罗斯进入了漫长的衰落时期，正是在这一时期莫斯科开始发展出最初形态[2]。 基辅罗斯中央权力缺失后，各部落战争频繁、内战不休，东斯拉夫人逐渐难以生存。 一些罗斯人开始迁徙到东北部，寻求伏尔加河上游森林作为保护，于 12 世纪末围绕弗拉基米尔城建立了新的公国。 不到半个世纪，13 世纪 30 年代末蒙古军队到来时，

---

[1] Peter Hall, *Cities in Civilization* (New York: Pantheon, 1998), p. 302.

[2] 俄国早期历史简述，参见 Kathleen Berton, *Moscow: An Architectural History* (London: I. B. Tauris, 1990), pp. 11 – 59; Ivan Zabielin. *Istoriia goroda Moskvy* (Moscow: I. N. Kushnerev, 1905)。 关于莫斯科城市发展的历史精彩回顾，也可参见如下巨著的开篇 Timothy J. Colton, *Moscow: Governing the Socialist Metropolis* (Cambridge, Mass.: Harvard University Press, 1995), pp. 11 – 36。

许多基辅人再次遭受围攻。

传说认为，1147 年，基辅大公和苏兹达尔大公尤里·多尔戈鲁基在莫斯科河与涅格林纳亚河交汇处，用木头建立了一座小城堡——克林姆林，建造了莫斯科之城。其地址位于罗斯托夫和苏兹达尔地域边陲，弗拉基米尔城管辖之下，可能这里先前就已有人居住。

较为富裕的城镇都受到了蒙古统治者的洗劫，莫斯科看似发展缓慢、毫不起眼，实则是养精蓄锐。1325—1340 年，有着"卡利塔"（钱包）之名的伊凡一世巩固了财富和权力集聚，1380 年库利科沃大战中莫斯科大公德米特里·顿斯科伊（Dimitri Donskoi）首次击败了蒙古鞑靼人。随后顿斯科伊将莫斯科规模不大的克里姆林宫的木头结构替换成了更加坚固的石头结构。

到了伊凡三世，大公国确立了对罗斯北部的控制权，伊凡三世史称"伊凡大帝"，1462—1505 年在位。伊凡三世建造了克里姆林宫中最重要的一些宗教建筑。1547 年宣布为沙皇的伊凡四世（"雷帝"）巩固了莫斯科作为俄罗斯政治和商业中心的地位。雷帝死后仅仅五年的 1589 年，正教会于莫斯科建立牧首区。莫斯科开始取代弗拉基米尔城，成为国家新的宗教中心。莫斯科主宰了俄国生活的方方面面，直到 1712 年彼得大帝将帝权转移到其新首都圣彼得堡[1]。

---

[1] 关于这一时期莫斯科土地上生活情况的讨论，参见 Galina Latysheva and Mikhail Rabinovich, *Moskva i Moskovskii krai v proshlom* (Moscow: Moskovskii rabochii, 1973)。

城市建筑杂陈

在 16 和 17 世纪，莫斯科权力空前强大，牢固确立了自身特点。 莫斯科的中世纪街道穿梭在克里姆林宫和城墙围着的基泰格罗德区，毫无现代之感[1]。 包括本国人在内的游客将这种陈旧的市景从建筑上转移到文化领域。 18 世纪晚期的观点认为，"古老的莫斯科"与西北部"理性的"圣彼得堡相比，更加"乡下""落后"[2]。

19 世纪文化界评论家维萨里昂·贝林斯基进一步传播了这种观点，他在 1845 年写道，莫斯科是个"对家庭生活有着父亲

———————

[1] Petr Vasil'evich Sytin, Iz *istorii Moskovskikh ulits*（*ocherki*）, 3d ed.（Moscow：Moskovskii rabochii, 1958）, p. 7.

[2] 尼古拉·安采弗洛夫可能是俄国关于圣彼得堡最有洞察力和说服力的评论家，他经常在作品中探讨莫斯科-圣彼得堡这一主题，尤其是苏维埃早期阶段。 1991 年他的主要作品得到了再次出版：Nikolai Pavlovich Antsiferov, "*Nepostizhimyi gorod...*" *Dusha Peterburga. Peterburg Dostoevskogo. Peterburg Pushkina*（St. Petersburg：Lenizdat, 1991）。 关于可能具有同样启发意义但更近期的俄国视角分析，参见 Grigorii Kaganov, *Sankt-Peterburg: obrazy prostranstva*（Moscow：Indrik, 1995）。

卡特琳娜·克拉克在关于 1900—1933 年圣彼得堡文化的研究中，对这些话题进行了精彩概述，参见 Katerina Clark, *Petersburg: Crucible of Cultural Revolution*（Cambridge, Mass.：Harvard University Press, 1995）, pp. 1-73。 从俄国省份视角对莫斯科-圣彼得堡话题辩论的类似讨论，参见 Priscilla R. Roosevelt, *Life on the Russian Country Estate: A Social and Cultural History*（New Haven：Yale University Press, 1995）, p. 26。

般依赖"的城市[1]。 一百多年后，美国俄国学家希尼·莫纳斯
与贝林斯基对莫斯科城市个性的描述异曲同工。 他指出，19世
纪莫斯科生活注重"私人生活，偏内向型"[2]。 弗拉基米尔·
吉利亚鲁斯基是从街角后巷到豪华宴会厅全面展示宣传莫斯科的
最伟大的人之一。 他的故事中有位主角叹息道，即使离开了两
年，"走在特维尔大街上，一切如旧"[3]。

不过随着新技术引入和移民的到来，莫斯科有变化，而且变
化很大[4]。 莫斯科市像芝加哥一样没有大的地形障碍，围绕
着一个中心，呈环形放射格局[5]。 莫斯科形成了以教堂圆顶
和穹顶为主的独特城市天际线，包括新建成的基督救世主大教堂

[1] Vissarion Belinskii, "Peterburg i Moskva" (1845), in V. G. Belinskii and
N. A. Nekrasov, eds., *Fiziologiia Peterburga* (Moscow: Sovetskaia Rossiia,
1984), pp. 42 - 72: 57.

[2] Sidney Monas, "St. Petersburg and Moscow as Cultural Symbols," in
Theofanis George Stavrou, ed., *Art and Culture in Nineteenth-Century Russia*
(Bloomington: Indiana University Press, 1983), pp. 26 - 39: 29.

[3] Vladimir A. Giliarovskii, "Sozhzhennaiakniga," in Vladimir A. Giliarovskii,
Sochineniiav 4 tomakh, gen. ed. V. M. Lobanov, text prep. and notes E.
Kiseleva (Moscow: Biblioteka "Ogonek", Izd. "Pravda", 1967), vol.
3, pp. 315 - 327: 318. 关于吉利亚鲁斯基本人，参见 Ia. M. Belitskii
and G. N. Glezer, *Moskva neznakomaia* (Moscow: Stroiizdat, 1993), pp.
151 - 154。

[4] 伊琳娜·内那罗科莫娃在其苏联解体后关于艺术收藏商帕维尔·特列
季亚科夫的传记中，对此变化做了适宜描述。 参见 I. S.
Nenarokomova, *Pavel Tret'iakov i ego galereia* (Moscow: Galart, 1994)。

[5] 关于这一时期莫斯科城市外形特点的简要、全面描述，参见 Laura
Engelstein, *Moscow 1905: Working-Class Organization and Political Conflict*
(Stanford: Stanford University Press, 1982), pp. 43 - 51。

穹顶[1]。 美国人约翰·贝尔·巴顿在其"享受之旅"中途经莫斯科时描述到,莫斯科像从水面跃出一样:"从(莫斯科)表面,像是从水面,立起无数穹顶、尖顶、大小塔楼和城垛。"[2]

被流放的自由派领袖保罗·米留科夫同样对新莫斯科表示惊叹。 米留科夫在回忆录中表示,外出多年后,在 1905 年回到莫斯科时感到迷茫不已:

> 城市有些地方我几乎认不出来了。 商人阶层导致莫斯科建筑中出现了一种显著新型趋势。 在帝国风格的古老贵族府邸间,大街小巷旁林立着不同时代的完全仿欧式建筑……例如,斯皮里多诺夫卡大街的塔索夫斯基大厦折射了帕拉迪奥古老的古典主义风格。 同样在斯皮里多诺夫卡大街,伊凡·阿布拉莫维奇·莫罗佐夫建了一座哥特式城堡,又在普莱西斯坦卡建了一座葡萄牙文艺复兴时期风格的宫殿。 他的兄弟米哈伊尔在祖波夫斯基建的宫殿,外面古典风格,里面每个房间装饰成不同的历史风格[3]。

---

[1] 关于基督救世主大教堂,参见 Richard S. Wortman, *Scenarios of Power: Myth and Ceremony in Russian Monarchy*, vol. 1: *From Peter the Great to the Death of Nicholas I* (Princeton: Princeton University Press, 1995), pp. 384 – 387。

[2] John Bell Bouton, *Roundabout to Moscow: An Epicurean Journey* (New York: D. Appleton, 1887), p. 251.

[3] Paul Miliukov, *Political Memoirs*, 1905 – 1917. ed. Arthur P. Mendel. trans. Carl Goldberg (Ann Arbor: University of Michigan Press, 1967), p. 15.

　　米留科夫被流放期间，19 世纪莫斯科商人购置并重建了所有能买到的地方，彻底改变了莫斯科[1]。 五到十层的住宅和商业建筑取代了市中心古老、朴素、稳重的两三层民房和商用房[2]。 1912 年来到莫斯科的英国人亨利·M. 格罗夫抱怨说："每一年古老的莫斯科消逝得越来越多，城市变得越来越不像原先的古城。 除了极其少见的老房子和教堂，现在主路上都是三四层或六层现代建筑，而以前莫斯科几乎全是一层，零星有些两层房子。"[3]

　　由于害怕无产阶级，资源又比不上商人帝国，体面之人就到克里姆林西南部寻找更高位置。 麻雀山——如今莫斯科大学所在地——成了富裕和稍富之人喜爱的田园休憩之所。

　　莫斯科各种不同功能围绕唯一中心的地标建筑——宏伟的克里姆林宫，以环形模式一圈一圈扩散建设。 从 19 世纪初到世纪末，这一形态一直保持不变。

————

[1] Richard Wortman, "Moscowand Petersburg: The Problem of Political Center in Tsarist Russia, 1881 – 1914," in Sean Wilentz, ed., *Rites of Power: Symbolism, Ritual, and Politics since the Middle Ages* (Philadelphia: University of Pennsylvania Press, 1985), pp. 244 – 271: 246.

[2] 关于这一过程的进一步讨论，参见 William Craft Brumfield, "Architectural Design in Moscow, 1890 – 1917," in William Craft Brumfield, ed., *Reshaping Russian Architecture: Western Technology, Utopian Dreams* (Cambridge, U. K.: Cambridge University Press, 1990), pp. 66 – 110; Evgeniia Ivanovna Kirichenko, *Moskva na rubezhe stoletii* (Moscow: Stroiizdat, 1977)。

[3] Henry M. Grove, *Moscow* (London: Adam and Charles Black, 1912), p. 79.

发展过大的村庄

莫斯科市中心大道有着林荫步道；历史遗迹格格不入，城市环境杂乱无章，随处可见的教堂和寺院起到了路标作用[1]。新建和改建的广场及公共空间为疲惫的莫斯科人提供了短暂的喘息时刻，也为公共活动提供了场所[2]。莫斯科是个"景色非凡让陌生人着迷不已"的地方[3]。伊凡·布宁笔下一个人物是这样赞叹莫斯科是多么美妙绝伦的：

> 我驱车前往克里姆林，洒满黄昏的克里姆林，穿过克里姆林，经过这些教堂——哦上帝，美丽极了！——沿着晚霞下满是绘画和油画的伊林卡街，沿着波克罗夫卡街，低沉有力的钟声祝福着繁忙的一天幸福地画上句号——开着车，

---

[1] 伊奥·M. 贝利特斯基在 1994 年描述上世纪之交的各种现代社区时，传达了莫斯科大街小巷纵横交错的感觉。参见 Ia. M. Belitskii, *Zabytaia Moskva*（Moscow：Moskovskii rabochii, 1994）。

[2] 莫斯科建筑研究所的列昂尼德·拉普托夫在几篇未出版的文章中强调了这一观点，如 "Sovremennaia zhizn'istoricheskikh ploshchadei Moskvyi sokhranenie ikh traditsii"（1994）。关于莫斯科中央地区公共空间一个世纪后持续影响的讨论，参见 O. E. Trushchenko, "Akkumuliatsiia simvolicheskogo kapitala prostranstve stolichnogo tsentra," *Rossiiskii monitor* 3（1993），pp. 145–165。关于这一时期城市概述，参见 I. P. Mashkov, *Putevoditel'po Moskve*（Moscow：Moskovskoe arkhitekturnoe obshchestvo, 1913）。

[3] A. S. Rappoport, *Home Life in Russia*（New York：Macmillan, 1913），p. 173.

我不仅心情愉悦、喜爱这个世界，更深深沉醉于活着的巨大幸福之中[1]。

不过，莫斯科同时也被称为"发展过大的村庄"。正如约瑟夫·布拉德利所言，欧洲城市景观与俄国乡村生活并存，体现了城市社会、政治、文化和经济结构二元化特点[2]。

到了19世纪末，铁路将莫斯科多样化现状拓展到了中央区分界线花园环路大道以外[3]。工厂跟着铁道线走，运送原材料和制成品[4]。东部铁道线集中，成为主要工厂聚集之地。工棚也随之而来，部分原因是一些雇主家长式管理提供宿舍床位，部分原因是公交长期效率低下，工人只能就近步行上班[5]。

这座蔓延开来的工人"村庄"具有显著的乡村风格。1912年，莫斯科4565座三层以上建筑几乎都位于花园环路以内。不过除了中央区这些建筑，莫斯科90%以上建筑都是一两层结构。

---

[1] Ivan Bunin, "Long Ago," trans. Sophie Lund, in Ivan Bunin, *The Gentleman from San Francisco and Other Stories* (New York: Penguin, 1987), pp. 69-76: 76.

[2] Joseph Bradley, *Muzhik and Muscovite: Urbanization in Late Imperial Russia* (Berkeley: University of California Press, 1985), p. 68.

[3] 花园环路大道已取代了离克里姆林宫墙约两公里处的一圈中世纪防御城垛。

[4] 关于铁路发展和地位的思考，参见 Colton, *Moscow: Governing the Socialist Metropolis*, pp. 35-63。

[5] 关于帝制末期莫斯科铁路交通的讨论，参见 Mashkov, *Putevoditel'po Moskve*, pp. 106-126。

城市建成区不足一半，似乎到处遍布木头和砖块小房子。 直到
1917 年 2 月，在这个蔓延式发展、半城市半乡村的莫斯科，花
园环路之外接近 15% 的城市土地还在进行耕作[1]。 不久以
前，莫斯科有接近两百个池塘为城市农作业提供了丰富的水资
源。 米哈伊尔·布尔加科夫在《大师和玛格丽特》中生动地描
述道，纯净池和派瑞阿克池主要为上流街区提供了优美风景，令
人想起消逝不久的乡村生活[2]。

莫斯科外围的城市下层社会是城市工业增长主要地区[3]。
1871 年本地人口几乎一半生活在中央区，但到了 1917 年，整个
莫斯科只有不到四分之一的人居住在相对上流的中央区[4]。
农民工住在莫斯科郊区，逐渐定义了这座城市的个性。 1902 年
莫斯科人口中只有 27.6% 是本地人，此外还有三分之一的人在莫

[1] Petr Vasil'evich Sytin, *Kommunal'noe kboziaistvo. Blagoustroistuo Moskvy v sravneniis blagoustroistvom drugikh bol'shikh gorodov* (Moscow: Novaia Moskva, 1926), pp. 52 –53; E. G. Boldina, "Statisticheskii portret Moskvy na 1910 god," in A. S. Kiselevet al., eds., *Moskouskii arkhiv. Istoriko-kraevedcheskii al'manakh* (Moscow: Moskovskoe gorodskoe ob" edinenie arkhivov, 1996), pp. 162 – 182.

[2] Mikhail Bul'gakov, *The Master and Margarita*, trans. Diana Burgin and Katherine O'Connor (New York Vintage, 1996); Petr Vasil'evich Sytin, *Istoriia planirovki i zastroiki Moskvy*, vol. 3, *Pozhar Moskvy v 1812 godu i stroitel'stvo goroda v techenie 50let: 1812 – 1862* (Moscow: Moskovskii rabochii, 1972), p. 311.

[3] Robert Gohstand, "The Shaping of Moscow by Nineteenth-Century Trade," in Michael F. Hamm, ed., *The City in Russian History* (Lexington: University Press of Kentucky, 1976), pp. 160 – 181: 163 – 165.

[4] Adol'f Grigor'evich Rashin, *Naselenie Rossii za 100 let* (1811 – 1913gg.). *Statisticheskii ocherki* (Moscow: Gosstatizdat, 1956), p. 117.

斯科生活不足五年[1]。

　　莫斯科许多工人只是在城市和农村老家之间季节性来回迁移，强化了城市流动性特点[2]。 19 世纪 80 年代的工业衰退，加上 1881 年沙皇亚历山大二世遭暗杀引发的政治危机，导致俄罗斯中部农村社会退化和经济衰退[3]。 莫斯科是俄国最大的贸易和制造业中心，成为移民偏爱的流入地。 这一地区有着数十年的走出去风气，即农民离开农村老家外出寻找短工，这顺应了莫斯科工业对于流动性劳动力，即大量短期劳工的需求[4]。以莫斯科为中心的国家铁路系统发展，增强了这一流动性，强化了这种模式[5]。

---

[1] Adol'f Grigor'evich Rashin, *Naselenie Rossii za 100 let* (1811 - 1913gg.). *Statisticheskii ocherki* (Moscow：Gosstatizdat, 1956), p. 140.

[2] Bradley, *Muzhik and Muscovite*, pp. 27 - 31.

[3] P. G. Ryndzhinskii, "Kopredeleniiu razmerov agrarnogo perenaseleniia v Rossii narubezhe XIX-XXv.," in S. L. Tikhvinskii, ed., *Sotsial'no-ekonomicheskoe razvitie Rossii. Sbornik statei k 100 - letiiu so dnia rozhdeniia Nikolaia Mikhailovicha Druzhinina* (Moscow：Nauka, 1986), pp. 155 - 172； Robert Eugene Johnson, *Peasant and Proletarian: The Working Class of Moscow in the Late Nineteenth Century* (New Brunswick, N. J.：Rutgers University Press, 1979), p. 9.

[4] Johnson, *Peasant and Proletarian*, pp. 12 - 16； Jeffrey Burds, *Peasant Dreams and Market Politics: Labor Migration and the Russian Village*, *1861 - 1905* (Pittsburgh：University of Pittsburgh Press, 1998).

[5] Johnson, *Peasant and Proletarian*, pp. 15 - 21； E. A. Dudzhinskaia, "Stroitel'stvozheleznykh dorog v Rossii v ekonomicheskoi programme slavianofilov," in Tikhvinskil, ed., *Sotsial'no-ekonomicheskoe razvitie Rossii*, pp. 172 - 183.

莫斯科工人不一定是俄国效率最高的，但是完全能满足莫斯科轻工业制造需求。成千上万的农民迁入和迁出莫斯科，同时保留了与农业和农村生活的联系[1]。总体来说，俄国农村和工厂不是两个对立极端，在莫斯科尤其不是这样。在莫斯科工厂的生活通常只代表了一个人的一个生活阶段，而不是个永久性改变[2]。

莫斯科农民工主要来自莫斯科及毗邻的特维尔和雅罗斯拉夫尔州周边农村[3]。其余来自俄国欧洲部分其他各州[4]。

芭芭拉·安德森提醒到，所有农民工都是无知的乡巴佬这种假设是不正确的。这个观点没错。许多农民工是生活区最积极分子，所在生活区也通常有着"相对进步的文化"[5]。犹如杰弗里·布鲁克斯所言，莫斯科站在了以文化水平为基础日益发展起来的大众文化的中心位置[6]。

---

［1］ Johnson, *Peasant and Proletarian*, pp. 20 – 21, 29, 50 – 51.

［2］ 出处同前，pp. 50 – 52；一直到 1912 年，莫斯科每 100 个男性对应只有 84 个女性，而儿童只占城市人口的 16.8%。A. Mikhailovskii, "Munitsipal'naia Moskva," in N. A. Geinike, N. S. Elagin, N. A. Efimova, and I. I. Shitts, eds., *Po Moskvie. Progulki po Moskvie i eia khudozhestvennym" i prosvietitel'nym" uchrezhdeniiam"* (Moscow: Izdanie M. i. S. Sabashnikovykh", 1917), pp. 121 – 158: 122.

［3］ Rashin, *Naselenie Rossii za 100 let*, pp. 136 – 137.

［4］ Barbara A. Anderson, "Who Chose the Cities? Migrants to Moscow and St. Petersburg Cities in the Late Nineteenth Century," in Ronald Demos Lee et al., eds. *Population Patterns in the Past* (New York: Academic, 1977), pp. 277 – 296: 279.

［5］ 出处同前，p. 294。

［6］ Jeffrey Brooks, *When Russia Learned to Read: Literacy and Popular Culture, 1861 – 1917* (Princeton: Princeton University Press, 1985); V. A. Kumanev, *Revoliutsiia i prosveshchenie mass* (Moscow: Nauka, 1973).

　　莫斯科有四分之三的男性和四分之一的女性受过教育，商业文学和街头报纸的繁荣为他们建立起共同纽带。 莫斯科报业大亨谢尔盖·莎拉波夫、伊凡·西汀和尼古拉·帕斯托霍夫通过他们的廉价小说和报纸影响了俄国人的思想，这比圣彼得堡高端文学的影响还要深刻。 莫斯科书店比俄国任何城市都多[1]。 莫斯科尼科斯基市场成为全国图书交易的分销中心。

　　铁路将农民带入城市，将书籍引入农村，也鼓励了工厂主将工厂建在围绕莫斯科古城的小城市带中[2]。 弗拉基米尔、伊万诺沃、雅罗斯拉夫尔、图拉等城镇通过新建铁路线与莫斯科市场相连接，发展成了重要的工业中心[3]。 因此从 1863 年到 1914 年，莫斯科及其周围各州组成的核心工业区人口几乎翻了一倍，从总共 760 万人口增加到了 1 300 多万，其中许多都已融入了莫斯科经济辐射圈[4]。

---

[1] 1890 年莫斯科有 205 个书店，而当年圣彼得堡只有 142 个书店。 Brooks, *When Russia Learned to Read*, p. 110.

[2] R. Portal, "Industriels muscovites: le secteur cotonnier (1861 – 1914),'" *Cahiers dumonde Russe et Sovietique* 4, nos. 1 – 2 (January – June 1963), pp. 5 – 46: 23 – 27.

[3] V. Ia. Laverychev, "Moskovskie fabrikanty i sredneaziatskii khlopok," *Vestnik Moskouskogo Universiteta* 9, no. (January – February 1970), pp. 53 – 72; Michael Owen Gately, "The Development of the Russian Cotton Textile Industry in the Pre-Revolutionary Years, 1861 – 1913" (Ph. D. diss., University of Kansas, 1968), p. 34.

[4] "莫斯科工业区"包括莫斯科、弗拉基米尔、特维尔、下诺夫哥罗德、科斯特罗马和雅罗斯拉夫尔等省。 Rashin, *Naselenie Rossiiza 100 let*, p. 62. 另可参见 Bradley, *Muzhik and Muscovite*, pp. 10 – 12。

铁路和工厂是俄国新风貌，是与国家合作取得的成就[1]。
俄国工业化特征与众不同，但这不是本书研究内容[2]。 沙皇
的部长们"作为（国家）活动批准者、监管者、生产者、消费
者，对经济有着更大掌控权，即使从未完全驯服经济"[3]。 外
国资本、国内寡头、俄国国家政府在工业产能发展中起着关键作
用[4]。 由此看来，俄国工业化进程更接近明治时期的日本，而

———————

[1] Valerii Ivanovich Bovykin, *Zarozhdenie finansovogo kapitala* (Moscow:
Izdatel'stvo Moskovskogo universiteta, 1967).

[2] 读者可参考以下著作的经典分析，作为进一步研究这一话题的起点。
Alain Besancon, "La Russie et 'l' esprit du capitalism,' " *Cahiersdu
monde russe sovietique* 8, no. 4 (October – December 1967), pp. 509 – 527;
William L. Blackwell. *The Beginnings of Russian Industrialization, 1800 –
1860* (Princeton: Princeton University Press, 1968); William L. Blackwell,
The Industrialization of Russia: An Historical Perspective (New York: Thomas
Y. Crowell, 1970); Alexander Gerschenkron, "Economic Development
Russian Intellectual History of the Nineteenth Century," in Alexander
Gerschenkron, *Economic Backwardness in Historical Perspective: A Book of
Essays* (Cambridge, Mass. : Harvard University Press, 1962), pp. 152 –
187; Theodore H. von Laue, *Sergei Witte and the Industrialization of Russia*
(New York: Columbia University Press, 1963); Theodore H. von Laue, *Why
Lenin? Why Stalin? A Reappraisal of the Russian Revolution, 1900 – 1930*
(Philadelphia: J. B. Lippincott, 1964).

[3] Jonathan Coopersmith, *The Electrification of Russia, 1880 – 1926* (Ithaca:
Cornell University Press, 1992), p.11.

[4] 关于俄国工业化进程中外资持股和国内寡头的关键问题，有着三种截
然不同的观点。 参见 V. Ia. Laverychev, "Nekotorye osobennosti razvitiia
monopolii Rossii (1900 – 1914gg.)," *Istoriia SSSR* 1969, no. 3, pp. 80 –
97; John P. McKay, *Pioneers for Profit: Foreign Entrepreneurship and Russian
Industrialization, 1885 – 1913* (Chicago: University of Chicago （转下页）

不是西欧，更不是北美[1]。

旧礼仪派资本主义

在俄国工业化进程中，莫斯科与众不同，因为本地商业精英控制了城市金融和制造业[2]。乔·安·鲁克曼在文章中指出："少数帝国控制了莫斯科文化、社会和公共生活方方面面的商业活动，同时也是商界领袖。同样的名字一遍又一遍地出现……核心圈内有以下家族：阿布里科索夫、阿列克谢耶夫、巴赫鲁申、博金、古契柯夫、雅库钦科夫、赫鲁多夫、科诺瓦洛夫、克雷斯托尼柯夫、马蒙托夫、莫罗佐夫、奈德诺夫、普罗霍罗夫、里亚布申斯基、鲁卡维什尼科夫、休金、索列丹科夫、特列季亚科夫、乌什科夫、维什尼亚科夫。"[3]家族式企业在莫

（接上页）Press, 1970）；Thomas C. Owen, *The Corporation under Russian Law*, *1800 – 1917: A Study in Tsarist Economic Policy*（Cambridge, U. K.：Cambridge University Press, 1991）。尤其是麦凯和欧文的研究能够为当今学生研究苏联解体后俄国经济转型提供有益背景。

[1] 关于日本和俄国工业化及现代化经历的详细对比，参见 Cyril E. Black et al., *The Modernization of Japan and Russia: A Comparative Study*（NewYork：Free Press, 1975）。

[2] Isaak Il'ich Levin', *Aktsionernye kommercheskie banki v Rossii*（Petrograd：I. P. Bielopol'skii, 1917）, vol. 1；S. G. Beliaev, *Banki i finansy Rossii istoriia. Russko-frantsuzskie bankovskie gruppy v periode ekonomicheskogo pod*"*ema 1909 – 1914gg.*（Saint Petersburg：AO "eN – Pi," 1995）。

[3] Jo Ann Ruckman, *The Moscow Business Elite: A Social and Cultural Portrait of Two Generations*, *1840 – 1905*（DeKalb：Northern University Press, 1984）, p. 19.

斯科尤为重要，旧礼仪派及后代小圈子控制的企业尤其如此。

旧礼仪派是在 17 世纪罗曼诺夫王朝第二位沙皇阿列克谢·米哈伊洛维奇统治期间，因反对教会和国家过度集权制而从俄罗斯东正教派分裂出来[1]。 面对外国影响，尼康牧首削减他认为浮于表面的做法，使信仰更加正统、一致，以强化莫斯科宗教文化[2]。 尼康向正教派一切有识之士和智者征求意见和建议。 他坚信这一崇高的事业，通过法令修改了大量宗教礼仪和经书文字——包括在教堂里行走方向、上帝耶稣的名字拼写、两指画十字改为三指画十字。 这些法令推行时通常专横无比，从根本上挑战了笃信圣像、圣香、圣歌而不是经书的宗教虔诚分子。 这次法令推行反响巨大，宗教异见者拒绝服从尼康权威。

接下来几十年，东正教和沙皇政府残酷迫害"分裂派"——由于有些旧礼仪派认为彼得大帝是反基督徒，导致迫害更加严重。 由于旧礼仪派一直与国家和教会权威格格不入——还会面临囚禁、迫害、死亡——因此被迫迁往帝国边疆地区，尤其是帝国最北部。 他们与世隔绝，培养了勇于开拓、独立自主又紧密团结的精神。

在叶卡捷琳娜大帝的宗教宽容时期，旧礼仪派开始迁回莫斯

---

[1] 关于旧礼仪派的简要英文历史叙述，参见 Roy R. Robson, *Old Believers in Modern Russia* (DeKalb：Northern Illinois University Press, 1995)。

[2] 依据 James L. West, "ANote on Old Belief," in James L. Westand Iurii A. Petrov, eds., *Merchant Moscow: Images of Russia's Vanished bourgeoisie* (Princeton：Princeton University Press, 1988), pp. 13–18。

科郊区[1]。 1812 年拿破仑入侵，城市被毁，迁徙随之增加[2]。 这次城市毁灭是莫斯科历史一个关键节点，因为旧秩序与城市建筑一起都化为灰烬。 包括未来旧礼仪派工厂主在内的许多新来者涌入莫斯科，重振了城市经济[3]。 城市在古典外表下得到了重建[4]。 到了 1820 年，莫斯科已经与 1810 年时迥然不同。

　　19 世纪中期亚历山大二世减少了对旧礼仪派的人身限制，更多分裂派来到莫斯科。 后来新的法律限制及社会迫害又迫使一些分裂派转为东正教徒。 宗教同化压力呈周期性增强和减弱势头，直到 1905 年革命后，当年颁布了《宗教宽容法》，赋予了旧礼仪派全部宗教权利[5]。

---

[1] A. S. Provorikhina, "Moskovskie staroobriadchestvo," *Moskva v'eia proshlom' i nastoiashchem'* 12,. pp. 49 – 75.

[2] West, "ANote on Old Belief," pp. 16 – 17.

[3] Tat'iana Alekseevna Molokova and Vladimir Pavlovich Frolov, *Istoriia Moskvy v pamiatnikakh kul'tury k 850 – letiiu stolitsy* (Moscow：Moskovskii litsei, 1997）, pp. 172 – 177; Aleksandr Sergeevich Nikfontov, *Moskva utoroi polovine XIX stoletiia. Stenogramma publichnoi lektsii, prochitannoi 26 marta 1947 goda v lektsionnom zalev Moskve* (Moscow：Izdatel'stvo "Pravda," 1947）, pp. 14 – 15.

[4] Evgeniia Ivanovna Kirichenko, " Arkhitekturno-gradostroitel'noe razvitie Moskvy vseredine XIX-nachale XXvv.," in N. F. Gulianitskii, *Arkhitekturno-gradostroitel'noe razvitie Moskvy. Arkhitekturnoe nasledstvo – 42* (Moscow：NIITAG, 1997 ）, pp. 144 – 184; Albert J. Schmidt, *The Architecture and Planning of Classical Moscow: A Cultural History* (Philadelphia：American Philosophical Society Press, 1989）.

[5] Robson, *Old Believers*, p. 57.

旧礼仪派坚持团结互助原则，同时信仰个体独立自主，形成了旧礼仪派莫斯科核心商人家族鲜明的集体特征，例如里亚布申斯基、莫罗佐夫、古契柯夫、科诺瓦洛夫等家族。这些特征鼓励资本积累和相互支持，这两点使得旧礼仪派家族在19世纪末俄国工业革命加速发展时居于优势地位[1]。

亚历山大·格申克龙在1968年一系列著名讲座中，探讨了旧礼仪派看似矛盾的神学保守主义和经济的创造性。格申克龙认为，旧礼仪派资本主义不是起源于教义，而是起源于镇压和迫害。正是因为旧礼仪派处于残酷的不被宽容的境地，因此培养了"相对外人的道德优越感"，表现在"干净、诚实、可靠、朴素、勤劳、节俭"[2]。正如詹姆斯·韦斯特指出，旧礼仪派的成功"将内心真正信仰者与没那么幸运、未受上帝祝福的'尼康派'区分开来"[3]。旧礼仪派体现了韦伯资本主义精神特点，这并非起源于教义信仰，而是出于国家残酷迫害下的生存策略[4]。

———————

[1] Anthony Serge Beliajeff, "The Rise of the Old Orthodox Merchants of Moscow 1771－1894" (Ph. D. diss., Syracuse University, 1975); West, "A Note on Old Belief," pp. 16－18.

[2] Alexander Gerschenkron, *Europe in the Russian Mirror: Four Lectures in Economic History* (Cambridge, U. K.: Cambridge University Press, 1970), pp. 14－47: 34.

[3] West, "A Note on Old Belief," p. 16.

[4] Gerschenkron, *Europe in the Russian Mirror*, p. 46. 类似观点参见 Blackwell, *The Beginnings of Russian Industrialization*, pp. 212－227。

追寻俄国独特性

　　莫斯科斯拉夫知识分子间弥漫着一种浪漫的保守主义，在追寻俄国独特身份时自然被旧礼仪派和原旧礼仪派实业家所吸引[1]。旧礼仪派家族历来自诩反对彼得大帝后西化的罗曼诺夫王朝（虽然并不是反对君主个人）。他们认为真正"俄国特性"的根源要早于罗曼诺夫王朝及"面向西方的窗口"圣彼得堡。

　　保守派控制了商界的政治生活，他们强烈反对改革，支持民族主义观点，任职多年的莫斯科城市杜马议员尼古拉·奈德诺夫就是个例子[2]。尼古拉·奈德诺夫是名强硬的保守派，在

————
[1] 关于莫斯科商人与崇尚斯拉夫文化者之间关系的深入讨论，参见 Thomas C. Owen, *Capitalism and Politics in Russia: A Social History of the Moscow Merchants, 1855 - 1905* (Cambridge, U. K.: Cambridge University Press, 1981), pp. 53 - 59, 71 - 106。另可参见 Andrzej Walicki, *The Slavophile Controversy: History of a Conservative Utopia in Nineteenth-Century Russian Thought*, trans. Hilda Andrews-Ruiecka (Oxford, U. K.: Oxford University Press, 1975), pp. 509 - 530; V. Ia. Laverychev, *Krupnaia burzhuaziia v poreformennoi Rossii, 1861 - 1900* (Moscow: Mysl'1974), pp. 139 - 153; Wortman, *Scenarios of Power*, vol. 1: *From Peter the Great to the Death of Nicholas I*, pp. 395 - 402; Ruckman, *The Moscow Business Elite*, pp. 125 - 129; and A. Vorob'ev', "Moskovskii universitet," *Moskva v'eia proshlom' i nastoiashchem'* 12, pp. 76 - 105。

[2] Nenarokomova, *Pavel Tret'iakov*, pp. 131 - 144; Owen, *Capitalism and Politics in Russia*, pp. 82 - 95; Ruckman, *The Moscow Business Elite*, pp. 141 - 143.

1905 年逝世以前一直是莫斯科内部核心人士。

奈德诺夫从很早开始就不时显露出反对改革的观点。 例如，在 1882 年末，他写信给可能是这一时代最著名的保守主义者康斯坦丁·波别多诺斯托夫，抱怨莫斯科城市杜马"有了社会主义集会色彩——很难甚至不可能完成任何事情"[1]。 这指的是莫斯科最富之人选举出来的机构。 奈德诺夫认为，莫斯科城市杜马已经成为支持地方自治的平等主义者的温床。 文化和思想上的保守主义常常强化了经济利益诉求，比如一直呼吁采取高关税，以保护莫斯科工业免于国外竞争[2]。

旧礼仪派实业家们在经济上取得成功，莫斯科相对没有非斯拉夫群体，加上斯拉夫知识分子对过去中世纪的着迷，形成了以莫斯科为首的对俄国独特民族身份的强烈追寻[3]。 帕维尔·特列季亚科夫、萨瓦·马蒙托夫、尼古拉·里亚布申斯基等杰出收藏家创造了沉浸于俄国主题的艺术市场[4]。 成功的旧礼仪

[1] 引自 Laverychev, *Krupnaia burzhuaziia*, p. 155。

[2] Owen, *Capitalism and Politics in Russia*, pp. 59 – 70; Owen, *The Corporation under Russian Law*, pp. 102 – 104.

[3] Boldina, "Statisticheskii portret Moskvy," pp. 167 – 169.

[4] 关于这些运动的更深入讨论参见 John O. Norman, "Pavel Tretiakov and Merchant Art Patronage, 1850 – 1900," in Edith W. Clowes, Samuel D. Kassow; James L. West, eds., *Between Tsar and People: Educated Society and the Quest for Public Identity in Late Imperial Russia* (Princeton: Princeton University Press, 1991) pp. 93 – 107; John E. Bowlt, "The Moscow Art Movement," in ibid., pp. 108 – 128; Nenarokomova, *Pavel Tret'iakov*. For an engaging contemporary account, see Iu. I. Shamurin', "Khudozhestvennaia zhizn' Moskvy v' XIX vek", *Moskva v'eia proshlom' i nastoiashchem'* 11, pp. 91 – 116。

（转下页）

派家族建立起了其他新富可以依附的商人帝国小圈子。

伊丽莎白·克莱德里·瓦克尼尔提醒道，莫斯科商业生活中旧礼仪派核心地位会被夸大而且已经被夸大。瓦克尼尔认为，旧礼仪派"并未坚持旧的信仰，有的变成不可知论者，有的皈依了正统的正教派"[1]。不过，虽然旧礼仪派本身也在变化，但是莫斯科生活中很大一部分是围绕旧礼仪派大家族运转。

正如在新兴城市和创新型城市的常见情况，莫斯科有几个商业帝国创始人是农奴出身[2]。创立家族商业帝国的萨瓦·莫

（接上页）乔·安·鲁克曼解释了对俄国艺术的兴趣可能并不只是受到民主主义情感所驱动。例如，特列季亚科夫刚开始收藏时靠从欧洲绘画大师手中购买。他显然被骗过，因为后来他只想从作品能验证是真品的画家手中购买，而如果从画家本人手中直接购买画作毕竟会更简单。Ruckman, *The Moscow Business Elite*, p. 83.

莫斯科两位收藏家伊万·莫罗佐夫和谢尔盖·休金可能是当时法国现代艺术全球最佳收藏者，他们拥有印象派画家、毕加索和其他许多将会成名的欧洲画家的大量作品。莫罗佐夫和休金收藏的画作成为位于圣彼得堡的艾尔米塔什博物馆19和20世纪的核心藏品，以及位于华盛顿特区的国家美术馆的核心藏品。关于莫罗佐夫和休金藏品的深入讨论，参见 Beverly Whitney Kean, *French Painters*, *Russian Collectors: The Merchant Patrons of Modern Art in Pre-Revolutionary Russia* (London: Hodder and Stoughton, 1994)。关于苏联时期莫罗佐夫和休金藏品的命运，参见 Geraldine Norman, *The Hermitage: The Biography of a Great Museum* (New York: Fromm International, 1998), pp. 114 – 132, 179 – 201。

[1] Elizabeth Kridl Valkenier, "Book Review: *Merchant Moscow: Images of Russia's Vanished Bourgeoisie*. Edited by James L. West and Iurii A. Petrov," *Harriman Review* 10, no. 4 (August 1998), pp. 38 – 40: 40.

[2] Hall, *Cities in Civilization*, pp. 302 – 304.

罗佐夫，是继 1812 年拿破仑大军到来后莫斯科毁于大火之后，
来到了莫斯科；莫罗佐夫靠着挨家挨户卖纺织品起家[1]。 不
久之后，阿列克谢·巴赫鲁申开始兜售皮革制品。 而阿列克谢
耶夫、普罗霍罗夫、休金、索洛多夫尼科夫，特列季亚科夫家族
都是 18 世纪来到城里、当时毫不起眼的农民企业家后代[2]。
他们来到莫斯科，从小商贩起家开始新生活[3]。

其他商业帝国创始人都是来自城市的自由市民[4]。 商业

---

[1] Belitskii and Glezer, *Moskva neznakomaia*, pp. 175 - 177; Valentine T. Bill, *The Forgotten Class: The Russian Bourgeoisie from the Earliest Beginnings to 1900* (New York Praeger, 1959), pp. 16 - 26; James Lawrence West, "The Moscow Progressists: Russian Industrialists in Liberal Politics, 1905 - 1914" (Ph. D. diss. , Princeton University, 1974), p. 57.

[2] Nenarokomova, *Pavel Tret'iakov*, pp. 10 - 25; Pavel Buryshkin, *Moskva kupecheskaia: zapiski* (Moscow: Sovremennik, 1991), pp. 102 - 129; West, "The Moscow Progressists," pp. 76 - 77; Evgenii Zakharovich Baranov, *Moskouskie legendy: zapisannye Evgeniem Baranovym*, comp. Vera Bokova (Moscow: Literatura i politika, 1993), pp. 165 - 171. 在叶卡捷琳娜时代，莫斯科拥有圣彼得堡之后 "第二大都市" 的新地位而异常充满活力。 关于这一时代更多讨论，参见 Albert J. Schmidt, "Westernization as Consumption: Estate Building in the Moscow Regionduring the Eighteenth Century," *Proceedings of the American Philosophical Society* 139, no. 4 (1995), pp. 380 - 419。

[3] 关于改革前莫斯科商业起源的深入讨论，参见 V. Ia. Laverychev, *Krupnaia burzhuaziia v poreformennoi Rossii, 1861 - 1900*, pp. 63 - 71; Vasilii Kakhrushin, "Opisanie postroeniia khrama sv. Vasiliia ispovednika v Moskve za Rogozhskoi zastavoi v novoe derevne," in A. S. Kiselev, et al. , eds. , *Moskouskii arkhiv. Istoriko-kraevedcheskie al'manakh*, pp. 131 - 153。

[4] Valkenier, "Book Review: Merchant Moscow," p. 40.

大潮最终推动他们从销售走向制造，到 19 世纪末转为工业。 到了 20 世纪早期，对于大部分莫斯科大家族而言，虽然依旧如火如荼地维持着批发零售业务，但是工业和制造更为重要[1]。

这些商业家族互相联姻，联系紧密，形成了错综复杂、层层叠叠、密切相连的结构，几乎控制了莫斯科生活的方方面面[2]。 例如，特列季亚科夫家族的帕维尔和谢尔盖，与鲁宾斯坦家族的安东和尼古拉，儿时一次午后一起从破旧的扎莫斯克弗雷奇居住地游往莫斯科河，从那时起，就终身保持着联系[3]。

私交最终通过贸易机构等组织形成制度，1905 年后成立的工业和贸易协会就是个例子[4]。 这种关系又延伸到其他商业重镇，例如莫斯科商人控制了下诺夫哥罗德的贸易展[5]。 不像在首都圣彼得堡中央政府支持对于银行至关重要，莫斯科商人成立的银行几乎没得到中央政府任何支持，但他们拥有的金融资

---

[1] Ruckman. *The Moscow Business Elite*, pp. 49 - 51.

[2] Bill, *The Forgotten Class*, pp. 99 - 102. 关于更近期的研究文章，参见例如 Sergei Rogatko, "Botkiny," *Byloe* 1998, no. 2, p. 7; Valerii Osinov, "Reka-kormilitsa," *Byloe* 1998, no. 2, pp. 8 - 9; Pavel Primachenko, "Napoleon knizhnogo delo'," *Byloe* 1998, no. 2, p. 10; Elena Shukhova, "Doma deshevykh kvartir," *Byloe* 1998, no. 2, p. 12。

[3] Nenarokomova, *Pavel Tret'iakov*, pp. 18 - 19.

[4] Ruth AmEnde Roosa, "The Association of Industry and Trade, 1906 - 1914: An Examination of the Economic Views of Organized Industrialists in Prerevolutionary Russia" (Ph. D. diss., Columbia University, 1967).

[5] Laverychev, *Krupnaia burzhuaziia*, pp. 86 - 108; Dmitrii Nikolaevich Smirnov, *Nizhegorodskaia starina* (Nizhnii Novgorod: Nizhegorodskaia iarmaka, 1995), pp. 484 - 518.

源却仅次于圣彼得堡的银行[1]。 不过，用伊夫根尼·扎米丁的话说，正是这种错综复杂的深厚关系，必然意味着莫斯科不同于圣彼得堡，即"没有任何个人能指挥它的发展"[2]。

复杂的矛盾和谜团

19世纪后半期，随着国家铁路网将资源和工人输送到莫斯科内，莫斯科工业——主要是纺织、金属制品、机械工具——生产总值增加了三倍之多[3]。 莫斯科及其周边贡献了全国近四分之一的月度工业销售额、几乎18%的月度贸易额[4]。 本地工业主要面向国内市场，因此，莫斯科愿意维持较高的保护性关

---

[1] 关于俄国商业银行的历史，参见 I. F. Gindin, *Banki i promyshlennost'v Rossii. K voprosu o finansovom kapitale v Rossii* (Moscow：Promizdat, 1927) ； I. F. Gindin, *Gosudarstvennyi bank i ekonomicheskaia politika tsarskogo pravitel'stva, 1861 – 1892 gody* (Moscow：Gosfinizdat, 1960) ； Boris V. Anan'ich, *Bankirskie doma v Rossii, 1860 – 1914gg. Ocherki istorii chastnogo predprinimatel'stva* (Leningrad：Nauka, Leningradskoe otdelenie, 1991) ； V. I. Bovykin and Iu. A. Petrov, *Kommercheskie banki Rossiiskoi imperii* (Moscow：Perspektiva, 1994)。 关于储蓄机构和银行的历史，参见 Iu. A. Petrov and S. V. Kalmykov, *Sberegatel'noe delo v Rossii. Vekhi istorii* (Moscow：K. I. T., 1995), pp. 22 – 68。

[2] Evgenii Zamiatin, *A Soviet Heretic: Essays by Yevgeny Zamyatin*, ed. and trans. Mirra Ginsburg (Evanston, Ill：Northwestern University Press, 1992), p. 133.

[3] Bradley, *Muzhik and Muscovite*, pp. 70 – 99； Berton, *Moscow* (London：I. B. Tauris, 1990), p. 172.

[4] Ruckman, *The Moscow Business Elite*, p. 2.

税。　随着时间推移，发展出了强大的出口行业，特别是销往巴
尔干、中东、蒙古以及并入俄罗斯帝国的波兰地区的纺
织品[1]。

　　从事实际生产活动的既包括大型工厂，也包括常不足 100 名
工人的小作坊。　1902 年全市有 263 078 名工人，其中 151 359 名
工人来自"小作坊"而不是"工厂"[2]。　各种各样的纺织品生
产是莫斯科经济生活的主线，有大量的小规模生产商参与。　莫
斯科对于小作坊的依赖，不同于由大型工厂占主导地位的圣彼
得堡[3]。

　　莫斯科本质上是个工人之城，1902 年莫斯科劳动力中有
60%被归类为工厂或作坊工人，而不到20%属于"企业家"和
"专业技术人员"[4]。　在第一次世界大战爆发前，莫斯科小生
产商不断繁荣发展[5]。　分布广泛、数量众多的大小工厂拥有
相对稳定的劳动力，旁边紧挨着产品零售和批发商[6]。

---

[1] V. Ia. Laverychev, "Kvoprosu ob osobennostiakh eksporta tkanei iz Rossii v
kontseXIX-nachale XX veka," *Vestnik Moskovskogo universiteta* 9, no. 6
(1965), pp. 58 – 69; S. B. Ippo, *Moskva i London". Istoricheskie,
obshchestvennyi i ekonomicheskie ocherkii issledovaniia* (Moscow:
Universitetskaia tipografia, 1888), pp. 217 – 258.

[2] Victoria E. Bonnell, *Roots of Rebellion: Workers' Politics and Organizations in
St. Petersburg and Moscow, 1900 – 1914* (Berkeley: University California
Press, 1983), p. 33.

[3] 出处同前，p. 39。

[4] Engelstein, *Moscow 1905*, pp. 19 – 21.

[5] Bonnell, *Roots of Rebellion*, p. 366.

[6] G. Vasilich', "Moskva, 1850 – 1910g.," *Moskva v'eia proshlom' i
nastoiashchem'* 11, pp. 3 – 28.

1905 年革命中，工会崭露头角、活力迸发。随着从 19 和 20 世纪之交的罢工运动中涌现出了一些更为正式的劳工组织，俄国工会吸引了城市化程度最高、技能最佳、受教育程度最好的一批工人[1]。整个 1905 年，工会数量不断增加，1906 年 3 月 4 日工会和雇主协会合法化后，工会发展更加迅速。到 1907 年初，莫斯科有 63 个工会，总计 52 000 多名成员。而 1907 年初政治和立法专制化加强，又再次削弱了劳工进行组织的权利。到第一次世界大战前夕，工会活动稍有复苏。

帝国政府的残酷报复行动，导致许多工人不满，被迫转入地下，使得布尔什维克和孟什维克等激进的社会主义党派得以扩大，也为右翼团体提供了沃土[2]。恃强凌弱的极端主义"战斗兄弟们"借机 1905—1906 年整个社会混乱无序，在莫斯科进行了一系列恶劣至极的大屠杀，事件顶点是 1905 年 10 月 16 日俄国男人联盟进行了一场臭名昭著的暴动，他们只要发现莫斯科犹太人和社会主义者就将其杀害[3]。在整个研究阶段，即便是莫斯科时而平静的表面下，社会瓦解都一触即发。不过，莫斯科雇主和雇员之间的社会差距还是远小于在少数特大工厂控制下的工业重镇。

"新的百万富翁比比皆是"，莫斯科既是财富之地，也是工

---

[1] Victoria Bonnell, "Radical Politics and Organized Labor in Pre-Revolutionary Moscow, 1905 - 1914," *Journal of Social History* 12, no. 2（1979）, pp. 282 - 300.

[2] Don C. Rawson, *Russian Rightists and the Revolution of 1905*（Cambridge, U. K.：Cambridge University Press, 1995）.

[3] 出处同前，pp. 129 - 142。

人之所[1]。 实际上，莫斯科是俄国最富裕的城市，商人数量比其他所有俄国城市和城镇都多[2]。 俄罗斯帝国"贸易行"有超过四分之一位于莫斯科，远远超过第二名只有13%的圣彼得堡[3]。 到了1910年，在年收入高于1 000卢布（相当于1903年的515美元）的居民人数上，莫斯科也居于全国首位[4]。

因此，莫斯科是个贫富人口紧密共存之地[5]。 "在建筑和

---

[1] Ruckman, *The Moscow Business Elite*, p. 18.

[2] Michael F. Hamm. "The Break down of Urban Modernization: Prelude to the Revolutions of 1917," in Hamm, ed., *The City in Russian History*, pp. 182 – 200: 192. 而且，1897年普查发现莫斯科有19 491商人，超过圣彼得堡17 411名商人。 A. N. Bokhanov, *Krupnaia burzhuaziia Rossii* (Moscow: Nauka, 1992), p. 31. 虽然随着俄国和莫斯科经济命运起伏，这一数字也会波动，但是直到帝制末期莫斯科在商人数量上都保持第一。 Laverychev, *Krupnaia burzhuaziia*, p. 64.

[3] 1904年莫斯科实际比例为28%。 Bokhanov, *Krupnaia burzhuaziia Rossii*, p. 99.

[4] 折算率参见 Henri Troyat, Daily Life in Russia under the Last Tsar, trans. Malcolm Barnes (Stanford: Stanford University Press, 1979), p. 8。

　　莫斯科年收入1 000卢布以上者有76 610人，比圣彼得堡全省略多出285人。 利夫利亚迪亚（包括如今拉脱维亚首都里加）排名第三，年收入1 000卢布以上者有72 234人。 华沙、赫尔松地区（包括敖德萨）和基辅远远落后，分别有25 000到32 000人同等收入者不等。 圣彼得堡、莫斯科、利夫利亚迪亚、赫尔松省理所当然是俄国城市化程度最高的省份，其中只有圣彼得堡和莫斯科两个被归类为"城市化水平"超过50%。 Rashin, *Naselenie Rossii*, p. 101.

[5] 从伊琳娜·内那罗科莫娃在艺术收藏家帕维尔·特列季亚科夫的自传中对扎莫斯克弗雷奇地区的描述中可见一斑（Nenarokomova, *Pavel Tret'iakov*, pp. 10 – 25）。 当时的记述可参见 G. Vasilich, "Ulitsyi liudi sovremennoi Moskvy," *Moskvav'eia proshlom' i nastoiashchem'* 12, pp. 3 – 16。

社会层面的互相融合，是俄国城市普遍现象"，蒂莫西·科尔顿写道："在莫斯科尤为明显，历史学家认为这有利于解释为什么莫斯科工人的阶级敌意相对较弱。"[1]莫斯科是个大工厂与小作坊共存之城、工商业之城、贫富并存之城。简言之，值得一提的是莫斯科展现了各色各样的人生经历，这从其多样化住房上可见一斑。

早在 1882 年，莫斯科贫民——主要来自衰败的农村，住在一切能住的地方：拥挤不堪的临时工棚、地下室、工地或条件恶劣的角落（确实就是租个角落）[2]。相对富裕的无产阶级家庭境遇稍好，可能在一栋两层木房里合租一两间，木房总共有十几个房间、八十来人住（没有洗澡设施或室内厕所，有个公共厨房但需要到附近街道去取水）[3]。中间阶层拥有新型公寓式住宅，而富商喜欢"过度设计、过度布置、过度装饰的连栋住宅"，不追求"模仿俄国贵族，而是打造新式"[4]。各个阶层的私人空间都显示了对古怪、刺激、未知的喜爱之情，流露在莫斯科蜿蜒的后巷、隐匿的庭院、曲折的小路和宽广的大道上[5]。瓦尔

---

［1］ Colton, *Moscow: Governing the Socialist Metropolis*, p. 44.

［2］ 到 1882 年时莫斯科人口中仅有 26. 2% 是本地人。M. Ia. Vydro, *Naselenie Moskvy（ pomaterialam perepisei naseleniia, 1871 – 1970gg）*（Moscow：Statistika, 1976），p. 11.

［3］ Diane Koenker, *Moscow Workers and the 1917 Revolution*（Princeton： Princeton University Press, 1981），pp. 54 – 55.

［4］ John Russell, "The Twilight the Russian Bourgeoisie," *New York Times*, May 19, 1991, pp. H35 – H36.

［5］ Iu. I. Shamurin', "Arkhitektura Moskvy," *Moskvav'eia proshlom' i nastoiashchem'* 11, pp. 117 – 125; G. Baltiskii, "Vnieshnyivid' Moskvy srediny XIX veka," *Moskva veia proshlom' i nastoaishchem'* 10, pp. 9 – 76.

特·本雅明敏锐有力地描述了这个大杂烩般的城市和每个人。1926 年和 1927 年交替之际，本雅明来到莫斯科，对莫斯科街道非常好奇，发现数世纪以来俄国乡村在莫斯科街道间玩着"捉迷藏"[1]。

莫斯科无论哪个社会群体，都喜欢刺激而不是中规中矩。 这种喜欢未知弥漫在当地生活中，至今仍然是莫斯科显著特征之一，也成为莫斯科复杂矛盾的一种外在表现形式。 蒂莫西·科尔顿对旧体制下莫斯科的终极评估抓住了这一复杂深刻特征。 科尔顿强调，"（莫斯科）经济社会体系复杂多变与政治体制失灵不力，两者格格不入"，总结认为"虽然不是没有恐怖和不公，但是莫斯科民间社会勇敢地应对不间断的各种危机，满足广大居民需求的能力不断增强"。 不幸的是，"就城市政府而言，情况又是另一回事"[2]。 这种不同造成的影响将持续近一个世纪。

莫斯科治理

莫斯科都市多元主义——如同许多大城市具备包容性一样——与其说源于渴望互动，不如说是互相生存所迫。 这一情况贯穿本章研究时期。 本章研究从 1873 年落实三年前亚历山大

---

[1] Walter Benjamin, *Moscow Diary*, ed. Gary Smith, trans. Richard Sieburth (Cambridge, Mass.：Harvard University Press, 1986), p. 67. 关于本雅明莫斯科之旅的更多信息，参见 Bernd Witte, *Walter Benjamin: An Intellectual Biography*, trans. James Rolleston (Detroit：Wayne State University Press, 1991)。

[2] Colton, *Moscow: Governing the Socialist Metropolis*, p. 69.

二世推行的城市自由化改革开始[1]。 但自由化改革未能持续下去[2]。 1892 年逆向改革再次限制了城市自主权[3]。 更重要的是，阶级差异更加突出。 1905—1907 年社会动乱暴露了莫斯科"不同社会群体聚集地"中有着严重分歧[4]。 1905 年暴发的集体事件中，没有任何社会群体得以置身事外，也几乎没有任何政府机构或私人组织能够免受当年冲突的影响[5]。 1905 年革命中，城市治理本身成了问题，民众支持的工人联盟（苏维

[1] A. A. Kizevetter, *Miestnoe samoupravlenie v' Rossii. IX-XIX st. Istoricheskii ocherk'* （Moscow：Izd. Moskovskogo universiteta, 1910）；Walter Hanchett, "Tsarist Statutory Regulation of Municipal Government in the Nineteenth Century," in Hamm, ed. , *The City in Russian History*, pp. 91 – 114, 196 – 207；Larissa Zakharova, "Autocracy and the Reforms of 1861 – 1874 Russia： Choosing Paths of Development," trans. Daniel Field, in Ben Eklof, John Bushnell, and Larissa Zakharova, eds. , *Russia's Great Reforms, 1855 – 1881* （Bloomington：Indiana University Press, 1994）, pp. 19 – 39；Valeriia A. Nardova, "Municipal Self-Government after the 1870 Reform," trans. LoriA. Citti, in ibid. , pp. 181 – 196.

[2] Ruckman, *The Moscow Business Elite*, pp. 175 – 210.

[3] Hanchett, "Tsarist Statutory Regulation," pp. 107 – 113；Nardova, "Municipal Self -Government," pp. 195 – 196.

[4] Engelstein, *Moscow 1905*, p. 4

[5] 出处同前, pp. 10 – 15。 关于同期圣彼得堡社会动荡的分析洞见，参见 Joan Neuberger, *Hooliganism: Crime, Culture, and Power in St. Petersburg, 1900 – 1914* （Berkeley：University of California Press, 1993）。 关于 1905 年革命的概述，可参见 Abraham Ascher, *The Revolution of 1905*, 2 vols. （Stanford：Stanford University Press, 1988 – 1992）。

埃）临时取代了正式的城市政府[1]。

1905 年政党变为合法化，莫斯科治理体系中首次出现了党派政治。 在极端保守主义者尼古拉·奈德诺夫、格里戈里·克雷斯托夫尼科夫和博金家族成员领导下，反对改革的"保守派"联盟，与以里亚布申斯基家族和莫罗佐夫家族为核心的"年轻""进步"企业家之间展开竞争[2]。 一般认为，圣彼得堡的布尔什维克者相对激进，而莫斯科的布尔什维克者更为包容[3]。 不过，1917 年的革命浪潮卷走了莫斯科市许多社会对立派。

整个研究时期，莫斯科城市治理还是建立在高度集权的帝国官僚政治体制之上[4]。 城市如何更好地融入帝国秩序，这已经困惑了俄国君主几十年甚至几百年。 从接下来的章节中可以

---

[1] 关于苏维埃形成的概述，参见 Oskar Anweiler, *The Soviets: The Russian Workers, Peasants, and Soldiers Councils, 1905 – 1912*, trans. Ruth Hein (New York: Pantheon, 1974)，其中包括关于 1905—1907 年莫斯科苏维埃的讨论 (pp. 40‑64)。 关于莫斯科苏维埃的专门讨论，参见 Robert Melville Slusser, "The Moscow Soviet of Workers' Deputies of 1905: Origin, Structures, and Policies" (Ph. D. diss., Columbia University, 1963)。

[2] Ruckman, *The Moscow Business Elite*, pp. 156 – 157; V. Ia. Laverychev, "Moskovskie promyshlenniki v gody pervoi Russkoi revoliutsii," *Vestnik Moskovskogo universiteta* 9, no. 3 (1964), pp. 37 – 53; V. Ia. Laverychev, *Po tu storonu barrikad* (iz istorii bor'by Moskovskoi burzhuazii s revoliutsiei) (Moscow: Mysl', 1967); West, "The Moscow Progressists."

[3] Robert C. Williams, *The Other Bolsheviks: Lenin and His Critics, 1904 – 1914* (Bloomington: Indiana University Press, 1986).

[4] O. Kuzovleva, "Upravliat' Moskvoi neprosto," in Kiselev et al., eds., *Moskovskiarkhiv*, pp. 183 – 203.

发现，关于这一时期美国和明治日本有效的城市治理方式，对俄国远非如此[1]。

整个帝国时代一直进行着地方自治实验探索，交替出现扩大或缩小地方自治权的情况。 在莫斯科，地方自治最自由时期始于 1870 年亚历山大二世颁布城市改革法案[2]。 根据法案，由相对庞大的（160~180 人）决策机构，即城市杜马管理莫斯科，城市杜马再选出一个小型（7~9 人）管理委员会，负责确定杜马议程和城市常态运转[3]。 市长由有选举资格的选民选出，领导杜马和管理委员会。 俄罗斯帝国最大的四座城市——圣彼得堡、莫斯科、敖德萨、里加——还设置一个副市长。 所有城市官员任期为四年一届。

俄国城市官员可以利用给城市慈善基金的慈善捐款及赠予，

［1］ Anders Henriksson, *The Tsar's Loyal Germans: The Riga German Community: Social Change and the Nationality Question*, *1855 - 1905*, East European Monographs（New York：Columbia University Press, 1983）, p. 5.

［2］ Hanchett, "Moscowin the Late Nineteenth Century," pp. 45 - 76; Nicholas J. Astrov, "The Municipal Government and the All-Russian Union of Towns," in Paul G. Gronsky and Nicholas J. Astrov, eds., *The War and the Russian Government*（New York：Howard Fartig, 1973）, pp. 129 - 321: 132 - 133. 关于更早期权力下放参见 S. Frederick Starr, *Decentralization and Self-Government in Russia*, *1830 - 1870*（Princeton：Princeton University Press, 1972）。

［3］ Hanchett, "Moscowin the Late Nineteenth Century," pp. 60 - 65; Colton, *Moscow: Governing the Socialist Metropolis*, pp. 52 - 53; Nardova："Municipal Self-Government," pp. 183 - 184.

来支持扶贫机构[1]。 到 1900 年，莫斯科人均慈善捐赠已经超过了巴黎、柏林、维也纳同类水平[2]。 1863—1912 年，莫斯科城市杜马收到了 3 250 万卢布慈善捐款。 1912 年，莫斯科城市杜马成立了城市资金和基金管理部，对慈善基金进行管理，当时的基金规模占到城市扶贫活动预算的三分之一以上。 总体来说，莫斯科模式与俄国其他城市类似，城市预算主要用于健康、教育和福利开支[3]。

也正是在健康、教育和社会福利领域，俄国女性开始展现行动力量。 芭芭拉·阿尔珀·恩格表示，"可以肯定地说，在 19 世纪俄国与在欧洲其他地区无异，身为女性意味着作为女儿、妻子，几乎最后都成为母亲，意味着除了最后这几个身份，其他都比男性低一等"。 不过，她还表示：

> 女性在家庭的角色内容及女性从属地位与西欧有很大不同。 在一定程度上，俄国女性更加独立，因为她们婚后保留了财产权，并在不同社会岗位上担负了对维持家庭经济社

[1] Galina Ulianova, "Pages of History: Private Donations in the Municipal Funding of Moscow Charity Institutions at the Beginning of the Twentieth Century," *World of Learning Forum: NGO Law in Brief* 1 (Winter 1995), pp. 9 – 10. 另参见 G. N. Ul'ianova, "Blagotvoritel 'nost' Moskovskikh predprinimatelei, 1860 – e – 1914g. " (Ph. D. diss. , Russian Academy of Sciences, 1995); M. P. Shchepkin, *Obshchestvennoe khoziaistuvo goroda Moskvy v 1863 – 1887 godakh. Istoriko-statisticheskoe opisanie* (Moscow: Moskovskaia gorodskaia tipografia, 1890)。

[2] Ruckman, *The Moscow Business Elite*, p. 88.

[3] Bradley, *Muzhik and Muscovite*, pp. 37 – 40.

会地位至关重要的多项责任[1]。

恩格也发现，由于独裁主义既体现在俄国专制政体，也体现在家庭关系中，俄国女性在很多方面比欧洲女性更加"无助"。恩格指出，许多没有技能又通常未受教育的农村女性到城市后，不出意外地选择了当佣人、厨师、保姆这类半依附型职业[2]。

19 和 20 世纪之交，几乎没有一个莫斯科女性愿意或能够为事业牺牲一切。不过，在政治革命、医药、艺术乃至城市生活中，莫斯科及整个俄国培养了大量极其出色的女性人物[3]。无论哪

---

[1] Barbara Alpern Engel, *Mothers and Daughters: Women of the Intelligentsiia in Nineteenth-Century Russia* (Cambridge, U. K.: Cambridge University Press, 1983), pp. 6 - 7.

[2] Barbara Alpern Engel, *Between the Fields and the City: Women, Work, and Family in Russia, 1861 - 1914* (Cambridge, U. K.: Cambridge University Press, 1994), p. 5.

[3] 尼古拉·切尔尼雪夫斯基 1863 年里程碑式小说《怎么办？》将"女性问题"深深置于俄国改革议程之中。女性为了争取完整教育权利进行了艰苦斗争，只取得部分胜利——在 19 世纪中期有大量中上层阶级优秀女性前往瑞士以获得高等教育。女性工资低于男性，识字率也低于男性。许多女性转向修道院和宗教生活，以获得俄国社会通常不提供的自主、自我发展、进步和赋权机遇。

关于这些话题的更多讨论，参见 Richard Stites, *The Women's Liberation Movement in Russia: Feminism, Nihilism, and Bolshevism, 1860 - 1930* (Princeton: Princeton University Press, 1978), pp. 82 - 90; Aleksandr Aleksandrovich Kizevetter, *Na rubezhe stoletii (Vospominaniia 1881 - 1914)* (Prague: Orbis, 1929), pp. 253 - 318; Barbara Alpern Engel and Clifford N. Rosenthal, *Five Sisters: Women against the Tsar* (New York: Knopf, 1975).

个阶层，都有比欧洲地区多得多的女性准备投身于推动莫斯科同胞的健康、教育和福利事业。 莫斯科在健康、教育、福利方面取得的成就，通常是女性积极推动和奉献的直接结果，有太多女性的名字淹没在了历史长河中。

帝国对地方政府的规章制度

莫斯科城市管理尽管取得切实进步，但不幸的是受到大量外部因素的严重制约。 沙皇任命的总督有权将城市法令提交到圣彼得堡进行审议，在这期间帝国政府能够否决地方立法或决议[1]。 在帝国末期，莫斯科保守派总督利用职权遏制自由派城市官员[2]。

总督还控制着警察，能够下达与地方决议相冲突的强制命令。 弗拉基米尔·多尔戈鲁科夫从 1865 年至 1891 年任莫斯科总督，是整个 1870 年改革时期莫斯科权力最大的政治人物[3]。鉴于这种权力，人们普遍认为俄国真正的"城镇一把手"是圣彼

---

[1] Hanchett, "Moscow in the Late Nineteenth Century," pp. 65 - 70.

[2] Robert William Thurston, "Urban Problems and Local Government in Late Imperial Russia, 1906 - 1914" (Ph. D. diss., University of Michigan, 1980), pp. 2 - 3. 关于教育领域帝国总督、部长和地方官员之间相互关系翔实的讨论，可参见 Guido Hausmann, "Akademische Berufsgruppen in Odessa, 1850 - 1917," in Charles McClelland, Stephan Merl, and Hannes Siegrist, eds., *Professionen im modernen Osteuropa* (Berlin: Duncker and Humblot, 1995), pp. 427 - 463。

[3] Owen, *Capitalism and Politics in Russia*, p. 78.

得堡任命的总督而不是本地选出的市长[1]。 不过，正如理查德·罗宾斯有力指出的，总督权力通常是负面的否决权，而不是积极地打造地区和城市的未来[2]。

中央任命的总督和地方选举的议会及市长之间的拉锯斗争，是19世纪晚期俄国和中东欧普遍情况[3]。 新兴民族主义政治频繁卷入地方自治争夺战中。 莫斯科既符合普遍情况，也是个重要特例。 在古都莫斯科，主要参与者通常是俄国人，在中央集权方面的冲突与民族主义少数群体抵御强制同化的斗争截然不同。

一系列地方政府管理改革，在农村确立了更加强大和相对自由的立法权力机构： 农村自治议会[4]。 托马斯·波特和威廉·格里森有力论证道： 农村自治议会削弱了体制内家长式统

[1] 总督的权力在省里小城镇比在全国工业大城市更加明显。 关于这些人物的小说化有趣描述，可参见如下小说 Vasilii Nemirovich-Danchenko, *Gorodskoi golova: roman'* (St. Petersburg: Izd. P. P. Soikina, 1904)。

[2] Richard G. Robbins, Jr., *The Tsar's Viceroys: Russian Provincial Governors in the Last Years of the Empire* (Ithaca: Cornell University Press, 1987), pp. 16–17.

[3] 观点参见 Henriksson, *The Tsar's Loyal Germans*, p. ix。

[4] Feodor A. Petrov, "Crowning the Edifice: The Zemstvo, Local Self-Government, and the Constitutional Movement, 1864–1881," trans. Robin Bisha, in Eklof, Bushnell, and Zakharova, eds., *Russia's Great Reforms*, pp. 197–213. 关于农村自治议会大量学术研究的综述，参见 Terence Emmons and Wayne S. Vucinich, eds., *The Zemstvo in Russia: An Experiment in Local Self-Government* (Cambridge, U. K.: Cambridge University Press, 1982)。

治，同时推动了公共领域的发展[1]。 农村自治议会经常与城市议会争夺地方税收，成为这一时期莫斯科争论不休的一个源头[2]。

同时，城市管理者受限于只能管理"城市经济"[3]。 他们的权力大体上只包括提供基本服务和管理城市企业。 对莫斯科来说，鉴于财政制度严格限制地方税收，管理城市企业越来越成为自主收入的一项重要来源[4]。 到了19世纪70年代中期，城市收入严重低于开支，到1887年时，累计赤字几乎等于当年城市预算总额[5]。

到了20世纪第二个十年，城市自有财产、经营和企业所得

[1] Thomas Porter and William Gleason, "The Zemstvo and the Transformation of Russian Society," in Mary Schaeffer Conroy, ed., *Emerging Democracy in Late Imperial Russia: Case Studies on Local Self-Government* (*the Zemstvos*), *State Duma Elections*, *the Tsarist Government*, *and the State Council before and during World War One* (Niwot: University of Colorado Press, 1998), pp. 60 - 87; Thomas Porter and William Gleason, "The Democratization of the Zemstvo during the First World War," in ibid., pp: 228 - 242.

[2] 关于杜马与农村自治议会间竞争的讨论，参见 Owen, *Capitalism and Politics in Russia*, pp. 95 - 97。 从农村自治议会视角看这些关系，参见莫斯科省农村自治议会领导迪米特里·希普夫的回忆录: Dmitrii Nikolaevich Shipov", *Vospominaniia i dumy o perezhitom*" (Moscow: Pechatnaia S. P. Iakovleva, 1918)。

[3] Hanchett, "Moscow in the Late Nineteenth Century," p. 63.

[4] Astrov, "The Municipal Government," pp. 141 - 153; Shchepkin', *Obshchestvennoe khoziaistvo goroda Moskvy*.

[5] Shchepkin', *Obshchestvennoe khoziaistvo goroda Moskvy*, pp. 4 - 6，及相关图表。

占莫斯科市政府收入的40%[1]。 来自屠宰场和城市管道、用水、交通服务的收入增长日益强劲，财产登记费也是如此[2]。1914年，城市自有的轨道线路载客量达到3.3亿多人次，产生了巨大利润[3]。 与此同时，税收在城市收入中的占比逐渐下降[4]。

到了19世纪90年代早期，莫斯科市政府管理预算居俄国城市首位。 例如，1892年莫斯科预算有1 120万卢布，而圣彼得堡市政府预算是1 030万卢布。 当年敖德萨政府在帝国城市中位居第三，预算有330万卢布[5]。

选举权也有限制[6]。 而且，在复杂的选举体系中，如果内

[1] Engelstein, *Moscow 1905*, p. 52; G. Iaroslavskii, "Gorodskoe samoupravlenie Moskvy," *Moskva v'eia proshlom' i nastoiashchem'* 12, pp. 17-48: 38-39.

[2] Mikhailovskii, "Munitsipal'naia Moskva," pp. 124-130.

[3] 出处同前，pp. 138-139; E. Kirichenko, "Tramvaii gradostroitel'noe razvitie Moskvy," in Kiselev et al., eds., *Moskouskii arkhiv*, pp. 204-217。

[4] Shchepkin', *Obshchestvennoe khoziaistvo goroda Moskvy*, pp. 4-6, 及相关图表。

[5] V. A. Nardova, *Samoderzhavie i gorodskie dumy v Rossii v kontse XIX-nachale XX veka* (Saint Petersburg: Nauka, 1994), p. 49. 关于与莫斯科的对比，参见关于19世纪末敖德萨城市预算的讨论: Patricia Herlihy, *Odessa: A History, 1794-1914* (Cambridge, Mass.: Harvard University Press, 1986), pp. 148-151。

[6] 投票权仅赋予"在本市拥有房产且缴纳城市房产税、或经商会认可在本市拥有商业或工业实体、或在选举前已在城市生活两年并已为各种工商业执照和许可缴纳较低市政费用的、25岁以上俄国公民"。Hanchett, "Moscow in the Late Nineteenth Century," pp. 77-78.

务部认为选举结果令圣彼得堡无法接受，还会加以干涉和废止。

选举投票由同业团体进行组织，赋予纳税最多者在杜马里拥有更高的权重[1]。 这种"同业团体"看起来像欧洲同类社会组织形态。 不同同业团体之间的流动比西方相对开放。 用格雷戈里·弗里兹的话说，俄国"各个阶层"证明能够适应社会经济发展的迫切需求[2]。

俄国"同业团体"宗旨范围狭隘、组织僵化，只能就切身相关问题发表观点[3]。 因此，基于同业团体的政治体制根本没有俄国社会本身那么有活力，用弗里兹的话说，"在后改革时代，同业团体并没有像传统假定的阶层范式那样一定分成多个阶层"[4]。 在莫斯科这座俄国最具活力的城市，情况尤其如此[5]。

各种法律规定和行政管理导致城市人口中只有很小比例参与了城市选举。 有资格的选民投票率也奇低无比——1888 年和1889 年只有 8% 的选民参与了投票[6]。 这种游戏规则下产生的

[1] Hanchett, "Moscowin the Late Nineteenth Century," pp. 84 – 89。

[2] Gregory Freeze, "The Soslovie（Estate）Paradigm and Russian Social History," *American Historical Review* 91, no. 1（1986）, pp. 11 – 36：24.

[3] Ruckman, *The Moscow Business Elite*, pp. 25 – 30.

[4] Freeze, "The Soslovie（Estate）Paradigm," p. 36.

[5] Owen, *Capitalism and Politics in Russia*, p. 77.

[6] 出处同前, p. 77；Hanchett, "Moscowin the Late Nineteenth Century," pp. 127 – 134；Colton, *Moscow: Governing the Socialist Metropolis*, pp. 52 – 53；Thurston, "Urban Problems," pp. 106 – 108。 尽管投票率如此之低，但比起全国 40 座俄国城市和城镇的城市选举中平均只有 5.5% 有资格选民参与投票，这一比例依然较高。 Nardova, "MunicipalSelf-Government," p. 187.

城市政治精英于是成了自我延续[1]，不受大众呼吁的影响，而受帝国专制命令的影响[2]。 1870—1917 年，莫斯科的十位市长中有六位是莫斯科商人，在最后五位市长中四位都是如此[3]。

即使在 1870 年选举权是有限的，但沙皇部长们依然觉得太过民主，并于 1892 年进一步限制选举和城市权力，扩大帝国官员推翻地方决定的权力[4]。 在莫斯科，关于选民资格的新规定直接将选民从占城市总人口 4.4% 降到了 0.6%[5]。 在这种体制下，追求任何自由化政策都是奇迹。 不过后面案例研究表

[1] 亚历山大·奥丁佐夫关于 1897 年杜马议员的照片加生平简述中可清楚地看出这点。 Aleksandr Odintsoy. ed. *Moskovskaia gorodskaia duma，1897－1900*（Moscow：Izdanie Aleksandra Odintsova，1897）. 莫斯科新城市杜马中商人占了绝大多数，在所有当选议员中占了三分之二。 在这一时期俄国所有城市中，这一数字偏高，但是低于弗拉基米尔等议会，弗拉基米尔议会中 70% 以上议员为本地商人。 Nardova，*Samoderzhavie i gorodskie dumy*，pp. 35－39.

[2] Hanchett，"Moscowin the Late Nineteenth Century，" pp. 135－179；Colton，*Moscow：Governing the Socialist Metropolis*，pp. 57－61；Engelstein，*Moscow 1905*，pp. 53－54.

[3] 这六位商人市长为 I. A. 利亚明（1871—1873）、谢尔盖·特列季亚科夫（1876—1882）、尼古拉·阿列克谢夫（1885—1893）、K. V. 卢卡维希尼科夫（1893—1896）、尼古拉·古奇科夫（1905—1912）和米哈伊尔·切尔诺科夫（1914—1917）。 参见 Colton，*Moscow：Governing the Socialist Metropolis*，pp. 53，805。

[4] Hanchett，"Moscowin the Late Nineteenth Century，" p. iii；Astrov，"The Municipal Government，" pp. 134－137. 关于更近期的研究分析，参见 V. A. 纳尔多娃关于 1892 年城市改革对圣彼得堡等地影响的杰出的深入研究：Nardova，*Samoderzhavie i gorodskie dumy*。

[5] Nardova，*Samoderzhavie i gorodskie dumy*，p. 20.

明，令人惊奇的是，在 1917 年革命前半个世纪的各个阶段，莫斯科市政府都很关心公共福利[1]。

周期性体系瓦解

沙皇及其政府并没有决心进行系统性改革，帝国政府在各级行政管理的体制机制脆弱不堪。纵观这一时期的历史，先是出现强化专制特权，后来帝国政府被迫作出让步。社会与沙皇之间冲突愈演愈烈，在跌宕起伏间缓慢为公民行动创造了空间。克里斯汀·鲁安抓住了这一时期的本质特点，她写道：

> 尽管政府反复无常，但前所未有的越来越多的俄国人开始参与国家经济、社会和政治生活。随着俄国经济不断壮大，接受新式改革后，学校教育的男性女性到工业、商业、公共服务领域寻找工作。他们是现代新俄国的一分子，想创造一个权利能够得到保障、新主张能依法影响"公众观念"的新舞台[2]。

莫斯科处于政府和社会间基本冲突的中心位置。莫斯科工

---

[1] Robert W. Thurston, *Liberal City*, *Conservative State: Moscow and Russia's Urban Crisis*, *1906 - 1914* (Oxford, U. K.：OxfordUniversity Press, 1987). 该书极力主张此观点。

[2] Christine Ruane, *Gender*, *Class*, *and the Professionalization of Russian City Teachers*, *1860 - 1914* (Pittsburgh：University of Pittsburgh Press, 1994), pp. 4 - 5.

业家是圣彼得堡最尖锐的批评家[1]。 莫斯科知识分子、农民、贫困贵族和工人都有其反对君主的提案。 后文将论证，尤其是鉴于中央政府在众多问题上毫不妥协，莫斯科令人惊奇地呈现出相互竞争的不同社会群体之间相互调和的局面。

这一时期发生了两次系统性土崩瓦解。 1917 年二月革命和十月革命标志着一个新莫斯科的开始，不过这不属于本次研究范围。 1905 年的革命处于本研究关注的核心。

俄国败给了崛起中的日本，引发了自 1905 年 10 月开始的长达数月的社会动乱。 亚伯拉罕·阿谢尔有力地指出，发生这次动乱更深层次的前提，是因为"政府实施经济现代化政策却没有改变社会政治体制"，经济现代化政策导致"同时出现了有组织的自由主义和激进主义"[2]。 正如四十多年前克里米亚战争暴露出来的一样，1891—1892 年爆发灾难性的大饥荒，随后1892—1893 年霍乱和伤寒流行，进一步暴露了政府极其无能[3]。

许多社会群体对俄国未来怀有不同愿景，但都敌视这个藐视

---

[1] 就此观点的讨论参见 Ruth AmEnde Roosa, *Russian Industrialists in an Era of Revolution: The Association of Industry and Trade*, *1906 - 1917*, ed. Thomas C. Owen (Armonk, N. Y.: M. E. Sharpe, 1997)。

[2] Ascher, *The Revolution of 1905*, vol. 1: *Russia in Disarray*, p. 29.

[3] 关于 19 世纪末俄国公共健康危机和俄国医疗界在政治层面重要性的讨论，参见 Nancy Mandelker Frieden, *Russian Physicians in an Era of Reform and Revolution*, *1856 - 1905* (Princeton: Princeton University Press, 1981)。 关于克里米亚战争在推动 19 世纪 60 年代早期改革突然降临中的作用，参见如下书中的章节 Eklof, Bushnell, and Zakharova, eds. *Russia's Great Reforms*。

他们的专制政体[1]。 尽管劳工冲突、农民动乱和政治暗杀有所增加，对变革的迫切要求有段时间也日益强烈，不过依然在控制之中，直到 1905 年俄国耻辱地战败[2]。 这场战争给大阪带去了惊人的增长，却给莫斯科带来了动乱。

莫斯科所有社会群体都被卷入了这场大漩涡中，这些深深的伤口将溃烂很多年。 1905 年事件并不完全是后来列宁所言的 1917 年革命的"总预演"。 即便在 1907 年 6 月 3 日，保守派政变破坏了之前数月积累的大量民主成果，但之后相关各方都还有不同的路径可走[3]。

6 月 3 日那天，尼古拉二世听从保守派部长们建议，解散了国家杜马，使得莫斯科许多人——知识分子、工人、工业家、商人——为了维护仅存利益而开展一系列艰苦斗争。 在这种背景下，莫斯科城市取得的成就必然反映了莫斯科从实用主义出发，以多元化视角理解城市社会，坚持将公民广泛纳入考量。

---

[1] Alfred J. Rieber, "Interest-Group Politics in the Era of the Great Reforms," in Eklof, Bushnell, and Zakharova, eds., *Russia's Great Reforms*, pp. 58 – 83.

[2] Ascher, *The Revolution of 1905*, vol. 1: *Russia in Disarray*, pp. 42 – 45.

[3] 观点出自亚伯拉罕・阿彻的著作，尤其是 *The Russian Revolution of 1905*, vol. 2: *Authority Restored*。

第四章
天下厨房

　　美国在内战后逐步树立了资本主义标杆，俄罗斯帝国面对19世纪世界局势左右摇摆，而明治时代的日本则代表了一种有趣的中间状态。 明治时代的日本既像俄国一样中央集权，又对政党和选举等美国标志性的竞争性政治机制持开放态度。 明治精英阶层与当时俄国精英阶层一样，通常排斥自由放任的资本主义，而自由放任的资本主义似乎是这一时期美国的核心特征。日本像俄国一样，在传统与现实之间有点举步维艰。 事实上，鉴于日本的成败，俄国看起来与美国并没有巨大反差。

　　在日本有多种形式并存。 "东京"和俄国"圣彼得堡"一样，代表着中央官僚对地方发展的干预。 反之，"大阪"体现了第二大都市工商业自由野蛮生长的活力特点。 日本大阪像俄国莫斯科一样，从各个层面挑战帝国首都，但只有一个层面例外：政治权力。 无论哪个年份，大阪工业生产、金融利润、港口贸易、居住人口都超过东京。 不过，官僚专制使得古称江户的"东都"即东京，位居全国城市体系顶端。

　　大阪作为首屈一指的港口、制造业中心和金融中心，吸引了各色各样的人，这点对当时日本而言非比寻常。 本章会着重讲述一些明治以前的大阪历史，这将会反映大阪如何发展至此。 19 世纪末，这座日本第二大都市正如彼得·霍尔所述，"处在发达世界与边疆地区之间"，"不断追求创新；无论是志同道合的个体间，还是相当迥异的社会经济文化群体间都高度协同"的港口城市[1]。 明治时代的大阪、镀金时代的芝加哥、白银时代的莫斯科都是各具特色的"开放型社会的典型代表"[2]。

芝村笃树认为，大阪是日本当时一流的工业化城市，面临着工业化相关的社会问题[3]。 1925—1932 年，大阪在人口数量和工业产出上居日本之首，也不得不率先应对工业资本主义各种挑战。

大阪一直是日本最重要的商业中心。 在日本至关重要的稻米交易中，大阪金融家的交易行占据着核心地位，控制了德川幕府时期的商业生活。 大阪交易行善于创新、非常灵活，建立了日本最早的信用体系[4]。 早在 17 世纪 70 年代，大阪银行就控制了日本商业生活，其信用机制和交易方法甚至可能难倒 20 世纪 80 年代最精明的华尔街交易商。 "大阪的稻米交易商"，比如精明无比的华尔街交易商阿尔·阿勒茨豪瑟写道，"以特别狂

---

[1] Peter Hall, *Cities in Civilization* (New York：Pantheon, 1998), p. 302.

[2] 出处同前，p. 302。

[3] 日本桃山学院历史学教授芝村笃树强调了这一观点。 1996 年 4 月 14 日于日本茨城，作者访谈芝村笃树。

[4] Kenneth B. Pyle, *The Making of Modern Japan* (Lexington, Mass. ：D. C. Heath, 1978), pp. 30 – 31.

热、阴险狡猾出名，这样说他们一点都没错"[1]。例如，发明
期货交易的商品交易商，是来自 17 世纪的大阪，而不是（许多
美国人认为的）来自 19 世纪芝加哥[2]。大阪向淀川上游的帝
都京都以及更远的江户（东京）供给粮食、生活必需品及奢侈
品，是德川幕府时代日本重要的转运枢纽，自然而然获利
颇丰[3]。

美国商人弗朗西斯·霍尔描述了向明治时代转型之际，大阪
在德川幕府中的地位。在 1853 年美国海军准将马休·佩里抵达
东京湾，即史称"黑船事件"后没几年，霍尔到达大阪。霍尔

---

[1] Al Alletzhauser, *The House of Nomura：The Inside Story of the World's Most Powerful Company* (London：Bloomsbury，1990)，p. 2.

[2] 芝加哥期货交易所是全球最古老的期货市场，这一观点在芝加哥经济史中被反复提及。例如参见 Bob Tamarkin, *The New Gatsbys: Fortunes and Misfortunes of Commodity Traders* (New York：Morrow，1985)；Jonathan Lurie, *The Chicago Board of Trade，1859 - 1905: The Dynamics of Self Regulation* (Urbana：University of Illinois Press，1979)，p. 24。于 1848 年 4 月第一个周一共同成立芝加哥期货交易所的 82 名商人（Tumarkin, *The New Gatsbys*, p. 19），显然不知道大阪的情况。

[3] Reiko Hayashi, "Provisioning Edo in the Early Eighteenth Century：The Pricing Policies of the Shogunate and the Crisis of 1733," in James L. McClain, John M. Merriman, and Kaoru Ugawa, eds., *Edo and Paris: Urban Life and the State in the Early Modern Era* (Ithaca：Cornell University Press，1994)，pp. 211 - 233；Takeo Yazakl, *Social Change and the City in Japan: From Earliest Times through the Industrial Revolution* (New York：Japan Publications，1968)，pp. 233 - 240；Takeo Yazaki, *The Japanese City: A Sociological Analysis* (Rutland，Vt.；Japan Publications，1963)；Jeffrey E. Hanes, "From Megalopolis to Megaroporisu," *Journal of Urban History* 19, no. 2 (February 1993)，pp. 56 - 94：59 - 65.

刚到大阪时，在 1860 年 4 月 26 日的日记中写道："大阪在商业发展和财富上，居于日本之首。 江户是皇城，是政府官员和天皇所在地；大阪是商业霸主……各省产品集中于此，再按需分配。"[1]

公元 593 年，圣德太子在现今大阪天王寺区附近建造了日本最早的佛教寺庙之一，从那时起大阪就成为扼要之地。 由于 16 世纪末丰臣秀吉加固了大阪城的防御，因此 17 世纪初日本内战期间，大阪之地斗争非常激烈。 1614 年和 1615 年，战胜方德川家康摧毁了大阪城，之后 15 年大阪又得到重建和扩大，随着德川幕府统治日渐和平，大阪贸易逐步增长并占据支配地位。 到了元禄年间（1688—1704 年），大阪人口高达 35 万人，他们主要从事将货物通过船运快速送到江户，避开山路坎坷和陆运不足[2]。

周围各藩在大阪港口建立了大型仓库，便于将物产运往似乎永不满足的江户消费者市场[3]。 大阪发展出了一个由众多委托中间商和批发商组成的复杂体系——1688 年仅在著名的堂岛米市就有约 1 300 个仓库，即位于如今梅田站和中之岛间的核心

---

[1] F. G. Notegelfer, ed. , *Japan through American Eyes: The Journal of Francis Hall*, *Kanagawa and Yokohama*, *1859 - 1866*（Princeton：Princeton University Press, 1992）, p. 157.

[2] Yazaki, *Social Change and the City*, pp. 233 - 240；William B. Hauser, "Osaka Castle and Tokugawa Authority in Western Japan," in Jeffrey P. Mass and William B. Hauser, eds. , T*he Bakufu in Japanese History*（Stanford：Stanford University Press, 1985）, pp. 153 - 172, 242 - 245.

[3] 弗朗西斯·霍尔似乎对这一体系非常着迷，他 1860 年 4 月 26 日日记中提及这点。 参见 Notehelfer, ed. , *Japan through American Eyes*, p. 158。

之地北区——通过信号火焰、旗帜、信鸽互相沟通信息并传递到日本其他地方[1]。交易从每天早上 8 点开始，堂岛米市中央光区有个木盒子里挂着一根绳子在缓慢燃烧，只要火焰仍未熄灭，交易就持续进行[2]。

这种稻米交易——及报价——方式一直用到 20 世纪。1903年大阪举办了第五次内国劝业博览会，根据博览会指南，外国游客应该朝天上看，"在每天固定时间，可以看到有人站在某些屋顶平台上，大力挥舞不同颜色的旗帜；有的从左往后挥，有的绕着头挥，有的反向挥，于是各种报价快速传到城里不同的办公室，也同样传给其他站点，再重复给国内更远地方——在这个电报电话纵横交错的城市，这种古老方式奇特地生存着"[3]。在19 和 20 世纪之交，大阪和莫斯科一样，努力在新旧之间寻求平衡。

俄国财政部代理科尔·阿列克谢夫对大阪这种传统与创新的整合方式非常着迷。1902 年，他向圣彼得堡的财政大臣谢尔盖·维特汇报说，大阪"市貌既反映出日本现代化工业发展，又同时维持了其作为传统商业中心、定价方、民族风俗保存者的地位"。在这具有电话电报技术的现代化城市，从屋顶挥舞各种彩旗传递市场交易信息，这一发现也让阿列克谢夫深

[1] Alletzhauser, *The House of Nomura*, p. 26.

[2] 出处同前, p. 27。

[3] Osaka-fu, *The Souvenir Guide to Osaka and the Fifth National Industrial Exhibition (Expressly for the Use of Foreign Visitors)* (Osaka: Hakurankai Kyosankwai, 1903), p. 97.

感惊奇[1]。

因此，大阪通过将传统与创新结合，发展成为日本新兴稻米市场的霸主，并随之主宰了日本资本市场。 在德川幕府时期，大阪处在日本最为发达的农业区里，与附近农村和农民建立了密切联系，迅速发展成为农产品——尤其是稻米的主要转运点。稻米和贸易带来了各种币种的金钱。 到了宽文年间（1661—1673 年），有许多交易商用铜币交易，大阪钱币兑换商通过将江户金币兑换为大阪银币中获利。 正如大阪米商主宰了全国这一主食的来源，大阪金融家也控制了德川幕府时期日本的钱币流通[2]。

市民之城

大阪在日本三大城市中——其他两座城市为京都和江户——特征显著，原因就如威廉·豪瑟所言，大阪是"一座市民之城，服务占人口大多数的普通民众的利益"[3]。 以普通市民为中

---

[1] 1902 年 2 月 科 尔 · 阿 列 克 谢 与 谢 尔 盖 · 尤 里 · 维 特 的 交 流（TsGIASSSR, f. 460, op. 29, d. 233, 1. 1 – 15）, 出 自 B. V. Anan'ich, "Foreign Loans and Russia's Economic Development, 1864 – 1914 (The Gold Standard and Railway Construction)" (paper presented at the Tenth International Economic History Congress, Leuven, Belgium, 1990), p. 21, n. 4。

[2] Yazaki, *Social Change and the City*, pp. 233 – 240.

[3] William B. Hauser, "Osaka: A Commercial City in Tokugawa Japan," *Urbanism Past and Present 5* (Winter 1977 – 1978), pp. 23 – 36.

心，构成了大阪的个性特征。 在 17 世纪的大阪，特权商贾相对缺失，从而为商业发展和扩大营造了相对灵活、限制较少的环境。"因此，大阪既不像京都有着带贵族关系的特权商贾那样悠久历史，也不像江户集中了大量武士及其供应商。 在德川幕府初期，大阪就形成了更具活力的商业文化。"[1] 小说家谷崎润一郎曾敏锐指出，"京都和大阪由淀川一水相连，但环境文化并不相同"[2]。

　　大阪本地风格与日本其他城市和地区不同。 按照京都皇室和江户政治生活标准来看，大阪商人及其家族粗俗、粗鲁、庸俗、贪婪、异常直接。 游记作家阿列克斯·科尔写道，"大阪人没有耐心，喜欢打破规则"[3]。 他们养成了一种"华而不实追求过剩"的不雅喜好，这点与本国其他地区同胞不同[4]。 这种截然不同的生活方式既反映在大阪活跃的剧院生活、别具一格的文乐木偶传统以及本地特色的幽默风格上，也反映在本地方言上，甚至至今还能通过方言听出大阪本地人[5]。 很久之前大阪人就发现，开怀一笑能够拉近人际关系，笑成为商务交往中最

[1] William B. Hauser, "Osaka: A Commercial City in Tokugawa Japan," *Urbanism Past and Present 5* (Winter 1977 – 1978), p. 24.

[2] Tanizaki Junichiro, *The Reed Cutter and Captain Shigemoto's Mother*, trans. Anthony H. Chambers (New York: Vintage, 1993), p. 10.

[3] Alex Kerr, "Osaka," in Alex Kerr, Lost Japan (Oakland, Calif.: Lonely Planet, 1996). pp. 216 – 228: 217.

[4] Tanizaki Junichiro, *Quicksand*, trans. Howard Hibbett (New York: Vintage, 1993), p. 38.

[5] Shiraishi Bon, "Merchants of Osaka," *Japan Quarterly 5*, no. 2 (April – June 1958), pp. 169 – 177: 170 – 171.

为重要的一个因素。 在东京——权力和地位至上之地——常认为幽默并不光彩，有损一个人的社会地位[1]。

大阪商业上的成功，使得到访的美国人，伊丽莎·鲁马·西德莫尔想到了芝加哥："除了没有猪肉打包厂，'日本的芝加哥'（比'日本的威尼斯'）这个称呼更加贴切。 整个社会都热衷赚钱，赚万能的日元，不是万能的美元。 大阪交易所是整个帝国最为激动人心、繁忙不已的一个地方。"[2]

在德川幕府时期，大阪商业发展主要依赖国内大众市场驱动，这与芝加哥和莫斯科类似。 豪瑟表示，"到19世纪末，大阪已经发展成为大众消费导向型经济。 本市生产的商品是用于大众消费，而不是为了满足军方或者贵族精英阶层。 因此加工食品、纺织品、书籍、艺术品、餐具、药品和百货都是批量设计和生产，以满足大阪等城市普通市民的需求"[3]。 豪瑟进一步指出，相比作为江户的重要供应仓，城市内部交易对大阪更为重要[4]。

---

[1] Inoue Hiroshi, "Rakugo, Manzai and Kigeki: The Arts Laughter," *Japan Foundation Newsletter* 23, no. 4 (January 1996), pp. 1 – 4, 15. 白石凡正好解释了大阪商人与日本其他商人有哪些不同，他于1958年写道："大阪商人与江户等城商人不同，大阪商人既不是'经任命'服务武士家族的商人，也不是面向普通消费者的零售商。 而是，他们从一开始就是从事全国产品的批发商或中间商，包括稻米、植物油、棉纺织品、药品等等。（他们）喜欢长时间、稳步地积小成多，与日本其他商人不同"。 "Merchants of Osaka," pp. 170 – 171.

[2] Eliza Ruhamah Scidmore, *Jinrikisha Days in Japan* (New York: Harper, 1897), p. 331.

[3] Hauser, "Osaka: A Commercial City," pp. 23, 26.

[4] 出处同前，p. 31。

明治衰退和工业复兴

在日本迈向现代时，大阪与众不同的特征并没有立即为其城市和商人带来利益。 在 18 世纪末，大阪可能就已经过了巅峰，到 19 世纪 40 年代，大阪已经毫无疑问走入衰落阶段[1]。 当然，在整个德川幕府时期，大阪培养了不少杰出的成功人士。例如绪方洪庵及其著名的荷兰语研究院[2]。 实际上，早在本章研究伊始，即 1871 年明治新政府采取措施稳定日本金融之前，大阪商人、工匠、制造商就已经深陷困境[3]。 明治政府采取的新措施一开始对大阪打击非常严重，尤其是之前主宰日本稻米贸易的大阪米商和代理商受到重创[4]。 大阪最终成功转型

[1] Hauser, "Osaka: A Commercial City," pp. 32 – 36. 在另一部著作中，豪瑟甚至更详细地记录了德川时代后期大阪的衰落过程，参见 William B. Hauser, *Economic Institutional Change in Tokugawa Japan: Osaka and the Kinai Cotton Trade* (Cambridge, U. K.: Cambridge University Press, 1974)。

[2] 关于德川时代外国知识研究院在大阪学术生活中作用的洞察研究，参见 Tetsuo Najita, *Visions of Virtue in Tokugawa Japan: The Kaitokydo Merchant Academy of Osaka* (Chicago: University of Chicago Press, 1987)。

[3] Milton W. Meyer, *Japan: A Concise History* (Lanham, Md.: Rowman and Littlefield, 1993), p. 151.

[4] Johannes Hirschmeier, *The Origins of Entrepreneurship in Meiji Japan* (Cambridge, Mass.: Harvard University Press, 1964), pp. 28 – 37; G. V. Navlitskaia, *Osaka* (Moscow: Nauka, 1983), pp. 130 – 134; E. Herbert Norman, *Japan: Emergence as a Modern State: Political and Economic Problems of the Meiji Period* (New York: Institute of Pacific Relations, 1940), pp. 54 – 58, 107 – 111.

为重要的工业中心，从"屋瓦海洋"变成"烟囱森林"[1]。 仅
仅 25 年左右，这座日本"威尼斯"（名字源于许多贸易沿着错综
复杂的河道进行）变成一座"熔炉、工厂、贸易之城，制造业和
商业活动疯狂开展的现代精神中心"[2]。 这一经济转型是贯
穿本章研究时期的主要特点。

在明治转型最初时期，受创的不只是大阪；江户过渡为东京
时，城市在经济社会秩序上同样受到重创[3]。 不过，大阪在明
治时代受创，有着与众不同的显著特征。

最初大阪被认为是作为新国际港口和明治政府首都的最佳之
选，因为大阪当时占有全国收入的 70%～80%[4]。 但江户（后
称东京）最终胜出也正是由于这个原因。 无论是否成为政治首
都，大阪都依旧是重要中心，而后称东京的江户却无法自我维系
生存。

———————

[1] Jeffrey Eldon Hanes，"Seki Hajime and the Making of Modern Osaka"（Ph.
    D. diss., University of California, Berkeley, 1988），p. 1.

[2] Mortimer Menpes, Japan：A Record in Colour（London：Adam and Charles
    Black, 1905），p. 102.

[3] Henry D. Smith II，"Tokyo as an Idea：Exploration of Japanese Urban
    Thought until 1945，" *Journal of Japanese Studies* 4, no. 1（Winter 1978），
    pp. 53－57.

[4] Henry D. Smith II，"The Edo-Tokyo Transition：In Search of Common
    Ground," in Marius B. Jansen and Gilbert Rozman, eds., *Japan in
    Transition: From Tokugawa to Meiji*（Princeton：Princeton University Press,
    1986），pp. 347－374：353－356；Michio Umehaki, *After the Restoration: The
    Beginning of Japan's Modern State*（New York：New York University Press,
    1988），pp. 33－51.

鉴于经济和社会转型规模之大，大阪成功转型为工业动力中心，速度极为惊人。 最初大阪工业发展与日本其他地区一样比较滞后，直到 19 世纪 80 年代，日本政府放弃了政府直接独立参与工业制造的理念。 这一滞后导致大阪发展比本书研究的芝加哥和莫斯科模式相对延迟。 19 世纪 80 年代，通过与私有银行和企业网络（最终发展为财阀体系）的间接联系，政府政策转向鼓励私有部门工业化，为日本向工业时代跃进奠定了基础[1]。垄断既符合日本传统家族式管理模式基础上对行为的预期，又减少了市场需求变化多端产生的错位现象[2]。 大阪有着盘根错节、联系紧密的金融家族，在利用日本明治政府间接化工业政策上有着绝佳优势。

在日本惊人的经济腾飞中，不只是大阪受益。 明治政府权力稳固后的半个世纪里，几乎每个日本人都享受到了国家生活水平提高[3]。 不仅个人财富爆炸式增长，消费模式也更加自由多样。 从 19 世纪 70 年代末至 20 世纪 20 年代初，食物、取暖、照明开支在居民家庭收入占比大幅下降，而衣物、文化、娱乐开

---

[1] 观点出自 Henry Rosovsky, *Capital Formation in Japan*, *1868 – 1940* (Glencoe, Ill.: Free Press, 1961), p. 21。

[2] W. Mark Fruin, *Kikkoman: Company*, *Clan*, *and Community* (Cambridge, Mass.: Harvard University Press, 1983), pp. 51 – 67.

[3] Hugh Patrick, "An Introductory Overview," in Hugh Patrick, ed., with the assistance of Larry Meissner, *Japanese Industrialization and Its Social Consequences* (Berkeley: University of California Press, 1976), pp. 1 – 17: 14; Irwin Scheiner, *Christian Converts and Social Protest in Meiji Japan* (Berkeley: University of California Press, 1970), p. 2.

支在绝对值和相对值上都呈现上升[1]。

　　大阪的工业时代来势汹汹，1882 年涩泽荣一创立了大阪纺织公司，其位于城市边界线正式确定后的大阪西南区域[2]。1877 年萨摩藩反叛运动后，涩泽荣一担心日本国际收支不平衡，认为棉织物制造是发展日本出口市场的一个可行方式[3]。大阪纺织公司采用了当时最先进的英国技术，为一万多根蒸汽驱动的纺锤提供动力[4]。 到了 19 世纪 80 年代中期，涩泽荣一奠定了大阪作为日本纺织业领导者和工业之城的地位——即"远东的曼彻斯特"[5]。

　　涩泽荣一天生商业奇才[6]，他出生于染料贸易等地方工业种类繁多的埼玉县，父亲是农民企业家，涩泽荣一年轻时就接受

---

[1] Hiroshi Hazama, "Historical Changes in the Life Style of Industrial Workers," in Patrick, ed., with Meissner, *Japanese Industrialization*, pp. 21 – 51：38.

[2] Johannes Hirschmeier, "Shibusawa Eiichi：Industrial Pioneer," in William W. Lockwood, ed., *The State and Economic Enterprise in Japan: Essays in the Political Economy of Growth* (Princeton：Princeton University Press, 1965), pp. 209 – 247：215 – 227.

[3] 出处同前，p. 225。

[4] 出处同前，p. 226；Yasuzo Horie, "Modern Entrepreneurship in Meiji Japan," in Lockwood, ed., *The State and Economic Enterprise*, pp. 183 – 208。

[5] Dallas Finn, *Meiji Revisited: The Sites of Victorian Japan* (New York：Weatherhill, 1995), pp. 118 – 121; Hauser, *Economic Institutional Change*; and E. Patricia Tsurumi, *Factory Girls: Women in the Thread Mills of Meiji Japan* (Princeton：Princeton University Press, 1990).

[6] 观点基于 Pyle, *The Making of Modern Japan*, pp. 87 – 88。

了武士教育[1]。 1867年德川王子率团前往法国，涩泽荣一成为日本使节团一员，年仅27岁。 一年后回国，涩泽荣一在新成立的大藏省身居要职[2]。 1872年，涩泽荣一在32岁时，辞去官职，出任第一国立银行行长，最后在明治时期500多家银行里担任主要股东或高级官员。 涩泽荣一还创立了东京证券交易所[3]。

到19世纪70年代末，涩泽荣一还督促其他银行家为日本工业发展提供资金[4]。 例如，涩泽荣一在1877年横滨演讲中，敦促银行家"注意提高国家生产……从而可以助力拓展国家产品制造，如果我们能做到这点，就算尽责了"[5]。 这位富农儿子践行了自己的建议，通过从各种银行实业调动资金，开创了纺织行业，后来主宰了半个世纪的全球纺织生产。

大阪是涩泽荣一纺织帝国的核心之地，在涩泽荣一领导下发展迅速。 1886年，日本第一座发电厂将电力输送到大阪棉纺织

———————

[1] William Jones Chambliss, *Chiaraijima Village: Land Tenure, Taxation, and Local Trade, 1818 – 1884* (Tucson: University of Arizona Press, 1965), pp. 113 – 122; Kozo Yamamura, *A Study of Samurai Income and Entrepreneurship: Quantitative Analysis of Economic and Social Aspects of the Samurai in Tokugawa and Meiji Japan* (Cambridge, Mass.: Harvard University Press, 1974), pp. 139 – 143.

[2] Yamamura, *A Study of Samurai Income*, p. 139.

[3] Alletzhauser, *The House of Nomura*, pp. 34 – 35.

[4] Yamamura, *A Study of Samurai Income*, pp. 140 – 141.

[5] 摘自 Charles Lanman, *Leading Men of Japan with an Historical Summary of the Empire* (Boston: D. Lothrop, 1883), pp. 216 – 220。

厂，比东京公共供电提前了整整一年[1]。 到 19 和 20 世纪之交，大阪从十年前一个工厂都没有，变成拥有 5 000 座工厂、6 万男女工人的城市。 大阪的稻米、棉花、糖、油品交易确立着全国价格标准，大阪证券交易与东京直接抗衡[2]。 随着城市人口仅仅 20 年间就增至 3 倍，大阪建筑行业也在扩大[3]。1897 年大阪市兼并 3.5 倍之前土地面积，扩大了官方地域面积[4]。

19 和 20 世纪之交，大阪进一步发展，当地制造业更加多元化。 财富并非只眷顾涩泽荣一。 住友氏成功将德川时代经商财富转型为工业资本主义财富。 藤田传三郎男爵打造了一个商业帝国（还爱收藏亚洲艺术品）。 到 1912 年，大阪注册工厂高达6 415 个，生产"棉花、羊毛、金属、油品、船只、火柴、机械、香皂、烟草、药品、刷子、车厢、衣服、雨伞、卫生用品、油漆、家具、纸张、蜡烛、罐头食品、发胶、地毯、箱包、保险箱、酒桶、风扇、花、乐器、运动用品、冰激凌、钟表等

---

[1] Ryoshin Minami, "The Introduction of Electric Power and Its Impact on the Manufacturing Industries: With Special Reference to Smaller Scale Plants," in Patrick, ed., with Meissner, *Japanese Industrialization*, pp. 299 – 325.

[2] 另外，有着三万个手摇纺织机的两万个纺织场所每年产出 350 万件棉纺织品。 大阪 900 个仓库拥有 74 214 立方英尺存储空间，纺织、铜制品和古玩生产占据本地工厂主体。 *Souvenir Guide to Osaka*, p. 51.

[3] 鉴于城市人口从 1882 年 332 425 人增长到 1901 年 921 617 人，同期住房数量从 88 978 单元增长到 211 313 单元。 出处同前，p. 54。

[4] Yazaki, *Social Change and the City*, p. 469.

等"[1]。 当时有 27 个银行总部坐落在大阪[2]。 正是这一时期，大阪工业总产值爆炸式增长，1901—1907 年增加了 4 倍[3]。 纺织业持续增长，纺织物产值同期增长了 186.7%。大阪产业结构更加多元化，机床产值增加了 436.8%，化学品增加了 464.3%，食品增加了 699.7%[4]。 新型公共设施——电和气——产值惊人地增加了 5 097%，这既反映了大阪引入电气服务相对较晚，也反映了大阪爆炸式增长速度。 欧洲"大战"则带来另一轮激增，驱动 21 600 个大大小小的工厂一直到 1923 年都运转不停[5]。

金融大亨

在金融界，除了有涩泽等实业银行家，还有许多商业奇才，如大阪证券交易所创始人五代友厚，传奇的野村兄弟野村德七和野村实三郎。 在明治早期的大阪，一般认为五代是最重要的商业领袖，他在 1867 年与涩泽共同参加了巴黎世界博

———————

[1] Osaka Hotel Company，*A Guide to Osaka Japan*（Osaka：Osaka Shiyakusho，1913）p. 35.

[2] *Present-day Osaka*（Osaka：Osaka Shiyakusho，1915），p. 35.

[3] Yuzo Mima，"Meiji Koki Osaka no Kogyo," in Shinshu Osakashishi Hensei Iinkai，*Shinshu Osakashishi 7*（Osaka：Osaka City Government，1994），ch. 2，sec. 2，sub. 1，pp. 234 – 246：235.

[4] 出处同前，pp. 234 – 246。

[5] Great Osaka：*A Glimpse of the Industrial City*（Osaka：Osaka Shiyakusho［municipal office］，1925），p. 45.

览会[1]。 他与涩泽一样，先在政府里工作，而后带着早期建立的这些关系进军商界。 在 19 世纪 90 年代的大阪，几乎每个大公司都与五代有一定关系[2]。

　　五代不像涩泽那样具有创业精神。 用敏上久保和西沢保的话说，五代更像"一个官员或行政管理人员……而身在政府圈子之外"[3]。 在这个国家政权强力引导下进行"快速原始积累"的时代，充当政府和私营部门中间人的五代等人不可或缺。

　　如果说涩泽是个农村娃成长致富的故事，五代是早期有幸得

---

[1] Sugihara Shiro and Nishizawa Tamotsu，"In the 'Commercial Metropolis' Osaka：Schools of Commerce and Law," in Chuhei Suguyama and Hiroshi Mizuta，eds.，*Enlightenment and Beyond: Political Economy Comes to Japan* (Tokyo：University of Tokyo Press，1988)，pp. 189 - 207.

[2] 出处同前，pp. 190 - 192。 1835 年，五代出生在日本东南部的萨摩藩，当时这一地区在"照国大明神"岛津齐彬领导下。 五代在长崎海军培训学校求学，师从苏格兰商人托马斯·格洛弗。 早期就接触西方人，使得五代坚信日本只有在西方经济游戏中竞争成功才能走向强大。 后来五代推动了日本学生出国留学，推动建立了大阪市立大学的前身大阪商业学院。

　　1868 年 2 月，五代作为外国事务局判事来到大阪。 他领导建立了大阪造币厂和大阪股票交易所。 他一直鼓励大阪按照西方模式进行工业化发展。 1877 年 7 月，五代与中野高志、广世宰平、加藤优一、芝川又平共同成立了大阪商会，商会提倡在本地经济推广西方商业模式及大规模工业化发展。 由此五代与正在崛起的住友集团建立了密切联系。 虽然五代本人创业并未成功，死时留下了 100 万日元的债务，但他在大阪传播了创业精神和态度。

[3] 出处同前，p. 190。

到方贤侯培养的故事，那么野村的故事显然更有大阪特色[1]。野村德七和野村实三郎的父亲——老野村德七——1850 年出生于武士贵族家庭。 老野村德七的父亲作为大阪城堡保管人，是日本富豪之一。 不过不幸的是，老野村德七的母亲只是他父亲家里一个侍女。 老野村德七的父亲不认老野村德七，把他给了一个富裕地主，给地主钱来抚养他。 尽管父亲家庭显赫，老野村德七却从小境遇不佳。

老野村德七在 10 岁时，跟着大阪一位钱币交易商大阪屋弥平当学徒。 老野村德七完成了学徒该会的各种活计，而且做得非常好。 1871 年，老野村德七 21 岁时，被大阪屋收养，一年后大阪屋去世。 第二年老野村德七成立了野村商店，接续了大阪屋的钱币交易业务，与一位失去财产的武士家庭后代结婚，妻子本身也熟谙金融知识。 野村家庭过着比较富足的生活，站到了明治时代经济奇迹的窗口。

1878 年小野村德七出生，他父亲在这一年加入了新成立的大阪证券交易所。 小野村德七是五个子女之一，还有个弟弟野村实三郎。 小野村德七在大阪商业学校完成学业，日子可以说是平淡无奇，直到 1904 年他接手家族企业。 他骑自行车踏遍了大阪的大街小巷，一家一户寻求股票买家。 他和弟弟推动发展了期货交易，刚好在日俄战争后——1906 年赶上牛市。 1907 年1 月股市崩盘时，野村家族和野村客户挺了过来，从而保证了坚

---

[1] 关于野村帝国早年的记述，依据 Alletzhauser, *The House of Nomura*, pp. 25 - 38, 36 - 51。

定不移的客户忠诚度[1]。 到 20 世纪 80 年代，野村后代将野村证券打造为全球最大的交易所之一。

　　野村的故事是个典型的大阪故事。 早在资本主义腾飞之前，野村家庭就在大阪充满活力的金融市场中得到锻炼，硬着头皮狡猾地克服不利条件，创造并攫取了惊人财富。 正如在芝加哥，野村和大阪许多其他企业家都明确瞄准稍富之人作为客户。小野村德七骑着两轮自行车在大阪街道上地毯式搜索，寻找新客户，正是迎合新兴中产阶级的日本版美国安德玛、斯威夫特、莫里西、菲尔德和沃德。 大阪和芝加哥市场枭雄为刚刚满足生存需求的人们重新定义需求，从而在国家财富剧增中分得一杯羹。他们的故事讲述了在大众营销刚兴起之际，城市商业奇才的故事。 这些新兴阶层在 1870 年的日本尚不存在，到 20 世纪第二个十年时已逐渐固若金汤。

　　野村家族代表了逐渐远离城市日常生活的新型商业精英[2]。 正如大阪中下层社会细分出明治时代以前闻所未闻的新社会群体，大阪上层社会也日渐分化。 大阪产业精英——或更准确地说，作为雇用主体的中小企业所有者——紧邻生产设备和工人们居住。 这一模式让人想起莫斯科，这些中小企业里的劳工关系总体还是师徒如父子般，比较和谐。 劳工纠纷首先出现在传统市中心外的大型工厂里，拥有这些工厂的涩泽、野村等人已经开始从生产制造转向金融领域。 与此同时，新兴白领职

---

[1] 当年全球市场下滑，日本受打击尤其严重，股票综合价值暴跌 88%。

[2] 感谢大阪市历史编辑部副主任堀田章夫在 1996 年 4 月 11 日在大阪一次对话中提供了这些观点。

员和专业技术人员受到新建通勤轨道吸引，向更远的郊区流动。

　　进入 20 世纪 20 年代，随着就业和人群跟着轨道发展全方位扩散，大阪郊区化加速发展。 这一模式绝非大阪、日本或本书讨论的城市所独有[1]。 电车的轰鸣使得全球各地城市都向郊区发展，比内燃机完成使命早得多[2]。 在大阪周边郊区，城市扩张速度更快，私人投机开发加上政府支持田园城市建设，都引导着市民向乡村流动[3]。

　　普遍认为，郊区化是解决城市过度拥挤的最佳方案。 1921 年，根据大阪城市劳工调查局住房调查报告，当地工人人均居住

---

[1] 詹姆斯·R. 斯科比关于大约十年前电车对布宜诺斯艾利斯城市形态和居住模式的影响进行的叙述，也非常适用于大阪。 "郊区开发预示着城市新时代的到来……到了 1910 年，城市 123 万名居民中仅有 10%住在市中心。" James R. Scobie, *Buenos Aires: Plaza to Suburb, 1870 - 1910* (Oxford, U. K.: Oxford University Press, 1974), pp. 191 - 192. 关于这座阿根廷首都发展的其他观点，参见 Charles S. Sargent, *The Spatial Evolution of Greater Buenos Aires, Argentina, 1870 - 1930* (Tempe: Center for Latin American Studies, Arizona State University, 1974); 以及建筑师马丁·诺埃尔的文集，其中有几篇文章是关于 20 世纪早期布宜诺斯艾利斯城市形态和社会演变。 Ramon Gutierrez, Margarita Gutman, and Victor Perez Escolano, eds., *El arquitecto Martin Noel: Su tiempo y su obra* (Seville: Junta de Andalucia, 1995).

[2] 到了 20 世纪 20 年代，大阪中心地带各区，例如东区、西区、南区、难波和天王寺区要么人口保持不变，要么就在下降，而外围各区，例如西淀川区、东淀川区和东筱原区的人口增加了三分之一到二分之一。 Shibamura Atsuki, "Dai-Osaka no Kensetsu," in Shinshu Osakashishi Hensei Iinaki, *Shinshu Osakashishi*, vol. 7, chp. 1, sec. 1, sub. 1, pp. 3 - 25: 4 - 6.

[3] Toru Kodama, "The Experimentation the Garden City in Japan," *Kikan Keizai Kenkyu 16*, no. 6 (Summer 1993), pp. 22 - 46.

面积为 5.1 平方码（4.8 m²），教师也没好到哪去，人均居住面积 7.5 平方码（6.3 m²）。 但是，教师住房开支占收入比例更高即 23.1%，而工人住房开支占收入比为 15.6%。 报告总结到，"工人居住条件尽管与教师相比差距极小，但是不管怎么说都糟糕透了。 而且，如果与教师以上阶层相比，就能看出差距更大"[1]。 向郊区迁移成了大阪及各地社会福利倡导者津津乐道的招数。

在日俄战争后十年里，大阪在空间形态和社会层面都发生了改变，在 19 世纪二三十年代时，变化还在加速。 大阪从日本传统大城市转型为 20 世纪"巨大都市"[2]。

新旧少数群体

在 20 世纪的第二个十年，最早一批韩国人来到日本，在大阪发展壮大成为日本最大的韩裔群体，故而这一时期更值得关注[3]。 韩国人的到来，源于最后以太平洋战争终结的日本帝国主义行径。 朝鲜半岛是日本帝国进行扩张的扼要之地。 日本帝国在日中战争（1894—1895 年）和日俄战争（1904—1905

---

[1] Toru Kodama, "The Experimentation the Garden City in Japan," *Kikan Keizai Kenkyu 16*, no. 6（Summer 1993），pp. 40‑41.

[2] 杰弗里·E. 汉斯认为，日本"巨大都市"为大家熟知的"大都市"城市扩张模式嵌入了显著的日本特色。 参见 Hanes, "From Megalopolis to Megaroporisu"。

[3] 关于日本韩裔群体的罕见英文历史记录，可参见 Michael Weiner, *The Origins of the Korean Community in Japan*, *1910‑1923*（Atlantic Highlands, N. J.：Humanities Press International, 1989）。

年）胜利后逐步形成。 日本取得"强国"地位——成为"亚洲
的领导者"后，于1910年吞并韩国，企图宣扬"文明"[1]。
朝鲜半岛早在19世纪80年代就是中俄纷争之地。 日本政府借
机吞并，推广殖民统治，将在中国台湾实验了15年的日本帝国
各种管理移植到了韩国。

所谓文化相近以及旨在同化的教育体系，掩盖了日本花言巧
语下的残酷事实。 韩国"被认为是个殖民属地，人民在文化和
政治上都比日本人低等"[2]。

由于上述原因，韩国人能够自由迁徙到日本。 朝鲜半岛上没
有了地主，贫苦的农民负债又没有发展，被迫逃离土地，出去寻找
就业机会。 日本工厂欣欣向荣——在一战期间尤其繁荣——吸引
着韩国贫民前往，正如田地荒废迫使他们离开。 如果说1910年在
日本生活的韩国人还不多，那么到了20世纪30年代中期，这一人
数就已超过40万，到了第二次世界大战末期，则有200多万韩国人
在日本生活[3]。 由于1923年济州岛和大阪之间新开辟了一条
直航，因此在大阪的韩国人有一半以上来自济州岛[4]。

1911年，大阪摄津棉纺厂是第一个雇佣韩国移民的日本工
厂[5]。 到20世纪20年代初期，大阪迅速发展成了日本最大的

---

[1] 关于日本韩裔群体的罕见英文历史记录，可参见 Michael Weiner, *The Origins of the Korean Community in Japan*, *1910 - 1923* (Atlantic Highlands, N. J. : Humanities Press International, 1989), pp. 3, 17 - 18。

[2] 出处同前，p. 22。

[3] 出处同前，p. 43。

[4] 芝村笃树的访谈。

[5] Weiner, *The Origins of the Korean Community*, p. 57.

韩国人聚居地，拥有 21 984 名韩国居民（除了 57 人以外，均为大阪各个工厂里的蓝领工人）[1]。 直至今日，韩国人仍是大阪生活中一个显著特征，他们通常贫困，时而受到排斥。

每当社会瓦解之际，韩国人受到排挤更加严重。 例如在1923 年以东京为中心的关东大地震之后，他们的日子就非常紧张。 根据美国外交报告，这一时期韩国人在整个日本普遍受到了袭击，"数百名韩国人被屠杀，数千人遭到关押、物资匮乏"，包括有 250 人被可怜地"五人一团被捆住手脚，扔到废弃物上，浇上油给活活烧死"[2]。

有这么多贫困、文盲又文化不同的移民，使得大阪的贫困性质发生了变化。 韩国贫困农民陷在大阪等地不断壮大的贫民窟里，无法沿着社会经济阶梯向上而向郊区发展[3]。

除了韩国人，大阪还有其他贫困群体： 非人（游民、乞丐、妓女、下流平民等被称为非人）和不能触碰的秽多[4]。 在日本，贱民存在了上千年之久，从事与动物屠宰和制革相关的一系列特定职业。 在德川时代城堡内，封建藩主依赖秽多的服务，在一定程度上保护秽多。 1871 年 8 月，在明治早期近代化

---

[1] Weiner, *The Origins of the Korean Community*, p. 63.

[2] 出自 1923 年 11 月 20 日弗洛伊德·汤姆金斯（宾夕法尼亚州费城韩国之友联盟主席）致国务卿查尔斯·埃文·休斯的信。 Department of State, General Records, RG59. 894. 4016/3, National Archives, pp. 1 – 6.

[3] Weiner, *The Origins of the Korean Community*, p. 202.

[4] John Price, "A History of the Outcaste: Untouchability in Japan," in George De Vosand Hiroshi Wagatsuma, eds., *Japan's Invisible Race: Caste in Culture and Personality* (Berkeley: University of California Press, 1966), pp. 6 – 30.

改革中，秽多得到了解放，但在这一过程中他们失去了传统垄断特权和税收豁免[1]。 不久，秽多就成了明治转型初期经济创伤的牺牲品。

贱民——如今称为"部落民"，开始自我组织起来，形成各种自发联合和群体组织，提倡识字、合作、节俭、勤劳，以此提高接受度。 贱民居住地从过去到现在一直都遍布日本。 在历史上，京都、奈良、神户、大阪这些关西城市一直都住着大量的非人、秽多及后来的"部落民"[2]。 这些部落民，尤其是大阪地区部落民，在第一次世界大战到来之前的那些年间变得越来越激进。

这些愤怒、一无所有、又越来越激进的"他人"，为日本劳工运动和学生运动的发展注入了惊人大军[3]。 就像同期在芝加哥，日益增加的非裔美国人对关于芝加哥城市本质的传统观念形成了挑战，大阪社会的弱势群体以自身存在否认了文化同质化的神话。 在20世纪第二个十年，尤其是后来两次世界大战期

---

[1] George O. Totten and Hiroshi Wagatsuma, "Emancipation: Growth and Transformation of a Political Movement," in De Vos and Wagatsuma, eds., *Japan's Invisible Race*, pp. 33 – 68.

[2] 在19世纪初，大阪有4 423名贱民，同期东京只有不到1 000人。 出处同前。 到了1920年，大阪住有47 909名贱民，几乎是同期大阪韩国人的两倍。 同年，兵库有107 608名贱民，福冈有69 345名，京都有42 179名，奈良有32 676名，东京有7 658名贱民。 Hiroshi Wagatsuma and George De Vos, "The Ecology of Special Buraku," in De Vos and Wagatsuma, eds., *Japan's Invisible Race*, pp. 112 – 128: 115 – 116.

[3] Weiner, *The Origins of the Korean Community*, pp. 99 – 126; Totten and Wagatsuma, "Emancipation."

间，韩国人越来越受到关注，说明大阪社会分裂不只来自一个阶层。城市要和平，就必须采取讲求实用的多元主义做法。

国际性与本土性

大阪从第一次世界大战中获利，表明大阪不仅实现了工业化和经济多元化，而且越来越融入世界经济。1914—1918 年，按日元计算，大阪出口量增长了 5 倍，进口量翻了一番，这一趋势在一二十年前日中战争和日俄战争期间就开始显现[1]。大阪地方经济发展靠扩大棉织物生产和出口拉动。到第一次世界大战末，大阪成为决定整个日本金融流动及工业发展模式的城市。大阪处在日本经济一体化的核心位置。

大阪经济的成功伴随着巨大的社会成本。一系列稻米骚乱事件从富山湾一个小渔村开始，从北海道到九州岛波及全国，在 1918 年七八月份，大阪贫富人口间爆发了激烈冲突[2]。这些冲突因稻米这一日本基本食物价格疯涨而滋生，在大阪尤其严重，有 25 万抗议者与警察和军方做斗争。正如 1919 年芝加哥种族冲突和 1917 年莫斯科革命动乱，大阪稻米暴乱也处在本研究时期的尾声，并展示了城市包容性和从实用主义出发的多元主义的有限性。社会、政治、经济调和必须超越形式。成功实施包容性政治，要求资源转让而且采取友好姿态。

---

[1] Yazaki, *Social Change and the City*, p. 469.

[2] 关于这些事件的讨论，参见 Michael Lewis, *Rioters and Citizen: Mass Protest in Imperial Japan* (Berkeley：University of California Press, 1990)。

虽然大阪在国际贸易中日益占据重要位置，并越来越依赖国际贸易和韩国劳工，不过大阪依然是座典型的日本城市[1]。1854 年，海军准将佩里达成的对日条约规定外国人租界享有治外法权。1868 年 1 月 1 日，大阪租界对外国人开放，一直作为小型自治地区，直到 1899 年 7 月修订这些不平等条约才改变[2]。19 世纪 70 年代末，大部分商人和外交官迁到神户，将大阪租界留给了传教士，传教士建立教堂、学校、神学院、孤儿院、医院——许多至今仍在运转。中国人成为租界唯一最大的外国群体，不过作为非西方人，中国人在这一时期的租界管辖上"只是局外人"[3]。因此，在大阪的外国群体从未像西方人在神户和横滨那样获得关注和重要地位。

除了可以量化的那些方面，大阪和附近京都成了特权阶层享有的文化思潮中心，享有了不同于西方的独特经历。正如特列季亚科夫和马蒙托夫在莫斯科进行艺术收藏与赞助，藤田传三郎

---

[1] 1900 年大阪正式登记在册的外国男性仅有 418 人，外国女性 72 人，15 年后这一数字变成了三倍。包括 14 名英国男性和 18 名英国女性，26 名美国男性和 24 名美国女性，6 名法国男性和 3 名法国女性，369 名中国男性和 27 名中国女性，2 名瑞士男性，1 名韩国男性（不过当时肯定有更多韩国人）。*The Souvenir Guide to Osaka*, p. 96. 到了 1916 年，外国居民数量增至 1 538 人（包括 1 380 名中国人，75 名美国人，37 名英国人，16 名法国人，16 名德国人，9 名瑞士人，2 名葡萄牙人，1 名丹麦人，1 名比利时人）。"Foreign Population of Osaka," *The Japan Chronicle* (Kobe), January 13, 1916, p. 50.

[2] Jon Vandercammen, "The Osaka Foreign Settlement: A Study of the Osaka Municipal Council Based upon the Minutes of the Council Meetings, 1869 – 1899" (Osaka, 1996), pp. 1 – 8.

[3] 出处同前，pp. 8 – 9。

收藏的精美的亚洲艺术品凸显了不同于西方的特色。 第二次世界大战之前，日本最重要的汉学家内藤湖南在 19 世纪 90 年代为《大阪朝日新闻》写作时，开始提出后来为日本对亚洲霸权控制作辩护的观点[1]。 内藤以对中国历史发展的时代划分在西方享有盛名，他的划分在全世界得到普遍认可[2]。 1907 年，内藤担任京都帝国大学东洋史的学术带头人，宣传东洋文化优越论。 包括他在内的许多人认为，大阪和京都这两座关西城市，正是由于比起帝国首都，相对远离国家现代化和西方的影响，因而更加宜人[3]。

大阪与莫斯科和芝加哥一样，在保持国家特色价值体系的同时，从经济日益国际化中获利。 再次借用彼得·霍尔在《文明中的城市》中所言，它们都站在已知世界和未知世界的交叉路口。

在大阪，有时地方价值观会对过度依赖金钱作为人际关系衡量标尺进行质疑。 1915 年，托斯丹·凡勃伦就 19 世纪和 20 世纪之交对整个日本的评论尤其适合大阪。 凡勃伦表示，日本取得的成就尚未"严重摧毁或重塑构成体制结构、道德（情感）价值和传统行为规范之基本原则的那些要素，根据那些基本原则'人不能只靠面包活着'"[4]。 大阪人拒绝接受人只靠面包活

[1] Joshua A. Fogel, *Politics and Sinology: The Case of Naito Konan (1866 - 1943)* (Cambridge, Mass.: Harvard University Press, 1984), pp. 61 - 77.

[2] 出处同前，pp. xv - xxiv。

[3] 出处同前，pp. 115 - 116。

[4] Thorstein Veblen, "The Opportunity of Japan," in Thorstein Veblen, Essays in Our Changing Order, ed. Leon Ardzrooni (New York: Augustus M. Kelley, 1964), pp. 248 - 266: 252.

着，这恰好体现在本地社区改善项目中，后面章节会对此进行介绍。

明治和大正时代的大阪治理

1878 年日本成立府县会，1890 年明治天皇扩大府县会权力。根据 1889 年 2 月 11 日宪法，日本帝国议会成立，1890 年 11 月召开第一回议会[1]。帝国政府 1881 年就宣布要召开国家议会，花了近十年才筹备好于 1890 年首次召开[2]。明治建国者认为帝国议会是防止政府和社会动荡的安全阀，还能推动国家团结统一[3]。议会制度标志着日本开始进入"文明"民主国家行列。不过，选举权依然有限，直到 1925 年，所有 25 岁以上

---

[1] Kenneth B. Pyle, *The New Generation in Meiji Japan: Problems of Cultural Identity, 1885 – 1895* (Stanford: Stanford University Press, 1969), p. 44.

[2] Bernard S. Silberman, "The Structure of Bureaucratic Rationality and Economic Development in Japan," in Hyung-ki Kim, Michio Muramatsu, T. J. Pempel, and Kozo Yamamura, eds., *The Japanese Civil Service and Economic Development* (Oxford, U. K.: Clarendon, 1995), pp. 135 – 173; Nobutaka Ike, *The Beginnings of Political Democracy in Japan* (Baltimore: Johns Hopkins University Press, 1950), pp. 70 – 101; George Akita, *Foundations of Constitutional Government in Modern Japan, 1868 – 1900* (Cambridge, Mass.: Harvard University Press, 1967).

[3] Andrew Fraser, "The House of Peers (1890 – 1905): Structure, Groups, and Role," in Andrew Fraser, R. H. P. Mason, and Philip Mitchell, *Japan's Early Parliaments, 1890 – 1905: Structure. Issues, and Trends* (London: Routledge, 1995), pp. 8 – 36.

日本男性才拥有选举权[1]。

19 世纪 90 年代，府县首次变成不只是国家官僚体系中的行政部门。 1871—1888 年，明治政府通过了多项法案，设定了新的地方和区域治理机制，确立了明治时代地方政府的基本准则[2]。 地方和区域治理就像与明治时代许多其他治理一样，经历了复杂无序又反反复复的过程才形成。 随着明治转型断断续续前进，形式决定现状，而反过来现实也决定了形式[3]。 与明治以前的彻底割裂从未实现；个人和机构经历漫长的革新才实现蜕变[4]。

在新的法律下，府县和城市拥有有限自治权，东京帝国政府几乎在地方生活的方方面面占据主导地位。 1888 年，日本立法根据拿破仑地方体制改编，结合该时期德国的经验，特别保证了地方政府属于国家统一政权管辖。 例如，地方官员属于中央政

[1] Sally Ann Hastings, *Neighborhood and Nation Tokyo*, *1905 - 1937* (Pittsburgh：University of Pittsburgh Press, 1995), p. 11.

[2] 观点基于对芝村的访谈。 读者也可参考 Neil L. Waters, *Japan's Local Pragmatists: The Transition from Bakumatsu to Meiji in the Kawasaki Region* (Cambridge, Mass.：Harvard University Press, 1983), pp. 82 - 87; James C. Baxter, *The Meiji Unification through the Lens of Ishikawa Prefecture* (Cambridge, Mass.：Harvard University Press, 1994), esp. pp. 161 - 200; 更现代的记述在 Walter Wallace McLaren, *A Political History of Japan during the Meiji Era*, *1867 - 1912* (New York：Scribner's, 1916), pp. 112 - 152。

[3] Baxter, *The Meiji Unification*, p. 3.

[4] 就此观点的详尽阐述，参见 Michio Umegaki, *After the Restoration: The Beginning of Japan's Modern State* (New York：New York University Press, 1988)。

府雇员，而不是地方或区域机构的雇员。

　　地方重要人物，特别是市长和地方议员，保留了一定程度上的非正式自主权。 在农村更是如此，地主依然支配着本地居民。 只有能够每年缴纳直接税 15 日元的男性才有选举权，因此传统精英阶层在各自领域依然能够作威作福[1]。

　　东京、京都、大阪——当时日本最大的三座城市——未列入 1888 年的城市改革，在 1898 年前一直接受中央政府直接管辖[2]。 因为这几座中心城市被认为无比重要，甚至不能给它们赋予 1888 年改革中有限的地方自治权。 中央政府还发现，在落实中央管控方面，城市商人不如农村地主可靠。

　　1898 年，城市权力才最终下放给东京、京都和大阪[3]。 在新制度下——通常认为是大阪地方自治的开端——由一定男性纳税人选出市议会议员，在各个时期议会有超过九十名议员。 反过来，市议会选出六人小型执行委员会，其中包括市长，市长主持执委会会议。 市长作为城市首席长官，由市议会选出，但须经内务卿许可后才能任命[4]。 辅佐市长的包括一名参事、几名副市长和财政官，均为四年一届，由市长任命、府知事批

---

[1] Marius B. Jansen and Gilbert Rozman, "Overview," in Jansen and Rozman, eds., *Japan in Transition*, pp. 2 - 36: 19.

[2] 芝村访谈。

[3] Great Osaka, pp. 6 - 8; *An Outline of Municipal Administration of the City of Osaka, 1930* (Osaka: Osaka Shiyakusho, 1930), pp. 9 - 10.

[4] Akizuki Kengo, "Institutionalizing the Local System: The Ministry of Home Affairs and Intergovernmental Relations in Japan," in Kim, Muramatsu, Pempel, and Yamamura, eds., *The Japanese Civil Service*, pp. 337 - 366: 339.

准。 大阪细分成许多行政区，每个区主要承担户籍管理、收税、教育等义务[1]。

1892 年，教育就成了地方政府一项责任[2]。 当时，大阪已经划分成 36 个学区，每个学区经费自筹。 由于学区单独收缴税收，学区——而不是城市选区——成了地方政治的基础。 由于腐败行径，加上少数不良富商是有选举权的纳税人，在他们的操纵下，地方教育机构通常目光非常狭隘。 在 1898 年召开第一届市议会时，这些错综关系就已存在。 在区层面，围绕学校机构成立了各个团体，他们建立联盟，将自己的成员送入市议会。 一旦成为市议员，就容易确保选出的执委会委员对学区忠诚。

在两个层面上，大阪市长的权力受到削弱： 一是来自上面天皇和上级的干预，二是来自下面区和教育机构大佬的影响。市长的唯一权力是作为市议会的执委会主席，不过市长在六人执委会中也只有一票权。 早期大阪自治政府受到中小商户和工厂主的操纵，直到 1912 年前，市长基本都是个摆设。 1898 年到 1912 年间，大阪最初的四位市长没有一位能任满一届[3]。 区大佬们及其在市议会的亲信参与贿赂腐败，严重程度甚至让同期芝加哥议员都汗颜。 鉴于大阪拥有选举资格的人数从未超过城市人口 20%，也几乎不存在市民监督和问责机制。

---

[1] Great Osaka, p. 9.

[2] 芝村访谈。

[3] 出处同前。

区大佬们

大阪和芝加哥一样权力分散，区大佬们——通过正式或非正式方式——拥有决定性权力和大量资源，直到 1910 至 1920 年间才得以改变[1]。日本府县和城市既驾驭不了下面区大佬，又受到上面东京官僚压制，于是发展出了独特的地方政治小气候[2]。在大阪，市长工作本质上是在地方权贵和社会群体之间寻求共同点。要想成功，必须从实用主义出发，采取多元主义做法。

不管大阪各区和教育机构大佬拥有多少权力，中央官僚机构依旧是日本治理体系的关键所在。内务省、文部省等位于东京的官僚机构开展了一系列计划，资助了大量地方组织，将有时过于家长式的管理深入到日本各个社区。他们是"参与式官僚"，有着积极愿景，希望所有天皇子民都能享有帝国福祉、承担帝国责任[3]。

---

[1] 感谢大阪市立大学政治学教授加茂利男在 1996 年 4 月 11 日一次对话中提出这一观点。

[2] 这是战后日本重要一点，出自 Ronald Aqua，"Mayoral Leadership in Japan: What's in a Sewer Pipe?" in Terry Edward MacDougall, ed., *Political Leadership in Contemporary Japan* (Ann Arbor: Center for Japanese Studies, University of Michigan, 1982), pp. 115–126。

[3] Hastings, *Neighborhood and Nation in Tokyo*, pp. 12–13; T. J. Pempel and Michio Muramatsu, "The Japanese Bureaucracy and Economic Development: Structuring a Proactive Civil Service," in Kim, Muramatsu, Pempel, and Yamamura, ed., *The Japanese Civil Service*, pp. 19–76.

　　官僚行动主义贯穿在整个日本体系之中[1]。 在工业爆炸时代，城市现状不断变化，逼迫大阪人民要改变城市事务的处理方式，从地方政府开支中就能发现这点。 芝村笃树有力论证道，地方开支不仅是增加了 300 倍之多，项目及开支结构也变得更加"现代化"[2]。

　　在整个这一时期，城市资金主要用在了特定公共工程上：例如 1898—1902 年港口修缮，1907—1911 年用水和污水设施建设。 大阪承担了一条现代电车和轨道线路建设，制定城市规划，扩大城市在教育中的角色，同时维持在医疗卫生方面的投入[3]。 第一次世界大战结束之际，大阪城市责任范围完全是一个 20 世纪大都市的责任范围。 城市开支模式较为传统，还是 20 年前针对少量特定项目进行零散投资。 从 1900 年到 1920 年，城市公务员数量增加了 12 倍[4]。 虽然大阪官方体制结构

———————

[1] 萨莉·安·黑斯廷斯说道，东京"信奉国家要对所有公民福祉负责的原则，扩大市政官员的行政职能，涵盖就业机会、应急避难所、福利支出、向穷人分配物品、医疗保障等各种服务，美国城市政治大佬为寻求选民支持所需借助的各种服务他们都有。"

[2] 大阪市政府支出从 1889—1893 年间（即大阪市政府成立之前）2 813 000 日元，增加到 1920—1924 年间的 312 118 000 日元。Shibamura Atsuki, "Gyozaisei no Kozo Henka," in Shinshu Osakashishi Hensei linkai, *Shinshu Osakashishi* (Osaka：Osaka City Government, 1994), vol. 6, chp. 1, sec. 5, sub. 1, pp. 120 - 134：124.

[3] 出处同前。 19 世纪 20 年代，随着本地学区未能保持城市教育质量，大阪市政府逐渐确立起在教育领域的权威。 芝村访谈。

[4] 芝村访谈。 关于 20 世纪 20 年代大阪公务员情况，参见 Shibamura Atsuki, "Zaisei Kiki no Sinko to Osakashi Zaisei," in Shinshu （转下页）

演变有时极其缓慢，但在大阪城市管理和地方政府能力上还是产生了变革。大阪在 1920 年能采取的积极行动方式，在 1900 年甚至 1910 年都无法做到[1]。

城市功能在断断续续扩大。城市财政通常不足，正如芝加哥和莫斯科，大阪官员几乎没有多少能自由支配的创收措施。到了 20 世纪 20 年代末期，大阪各类城市服务创造了 40%城市税收，新建的城市自有电车系统迅速成为大阪首要公共税收来源[2]。这一体制变化，得益于东京新城市法的推动作用。

强大市长的到来

1911 年，地方政府法限制城市议会权力，极大增强了市长的行政权力。大阪市长和日本其他市长一样，首次成为第一行政官。这项法律明确界定了日本行政体系内的权力流动，加强了中央政府对地方事务的管控能力。大阪历史学家芝村笃树认为，1911 年改革还有个影响，就是将城市管理向专业顾问开

（接上页）Osakashishi Hensei linkai, *Shinshu Osakashishi*, vol. 7, chp. 1, sec. 1, sub. 2, pp. 25 – 41：31。

[1] Hotta Akio, "Shushi jijo to Shichosha no Kensetsu," in ibid., vol. 6, chp. 1, sec. 1, sub. 3, pp. 19 – 33：28 – 29; Nakao Toshimitsu, "Dai_gokai Naikoku Kangyo Hakurankai to Shisei," in ibid., chp. 1, sec. 2, sub. 1, pp. 34 – 48：38 – 39; Nakao Toshimitsu, "Senso to Gyozaisei," in ibid., chp. 1, sec. 2, sub. 2, pp. 48 – 63：50 – 51; Shibamura Atsuki, "Gyozaisei no Kozo Henka," pp. 124, 128 – 129.

[2] 芝村访谈。

放，这些顾问可以根据市长需要来为市长服务[1]。 新的法律通过限制议会的作用，遏制了大阪区大佬和议会议员日益嚣张的腐败行径。

大阪处在翻天覆地的社会变革之中。 大阪纺织行业引领日本走进了工业化世界。 大阪迅速成为日本最大、最富有、生产力最高的城市。 刚完成现代化的大阪港口，在日本帝国发展中受益。 例如，1910 年，大阪港口中 70% 的贸易发生在亚洲各国之间——大部分是日本控制下的亚洲。 大阪折射出了工业革命的所有问题、冲突、矛盾。 在日本资本主义工业探索中，大阪首当其冲、冲击最重。 地方政府必须做出回应。

汹涌的工业化进程催生了全新的社会阶层。 在大阪，大部分没有选举权的工人通过日益兴起的工会运动或城市暴力形式，来表达政治诉求。 大阪和东京一样，很多人认为日俄战争后的和约对日本不公平，导致城市陷入暴乱。 1918 年稻米暴乱事件使这次民众暴乱达到了顶峰。 新的中层管理团体和白领专业人士要求政府进行改革，终止内幕操作，治理区大佬腐败情况，就像美国人要求采取"渐进式"改革、建立"良好的"城市政府一样。 在从 1912 年开始的大正时代，追求民主即大阪人民全面参与、共同享有，成为时代主基调。

1911 年城市改革营造了一个法制环境，让大阪务实的领导人可以在其中平衡相互矛盾的问题。 引用芝村的术语说，形成了新的"城市专家机制"。 这一时期有两位杰出的大阪市长促成了这一机制。 即 1913—1935 年在任的池上四郎和关一市

---

[1] 芝村访谈。

长——在这个时期东京选举了八位市长，京都六位，名古屋和神户各三位。 池上和关一成功建立起新型的专家机制，在这个机制下，大阪完成了从德川幕府时期商贸中心向昭和时代工业巨头的转型。

池上亲身见证了大阪发生的社会动荡，池上先是巡警，后来担任高级警官，负责维护关西这座大城市的社会治安[1]。 警察工作使他重视专家和专业人士的建设性作用。 为了巩固 1911年城市改革中新赋予市长的权力，池上聘任了日本卫生、医疗、交通、社会研究方面的一流专家，关一就是其中之一。 1916年，关一到大阪就任副市长，池上和关一联手在大阪打造了一个高级商人、行业精英及学术专家联盟，成立"专家机制"。 政党在大阪舞台上的作用日益凸显，尤其在 1925 年全国范围和1926 年地方上所有年满 25 岁的男性公民都享有选举权后，情况更是如此。

池上和关一使用的这种专业治理模式及其通过社会改革的实用主义管理作风在大阪政治土壤上深深地扎了根。 这种机制偏向行业专家的独裁主义，假定行业专家清楚城市治理最佳方案，不过这种战略也考虑社会关切和大阪居民需求，因此仍具有民主。 这是种良性或者开明的官僚独裁，正是美国城市进步人士所追求的，不过就芝加哥案例而言，当时并没有在男性普选方面

---

[1] 芝村访谈。 池上故事非同寻常。 池上出身于日本东部低等武士家庭，年轻时作为战败方德川家康的士兵，与明治维新为敌。 鉴于身处战败方军队，池上搬到大阪，加入警局，试图改心革面。 他从巡警起步，一步步成为大阪警察局长，于 1913 年成为市长。 他的孙女后来嫁入皇室。

取得成功。

因此，大阪市长通过利用中央和地方的狭隘心理，为自己和整个城市保住了核心资源。 城市管理的主要任务变成既要调动地方资源，也要与东京监管官僚讨价还价。 由于最终权力仍在中央帝国手里，因此大阪政治更接近莫斯科而不是芝加哥。 不过，大阪选民比莫斯科多，在本研究阶段大阪选民人数也一直在增加。 帝国政府对地方决定的批准相对流于表面，与俄国相比受到中央武断干预较少[1]。 政党及其他竞选配套在城市运转中日益重要[2]。 专业人士在城市治理中也发挥着越来越大的作用。

比起芝加哥相对极端的大众治理和莫斯科高度中央集权的专制体制，大阪提供了一个中间的案例。 在准民主机制下，越来越多的大阪人步入政治舞台。 城市领导寻求不同的合作伙伴，从实际出发，针对特定问题建立联盟。 城市政治为在实用主义基础上采取多元主义做法提供了土壤。

---

[1] Akizuki, "Institutionalizing the Local System."

[2] 关于日本全国政党的兴起，参见 Peter Duus, *Party Rivalry and Political Change in Taisho Japan* (Cambridge, Mass.: Harvard University Press, 1968)。

成功与自负

第五章
交通争夺战

　　五届芝加哥市长小卡特·亨利·哈里森为了使有轨电车公有化，与有轨电车大亨查尔斯·泰森·叶凯士进行了近40年的艰苦对抗，哈里森回忆时称之为自己生命中的"终极战役"[1]。这场占据芝加哥政局达半个多世纪的"交通对抗"在许多方面成了城市公有化还是私有化未来的决定性之战[2]。仅1901—1908年期间，芝加哥的选民们就为城市有轨电车的公有化问题进行了11次投票。尽管之前的投票结果都是所有权归市政，可

[1] Carter H. Harrison, Jr., *Growing Up with Chicago* (Chicago: Ralph Fletcher Seymour, 1944), p. 289.

[2] 交通争夺战在确立芝加哥生活中公共利益和私有利益边界和平衡两者关系上具有核心作用，这一问题的探讨参见 Georg Leidenberger, "Working Class Progressivism and the Politics of Iransportation in Chicago, 1895 - 1907" (Ph. D. diss., University of North Carolina, Chapel Hill, 1995)。 佩里·杜伊斯在1976年芝加哥历史学会两百周年展览时展出册子上也提及这一观点。 Perry R. Duis, *Chicago: Creating New Traditions* (Chicago: Chicago Historical Society, 1976), p. 49.

具有决定性的最后一次投票却不是[1]。

　　芝加哥电车之争集中反映了这座城市如何应对自身发展面临的问题：实用主义的政治领导者力图妥协——及受贿；私人投资者寻找利润最大化的新方式；劳工领袖追求工作场所民主化；工程师想要开发更高效的运营系统；公车通勤者只想在庞大的都市里能有个宽敞的交通工具。不管芝加哥人如何大声疾呼需要增进公共利益，可是共同利益几乎并不存在。

　　许多历史学家在回看这段历史时表示失望。交通专家找到了芝加哥公共交通是在何时埋下败笔，导致未来败给私人汽车和高速公路。研究劳工的改革派历史学家发现了民主的基本概念之争是何时在华尔街资本操控下，降格为区区消费者偏好问题。更保守的历史学家认为交通争夺战取得了胜利，因为一系列的折中措施让芝加哥人跳出了赢者通吃的零和游戏。这场交通对抗成了如何从更广义上认识这一时期芝加哥的试金石。而且，它还是一段充满各种人性情感与弱点的历史。事实上，这些争斗常常超出城市边界，常牵涉到蒙骗斯普林菲尔德（伊利诺伊州首府），并最终闹到美国的最高法院。1865 年，城市交出了 99 年交通专营权，有关由市政管理芝加哥有轨电车的问题既有地方权谋，也反映了更大的矛盾，即在进步主义时代城市化美国，私有利益集团作为公用事业提供方的边界问题[2]。

---

[1] David Macrum Maynard, "The Operation of the Referendum in Chicago" (Ph. D. diss., University of Chicago, 1930), p. 6.

[2] 这一观点的有力论证参见 Paul Barrett, *The Automobile and Urban Transit: The Formation of Public Policy in Chicago*, *1900 - 1930* (Philadelphia：（转下页）

在高度派系化的政治文化中,芝加哥的交通对抗中充斥着贪污、腐败和政治献金。 这段政治局势中也尽是哲学和意识形态的分歧[1]。 在公交供给上如何更好地维护公共利益和私有利益,芝加哥多样化的经济、社会、族群和政治团体提出了截然不同的解决方案。 一个极端是,各家有轨电车公司宣称在制定各自业务和运营标准上具有不可侵犯的权利;另一个极端是公共所有权的支持者,包括越来越激进的工会成员[2]。 需要补充一下,这种对公用事业控制权的争夺正在全美国大大小小的城镇里上演[3]。

交通斗争之所以如此漫长——贯穿了许多人的政治生涯——正是因为战线绷得过紧。 有关交通问题似乎没有什么中间地带,然而那些施行妥协和多元主义政治的城市领袖最终还是找到了一席之地,他们的立足点不是彻底的市政所有权,而是公共监督权。 解决芝加哥有轨电车之争展示了在社会严重分化时采取包容性政策是能增进社会利益的。

有轨电车之争的焦点在钱上。 谁会从芝加哥通勤者的不便

（接上页）Temple University Press, 1983）; Ernest S. Griffith, *A History of American City Government. The Progressive Years*, *1910 - 1920*（New York: National Municipal League; Lanham Md.: University Press of America, 1983）, pp. 85 - 99。

[1] 同时代观察家对此观点的阐述参见 Hugo Grosser in "The Movement for Municipal Ownership in Chicago," *Annals of the American Academy of Political and Social Science*, January 1906, pp. 72 - 90。

[2] Leidenberger, "Working - Class Progressivism."

[3] Samuel P. Hays, *The Response to Industrialism*, *1885 - 1914*, 2d ed.（Chicago: University of Chicago Press, 1995）, pp. 130 - 132。

之中获利呢？ 获利多少呢？ 市政府和州政府中哪些人能通过分配专营权来赚钱呢？ 这种服务的价格是多少呢？ 哪些街区会因此而发展繁荣，哪些房地产开发商能获得那些街区的开发权呢？ 哪些街区会衰退，导致那里的房地产投资套牢呢？ 有轨电车专营权怎样和燃气、自来水和电力等其他高利润公用事业专营权密不可分的[1]？ 精明的企业家和腐败的政客在这个公共池子里发现了多种多样的致富之道。

芝加哥的交通斗争简直就像小说素材，包括法律暗战、审计冲突、市议会和州立法会议失控、难以想象的巨大"钱堆"（意指贿金）以及值得莎士比亚来描写的出色人物。 西奥多·德莱塞在1912年的小说《金融家》及1914年的小说《巨人》中，都直接选用了芝加哥有轨电车大亨查尔斯·泰森·叶凯士的传奇经历。 德莱塞笔下的叶凯士，即弗兰克·阿尔杰农·柯帕乌，"天生就是一个本质上奉行利己主义的理性分子，尽管同时又具有强烈的人道主义和民主精神。 我们对利己主义和理智主义的理解常常限定在艺术的范围内。 金融就是一种艺术，展现了理性分子和利己主义者的微妙至极的操作"[2]。 对德莱塞来说，柯帕

[1] 芝加哥电力服务专营权的另一个案例，参见 Harold. L. Platt's *The Electric City: Energy and the Growth of the Chicago Area, 1880 - 1930* (Chicago: University of Chicago Press, 1991); 关于地方供水系统发展的讨论，参见 Ann Durkin Keating, "Governing the New Metropolis: The Development of Urban and Suburban Governments in Cook County, Illinois, 1831 - 1902" (Ph. D. diss., University of Chicago, 1984), pp. 213 - 228。

[2] Theodore Dreiser, *The Financier* (1912; reprint New York: Signet, 1967), p. 120.

乌有些意指芝加哥本身的化身，例如在《巨人》中刻意模糊了小说主角与城市的区别。德莱塞写道："随着芝加哥这座城市的发展，弗兰克·阿尔杰农·柯帕乌的个性也随之演变……这歌唱的火焰之都，这全美代表，这穿着皮套裤和鹿皮革的诗人，这粗鲁野蛮的巨人，这燃烧的城市！"[1]

对小卡特·哈里森而言，他的死对头叶凯士拥有"聪明的头脑、丰富的想象力和迷人的个性"[2]。然而就如同希腊悲剧那样，叶凯士也有缺点，"傲慢的叶凯士正和他的犬儒主义一起走向失败。虽然他光彩耀人，多年来结交的尽是有识之士，但这位爵爷从未真正找到自我"[3]。

在这段交通传奇里，哈里森是另一个引人注目的人物。同代和后来的评论家把他描述成好逸恶劳、优柔寡断，被赫赫有名的父亲宠坏的儿子（本人也是芝加哥五任市长），然而小哈里森还是五次成功竞选市长，游刃有余地管理着芝加哥，并且为芝加哥市长之职树立了新的标杆。加里·威尔斯指出小哈里森的行事作风可以总结为："我用骗子，但我不是一个骗子。"[4]理查德·约瑟夫·戴利以及其他许多哈里森父子的继任者都同样奉行这一信条。

---

[1] Theodore Dreiser, *The Titan* (New York: John Lane, 1914), p. 6.

[2] Carter Henry Harrison [Jr.]. *Stormy Years: The Autobiography of Carter H. Harrison Five Times Mayor of Chicago* (Indianapolis: Bobbs-Merrill, 1935), p. 111.

[3] 出处同前，p. 151。

[4] Garry Wills, "Sons and Daughters of Chicago," *New York Review of Books*, June 9, 1994, pp. 52 – 59: 52.

哈里森的对手不单是叶凯士。 戴白帽子的人常常又换上黑帽子，这在芝加哥习以为常。 哈里森的终极麻烦是罗杰·萨利文，不像富有的哈里森，作为选区大佬的萨利文得靠政治交易赚钱来维持自己像模像样的生活水准[1]。

萨利文从小在伊利诺伊州的乡下长大，在1879年19岁时来到芝加哥西部区的铁路段工作[2]。 他很有组织才能，悄无声息地勾结官商，和芝加哥市政府的关系越来越紧密。 他和民选政客，如共和党市议员马丁·巴纳比·麦登，还有最出名的约翰·帕特里克·霍普金斯等人，合谋从政府项目中捞钱。 犀利的哈罗德·勒克莱尔·伊基斯把麦登描述为"就是带着一群海盗的无良船长"，数年后，麦登死在美国众议院拨款委员会主席之任上[3]。

---

[1] 萨利文和哈里森之间关系的讨论，参见 Ralph R. Tingley, "From Carter Harrison II to Fred Busse: A Study of Parties and Personages from 1896 to 1907" (Ph. D. diss., University of Chicago, 1950); Paul Michael Green, "The Chicago Democratic Party, 1840 – 1920: From Factionalism to Political Organization" (Ph. D. diss., University of Chicago, 1975); Paul Michael Green, "Irish Chicago: The Multi-Ethnic Roadto Machine Success," in Melvin G. Holli and Peter d'A Jones, eds., *Ethnic Chicago* (Grand Rapids, Mich.: William B. Eeridmas, 1984), pp. 412 – 459; 和 Loomis Mayfield, "The Reorganization of Urban Politics: The Chicago Growth Machine after World War II" (Ph. D. diss., University of Pittsburgh, 1996), pp. 51 – 53。

[2] Bill Granger and Lori Granger, *Lords of the Last Machine: The Story of Politics in Chicago* (New York: Random House, 1987), pp. 40 – 45.

[3] Harold L. Ickes, *The Autobiography of a Curmudgeon* (New York: Reynal and Hitchcock, 1943), p. 83.

奥格登煤气公司是由萨利文、霍普金斯和麦登所有的皮包公司，因此，萨利文被小哈里森称作"煤气人"，这个令人生厌的绰号将伴随萨利文的余生。 萨利文偶尔也会不为物质利益做事，比如在1912年他帮助伍德罗·威尔逊提名民主党总统候选人是因为他儿子认为这位新泽西人是个"不错的人"，他儿子在普林斯顿大学读书时威尔逊正是校长[1]。 芝加哥的铁杆比尔·格兰杰和洛瑞·格兰杰对比了萨利文和禁酒令时代的芝加哥黑帮分子阿尔·卡彭，发现两人都创造了一种"成员志趣一致的非家族式组织"[2]。

在老哈里森被刺杀之后，霍普金斯成了市长，他和萨利文竭尽所能鼓动芝加哥的爱尔兰人反对哈里森阵营，特别是在小卡特首次竞选市长之后。 差不多半个世纪之后，伊基斯回忆起霍普金斯和萨利文会把当地记者哄到他们的办公室里并"大骂卡特·哈里森及其所作所为，多么令人战栗的污言秽语！ 多么热切的聆听！ 哈里森不仅禁止了他们实际参与城市的政治事务，还使得他们的追随者无法利用手中的权力收取不义之财"[3]。

"英俊、未婚、有钱"的霍普金斯22岁时从纽约州的布法罗来到芝加哥[4]。 他很快在普尔曼豪华车厢公司找到工作，并从计时员升到了出纳员主管[5]。 霍普金斯从那时开始参与海德公园社区的政治活动，并随着社区并入市域而进入芝加哥政

[1] Granger and Granger, *Lords of the Last Machine*, p. 45.

[2] 出处同前, p. 58。

[3] Ickes, *Autobiography*, p. 37.

[4] 出处同前, p. 35。

[5] Green, "Irish Chicago," pp. 426 – 430.

坛。 在霍普金斯来看，地方政治主要就是赚钱。 例如他曾声称，市议员只需要 24 小时就能轻而易举将一百万美元收入囊中[1]。

通过争取强尼·"虚荣士"·鲍尔斯强大的第十九选区阵营，萨利文、霍普金斯和他们的西部区爱尔兰朋友们削弱了哈里森的族群政治势力。 小哈里森通过搬用父亲的酒馆老板政治势力，阻碍了萨利文成为芝加哥民主党终极老大的企图[2]。

一直到 1920 年萨利文去世前，哈里森和萨利文两人都在斗，哈里森阻挠了萨利文当选市长及美国参议员，而萨利文则毁掉了哈里森成为其党派总统候选人的毕生梦想。 用保罗·迈克尔·格林的话说，哈里森和萨利文"既是政敌，又有私仇。 谁都不仅想把对方从民主党政治中消灭掉，还要在这过程中羞辱和毁掉对方。 就像英格兰封建时代的骑士决斗，哈里森和萨利文在公众注目下用言语之剑互相又捅又戳又刺。 他俩的对决笼罩着当地政治，拖延了民主党的统一"[3]。

萨利文是霍普金斯的政治盟友，霍普金斯在老卡特·哈里森遇刺后当选市长，霍普金斯和叶凯士是一伙儿。 因此，无论正义在哪边，小哈里森和叶凯士都肯定是政敌。

霍普金斯的市长生涯展示了在 19 世纪 90 年代混乱的芝加哥，政治同盟是多么不稳定。 霍普金斯曾一度是普尔曼公司得

─────────

[1] Ickes, *Autobiography*, p. 90.

[2] Green, "The Chicago Democratic Party," pp. 1－3, 204－358.

[3] 出处同前，p. 85。

宠的雇员，住在乔治·普尔曼位于芝加哥南部的模范员工社区。然而在 1894 年残酷的普尔曼罢工期间，作为市长他却坚定支持工人[1]。

这种夹杂个人恩怨的派系斗争长期困扰着这两个主要政党，并且成为芝加哥政治文化中根深蒂固的一个特征，直到第一次世界大战期间，地方政党组织才成熟起来[2]。 个人纠葛可以解释为什么卑鄙的选区走狗，如"澡堂男"约翰·科林和迈克尔·"傻帽"·肯纳，会热衷于坚持改革路线、反对叶凯士，而不是追求个人经济利益、直接收取叶凯士的巨额贿赂。

贪婪可以解释交通之争的很多问题，但也并非所有问题。表面上是为了追求利益最大化，实际上却是公共利益和私人利益两个概念上的根本不同。 由于芝加哥人对公共服务和交通道路私有产权的正当性和有效性深信不疑，这场交通对抗在意识形态上预示着极可能向私有化发展和向私有制妥协[3]。 和 19 世纪的其他美国城镇一样，芝加哥支持不受约束的自由经营的人们反对"市政社会主义者"，后者认为利用公共开支谋求私有利润这

---

[1] Janice L. Reiff, "A Modern Lear and His Daughters: Gender in the Model Town Pullman," *Journal of Urban History* 23, no. 3 (March 1997), pp. 316 – 341: 330 – 334.

[2] Tingley, "From Carter Harrison II to Fred Busse," p. 227; Mayhield, "The Reorganization of Urban Politics," pp. 51 – 53.

[3] Ralph E. Heilman, "Chicago Traction: A Study of the Efforts of the Public to Secure Good Service," *American Economic Association Ouarterly* 9, no. 2 (1908), pp. 313 – 409.

种做法大错特错[1]。

尽管从表面上看与美国其他许多城市发生的有轨电车专营权之争有相似之处，但芝加哥还是有着自己独特的曲折历程[2]。芝加哥的城市体量、人口增长的速度、平坦的地貌以及当地法律和立法程序等芝加哥的发展故事不仅说明了美国19和20世纪之交的城市政治经济，就其本身而言，也是一个非常值得讲述的故事[3]。

就此而言，克雷·麦克肖恩指出了芝加哥似乎有一点稍偏离于美国其他城市的"一般"做法。麦克肖恩认为，芝加哥的特别之处在于其规定轨道交通公司要想获得专营权，就必须同时得

---

[1] John D. Fairfield, *The Mysteries of the Great City: The Politics of Urban Design* (Columbus: Ohio State University Press, 1993), pp. 83 – 86; Leidenberger, "Working-Class Progressivism." 关于同期纽约有关地铁公共融资还是私人融资的争论，讨论参见 David C. Hammack, *Power and Society: Greater New York at the Turn of the Century* (New York: Russell Sage Foundation, 1982), pp. 243 – 251。纽约交通系统建设是从实用主义出发的多元主义政治又一个城市范例。

[2] Paul Barrett, *The Automobile and Urban Transit: The Formation of Public Policy in Chicago*, *1900 – 1930* (Philadelphia: Temple University Press, 1983), pp. 5 – 8.

[3] 这些冲突并非美国独有。在日本，东京同样经历了关于有轨电车公有还是私有的激烈冲突。大阪市议会未雨绸缪避免了这一问题，在建设城市第一条电车线路时采用城市自有资金，并且将城市内未来所有电车线路纳入运营范围。电车利润是大阪市直到进入20世纪30年代仍不可或缺的一份收入。作者对芝村笃树的访谈，1996年4月14日。

到市议会批准以及规划线路沿线三分之二临街房屋业主的同意[1]。 这种做法导致轨道交通公司不得不面对与市议员、选区大佬和有关业主的漫长磋商。 毫不意外,所有相关私有利益都卷入了这些磋商。 就算除去贪污腐败层面,从完全自由放任到公有制两个极端之间的各个政治层面都在芝加哥的交通政治里有一席之地。 在整个博弈阶段,市政官员任期为两年一届,每两年选举后博弈再重来一次,因此增加了选民参与在这场不间断斗争中的分量。

每当就城市轨道交通专营权需要采取的任何行动要求进行公众决议时,就像暴风雨般引发争议,金钱、意识形态、选举政治和个人政治互相冲突。 数以千计的人们来到芝加哥,为交通系统注入了强大需求,远超同时代任何城市的交通运力。 每年有太多新增乘客,城市轨道交通再怎么规划也赶不上乘客需求的增长,更何况芝加哥没有一个有轨电车公司好好做规划。 而且技术变革如此之快,一个有轨电车经理或市议员在他职业生涯的几十年间就能经历从马车、有轨电车,到无轨电车的演进,要想与时俱进就得投入,而且通常得投入不菲[2]。

──────

[1] Clay McShane, "Transforming the Use of Urban Space: A Look at the Revolutionin Street Pavements, 1880 - 1924," *Journal of Urban History* 5, no. 3 (May 1979), pp. 279 - 307: 287.

[2] 1882 年初芝加哥有轨电车开始取代马车。 Brian J. Cudahy, *Cash, Tokens, and Transfers: A History of Urban Mass Transit in North America* (New York: Fordham University Press, 1990), pp. 22 - 34, 74 - 75. 15 年后, 芝加哥才出现无轨电车。 Brian J. Cudahy, *Cash, Tokens, and Transfers: A History of Urban Mass Transit in North America* (New York: Fordham University Press, 1990), pp. 22 - 34, 74 - 75.

　　从改革者的角度，他们旨在依靠有轨电车服务来疏解芝加哥的人口，通过把中产阶级和移民劳工分散到大片大片的郊区，来减缓中心城区的交通压力和人口密度[1]。 有轨电车成了社会改革中不可或缺的部分，其重要性毋庸置疑，当然不能落入贪婪的不受制约的资本家和被他们收买的政治代理人之手[2]。

　　关于这一时代芝加哥的交通政治，乔治·雷登伯格在其1995 年发表的论文中犀利地指出，"在 19 世纪 90 年代政治生活中，有轨电车公司是个主要批判对象，这种情况一直持续到 20世纪的头十年"[3]。 雷登伯格接着写道："可能除了有轨电车老板，几乎所有芝加哥人都同意有必要减少电车公司的影响力和政治交易，可是到 20 世纪的第一个十年快要过去时，他们却给出了截然不同的解决方案。"

　　人们对糟糕的电车服务普遍不满，这为城市改革提供了社会和政治基础，通过改革来重新调整城市政治权力和经济权力的分配[4]。 德莱塞是正确的： 芝加哥长达半个世纪的交通之争充满了戏剧性。

----

[1] Leidenberger, "Working-Class Progressivism," pp. 1 – 15; Fairfield, *The Mysteries of the Great City*, pp. 83 – 86; Keating, "Governing the New Metropolis," pp. 242 – 278, 330 – 338; Ann Durkin Keating, *Building Chicago: Suburban Developers and the Creation of a Divided Metropolis* (Columbus：Ohio State University Press, 1988), pp. 3 – 12, 22 – 26.

[2] 为郊区及早提供电力服务，在郊区发展中同样发挥着关键作用。 参见 Platt, *The Electric City*。

[3] Leidenberger, "Working-Class Progressivism," p. 25.

[4] Platt, *The Electric City*, p. 94.

99 年租约

故事最早可以追溯到 1855 年和 1856 年，那时芝加哥市议会批准了城市的第一个有轨马车企业运营 25 年，同时规定运营公司必须征得交通沿线房屋业主的同意[1]。 但是当实际中得不到业主同意时，市议员在做一系列政策修正案时，第一个就修改了这些游戏规则： 市议会准许公司继续铺设轨道而无须征得沿线业主的同意。 接着法院又出了许多禁制令，其中第一个禁制令就否决了议会通过的法令，此时（1959 年）伊利诺伊州立法机构已把专营权授予了芝加哥城市轨道公司。 意味着这家公司在市议会的批准下，有权在任何南部和西部道路铺设轨道及运营有轨马车，期限长达 25 年。 不久伊利诺伊州立法机构又同样授权给北芝加哥城市轨道公司，又在 1861 年创立了西芝加哥城市轨道公司，分走了城市轨道公司在城市西部的经营权[2]。 这一系列措施严重地模糊了公有与私有、州权与市权的界线，从而不可避免地产生诉讼。

到南北战争中期，芝加哥主要有三家有轨马车公司，各自经

———

[1] Alfred Theodore Andreas, *History of Chicago*, vol. 2 （Chicago： A. T. Andreas, 1885）, pp. 118 - 121; Robin L. Einhorn, "*Property Rules: Political Economy in Chicago*" *1833 - 1872* （Chicago： University of Chicago Press, 1991）, pp. 217 - 218; Henry P. Weber, comp., *An Outline History of Chicago Traction* （Chicago： Chicago Railway Company, 1936）, pp. 5 - 7.

[2] Andreas, *History of Chicago*, vol. 2, pp. 118 - 121.

营一片被蜿蜒流过的芝加哥河分隔的区域（包括河的北侧、南侧和西侧，不存在"东部"，因为这块儿在密歇根湖水底）[1]。芝加哥城市轨道公司、北芝加哥城市轨道公司和西芝加哥城市轨道公司各自运营有轨马车线路，由伊利诺伊州授予的专营权按期将于 1884 年 2 月作废[2]。但是为了争取更大的优势，这三家公司于 1865 年冬天又来到了位于斯普林菲尔德的伊利诺伊州立法机构，这时他们分别还有 19 和 21 年的专营权。在那里他们悄悄地开展游说，希望把他们的特许合约延长至 99 年。州立法机构同意了三个公司的诉求，这被查尔斯·爱德华·梅里亚姆——芝加哥大学的政治学家、倡导城市改革的市议员和市长候选人——称作"一系列小出卖的高潮"[3]。梅里亚姆的死对头小卡特·哈里森更加直言不讳。"表面看似无事但却贻害无穷"，哈里森在 1935 年回忆道："这三家公司联合起来要求立法机构将他们专营权延期为 99 年。州长理查德·叶茨因受贿而没有否决这项他们精心策划的法案，这成了那些完全靠行贿得来的交通许可中的第一宗。"[4]

根据哈里森回忆录中所述，1865 年 2 月 6 日通过了延长"芝加哥市的有轨马车专营权"至 1954 年的法案[5]。这一法案是

［1］ Alfred Theodore Andreas, *History of Chicago*, vol. 3 (Chicago：A. T. Andreas, 1886), pp. 164－166; Keating, *Building Chicago*, pp. 23－24.

［2］ Samuel Wilber Norton, *Chicago Traction: A History Legislative and Political* (Chicago, 1907), pp. 16－25.

［3］ Charles E. Merriam, *Chicago: A More Intimate View of Urban Politics* (New York：Macmillan, 1929), p. 14.

［4］ Harrison, *Stormy Years*, p. 109.

［5］ Einhorn, *Property Rules*, pp. 220－222.

两院立法机构加急处理，芝加哥官员根本来不及赶到斯普林菲尔德，州长也是快速通过、没有否决（毫无疑问，这场交易不是小钱）[1]。 叶茨州长后来自己承认收了 10 万美元，以不否决这项法案[2]。

99 年法案使交通政策变得极为复杂[3]。 它引起了公众的强烈不满和猜疑。 法案条文并不严谨，留下了巨大的争议空间，最要命的一点是，这些公司和后续的专营权持有者除了经营由马匹拉动的有轨公车外，是否有权运营其他形式的有轨公车存在争议。 最终，由于这个腐败法案，承认地方有权批准专营权被愚蠢地写入了 1870 年伊利诺伊州宪法[4]。

市政当局无视 99 年法案，还认为原来的专营权合约当作将在 1884 年和 1886 年过期。 这三家公司则相信有权将专营权延期到 20 世纪中叶以后。 许多小公司也同时在城市中运营，缆车很快取代了马车。 从法律上讲，一切都模糊不清。

1879 年小哈里森首次上台，领导着拥有 491 516 人的城市。到他 1887 年第一次下台时，城市人口增到了 760 000 人[5]。 小哈里森要处理许多棘手的问题，包括 1886 年干草市场血腥爆炸案。 交通问题不在他首要考虑的范围。

在哈里森当选市长的前一年，芝加哥市开始对每一辆有轨公

---

[1] Heilman，"Chicago Traction," pp. 315 – 319.

[2] 出处同前，p. 315。

[3] Weber, comp. , *An Outline History of Chicago Traction*, pp. 8 – 9.

[4] 出处同前，pp. 318 – 319；Norton, *Chicago Traction*, pp. 28 – 45。

[5] Frederick Rex, *The Mayors of the City of Chicago from March 4, 1837, to April 13, 1933* (Chicago：Municipal Reference Library, 1934), pp. 65 – 69.

车每年征税 50 美元[1]。 交通公司反对这项征税，诉讼至下级法院，下级法院裁决支持市政府，又上诉至美国最高法院。 哈里森盘算着他既没把握在这场诉讼中获胜，也无法解决 99 年专营权带来的法律问题。 于是他决定假装在 1859 年和 1861 年授予最初的有轨公车专营权后什么也没发生。 市长转战到公开谈判，希望只给最初的专营权延期 20 年[2]。 与此同时，煤气和新兴电力服务等公用事业的许多专营权即将到期，这给芝加哥的市议员创造了大把的捞钱机会[3]。

通过劝诱各个公司和市议员，哈里森于 1883 年 7 月成功达成了新的有轨公车专营权协议，从 1878 年起 5 年，公司每年为每辆车交税 25 美元，5 年后征税提高到 50 美元。 所有在实施的法令有效期都延长至 1903 年[4]。 因此，哈里森维持了公车运营，保证了税收，避免了就 99 年法案进行耗资巨大且结果难料的诉讼。 他通过政治妥协来换时间，但是时间是换不来的。 交通服务必须向外围新街区扩展，电缆技术很快将被大规模引入，客运量和乘客投诉都与日俱增。 此外，叶凯士不久将带着大量东部资本来到芝加哥。

查尔斯·叶凯士的到来

叶凯士在 19 世纪 80 年代来到芝加哥时，早已年过四

---

[1] Frederick Rex, *The Mayors of the City of Chicago from March 4, 1837, to April 13, 1933* (Chicago：Municipal Reference Library, 1934), p. 67；Heilman, "Chicago Traction," pp. 319 – 320.

[2] Harrison, *Stormy Years*, pp. 110 – 111.

[3] Platt, *The Electric City*, pp. 41 – 51.

[4] Heilman, "Chicago Traction," pp. 320 – 323.

句[1]。　他在故乡费城得意时挣过大钱，后来又失意过，1871年还因盗用资金而坐牢。　人们对他的评价是意志坚定、魅力无穷、聪明过人、不分是非。　芝加哥历史家斯蒂芬·朗斯特里特曾经写道"极端的叶凯士先生"甚至比他同时代的强盗资本家胆子还大。"叶凯士有本事卖出不可靠的掺水股票（在他卖出的一批价值 51 800 万美元的证券中，有 7 200 万是严重掺水或没有价值），也能够雇到法院法警来贿赂陪审员，使其在公车事故赔偿诉讼中做出不利于受害者的裁决……叶凯士胆大包天。"[2]1905年，叶凯士在伦敦去世，那时他正在帮助伦敦开发地铁系统。

叶凯士凭借自己的社交风度和广泛人脉，从费城和纽约的金融家那里筹得资本。　他代理着一个费城的有轨电车财团，背后的支持者是彼得·韦德纳和威廉·艾尔金斯，他们试图控制全美国——事实上也是全世界——这座发展最快的城市的交通[3]。叶凯士很快就成为多个芝加哥有轨公车公司的大股东，他通过尽量减少服务来使股份分红最大化。　他最终把芝加哥许多显赫家族都纳为自己的股东和支持者[4]。　叶凯士不仅投资有轨电车，还在

---

[1] Wayne Andrews, *The Battle for Chicago* (New York: Harcourt and Brace, 1946), pp. 176 – 185; Donald L. Miller, *City of the Century: The Epic of Chicago and the Making of America* (New York: Simon and Schuster, 1996), pp. 268 – 273.

[2] Stephen Longstreet, *Chicago, 1860 – 1919* (New York: David McKay, 1973), p. 81.

[3] Cudahy, *Cash, Tokens, and Transfers*, p. 131.

[4] Harrison, *Stormy Years*, pp. 110 – 242; Frederic Cople Jaher, *The Urban Establishment: Upper Strata in Boston, New York, Charleston, Chicago, and Los Angeles* (Urbana: University of lllinois Press, 1982), pp. 481 – 482.

收入不菲的城市煤气专营权中占有关键份额[1]。

叶凯士进一步对芝加哥有轨公车进行垄断控制[2]。 他获得了北区和西区各运营公司大部分股份的控制权。 他组建了北芝加哥轨道公司，并于1886年5月24日获得了一份999年的租约，租用之前北部各公司的所有资产、权利、专营权和优惠待遇。 1887年10月20日，他在西区采取同样操作设立了西芝加哥城市轨道公司。 这两家公司于1899年6月1日合并为芝加哥联合交通公司。 他的公司最终从西芝加哥轨道隧道公司获得了杰克逊街隧道999年的租约，那时该隧道还未开建。

叶凯士公司迅速引进了电缆技术，同时整合串联起北部和西部分散的交通运输线。 到1898年，他已围绕芝加哥市中心融资、组织、建设并开放了著名的高架"环线"轨道，即连接四条"高架"线路的一条2英里线路。 为了1893年的世界博览会，芝加哥在南部开发了最早的高架轨道运输系统。 其他高架线路紧随其后，1895年都市西部高架轨道开创了全国首个电气化高架轨道运输线路[3]。 1892—1906年间，有80英里高架轨道完

---

[1] Platt, *The Electric City*, pp. 50 – 51.

[2] 依据 Norton, *Chicago Traction*, pp. 61 – 64; Bessie Louise Pierce, *A History of Chicago*, vol. 3: *The Rise of a Modern City*, *1978 – 1893* (Chicago: University of Chicago Press, 1957), pp. 216 – 220。

[3] Cudahy, *Cash*, *Tokens*, *and Transfers*, pp. 70 – 75; Brian J. Cudahy, *Destination: Loop: The Story of Rapid Transit Railroading in and around Chicago* (Brattleboro, Vt. : Stephen Greene, 1982), pp. 10 – 42; James Leslie Davis, *The Elevated System and the Growth of Northern Chicago*, Northwestern University Studies in Geography no. 10 (Evanston, Ill. : Northwestern University Department of Geography, 1965), pp. 1 – 17.

成建设，它们受到与管辖有轨公车不同的、一套独立的法律和政府机构系统管辖[1]。 叶凯士的联合高架——及其复刻街道层面有轨电车环线的著名高架环线——把众多高架轨道整合进了同一个运输系统。

鉴于此，后来一些评论员认为，是叶凯士给芝加哥有轨电车系统带来了必要的现代化[2]。 然而，叶凯士的方法是靠捞偏门和出售掺水股票——完全不是旨在增进社区福祉的手段。 对于普通市民来说，叶凯士是一个掌控无数本地政客的恶魔。 无论事实到底怎样，叶凯士的外在表现给人以这种印象。 1889 年至 1891 年的芝加哥市长迪威特·克林顿·克雷格，此前曾是叶凯士的西芝加哥道路轨道公司负责人[3]。

叶凯士的交通公司没能完全垄断控制芝加哥的交通运输系统：比如他的触角就没有伸向南部。 不过，在 1890 年，城市中每位成人和儿童搭乘付费有轨公车的年均次数为 164 次，其中叶凯士公司占比尤其大[4]。

到 19 世纪 90 年代早期，已是"交通巨头"的叶凯士还在争

---

[1] Barrett, *The Automobile and Urban Transit*, pp. 15 - 16; Rex, *The Mayors of the Cityof Chicago*, pp. 70 - 72; Pierce, *A History of Chicago*, vol. 3, pp. 219 - 220.

[2] 例如参见 Barrett, *The Automobile and Urban Transit*, pp. 16 - 17。

[3] Rex, *The Mayors of the City of Chicago*, pp. 73 - 75.

[4] Barrett, The Automobile and Urban Transit, pp. 15 - 16。 有趣的是，到 1946 年，平均每位芝加哥人搭乘付费有轨电车的年均次数升至 319 次，1956 年回落到 163 次。 Edward C. Banfield, Political Influence (Westport, Ct. : Greenwood, 1961), p. 92.

取更大优势[1]。 另一场与倾向改革政客的对峙即将上演。 通常认为，19 世纪 90 年代早期是"芝加哥市议会和伊利诺伊州立法机关最腐败堕落"的时期[2]。 州和市立法机关人员经常出卖选票，而此时改革力量才刚刚开始形成。 交通问题正好给了改革派一个吸引广大市民支持的议题。 本书第八章讨论城市宪章修正案时将详细阐述关于有轨电车、煤气和电力专营权的争斗，正好给城市选民联盟等新成立的改革派组织争取支持提供了极其重要的抓手[3]。

立法补救措施

当时的实际情况很难说清楚。 叶凯士帝国是建立在一堆租约、掺水股票和债券以及纯粹奸诈基础之上的。 从 19 世纪 90 年代开始，芝加哥除了有多条通勤轨道[4]，还有 18 家有轨电车公司运营着 41. 95 英里的有轨电车线路、255. 64 英里的电气化线路和 18. 46 英里的有轨马车线路。 新兴的高架列车将进一步

---

[1] Grosser, "The Movement for Municipal Ownership," pp. 73 – 76.

[2] John A. Fairlie, "The Street Railway Question in Chicago," *Quarterly Journal Economics* 21 (1907), pp. 371 – 404.

[3] Norton, *Chicago Traction*, pp. 70 – 75; Heilman, "Chicago Traction," pp. 323 – 325; Pierce, *A History of Chicago*, vol. 3, pp. 221 – 225.

[4] 在这一方面，芝加哥在同等体量城市中比较特殊，因为大概在城市形成之初就出现了铁路，因此，通勤轨道服务在芝加哥市区形成过程中发挥了巨大作用。 关于通勤轨道的更多讨论，参见 Keating, "Governing the New Metropolis," pp. 116 – 124。

增加通车里程[1]。　众多专营权合约间的法律关系不可救药地纠缠在一起，1865 年的 99 年法案也有待在法庭上验证其有效性。

在这段交通传奇接下来的篇章中，各家公司首先于 1895 年采取了行动，诱导来自库克郡的州参议员查尔斯·H. 克劳福德，让他提出法案赋予市议会批准长达 99 年轨道交通专营权的权力，而那时法律只允许市议会最长 20 年的批准权。　克劳福德法案同时还扩展了已有专营权合约的权利和特殊待遇，给予了当前专营权持有者在未来谈判中的优势地位。　该法案通过了州的两院立法机构但是却被州长约翰·彼得·奥尔特盖尔德否决，奥尔特盖尔德声称："我热爱芝加哥，不愿助力打造一条锁链永久绑住她的居民手脚，让他们没有机会逃脱垄断的枷锁。"[2]数年以后，芝加哥市长、后来的伊利诺伊州州长爱德华·菲茨西蒙斯·邓恩将发挥自己在这段交通传奇中的关键作用，他曾回忆起一次与奥尔特盖尔德在一家"便宜的"芝加哥餐馆的交谈。据邓恩所述，奥尔特盖尔德告诉他，作为州长他（奥尔特盖尔德）"假如准许那个法案（克劳福德法案）成为法律的话，可以不冒丝毫被检举的风险而得到 50 万美元"[3]。

尽管奥尔特盖尔德在 1893 年经济萧条中遭受了经济损失，而且长期疾病缠身，但是凭着对公务的执着，奥尔特盖尔德还是

---

[1] Rex, *The Mayors of the City of Chicago*, p. 87.

[2] Norton, *Chicago Traction*, p. 70.

[3] Edward F. Dunne, *Illinois: The Heart of the Nation*, 5 vols. (Chicago: Lewis, 1933), vol. 3, p. 219.

守住了底线[1]。 试图推翻州长否决的最后努力在立法机构下院遭受失败。 这项提案的失败在芝加哥引燃了公共舆论的怒火，未来的立法提案再也无法暗箱操作。

将近两年之后，在 1897 年 2 月，各家公司联合起来要完全绕过市政官员，促使州参议员约翰·汉弗莱提案建立一个州立三人委员会来管理交通运输和颁发交通专营权[2]。 汉弗莱法案将把现有专营权在 1897 年 12 月后再延长 50 年，同时还有一项惠及大众的承诺，将每次乘车的车费固定在 5 美分。 这些公司毫不掩饰他们在准备汉弗莱法案中的作用，并展开了一场 19 世纪 90 年代式的突击宣传以求法案通过。 伊利诺伊州参议院通过了该法案，但是在公共谴责参议院决议长达一个月之后，伊利诺伊州众议院否决了该提案。

各家公司此时意识到，强行越过芝加哥市是行不通的。 他们放弃了寻求伊利诺伊州立法机构庇护的既定策略。 现在交通运输利益集团转而全力关注市议会，他们有信心在这里买通足够

———————

[1] Harvey Wish，"Altgeld and the Progressive Tradition," *American Historical Review* 46，no. 4（July 1941），pp. 813 – 831：823 – 830. 鉴于奥尔特盖尔德在上任后大无畏地赦免了三位干草市场动乱分子，就会发现他这种原则性立场并不奇怪了。 关于当时对奥尔特盖尔德生涯的更多解读，参见 Waldo R. Browne，*Altgeld of Illinois: A Record of His Life and Work*（New York：B. W. Huebsch，1924）。 奥尔特盖尔德干草市场大赦行为一直是美国法学历史上备受谴责的滥用司法权力的一个案例，关于其大赦行为的解释参见 John Peter Altgeld，*Reasons for Pardoning Fielden, Neebe, and Schwab*（Springfield, Ill. ：Governor's Office，1893）。

[2] Grosser，"The Movement for Municipal Ownership," pp. 74 – 75；Heilman， "Chicago Traction," pp. 325 – 328.

多的市议员，确保他们支持的所有计划获得通过。 这段时期几乎是芝加哥市政治道德的一个最低谷；伊基斯等新闻记者到处谴责市议会 "永远在拍卖会上——随时跟着最高出价的人走" [1]。

汉弗莱法案失败后，伊利诺伊州众议员 G. A. 艾伦很快又提出了后来广为人知的艾伦法[2]。 拉尔夫·E. 海尔曼总结艾伦法的主要条款如下：

> 法案……规定地方政府可以赋予有轨公车公司最高长达 50 年的道路的专营权，但是条件是必须事先征得超过半数临街土地所有者的同意，同意一经签署便不可收回。 正常车票价格是 5 美分，在现有专营合约期限内不得更改这一价格，另外，如果现有专营合约要延期，在前 20 年内仍要维持 5 美分票价。 对于新颁发的专营权，市议会要固定票价，票价不能超过 5 美分；而且票价一旦确定，20 年内不得更改[3]。

艾伦法在伊利诺伊州参众两院得到通过，并于 1897 年 6 月经州长约翰·坦纳签署成为法律。 作为州立法机构下院的众议院议长声称 "长了痈"，缺席了这次关键的投票[4]。

———————

[1] Ickes, *Autobiography*, p. 82.

[2] 出处同前, pp. 328 - 333; Norton, *Chicago Traction*, pp. 91 - 93。

[3] Heilman, "Chicago Traction," p. 328.

[4] Harrison, *Stormy Years*, p. 146.

哈伦委员会

　　艾伦法在斯普林菲尔德通过后，较量又转回芝加哥。 两周之内，共和党改革派市议员约翰·梅纳德·哈伦（美国最高法院大法官约翰·哈伦的儿子，也是未来另一位大法官的父亲，其名字也是约翰·哈伦）扮演了一位负责任的调解员的角色。 哈伦身高六英尺，在普林斯顿大学橄榄球队时司职中锋，是球队明星[1]。 他的作风有些过于正统，放在今天会被称为"拘谨"。尽管如此，在地方共和党政治中他还是确立了作为改革派主要领袖之一的地位。

　　地方共和党大佬威廉·罗瑞默被称作"芝加哥的金发大佬"，是哈伦党内主要对手，也是共和党改革派梅里亚姆的强硬对手[2]。 1865 年萧条期间，罗瑞默跟随父母逃离英格兰曼彻斯特市，来到芝加哥。 罗瑞默从西部"河区"（第六选区）底层开始奋斗，做过洗衣店推销员、运煤工人、赌场助手、肉类加工厂工人。 最终于 1880 年在有轨电车公司得到一份不错的工作，利用工作中积累的人脉进入共和党政治圈。到 19 世纪 90 年代中期，罗瑞默已经成为库克郡最有实力的共和党领袖，而且由于 1893 年的银行恐慌造成全国大众背弃民主党，共和党趁机发展。"农夫"约翰·汉弗莱就是一个罗瑞

---

［1］ Ickes, *Autobiography*, p. 82.

［2］ 关于罗瑞默的讨论，依据 Joel Arthur Tarr, *A Study in Boss Politics: William Lorimer of Chicago*（Urbana：University of Illinois Press，1971）。

默分子，他先前在伊利诺伊州参议院为叶凯士提出了最终被否决的法案。

罗瑞默曾于1895年至1901年和1903年至1909年两度担任美国众议院议员，而后在伊利诺伊州第95次大选后进入美国参议院。罗瑞默随后于1912年又被逐出参议院，有调查结果指控这位"金发大佬"是通过在伊利诺伊州立法机构收买选票，才得以高票当选从而进入国家最高议事机构。罗瑞默回到芝加哥时，在他的门徒、未来市长、黑帮大佬"大比尔"·汤普森安排下，受到了如英雄凯旋式的欢迎。

与此同时，哈伦在1897年市长竞选中以微弱劣势败给小卡特·哈里森。哈伦"在全市四处演说"，大力竞选，可惜却被自己党内的大佬们掣肘[1]。哈伦回过头来，迅速提出由市议会成立一个五人委员会来审查所有的有轨电车专营权。哈伦委员会最终于1898年3月28日向市议会提交了一份详尽的报告[2]。这时，政治斗争已接近白热化[3]。

1898年的州选举和市选举结果对叶凯士和艾伦法的支持者是毁灭性的打击。先前在州立法机构投票支持艾伦法的12名参

————

[1] Ickes, Autobiography, pp. 85 – 88.

[2] Dunne, *Illinois*, vol. 2, pp. 221 – 223; Grosser, "The Movement for Municipal Ownership," p. 74; Weber, comp., *An Outline of Chicago Traction*, pp. 24 – 25; *Report of Special Committee of the City Council of Chicago on Streetrail Franchises and Operations* (Chicago: Chicago City Council, 1898).

[3] Heilman, "Chicago Traction," pp. 329 – 333.

议员以及 64 名众议员在连任选举中落选[1]。 而且，在芝加哥市议会 68 个席位中，有 42 位候选人公开反对叶凯士掌权，彻底改变了市议会中的权力平衡[2]。 城市选民联盟支持的 21 名市议员候选人中有 19 人属于这一群体，牢固确立了市议会中的改革派势力[3]。 小哈里森意识到在新任期上可以利用这种权力制衡。 哈里森极度厌恶叶凯士，前面说过，叶凯士和哈里森在本地民主党内的主要劲敌罗杰·萨利文关系密切。

此时交通之争已趋于白热化，有三场较量同时展开。 第一，市议员哈伦及其 4 名同僚近期组成的哈伦委员会正在审查当时有关芝加哥交通专营权的所有资料。 第二，芝加哥人正在斯普林菲尔德游说废止艾伦法。 第三，叶凯士及其盟友正在试图直接从芝加哥市议会谋求一系列新的专营权。

哈伦委员会就城市轨道专营权的各个方面给出了全面翔实的报告，重点关注资本总额、收入、分红、专营权条例和乘客服务。 它为后续市议会的辩论提供了坚实基础，为改革者提供了这场交通之争中急需的对手信息[4]。 哈伦及其同僚的工作典型体现出，市议会下属委员会在制定未来交通政策上具有潜在积极作用。 哈伦委员会最终成为一个范例，1899 年 12 月成立的市议会有轨电车委员会，以及 1901 年 5 月取代它的地方交通委

---

[1] Heilman，"Chicago Traction," pp. 332 – 333；Maureen A. Flanagan, *Charter Reform in Chicago* (Carbondale：Southern Illinois University Press, 1987)，pp. 43 – 44；Leidenberger，"Working-ClassProgressivism," pp. 36 – 43.

[2] Barrett, *The Automobile and Urban Transit*, pp. 21 – 22.

[3] Norton, *Chicago Traction*, pp. 99 – 100.

[4] Heilman，"Chicago Traction," pp. 331 – 332.

员会，都是以哈伦委员会为模型建立的[1]。

这些立法委员会证明，与前 40 年的争论不休相比，努力寻找共同点更能增进各方的利益。 例如，有轨电车委员会 1900 年的报告反对立即由市政运营城市有轨电车，但同时支持为未来市政获得线路所有权构建法律基础。 委员们写道："事实上，委员会明确认为，在当下芝加哥市政府不宜尝试运营城市有轨电车。如果真就此事进行全民投票，委员会也不相信芝加哥人当下会支持市政运营。"[2]

1898 年的选举溃败之后，废止艾伦法变得顺理成章。 1899 年 3 月，几乎全票通过废止了该法律。 艾伦法废止后，有关有轨电车的较量回到了芝加哥市议会。 1883 年和 1884 年授予的 20 年专营权越来越临近到期，在芝加哥市议会里激动人心的决战即将拉开帷幕[3]。

楼座上精心垂下绞索

叶凯士及其同伙已经收买了许多选区大佬和市议员，满心期待他们所持有的专营权能够延期胜利。 叶凯士在市议会的弟兄

[1] Norton, *Chicago Traction*, pp. 100 – 110; Grosser, "The Movement for Municipal Ownership," pp. 86 – 89.

[2] Chicago City Council Street Railway Commission, *Report of the Street Railway Commission to the City Council of the City of Chicago* (Chicago: Chicago City Council, 1900).

[3] Heilman, "Chicago Traction," pp. 234 – 235; Norton, *Chicago Traction*, pp. 100 – 105.

是约翰（"约翰尼·虚荣士"）·鲍尔斯，来自意大利爱尔兰人
的第十九选区，对自己"受贿王子"的名声还颇感自豪[1]。 鲍
尔斯是萨利文分子，因哈里森父子带领民主党内倾向改革派限制
受贿王子的运作空间而憎恨他们。 鲍尔斯当时被称为"头脑冷
静、狡猾多端、肆无忌惮"，也是闻名的"好伙伴"和"好心
肠"[2]。 正如 1898 年《瞭望》所言："想象一个矮小、敦实的
男人，头发花白，梳着高耸的大背头发型，面颊剃得光光溜溜，
浓眉大眼，无精打采，站在市议会会议厅前面，伸着一根手指吸
引市长注意，这就是'虚荣士'·鲍尔斯。"[3]鲍尔斯在自己
领地里的统治讲究恩威并重。 例如，他手下的无赖曾想把在第
十九选区发表演讲的哈伦赶下台，结果被"强壮的"哈伦盯得不
敢对视。

　　哈里森也不是没有卑鄙的盟友，其中最出名的要数"澡堂
男"科林和"傻帽"肯纳[4]。 如果将哈里森在市议会对叶凯士
的胜利视为改革对腐败的绝对胜利，可能让人有所宽慰。 然
而，事实并非如此。 正如保罗·迈克尔·格林所写："由于一些
原因，在芝加哥并不存在好人（改革者）和坏人（政客）的概念
区别。 因为两面通吃，哈里森家族使得宿怨变得模糊了。"[5]

─────

[1] Lloyd Wendt and Herman Kogan, *Bosses in Lusty Chicago: The Story of Bathhouse John and Hinky Dink* (Bloomington：Indiana University Press, 1967), pp. 38 – 39.

[2] Ray Stannard Baker, "Hull House and the Ward Boss," *Outlook* 58 (March 26, 1898), pp. 769 – 771：769.

[3] 出处同前，pp. 769 – 771。

[4] Wendt and Kogan, *Bosses in Lusty Chicago*, pp. 171 – 183.

[5] Green, "The Chicago Democratic Party," p. 2.

　　后来成为富兰克林·德拉诺·罗斯福白宫幕僚的哈罗德·勒克莱尔·伊基斯，当时作为一名年轻记者，正在芝加哥政治中初试牛刀。伊基斯熟谙地方派系政治，认为哈里森总体上是个值得尊敬的人物。"没有人指责他涉嫌受贿"，伊基斯在他的个人自传中写道："但是在鲍比·布尔克的领导下，民主党机器声名相当狼藉。任何单方面努力都难以洗净这摊政治污水。"[1]哈里森、科林和肯纳身在同一条船上。

　　尽管受到叶凯士阵营的邀约，科林和肯纳还是站在哈里森这边。他们的忠诚是由于他们自身与"虚荣士"和萨利文喜好有冲突。然而，正如历史学家爱德华·坎托维茨所言，如果哈里森的"动机完全是自私自利，他的立场不可能如此坚定明了"[2]。

　　哈里森也从更受公众尊敬的圈子里获得了坚定支持。《每日新闻》的出版商维克多·劳森也许是叶凯士最顽固的对手[3]。还有约瑟夫·麦迪尔的《芝加哥论坛报》和哈里曼·科尔萨特的《芝加哥先驱报》也加入了对叶凯士交通帝国的负面报道[4]。

------

[1] Ickes, *Autobiography*, pp. 89 – 90.

[2] Edward R. Kantowicz, "Carter Henry Harrison II: The Politics of Balance," in Paul M. Green and Melvin G. Holli, eds., *The Mayors: The Chicago Political Tradition* (Carbondale: Southern Illinois University Press, 1987), p. 26.

[3] John Franch, "Opposite Sides of the Barricade," *Chicago History* 24, no. 2 (Summer1995), pp. 39 – 57.

[4] 出处同前。也是这位麦迪尔支持小卡特·亨利·哈里森于1871年步入政坛。

1898 年 12 月中旬，在一场喧闹的市议会会议上，哈里森在盟友肯纳和科林的帮助下阻止了叶凯士的专营权延期[1]。 据哈里森后来回忆，这段精彩的会议真的是人声鼎沸[2]。 楼座上人满为患；前排坐着哈里森的各式支持者，在辩论关键时刻他们就从楼座栏杆上垂下来绞刑绳索。 市长哈里森一边在讲台上振振有词地演说，一边也手里挥舞着绳索，人群喊着："绞死他们！ 绞死他们！"[3]市政厅外一帮德国人正在进行爱国游行，后面跟着一群拿着火把和棍棒的愤怒市民。 摄影师的闪光灯全程对着狂躁的人群不停地闪着[4]。

19 世纪末叶凯士连续遭受失败： 1898 年 12 月在市议会败给哈里森势力，次年 3 月在斯普林菲尔德败给艾伦法反对者。 这个交通大亨很快彻底离开了芝加哥。 由于成功击败叶凯士而如日中天的哈里森仍将执政至 1905 年，并且在 1911 年至 1915 年再度担任市长。 哈里森再没有着手去彻底地解决交通问题，显然是对叶凯士的胜利感到得意自满[5]。

从许多方面来看，这一阶段的终极胜利者是议员哈伦。 哈伦委员会证明了，培育一个不带情绪的氛围对于应对技术、工程

［1］ Andrews, *Battle for Chicago*, p. 184.

［2］ Harrison, *Stormy Years*, p. 174. 还可参见 Ickes, *Autobiography*, p. 38。

［3］ Longstreet, *Chicago*, p. 92.

［4］ Harrison, *Stormy Years*, p. 174; Andrews, *Battle for Chicago*, p. 184; Cudahy, *Cash, Tokens, and Transfers*, pp. 131–133.

［5］ Richard Edward Becker, "Edward Dunne, Reform Mayor of Chicago: 1905–1907" (Ph. D. diss., University of Chicago, 1971).

和法律问题纠葛在一起的交通之争是多么具有助益[1]。

正直的邓恩法官

随着叶凯士离开,以及交通公司在斯普林菲尔德和芝加哥立法上使尽各种花招,舆论焦点转到了有轨电车可能被公共接管上面。 哈里森的政治权威已经烟消云散,他不得不接受这一事实,所以就没有参加 1905 年的连任竞选[2]。

与此同时,一种日益激进、具有广泛基础的"新工会主义"正在芝加哥初具雏形。 1902 年,约翰·菲茨帕特里克带领一批年轻的进步主义改革者,从一帮老朽、腐败的工会官员手里夺取了对芝加哥劳工联合会的控制权[3]。 菲茨帕特里克领导着芝加哥劳工联合会,直到 1946 年去世。 在他的领导下,地方工会开始利用市政所有权作为重要工具,来攻击被他们视为操控城市的大企业。

乔治·雷登伯格认为,正是芝加哥"新工会主义"使得交通问题重新回到芝加哥报纸的头版头条[4]。 市政所有化运动的领导权逐渐从在睦邻运动中占突出地位的中产阶级进步主义者,转到了新近组织起来的小学教师、卡车司机、手套生产工人和印

---

[1] Norton, *Chicago Traction*, pp. 105 – 108; Weber, comp., *An Outline History of Chicago Traction*, pp. 24 – 25; Dunne, *Illinois*, vol. 2, pp. 221 – 223.

[2] Tingley, "From Carter Harrison II to Fred Busse," pp. 168 – 184.

[3] Julia Wrigley, *Class Politics and Public Schools: Chicago, 1900 – 1950* (New Brunswick. N. J.: Rutgers University Press, 1982), pp. 26 – 27.

[4] Leidenberger, "Working-Class Progressivism," pp. 44 – 232.

刷工手中，后者逐渐成为芝加哥劳工联合会的主体。 劳工联合会努力把之前未加入工会的群体组织起来，将芝加哥变成了"全球工会首都"，在这里，教师和卡车司机领导工会拓展广泛的群众基础，不论行业和技能水平、不论性别，甚至一定程度上不论种族，所有工人都可加入工会。 市政所有权议题除了能够用于解决人们对狭义上传统雇佣关系的关切之外，还为工会主张在资本与社区之间建立新型民主关系提供了切入点。

本地公司以激烈的方式应对市政所有化运动，尤其当隶属芝加哥劳工联合会的各个团体开始互相落实罢工警戒线时，公司的做法更甚。 哈罗德·巴顿·迈尔斯在1929年一篇长篇论文中，回顾了芝加哥劳资纠纷中的警力行动，指出"没有哪个城市的工人和雇主在劳资纠纷中采用的方式如芝加哥这般极端、暴力、残酷和无耻"[1]。 迈尔斯通过回顾1877年至1925年间二十多次大罢工中的警方行动，总结道："1898年之后迎来了一段十分有利的工业繁荣时期。 工会得以快速成长，从1902年开始芝加哥进入了有史以来罢工最严重的时代。 在1902年至1906年，芝加哥处于持续骚乱之中。 这一时期的罢工虽然不及1886年时数目之多，但远比那时严重。"[2]

迈尔斯还指出："低等法院的公诉人和法官经常表现冷漠、缺乏素养、能力不足，芝加哥市长以及市政府或州政府的大量行政官员未能履行他们的职责，这都是低效腐败的地方政府面临的

---

[1] Howard Barton Myers, "The Policing of Labor Disputes in Chicago: A Case Study" (Ph. D. diss., University of Chicago, 1929), p. 5.

[2] 出处同前，p. 1192。 迈尔斯进行论文答辩时，尚未出现20世纪30年代大萧条时期的劳工斗争。

一些普遍问题。"[1]

1903 年末的南部交通工人的一场罢工再次震动整个城市，靠市长哈里森出动警察才恢复街道秩序[2]。 在交通之争等问题上，爱德华·邓恩成了代表工会改革者观点的首要政治家。1905 年在卡车司机中爆发了一场针对自由雇佣（如不属于工会的）工厂问题的残酷罢工，异常激烈的劳资冲突触发了历史进程的转折点。 芝加哥的劳资冲突虽然反映了那一时代全国劳资关系的大趋势，但其残酷程度及分歧之大为全美之首。 由于许多非裔美国人无法加入白人主导的工会，成为资方依仗的破坏罢工者，结果酿成了芝加哥几十年的种族关系恶果，并且导致未来更具破坏性的种族冲突。 最终资方掌控了这一轮的劳资对抗，并且这一局面一直延续到第一次世界大战之后[3]。

法官爱德华·F. 邓恩是专营权归市政所有的坚定支持者，在工人坚实的拥护下，他于 1905 年 4 月当选市长。 邓恩也代表着不断庞大的"居住街区较好、拥有'蕾丝窗帘'的（即富有的）爱尔兰居民"[4]。 最终解决交通之争好像近在眼前。

邓恩上台时，是以城市交通系统等主要公用事业公有化的首

---

[1] Howard Barton Myers，"The Policing of Labor Disputes in Chicago：A Case Study"（Ph. D. diss. , University of Chicago, 1929），p. 1187.

[2] 出处同前，pp. 384 – 432；Leidenberger，"Working – Class Progressivism," pp. 131 – 146。

[3] 关于随后芝加哥劳工组织崛起的讨论，参见 Lizabeth Cohen，*Making a New Deal: Industrial Workers in Chicago*, *1919 – 1939*（Cambridge, U. K. ：Cambridge University Press, 1990）。

[4] Green，"Irish Chicago," p. 427.

要倡导者形象出现的[1]。 他于1902年3月宣称："我斩钉截铁地宣布，我支持由市政所有和运营芝加哥的有轨电车、电话系统、燃气和电气照明工厂，前提是它们在廉洁、严格的市政管理之下。 在运营这些公共服务时必须做到关键两点才能满足公众需求： 第一，提供高效、舒适服务；第二，以最低运营成本提供相当效率和舒适度的服务。"[2]

在市长选举中，邓恩以仅35 000多票的优势击败了共和党议员约翰·哈伦，这场选举也成了一场有轨电车市政所有化的全民公决[3]。 1897年，哈伦以微弱劣势在市长选举中输给了哈里森，在这之后他最大的理想就是当选芝加哥市长。 然而，他一直未能意识到，自己的党内领导多么不能原谅其过去的"政治不规矩"[4]。 最后，哈伦在与"金发大佬"罗瑞默领导的地方共和党机器的较量中败下阵来[5]。

邓恩此时已经52岁了，他曾经是巡回法院的法官，父母是爱尔兰移民[6]。 邓恩在都柏林三一学院度过了短暂的学生生

[1] Dunne, *Illinois*, vol. 2, pp. 224 – 255.

[2] Edward F. Dunne, "Advantages of Public Ownership and Operation of Utilities: Statement to the Public, March 29, 1902," in Edward F. Dunne, *Dunne: Judge, Mayor, Governor, comp. and ed. William L. Sullivan* (Chicago: Windemere, 1916), p. 137.

[3] 这一时期雨果·格罗斯等许多观察家都强调了这一观点，参见Grosser, "The Movement for Municipal Ownership," p. 81。

[4] Ickes, *Autobiography*, p. 90.

[5] Tingley, "From Carter Harrison II to Fred Busse," pp. 181 – 184.

[6] Rex, *The Mayors of the City of Chicago*, pp. 93 – 97; Becker, "Edward Dunne, Reform Mayor of Chicago"; John D. Buenker, "Edward
（转下页）

涯，由于家里在美国遭受严重的经济损失，他没能完成学业。除此以外，他生命中大部分时间都待在伊利诺伊州。人们普遍认为邓恩正直、聪明，或许还有些倔强。保罗·迈克尔·格林指出，邓恩"既没有萨利文的组织才能，也不像哈里森那样能赢得忠心"[1]。但是，不应单纯地把邓恩视为支持改革者，因为他在 1905 年市长竞选和 1912 年州长竞选中，是依靠与贿金大佬萨利文结盟而得以胜出[2]。

邓恩在两年任期中并不顺利，激进的改革者们没能证明他们具有治理能力。邓恩是最后一任执政两年的芝加哥市长。1905年 11 月，法律通过了四年任期，于 1907 年 4 月的市长选举时生效[3]。

在邓恩市长的治理下，芝加哥"被普遍认为是'美国最激进的城市'，由一名'社会主义者'市长主持的政府中尽是'长发

（接上页）F. Dunne: The Limits of Municipal Reform," in Green and Holli, eds., *The Mayors*, pp. 33 - 49.

[1] Green, "The Chicago Democratic Party," pp. 111 - 120.

[2] 出处同前，pp. 111 - 121, 169 - 218; Becker, "Edward Dunne, Reform Mayor of Chicago"; Michael F. Funchion, "The Political and Nationalist Dimensions," in Lawrence J. McCaffrey, Ellen Skerrett, Michael F. Funchion, and Charles Fanning, eds., *The Irishin Chicago* (Urbana: University of Illinois Press, 1987), pp. 61 - 97: 66 - 69. 邓恩在执政期间的私人秘书是另一个"大佬"萨利文的弟弟，即靠近联合牲畜屠宰场的"后院"十四区民主党约翰·萨利文法官的弟弟。Robert A. Slayton, *Back of the Yards: The Making of a Local Democracy* (Chicago: University of Chicago Press, 1986), pp. 153 - 154.

[3] Rex, *The Mayors of the City of Chicago*, p. 96.

朋友和短发女人'"[1]。 他不遗余力地推行有轨电车市政所有化，交通对抗至此终结。 邓恩利用党派、阶级和种族文化的诉求，于 1905 年成功地动员民主党支持他竞选，并且致力于以此为基础在市政厅施政。 就连伊基斯这样爱讽刺的观察家也称赞邓恩力图"全心全意兑现诺言"[2]。 他结合"进步的天主教社会思想和平民主义民主"来挑战地方权贵[3]。 最终，他的治理以失败告终。

后来的观察家如历史学家约翰·大卫·宾克等，怀疑邓恩从不可能实现其交通改革目标。 宾克写道："要让芝加哥的大多数选民明确支持这一观点（立即进行市政所有化）是不太可能的。"[4]表面上问题变得两极化，即"支持市政所有化的民主派理想主义者"与"支持私有化的企业实用主义者"之间的对立，可实际上邓恩的强硬态度却为达成妥协创造了中间地带[5]。 也正是在此时，市议会中哈伦推动成立的委员会开始发挥作用。

市议会有轨电车委员会成立后就立即着手研究城市有轨电车线路市政所有化的可行性[6]。 研究过程中，委员会审查了 99 年租约法案，该法案的合法性从未经过法庭验证。 有大量问题

[1] Buenker, "Edward F. Dunne," p. 33.

[2] Ickes, *Autobiography*, p. 107.

[3] Buenker, "Edward F. Dunne," p. 34.

[4] 出处同前，p. 43。

[5] 关于这一提法，参见 Platt in *The Electric City*, p. 124。

[6] Norton, *Chicago Traction*, pp. 105 – 107; Weber, comp., *An Outline History of Chicago Traction*, pp. 35 – 41.

悬而未决，最重要的是该法案是否仅适用于由马匹拉动的交通工具。 到 1901 年，委员会的工作得到市议会议员的高度赞赏，委员会的地位上升为管辖所有市内交通的常设机构。 直到 20 世纪持续多年，这个新的地方交通委员会一直是芝加哥交通政策的核心部门。 该委员会代表了芝加哥在第二次世界大战以前就相当于基本拥有了交通规划和政策制定机构[1]。

从艾伦到缪勒

地方交通委员会最初采取的措施之一，就是委托拜恩·J. 阿诺德对城市有轨电车现有服务和拟新增服务的"所有财务和技术现状、实际问题和数据"起草的一份工程报告[2]。 1902 年 11 月 19 日，阿诺德完成报告，报告对交通之争作出了几点重要贡献[3]。 第一，确立了直到 20 世纪 30 年代的新线路发展规划。 第二，强调了淘汰北部、西部和南部之间区域线路的合理性和可行性。 第三，大力倡导整个有轨电车系统实行单一票价制。 第四，证明了政府接管现有线路具备经济可行性。 第五，将这场交通冲突中很多极为头疼的问题变成了工程问题，这些问题有待专家而非政客来解决。 由此，阿诺德为政治妥协创造了

―――――

[1]　Barrett, *The Automobile and Mass Transit*, p. 23.

[2]　Norton, *Chicago Traction*, p. 118.

[3]　Bion Joseph Arnold, *Report of the Engineering and Operating Features of the Chicago Transportation Problem*, *Submitted to the Committee on Local Transportation of the Chicago City Council in November 1902* (New York: McGraw, 1905).

空间[1]。

　　与此同时，以改革为导向的芝加哥市民联合会也自己主导了一份交通系统报告。艾伦法失败后，市民联合会提出让叶凯士等有轨电车所有者摊开账本做一次全面审计，得到了他们的配合[2]。最终详细报告由米洛·罗伊·莫尔特比完成，其中相关的公司审计由艾德蒙·F. 巴德完成，报告阐述了这些公司错综复杂的金融操纵[3]。阿诺德和莫尔特比的工作让城市有轨电车运营有了罕见的极高透明度[4]。从公司角度，他们争先恐后地满足中产阶级要求开放的诉求，是为了避免陷入工人阶级更加激进的要求。有许多关键的法律问题仍然模糊不清，特别是 99 年专营权问题。

　　此时还发生了另一轮专营权和租约的合并，北芝加哥城市轨道公司和西芝加哥城市轨道公司并入了新成立的芝加哥联合交通公司。南部线路仍然是独立所有。这些公司重组带来了一系列复杂的法律问题，例如，在 99 年租约法案通过后芝加哥市新增市辖地域，该法案是否有效的问题。低等法院的判决模糊不清，1905 年，诉讼来到美国最高法院。1906 年 3 月 12 日，最

----

[1] Barrett, *The Automobile and Urban Transit*, pp. 28 – 31.

[2] Norton, *Chicago Traction*, pp. 113 – 114；Heilman，"Chicago Traction," pp. 335 – 338.

[3] Milo Roy Maltbie, ed., *The Street Railways of Chicago: Report of the Civic Federation of Chicago with an Accountant's Report by Edmund F. Bard* (Chicago：Civic Federation of Chicago, 1901).

[4] Lloyd Henry Demarest, *The Chicago Traction Question* (Chicago：George Waite Pickett, 1903).

高法院做出判决，支持城市，由此给予了市政府对城市大部分有轨电车系统的实际控制权（除了西区和南区的少数线路）[1]。99年法案终于被废止了。

作为叶凯士帝国主要继承者的芝加哥联合交通公司陷入了破产接管。接管者们商定将专营权临时延期20年——即1904年的暂行法令，同时众多法律官司悬而未决[2]。双方的主要参与人都开始寻求妥协。

1903年5月，伊利诺伊州立法机构为最终解决交通之争创造了条件[3]。该月通过了缪勒法，给予包括芝加哥在内的伊利诺伊州各城市拥有和运营城市轨道交通的权力，具体形式可以是直接占有所有权并运营，也可以是出租运营权。此外，缪勒法还规定，城市要承担运营公共交通的责任就必须首先得到本市至少五分之三选民的同意。城市有权以承担公交线路运营为目的进行借贷[4]。芝加哥市议会立即行动起来，1904年4月5日，依据缪勒法，芝加哥全体选民投票同意了由市政接管城市有

[1] Harrison, *Stormy Years*, pp. 242 – 245; Norton, *Chicago Traction*, pp. 193 – 202; Weber, comp., *An Outline History of Chicago Traction*, p. 55; Leidenberger, "Working-Class Progressivism," pp. 206 – 207.

[2] Norton, *Chicago Traction*, p. 191.

[3] Weber, comp., *An Outline History of Chicago Traction*, pp. 46 – 52; Demarest, *The Chicago Traction Question*.

[4] Heilman, "Chicago Traction," pp. 339 – 345; Willard E. Hotchkiss, "Chicago Traction: A Study in Political Evolution," *Annals of the American Academy of Political and Social Science* 28, no. 3 (November 1906), pp. 27 – 46.

轨电车[1]。

邓恩市长上台之际，由市政来接管各交通线路已万事俱备。邓恩接受市长选举提名时，就声明将快速采取行动。"由市政所有和运营并不是天方夜谭，"他声如洪钟，"我们不需要抽象地讨论市政所有化理论或市政所有权本身……大家都明白，实施市政所有化后，票价会下降，服务将更加快捷、稳定和高效，交通雇员会增加工资，并且会获得公众的无条件支持"[2]。审判裁决和立法工作解决了长久以来的法律争议，财务上和工程上的可行性研究也已完成，资金拨款即将到位。最终实施的时刻终于要来了。

在邓恩的提议下，市议会批准了依据缪勒法发行价值 7 500 万美元的城市有轨电车债券，用于市政府购买现有线路[3]。随后，1906 年 4 月，芝加哥全民投票也通过了发行这一债券。市政所有化似乎指日可待，尤其是现任市长如此坚定支持由政府接管有轨电车线路。而且，芝加哥劳工联合会与威廉·兰多夫·赫斯特都强有力地支持芝加哥市政所有化运动，赫斯特本人曾利用市政所有化联盟的选票竞选纽约市市长[4]。与此同

————

[1] Heilman, "Chicago Traction," pp. 344 – 345; Hotchkiss, "Chicago Traction," pp. 37 – 38.

[2] Edward F. Dunne, "Accepting Nomination as Mayor of Chicago: Address before Chicago Democratic Convention, February 25, 1905," in Dunne, *Dunne: Judge, Mayor, Governor*, pp. 177 – 185: 177.

[3] Heilman, "Chicago Traction," pp. 347 – 354.

[4] Cudahy, *Cash, Tokens, and Transfers*, p. 128. 赫斯特在全国范围内发起的市政交通所有权运动，参见 Michael W. Brooks, *Subway City: Riding the Trains, Reading New York* (New Brunswick, N. J.: Rutgers University Press, 1997), pp. 74 – 105。

时，交通服务差不多每天都在恶化。

"这里的电车是全世界最脏的。""成千人等着，电车内人满为患。""芝加哥人挤成了沙丁鱼。""就让公车服务差下去吧。"这一时期《芝加哥论坛报》头条尽是这些内容[1]。《环球新闻》是叶凯士办的老报纸，虽然更倾向于正面报道乘车状况，但丝毫不放过政客。头条上写着"市议会要求一个月内解决交通问题"，"禁令诉讼使交通纠纷更加复杂化"，"暴徒拿着绳索威胁市议会"[2]。芝加哥人愤怒不已，他们需要解决措施——伴随着一个个早晚高峰，这一需求愈加强烈。

虽然选民前所未有地支持市政所有化，但选民又是善变的。邓恩是从意识形态出发致力于对所有公共服务实行公有化，而不同的是，芝加哥的民众主要是想上下班乘车能舒服点儿。芝加哥市民乐于支持任何有望取得成功的计划，而他们判断成功与否的标准就是自身乘车体验的好坏。

全民投票已经授权市政府依据缪勒法为接管有轨电车公司而发行债券，市长邓恩在 1906 年 4 月 27 日给地方交通委员会主席查尔斯·维尔诺的一封信中，阐明了自己下一步的行动[3]。"致维尔诺的信"凸显了邓恩旨在通过有轨电车市政所有化，为

---

[1] *Chicago Tribune*, November 11, 1906, p. 1; November 14, 1906, p. 7; November 29, 1906, p. 2; January 12, 1907, p. 1.

[2] *The Inter-Ocean*, December 4, 1906, p. 1; January 27, 1907, p. 4; January 28, 1907, p. 4.

[3] Norton, *Chicago Traction*, p. 215.

交通服务带来"迅速、彻底的改善"[1]。 邓恩建议鼓励各家公司为筹备卖给市政府而提升服务。 邓恩所建议的一系列服务升级中，首要的就是将各家公司尚未通往市中心的多条线路进行整合及一体化换乘[2]。 他还敦促维尔诺的委员会启动市政收购谈判。

维尔诺按指示启动了谈判，可是结果却并非如邓恩所料[3]。 职业雇员和专家雇员可能得出与他们的政治领袖不同的结论，这种情况在市政管理中时有发生[4]。 经过一系列艰难、复杂、时而令人费解的讨论，维尔诺的专家和委员会最终于1907 年 1 月 15 日向市议会提交了两项条例[5]。 提议的条例中授予各家公司 20 年的专营权，而作为回报，各家公司必须立即修缮全部车辆并且遵守提议协议中规定的运营标准。 第一，各家公司将借给城市 500 万美元来启动一条市中心的地铁线建设，该线路将由城市所有[6]。 第二，新成立一个工程师理事会，负

[1] "致维尔诺的信"可见于 Dunne, *Dunne: Judge, Mayor, Governor*, pp. 286 – 294。

[2] Heilman, "Chicago Traction," pp. 354 – 356.

[3] Becker, "Edward Dunne," p. 119; Weber, comp., *An Outline History of ChicagoTraction*, pp. 58 – 79.

[4] 凯瑟琳·M. 朱斯蒂诺探讨了这一时期布拉格新兴专家群体与城市政客之间的紧张关系。 Cathleen M. Giustino, "Architectsand the Task of Urban Planning in Late Imperial Czech Prague, 1866 – 1900: Winning Jurisdiction 'From Below'" (manuscript, 1995).

[5] Heilman, "Chicago Traction," pp. 357 – 377.

[6] 从 19 世纪 90 年代早期就已有各种提议建设地铁，弥补路面交通和高架线路的不足。 John W. Stamper, *Chicago's North Michigan Avenue: Planning and Development, 1900 – 1930* (Chicago: University of Chicago Press, 1991), pp. 2 – 5.

责监督各公司按照既定目标进行运营，目标中包括每年建设一定量的新轨道[1]。 因此，维尔诺的委员会提出的是一个折中方案，即受到公共监督的私有制。 恼羞成怒的邓恩否决了这两项条例，在 1907 年 2 月 11 日晚上，邓恩的否决又被市议会以 57 比 12 的表决推翻了[2]。 现在整个议题交由芝加哥选民进行全民公决。

1907 年 4 月 2 日是芝加哥一个重大选举日，也是令邓恩市长极度失望的一天。 不但邓恩在市长选举中输给了绰号"肥弗雷"的弗雷德·A. 巴斯——投票结果为 151 779 票支持现任市长，164 702 票支持其共和党竞争者，19 449 票支持其他候选人——而且邓恩极力反对的两项折中条例还获得通过，投票结果为 167 367 票赞成、134 281 票反对[3]。 有轨电车公司的市政所有化在邓恩上台之初似乎确凿无疑，但如今几乎是天方夜谭了。 在选举日之后第 16 天，伊利诺伊州最高法院宣布价值 7 500 万美元的缪勒法有轨电车债券销售计划违宪，因为这一销售将使城市负债超过州宪法限定范围，这导致市政所有化的败局更是板上钉钉[4]。

邓恩一败涂地，部分原因是他自己的固执。 克莱伦斯·丹诺是邓恩的交通顾问之一，邓恩和丹诺从未寻求折中妥协[5]。

---

[1] Heilman, "Chicago Traction," pp. 377 - 383.

[2] 关于市长邓恩否决内容，参见 Dunne, *Dunne: Judge, Mayor, Governor*, pp. 329 - 335; 和 Dunne, *Illinois*, vol. 2, pp. 281 - 288。

[3] Rex, *The Mayors of the City of Chicago*, p. 98.

[4] Heilman, "Chicago Traction," p. 387.

[5] 丹诺自己对这些事情的叙述，参见 Clarence S. Darrow, "The Chicago Traction Question," *International Quarterly* 12 (October 1905), pp. 13 - 22。

他俩在政治上完全背离从实用主义出发的多元主义，结果自食恶果。 邓恩在退休后回忆道，他离开"市长办公室时问心无愧，双手干干净净，清清白白，内心坚定，可以自信地说我没有辜负人民赋予的每一分信任。 我尽职尽责，没有违背任何一条誓言"[1]。

邓恩后来成为伊利诺伊州一位成功的州长，这位伍德罗·威尔逊派的民主党人在劳工和选区大佬——也是哈里森对手的——罗杰·萨利文支持下于 1912 年当选[2]。 他深恶痛绝的两项折中条例，当时在芝加哥几次大的政治运动后获得了胜利[3]。他在 1907 年的市长选举中败给了名不见经传的罗瑞莫派共和党人"肥弗雷"·巴斯[4]。 矮胖的巴斯尽管在选季之初由于火车事故受伤而无法参加竞选活动，但还是凭借城市北部德国人的政治势力赢得了选举[5]。

巴斯是个"粗俗"的北部选区"政客传奇"，他曾担任州财政部部长和州参议员[6]。 他的选区包括湖滨公路旁的"黄金

---

[1] Dunne, *Illinois*, vol. 2, p. 197.

[2] Dunne, *Dunne: Judge, Mayor, Governor*, p. 1; Dunne, *Illinois*, vol. 2, pp. 308 - 379; Green, "The Chicago Democratic Party," pp. 169 - 189.

[3] Heilman, "Chicago Traction," pp. 38 - 39.

[4] Tarr, *A Study in Boss Politics*, pp. 172 - 199.

[5] Maureen A. Flanagan, "Fred A. Busse: A Silent Mayor in Turbulent Times," in Greenand Holli, eds., *The Mayors*, pp. 50 - 60; Rex, *The Mayors of the City of Chicago*, pp. 98 - 102.

[6] 詹姆斯·W. 埃兰特描述巴斯的这些形容词见于"Trade Unionism in the Civil Service of Chicago" (Ph. D. diss., University of Chicago, 1939), p. 6.

湖岸"和一块"满是贫民窟、间杂酒馆、赌场和妓馆"的内陆地区[1]。　在这片克劳克街以西的"过渡地带",巴斯最感觉如鱼得水。　他"天生属于夜店,是个酒馆大汉"[2]。　对敏锐的观察家伊基斯来说,巴斯最根本的政治挑战在于维持"一个不拘小节的政客形象"的同时又能让那些沿湖的富人选民相信他也"懂得生来富贵的人们的问题和渴望",这一点他在自己的选区就已能掌握[3]。　巴斯和他的前任——自命不凡的、法官转任市长的改革派邓恩——形成了鲜明的对比。

　　邓恩在交通问题上的寸步不让——尽管在两项折中条例通过后立场有些动摇——为地方交通委员会和城市有轨电车公司互相妥协创造了可能性。　邓恩的另一个交通顾问沃尔特·费舍尔率先寻求和解(费舍尔后来在塔夫特政府里担任美国内政部长[4])。　一些地方知名人士同委员会委员一起支持这两项条例,如哈里森、伊基斯、阿诺德,甚至还有令人崇拜的芝加哥大学橄榄球队教练阿莫斯·阿隆索·斯泰格。　这场长达半个世纪的界定公共利益与私人利益之间恰当平衡的斗争,最后靠联盟政治画上了句号。

　　众所周知,两项折中条例设立了一个最初以阿诺德为首的工程师理事会。　在大多数芝加哥人心目中,阿诺德是无可厚非的。　然而理事会的监督权从来没有进行过严格界定,这留下了

---

[1] Ickes, *Autobiography*, p. 93.

[2] 出处同前, p. 107。

[3] 出处同前, p. 93。

[4] Barrett, *The Automobile and Urban Transit*, pp. 37–45.

不少令人头疼的漏洞，需要在未来进行弥补。 新的体系不够灵活，无论时境好坏都无法维持高质量的服务。

　　哈罗德·L. 普莱特在撰写电力大亨萨缪尔·因萨尔的生平时，把 1905 年至 1907 年这一时期称为芝加哥政治历史的转折点："对城市未来的激烈辩论达到了高潮。 政治忠诚的旧有模式土崩瓦解，引发政治生态的重大调整，权力逐渐转移到安东·塞马克的民族领袖和民主党手中……有关市政改革的斗争结束了。"[1]

　　普莱特的论断建立在芝加哥政治生态的众多发展之上，包括本书第八章所讨论的这一时期城市宪章争论。 改革从来都不是"正义"与"邪恶"之间的二元选择。 芝加哥人逐渐意识到，在快速变革的碎片化城市世界里，必须让出权力才能维持权力。他们正在变成讲求实用的多元主义者。

电车和汽车

　　两项折中条例颁布后，最初的迹象表明城市有轨电车服务得到了改善。 例如，全部车辆和其他设备立即被升级改造，数英里的新增轨道投入使用[2]。 而 75 年之后，交通历史学家保

———————

[1] Platt, *The Electric City*, p. 136. 除了这本巨著，关于萨缪尔·因萨尔生平及其在 20 世纪 30 年代著名审判中无罪判决的简明扼要讨论，可参见韦恩·安德鲁斯的早期著作 *Battle for Chicago*（pp. 257 - 287）。

[2] Weber, comp., *An Outline History of Chicago Traction*, pp. 380 - 420；Alan R. Lind, *Chicago Surface Lines*, 3d ed.（Park Forest, Ill.：Transport History Press, 1979），pp. 26 - 33.

罗·巴莱特对这一时代芝加哥人的评价就没那么宽容[1]。 在他看来，芝加哥的交通争夺战不过是全美城市公共交通政策大浪淘沙背景下的又一个地方片段而已，在这一大潮中公共交通成为"受政府监管的私营服务"，而"汽车相关设施得到了公共补贴"[2]。 支持监管者虽然在世纪之交获得了政治上的胜利，却也由此注定了未来与汽车较量的败局。

巴莱特对市长小哈里森评价并不高，认为他不过是一个"衣冠楚楚、谈吐自如、性格诚实"的政客，"容许一定程度的贪污和恶行"，可是"在交通议题上除了坚决反对叶凯士外没有明确的立场"[3]。 巴莱特赞赏邓恩市政所有化的主张，因为不像浮皮潦草的哈里森，邓恩对面临的问题有深刻见地。

巴莱特承认邓恩"太过于相信公众对公有化的意愿，而且完全无法容忍别人的反对意见"[4]。 巴莱特还说："邓恩市长也听不进去反对意见，而且共和党人和哈里森派民主党人都因被他质疑廉洁而心生愤懑。"[5]与亲身经历这些交通较量的人相比，巴莱特对叶凯士的评价更加正面。 巴莱特把这位交通大佬视为有能力"使得城市公交系统整合起来并更加合理化"的人[6]。

巴莱特注意到了公众的愤怒，但他认为这怒火冲错了对象。

---

[1] Barrett, *The Automobile and Urban Transit*.

[2] 出处同前，p. 6。

[3] 出处同前，p. 22。

[4] 出处同前，p. 35。

[5] 出处同前，p. 36。

[6] 出处同前，p. 16。

在巴莱特看来，根本问题是由于芝加哥发展太快而中央商务区依旧高度集中，导致交通服务的改善速度跟不上需求增长的节奏。他并不认为市政所有化是个可行的解决方案。相反，他指向东海岸"三大城市"波士顿、纽约和费城的成功模式：既有公共投资，也在公共监管下的私营交通公司[1]。靠这种混合模式建立起的交通基础设施在一个世纪后仍然运转如常。在其他城市，如果除了州级监管之外，根本没有或几乎没有公共投资，不论是地铁的方式或高架轨道与限制性通行权的方式，公共交通公司从来没法把交通线路从街道地面独立开来。因此，他们很快就会发现，在对街道空间的争夺战上有轨电车敌不过私人汽车。芝加哥的"高架线路"是个例外，它独立的法律地位正好印证了巴莱特的论点[2]。

　　巴莱特从首要关注理性交通政策的视角出发，分析得鞭辟入里。1907年的折中条例只不过是芝加哥交通争夺战的临时解决方案。哈罗德·普莱特提醒读者说，在条例正式生效十年后，交通公司"仍然受制于查尔斯·叶凯士遗留的政治影响"[3]。

---

[1] 关于纽约交通领域的公私合作和冲突的概述，参见 Clifton Hood, *722 Miles: The Building of the Subways and How They Transformed New York* (New York：Simon and Schuster, 1993)。

[2] Barrett, *The Automobile and Urban Transit*, p. 26. 关于高架线路的发展历史，参见 Bruce G. Moffatt, *The "L"：The Development of Chicago's Rapid Transit System, 1888–1932* (Chicago：Central Electric Railfans' Association, 1995)；George Krambles and Arthur H. Peterson, *CTA at 45: Recollections of the First 45 Years of the Chicago Transit Authority* (Oak Park, Ill.：GeorgeKrambles Transit Scholarship Foundation, 1993)。

[3] Platt, *The Electric City*, p. 218.

哈罗德·G.戈斯内尔在关于大萧条时代芝加哥政治的一项研究中，也表示公共交通问题将持续恶化到整个 20 世纪 30 年代[1]。 在巴莱特看来，比起哈里森那样的妥协者的做法，他更赞成更为连贯且内在一致的公共交通解决方式。

巴莱特研究是个有力的提醒： 政策取得巨大成功在事后看来常常得不偿失——这一现象在 20 世纪初的美国并不少见，任何研究美国战后公共住房命运和 20 世纪 50 年代城市改造政策的人都能证实这一点[2]。 随着时间的推移、新知识的积累以及技术、政治和社会的变化，当下最"合理"的政策在仅仅二三十年后可能就会遭到质疑。

最近，乔治·雷登伯格在他对芝加哥交通争夺战的权威研究中，从另一个不同角度批判了 1907 年的折中条例[3]。 雷登伯格的工作值得所有关注芝加哥这一段引人入胜历史的学者留意。雷登伯格把交通争夺战的最后篇章与那一时期在芝加哥出现的日益极端的"新工会主义"大背景，以及由这种激进主义在当地企业中引起的气势汹汹的反工会立场联系起来。 芝加哥劳工联合

---

[1] Harold F. Gosnell, *Machine Politics: Chicago Model* (1937; reprint, New York：AMS, 1969), pp. 142 – 144.

[2] 后来历史证明当时斗士目光短浅的另一个有趣例子，是亚伦·蒙哥马利·沃德极力阻止在密歇根湖岸市中心的建造活动以留作开放的公园绿地，却遭到政企的反对。 就此事件的生动叙述，参见 Lois Willie, *Forever Open, Clear, and Free: The Historic Struggle for Chicago's Lakefront* (Chicago：Henry Regnery, 1972), pp. 71 – 81。 也可参见 Dennis H. Cremin, "Chicago's Front Yard," *Chicago History* 37, no. 1 (Spring 1998), pp. 22 – 44。

[3] Leidenberger, "Working-Class Progressivism."

会以及快速增长的卡车司机和教师工会努力把组织起来的劳工影响力进行扩大，超越传统手工业工人协会的影响范围。"立即市政所有化"成了团结劳动者的有力口号。

1905 年，激烈的卡车司机罢工和市长选举把争夺交通线路的对抗搬到了当地政治舞台的中心位置。邓恩当选并不仅仅是市长哈里森放弃连任竞选而带来的侥幸。1905 年的选举是汹涌的工人阶级进步主义的高潮，这一主义支持赋予市民更多权利。这一时期的劳工们开始组织联合罢工，比如更强大的卡车司机工会经常通过罢工来声援诸如服务员工会等弱小工会的停工[1]。

对雷登伯格和他笔下的劳工活动家来说，立即市政所有化事关民主范围的扩大。雷登伯格认为，市政所有化斗争使当地社区与向社区提供必需服务的大财团或大企业形成对立。芝加哥交通争夺战属于平民主义争取美国资本主义民主化斗争的宏大进程。那一时代更为激进的观点认为，市政所有化将放松华尔街对人民生活的钳制。雷登伯格写道："以 1907 年选举告终的芝加哥有轨电车斗争，事实上是关于政治控制和不同的民主观念之争。在（1905—1907 年）这两年里，保守的城市改革者联合有轨电车利益集团、房地产利益集团和大雇主集团，一起对争取公共控制的民众运动发起了有效进攻。"[2]

雷登伯格总结认为，折中条例的通过标志着新工会主义争取

---

[1] 例如参见关于 1902 年 3 月奶车司机工会支持服务员罢工的讨论，Dorothy Sue Cobble, *Dishing It Out: Waitresses and Their Unions in the Twentieth Century* (Urbana：University of Illinois Press，1991)，pp. 66 - 67。

[2] Leidenberger, "Working-Class Progressivism," p. 199.

扩大民主失败了。 最终证实了在公共交通政策上，资本力量有能力争取保守的中产阶级改革者支持公共监管而非公共所有，结果使市民权利民主化转变甚至是退化为消费主义。 在雷登伯格眼中，市长哈里森不过是个有钱有名父亲的粗俗之子而已。 市议员哈伦、交通专家阿诺德——和支持折中条例的其他专家——就像是美国资本的延伸。 芝加哥市民，至少是享有投票特权的少数男性，错失了这个可能促成都市生活民主化改革的历史机遇。

对雷登伯格、巴莱特和许多其他研究公共交通的权威来说，在芝加哥追求最佳政策结果的一连串失败中，折中条例是又一个失败的案例代表。 在巴莱特研究中，最佳政策结果是通过实际措施使得公共交通系统变得像交通专家认为的那样更有效率。在雷登伯格的研究中，最佳政策结果是通过程序正义使得地方政治生活像支持市民参与的人认为的那样更加民主。

本书论点从另一个不同的视角出发，认为能把民主理念的根本之争转化为单纯的消费偏好之争，对那一时代的芝加哥人来说是场胜利而非失败。 如果不采取这种折中方式的话，将持续处于赢者通吃的零和游戏。 不够幸运的输家将丧失一切。 本书第三部分的案例将展示这种"要么拥有一切，要么一无所有"式政治可能导致的一些灾难性后果。

对于许多，甚至可能是大多数——肯定是 1907 年 4 月 2 日投票的大多数——芝加哥人而言，折中条例确实代表着消费问题。 当时许多芝加哥人似乎关心的主要是：能否步行抵达最近的有轨电车车站；能不能上班时车次频繁，座位宽敞、舒适；还有能否下班时电车干净、高效。 公共交通公司仅凭同意改进有轨电车服务，就避开了他们的资产被进行市政所有化。

有能力把价值观上的根本认同问题转化为一系列围绕消费偏好的选择问题，是民主体系稳定发展的核心所在。通过把辩论对象从不停歇的原则问题变成单纯的公共服务监管问题，从而创造出空间，理念迥异的社区或个人才能和谐共处，而不必被迫出来捍卫他们最为坚守的信念。

本书立论的中心是讲求实用的多元主义政治，在这种策略下达成的结果是如雷登伯格等更"激进的"观察家所憎恶的：把公民变成消费者。在高度割裂的社会里，面对政策和价值观上的巨大分歧，讲求实用的多元主义通过把问题以大化小来解决。如此一来，个人和社区可能没有多大收益，但至少也不会损失太多。

雷登伯格准确地指出这种方式从根本上说是"保守的"，因为这种方式并不谋求重建社会中的权力根基。城市政治以外的其他力量也许能达成这种结果。在1870年后的半个世纪中，在本书研究的这三个城市里，财富和权力地位落入了非传统式的精英之手。正是经济结构调整和技术变革的力量，而不是城市政治，决定了每个社会中新的成败。是呀，这些结果并不总是所有可能性中人们最想看到的。但其他结果有可能更加骇人听闻，如第九章中莫斯科情况就是个例子。

巴莱特和雷登伯格的分析弱化了在割裂化的都市里打造连贯政策的政治难度。芝加哥交通争夺战可以视为政策上的"成功"，因为尽管专业规划师和进步主义政客没能找到共同基础，但关键人物——如名流哈里森、出版商维克多·劳森和高贵的哈伦——最后都能找到共同基础。 后来的市政领导者没能与时俱进在汽车时代保住公共运输服务，令人有些惋惜。 但是，在世纪之交的芝加哥，这些公共人物尽力践行讲求实用的多元主义政治，他们的成就名副其实，并不会因此而被埋没。

第六章
工人教育

　　在白银时代的莫斯科，公共教育是一个备受公众关切的主要问题。　这一问题使得莫斯科积极的公民社会与摸索中的市政府走到一起，经常联合对抗帝国教育部保守派督查官员。　正是在教育领域，莫斯科公民个体能够在不损害自我利益的情况下，将有关慈善和虔诚内涵的悠久文化和宗教教义转化为实践。　与同期芝加哥情况不同，莫斯科在公共教育方面达成的广泛共识和协同行动，通常超越了意识形态问题和狭隘社会利益。　激进主义者和保守主义者一样都提倡教授城市居民读写。　在 19 世纪末的莫斯科，教育经常成为公民意识超越阶级意识的一个领域。

　　1861 年农奴解放使得公共教育成为俄国一项重要的政治和社会议程。　获得自由的男女必须能识字才能生存。　农奴制结束所带来的道德、政治、社会和经济困境相对简单。　数百万自由流动的农民如何维系生存，是个更加复杂艰巨的任务。

　　俄国农奴解放后绝没有预期般自由。　由于错综复杂的相互义务和社会依赖体系，农奴仍经常和农村捆绑在一起。　但是，随着俄国中部农业支撑不了足够农村人口的现象持续发生，农民逐渐被迫离开土地[1]。

直到 1914 年，公众识字率依旧低得可怜，俄罗斯帝国农民中只有 9.8% 的女性和 25.1% 的男性能够读写[2]。 莫斯科情况稍好，从 19 世纪 80 年代到 1908 年，莫斯科男性识字率从 33% 上升到 76.2%，女性工人识字率从 4.7% 上升到 26%。整个时期莫斯科教育水平相对较高。 根据后来估测，到第一次世界大战爆发时，莫斯科有 80% 男性和一半以上女性能够识字[3]。

虽然估测的准确性有待商榷，但总体形势相当明朗： 莫斯科人口广泛拥有读写能力并在日常生活中使用读写技能。 在俄国社会，针对农村农民子女以及城镇成人农民的基础教育一直是个重要关切，读写能力普及表明俄国社会取得了巨大成就。

俄国人对公共教育情况一点也不消极被动，为普及读写能力做出了无数努力，来"弥补俄国受教育者与被认为是落后、文化

[1] 更多信息，参见 Joseph Bradley, *Muzhik and Muscovite: Urbanization in Late Imperial Russia* (Berkeley: University of California Press, 1985); Jeffrey Burds, *Peasant Dreams and Market Politics: Labor Migration and the Russian Village, 1861 - 1905* (Pittsburgh: University of Pittsburgh Press, 1998); Robert E. Johnson, *Peasant and Proletarian: The Working Class of Moscow in the Late Nineteenth Century* (New Brunswick, N. J.: Rutgers University Press, 1979)。

[2] Rose L. Glickman, *Russian Factory Women: Workplace and Society, 1880 - 1914* (Berkeley: University of California Press, 1984), pp. 111 - 112.

[3] Adol'f Grigor'evich Rashin, *Naselenie Rossii za 100 let (1811 - 1913gg)*. *Statisticheskie ocherki* (Moscow: Gosstatizdat, 1956), p. 299.

匮乏又有潜在危险的人之间的差距"[1]。 正如教育项目各式各样，其背后动机从担心社会秩序问题，到期望提高工业生产率，再到渴望实现个人能力全面发展，也是多种多样。

提高俄国农村和城市工人教育水平的努力并非徒劳。 在俄国欧洲境内总体入学率，即入学人口占总人口比例，从1880年的1.5%增加到了1911年的4.5%。 这一成就与同期其他工业化国家比较相对逊色，例如美国在1900年到1910年间入学率达到了19.4%，也落后于英国（17.4%）、德国（17%）、奥匈（15.7%）、法国和瑞典（14.2%）以及日本（11%）[2]。 俄罗斯帝国末期教育情况可以说是令人喜忧参半。

在特定人口阶层，教育成就尤为突出。 杰弗里·布鲁克斯在其关于俄罗斯帝国末期大众文化水平的杰出研究《当俄国学会识字》著作中指出，从农奴解放到布尔什维克革命期间，俄国大众读写能力得到了巨大提升[3]。 例如，入伍新兵识字率从1874年的21%提高到了1913年的68%[4]。 1920年对俄国欧洲地区12~16岁儿童进行了一项普查，这代表着革命前最后一批

---

[1] Susan Bronson, "Enlightening the Urban Poor: Adult Education in Late Imperial Russia, 1859 – 1914" (Ph. D. diss., University of Michigan, 1995), p. 1.

[2] Ben Eklof, *Russian Peasant Schools: Officialdom, Village Culture, and Popular Pedagogy, 1861 – 1914* (Berkeley: University of California Press, 1986), p. 292.

[3] Jeffrey Brooks, *When Russia Learned to Read: Literacy and Popular Culture, 1861 – 1917* (Princeton: Princeton University Press, 1985).

[4] 出处同前，p. 4。

学生数量，发现 71% 的男孩和 52% 的女孩有读写能力，虽然还有进步空间，但与 1861 年相比已经是个巨大进步[1]。

不过，无论是来自农村自治议会、正教会教区还是国家支持的公立学校，教育水平通常顶多还在初期阶段。 在莫斯科等城市工作的成人需要获取额外培训和技能，来满足日益先进的工业需求。 莫斯科商人和实业家主动慷慨投资成人教育项目，确保自己工人和员工拥有读写能力。 这对国家教育项目形成补充，标志着城市富裕家族有意识地向城市一些贫困人口伸出援手。

1861 年改革和教育

伴随 1861 年农奴解放，俄国还进行了一系列推动沙皇社会转型的其他改革，包括 1864 年关于初等教育的重大法令及十年后 1874 年的相关法令[2]。 这些改革法令涉及整个俄罗斯帝国的初中等教育和高等教育变革。 尤其要指出的是，由于国家立法和配套各种法令条文，基础初等教育得到了彻底改变。

---

[1] Jeffrey Brooks, *When Russia Learned to Read: Literacy and Popular Culture, 1861 - 1917* (Princeton: Princeton University Press, 1985).

[2] 关于 1864 年至 1874 年教育改革的讨论，参见 Eklof, *Russian Peasant Schools*, pp. 50 - 69; Jeffrey Brooks, "The Zemstvo and the Education of the People," in Terence Emmons and Wayne S. Vucinich, eds., *The Zemstvo in Russia: An Experiment in Local Self-Government* (Cambridge, U. K.: Cambridge University Press. 1982), pp. 243 - 278。

　　初等教育改革与建立农村自治议会密切相关，新成立的农村议会经选举产生后，将教育和医疗卫生作为主要责任[1]。 早在 1864 年 1 月 1 日，俄国就批准了农村自治议会法令，花了十几年才建立起来。 几乎从法令生效后，就出现了有关农村自治议会意义的讨论，且一直持续到现在。 农村自治议会是专制政府向俄国农村的深入延伸吗？ 农村自治议会支持履行全新公民义务吗？ 农村自治议会能够影响政策吗？ 还是只是在本地落实上级政策？ 选举真实性如何？ 全职雇员受中央官员的影响有多大？

　　本·埃克洛夫指出："关于农村自治议会起源及作用的讨论已经浩如烟海，但是不应该忽视一个事实： 建立自治议会是为了弥补农村行政管理上的漏洞。"[2]毫无疑问，除了少数特例之外，农村自治议会并不代表当地社会，尤其是 1890 年改变了农民代表由当地直接选举的体系后，情况更是如此。

　　教育是农村自治议会取得成果的一个代表性领域。 在 1864 年前，基础教学一直是农村治理中的一个重大空缺。 农村自治议会弥补了这一空缺。 例如，在布鲁克斯看来，"初等教育是农村自治议会成就最大的一个领域。 在第一次世界大战前夕，教育是农村自治议会中最大的一项预算"[3]。

----

[1] 关于农村自治议会自治问题的更多讨论，参见 Emmonsand Vucinich, eds., *The Zemstvo in Russia*；S. Frederick Starr, *Decentralization and Self-Government in Russia, 1830 - 1870*（Princeton：Princeton University Press, 1972）。

[2] Eklof, *Russian Peasant Schools*, p. 56.

[3] Brooks, "The Zemstvo," p. 243.

农村自治议会通过土地、工厂、酒馆、商企和住宅税收及大量杂费获得收入[1]。 议会依靠当地警察进行收税,预算必须获得政府许可。 因此,农村自治议会经常因税收拖欠而资金不足。

农村自治议会只是俄国农村教育提供方之一[2]。 各种私立、宗教和牧师学校与议会学校争夺学生和资金支持。 教育部在各省安排了初等教育机构巡视员,依据 1869 年法律协调所有教育机构活动[3]。 结果农村教育体系分化严重,教学质量参差不齐。 随着农民进城找工作,将农村教育质量差距也带到了城市。

在俄国农民大规模入城的几十年间,城市领导越来越意识到文盲所造成的社会经济影响。 文化委员会在全国如雨后春笋般涌现出来,推动俄国许多社区的基础教育发展。 1894 年,莫斯科市学校巡视员兼莫斯科农村自治议会教育委员会成员瓦西里·瓦赫捷罗夫,呼吁在整个俄国推行普及教育[4]。

瓦赫捷罗夫言论和后续报道及其他刊物宣传"激发了"公众观念,使得公共教育问题具有了紧迫感[5]。 学校巡视员瓦赫

[1] Eklof, *Russian Peasant Schools*, p. 63.

[2] Brooks, "The Zemstvo," pp. 245 – 246.

[3] Eklof, *Russian Peasant Schools*, pp. 66 – 67.

[4] 关于瓦赫捷罗夫言论及全国由此关注这一议题的讨论,可参见: 出处同前,pp. 110 – 115。

[5] 出处同前,p. 110;"Vakhterov, Vasilii Porfir'evich," in Joseph L. Wieczynski, ed., *The Modern Encyclopedia of Russian and Soviet History*, 61 vols.(Gulf Breeze, Fla.:Academic International, 1976 – 97),vol. 41, p. 157。

捷罗夫结合入学能力、学校成本和义务教育问题，认为俄国负担得起普及教育。 瓦赫捷罗夫认为，不能再将义务教育视为乌托邦式理想，义务教育实际是增进社会福祉的前提条件。 这些观点导致 1896 年他被解雇了学校巡视员一职。 之后瓦赫捷罗夫离开了莫斯科，到省里许多市镇教书。 他推动组建了 1905 年革命后成立的教师联盟，20 世纪 20 年代早期结束任教，到红军指导士兵如何读写。

瓦赫捷罗夫 1894 年的演讲只是冰山一角，透露了 19 世纪 60 年代大革命之后，俄国受教育者对同胞文盲的态度和观点发生了巨大改变。 瓦赫捷罗夫也传达了莫斯科同胞的观点。 瓦赫捷罗夫及其莫斯科文化委员会同事，是社会积极行动以弥补政府和教会机构教育空缺的大潮中的一分子。 这些积极行动对于芝加哥和大阪教育进步倡导者来说再熟悉不过了。

莫斯科商业家族与城市官员携手努力，从多方面入手提高大众文化教育水平。 他们支持面向儿童的初等教育机构，热心参与官方和非官方的高等教育机构，鼓励提高大众读写水平。 莫斯科富人及小康家庭开展了大量创新性教育项目，对成人进行基本读写能力和专业技能培训，经常得到政治活动家、劳工组织者和宗教领袖的共同支持。

莫斯科识字率得到提高，超过了俄国全国标准水平，接近全球平均水平。 基础教育水平的提高改变了莫斯科社会和文化，这在 20 世纪早期革命和社会动荡中有时受到忽视。 事实证明，在 19 世纪和 20 世纪之交公共基础教育领域，有形形色色杰出的莫斯科人都是从实用主义出发的多元主义者。 也正是在这一领域，莫斯科资产阶级与帝国教育部相对保守的官员产生了直接冲突[1]。

保守专制制度的内涵

帝国末期的国民教育大臣是保守专制思想的主要代表。 前圣彼得堡学校负责人及大学创办者谢尔盖·乌瓦罗夫在 1833 年至 1848 年担任尼古拉一世教育大臣，发文给所有学校官员宣布"东正教、专制制度和民族性"为国家权威意识形态，给专制制度进行了精确定义[2]。 1866 年至 1882 年，任教育部部长的迪米特里·托尔斯泰伯爵是个典型的俄国保守派，他认为所有大学生都是潜在的恐怖分子[3]。 1882 年，托尔斯泰伯爵辞了教育部部长之职，成为圣议会上检察官，到 1889 年去世前他还兼任帝国国内安全部大臣和帝国科学院院长。

[1] 关于这一冲突的深入探讨，参见 Robert W. Thurston, *Liberal City, Conservative State: Moscow and Russia's Urban Crisis, 1906 - 1914* (Oxford, U. K.: Oxford University Press, 1987), pp. 154 - 180。

[2] James T. Flynn, "Tuition and Social Class in the Russian Universities: S. S. Uvarov and 'Reaction' in the Russia of Nicholas I," *Slavic Review* 35, no. 2 (1976), pp. 232 - 248; James T. Flynn, "Uvarov, Sergei Semenovich," in Wieczynski, ed., *Modern Encyclopedia*, vol. 41 (1986), pp. 147 - 151: 147.

[3] Patrick K. Alston, *Education and the State in Tsarist Russia* (Stanford: Stanford University Press, 1969), pp. 107 - 117; William H. E. Johnson, *Russia's Eaucational Heritage* (Pittsburgh: Carnegie Press, 1950), pp. 148 - 153; James C. McClelland, *Autocrats and Academics: Education, Culture and Society in Tsarist Russia* (Chicago: Universityof Chicago Press, 1979), pp. 9 - 17.

　　托尔斯泰伯爵推行了以其名字命名的一套保守教育体系，让改革派痛恨不已，直到 1905 年革命才最终将这一"托尔斯泰体系"欣然终结[1]。 20 世纪早期英国教育专家托马斯·达灵顿认为，托尔斯泰是俄国教育史上举足轻重的人物。"1866 年迪米特里·托尔斯泰伯爵接替戈洛温就任公共教育大臣，"达灵顿 1909 年写道，"可以说是帝国教育史的转折点。 之前的教育大臣采取的政策一直是尽力采纳受过良好教育的社会人士观点，给予当地项目和自治最大限度的行动空间。 随着托尔斯泰上任，这一政策完全颠倒过来"[2]。

　　托尔斯泰从整体上限制中高等教育就学，将削减学生数量作为确保社会秩序的方式[3]。 托尔斯泰不是"原创思想家"，而是接受并推行乌瓦罗夫"东正教、专制制度和民族性"的信条，认为几乎 60 年代的所有改革都是个可悲的错误[4]。 托尔斯泰大力倡导对俄罗斯帝国的非俄罗斯民族进行俄罗斯化。 简而言之，托尔斯泰是"19 世纪俄国保守主义官僚典型代表"[5]。

　　托尔斯泰的知音康斯坦丁·波贝多诺斯特西弗尽管从未真正当过教育大臣，但对这一时期俄国教育发挥着同样重要的影响。波贝多诺斯特西弗从 1880 年到去世前两年即 1905 年，担任俄国

[1] Alston, *Education and the State*, pp. 153 – 165.

[2] Thomas Darlington, *Education in Russia*, *Special Reports on Educational Subjects* (London：Great Britain Education Board, 1909), p. 90.

[3] Nicholas A. Hans, *History of Russian Educational Policy（1701 – 1917）* (New York：Russell and Russell, 1931), pp. 110 – 130.

[4] William L. Mathes, "Tolstoi, Dmitrii Andreevich," in Wieczynski, ed., *Modern Encyclopedia*, vol. 39, pp. 101 – 105.

[5] 出处同前, p. 101。

东正教领导，参与许多部长级委员会[1]。 他是亚历山大三世和尼古拉二世两位沙皇的老师，"对人性和人类机构的不完美持有悲观沮丧态度"[2]。 在每个关键时期都有他在背后极力推动最为保守的教育政策。 在这过程中，他成了沙皇政权的可恶代表，经历了五次暗杀。

1882 年伊万·德里亚诺夫被任命为教育大臣时，波贝多诺斯特西弗起到了推动作用[3]。 德里亚诺夫个人是个自由派，之前担任帝国公共图书馆馆长。 在具有进步意义的 1863 年大学法令获得帝国批准方面，他发挥了关键作用[4]。 德里亚诺夫倡导发展职业教育、统一教学标准及提高农民文化水平，努力将俄国错综复杂的教育体系变得合理化[5]。 不过，他还竭力将教育体系置于波贝多诺斯特西弗的圣议会管辖之下，推动俄罗斯化，强烈反对赋予女性踏入高等教育机构的许可权。 德里亚诺夫一直坚持信仰、秩序和专制的基本原则，直到 1897 年因心脏病被迫离任并于第二年去世。

如果按达灵顿的观点，托尔斯泰担任教育大臣标志着俄国教育史的转折点，那么德里亚诺夫逝世同样是俄国教育史上的分水

---

[1] Hans, *History of Russian Educational Policy*, pp. 140 – 164; Robert D. Warth, "Pobedonostsev, Konstantin Petrovich," in Wieczynski, ed., *Modern Encyclopedia*, vol. 28, pp. 139 – 142.

[2] Warth, "Pobedonostsev," p. 141.

[3] Paul W. Johnson, "Delianov, Ivan Davidovich," in Wieczynski, ed., *Modern Encyclopedia*, vol. 9, pp. 34 – 37.

[4] Johnson, *Russia's Educational Heritage*, pp. 153 – 183.

[5] Johnson, "Delianov."

岭。 美国历史学家詹姆斯·麦克莱兰认为，德里亚诺夫离世对俄国反对派而言是个不祥征兆。 麦克莱兰表示，"托尔斯泰、波贝多诺斯特西弗、德里亚诺夫的政策招致教师、学生以及众多受教育人士的强烈反对。 不过这些反对一开始数量少、不团结、无组织，大臣们完全可以忽视"[1]。 当俄国快速走向 1905 年革命时，情况就不同了。

德里亚诺夫的继任者尼古拉·波哥列波夫为这种形势变化付出了生命代价。 波哥列波夫在莫斯科大学教授法律，就任教育部部长时被认为是又一个"波贝多诺斯特西弗的反动傀儡"[2]。 托尔斯泰体系残酷对待大学示威者，而波哥列波夫担任部长时，从不公开表达不同于托尔斯泰体系的观点（导致 1901 年初遭到一个被放逐的学生的刺杀）。 与前任不同的是，波哥列波夫承认这种动乱是有原因的[3]。

教育部和其他帝国政府部门的官员一般倾向限制教育机会，只给予俄国正教会的官方学校。 他们面临的国际环境不利，俄国不进行内部深刻变革就无法继续扮演大国角色；然而国内转型又削弱着维护国际地位必需的国内稳定局势。 教育就是集中反映俄国最深层次矛盾的一个领域[4]。

波贝多诺斯特西弗去世、谢尔盖·维特上任及 1905 年革命加起来，使得更多国家资源投入公共教育领域。 1905 年后，随

[1] McClelland, *Autocrats and Academics*, p. 29.

[2] James T. Flynn, "Bogolepov, Nikolai Pavlovich," in Wieczynski, ed., *Modern Encyclopedia*, vol. 5, pp. 34 – 36.

[3] 出处同前; Johnson, *Russia's Educational Heritage*, pp. 183 – 186。

[4] Eklof, *Russian Peasant Schools*, p. 119.

着东正教证明没有能力提供足够的资金和教学水平来支撑全国教育网,东正教教区学校逐渐淡出舞台[1]。 莫斯科市教育之争是这些更大问题的冰山一角。

教育缘何重要

支持教育的莫斯科富裕阶层与其说是热心人类发展和个人价值实现,不如说是希望为工厂发展培养技能良好又遵守纪律的劳动力。 对成人教育和职业教育予以支持,反映出帝制晚期俄国教育政策的特点。 历史学家尼古拉斯·汉斯指出,虽然保守思想和职业教育本身不一定有关系,但在俄国似乎就有关联。 通常对教育持怀疑态度的保守派努力将对知识的渴望引导到职业教育中。 汉斯提出,他们的动机"更多的是政治目的而不是教育目的。 俄国工业革命需要成千上万的技术工人和工头,但事实上满足这些需求是为了服从政治目的"[2]。 与此同时,俄国自由派对与大众教育课程无关的教育项目持怀疑态度[3]。

1878 年,亚历山大二世下令让财政大臣为增加当前学校的贸易相关课程筹备一个财政方案,随后职业教育在全国展开[4]。 到了 1888 年 3 月,在帝国政府批准下,形成了新一套

[1] Eklof, *Russian Peasant Schools*, p. 168; Brooks, "The Zemstvo."

[2] Hans, *History of Russian Educational Policy*, p. 151.

[3] McClelland, *Autocrats and Academics*, p. 32.

[4] Hans, *History of Russian Educational Policy*, pp. 151–152.

初中高等技术教育课程和学校体系[1]。 同时，和往常一样，官方政策跟不上俄国社会的发展演变速度。

如果认为职业教育相对保守，那么更为普遍的成人教育项目常被视为是革命性的。 苏珊·布朗森敏锐地指出，成人教育是"活动家围绕未来俄国的特定愿景，从社会层面塑造人们"[2]。 俄国"工人阶级"是活动家的目标，成人教育成为"改革或转变工人阶级的能力较量场"[3]。 沙皇及其大臣们将职业教育狭隘地作为遏制文化教育及相关社会变革影响的一个工具，而反对派自由主义者和社会主义者追求为儿童和成人均广泛提供教育项目。

在整个 19 世纪七八十年代，随着主日学校创立并提供基本读写能力培训，第一波自下而上的成人教育项目在民间正式展开[4]。 教育部的插手限制导致 90 年代许多项目被迫终止。 教育积极分子继续开展更加正规的教育项目，建立文化委员会，努力通过各种非正式场合对未受教育者提供教育[5]。 拓展课堂、开放式"人民大学"、非正式女性课堂、公共讲堂、讨论会等模式从国外渗透到俄国[6]。 哥伦比亚大学教师学院院长詹姆斯·罗素的著作《大学教育在英美的拓展》于 1897 年在俄国

[1] Hans, *History of Russian Educational Policy*, pp. 151 - 152. 关于课程描述，参见 Darlington, *Education in Russia*, pp. 460 - 497, 505 - 528。

[2] Bronson, "Enlightening the Urban Poor," p. 2.

[3] 出处同前，p. 5。

[4] 出处同前，pp. 25 - 33。

[5] 出处同前，pp. 87 - 91。

[6] 出处同前，p. 87。

面世，从英国拓展课程到美国肖托夸运动等各种模式开始在俄国较大城镇进行试验。 俄国新兴公民社会关于谁有权力为未受教育者提供教育方面一而再，再而三地挑战帝国权威，在这方面圣彼得堡和莫斯科走在前列。

在 19 和 20 世纪交替之际，采取创新方式提供公共教育的压力变得更大。 教育政策与俄国自由派、保守派、激进派和复古派之间日益错综复杂的竞争交织在一起。 倡导教育普及和培训的人士——尤其是教师——抓住 1905 年的政治时机，尽一切可能推动教育改革[1]。

国家教育收缩与城市教育扩大

1907 年 6 月 3 日，斯托雷平政变——以首相彼得·斯托雷平为首的保守派废除了 1905 年 6 月起义强加给沙皇的自由选举法——标志着在社会进步政策上的巨大倒退。 劳工关系方面的倒退尤其严重，无论是温和派还是激进派劳工团体都被迫转为地下——导致 1912 年 4 月 4 日连纳金矿工人屠杀后社会大爆发[2]。 讽刺的是，正是 1907 年至 1914 年，俄国成人和儿童教育取得了一定成就。

---

[1] Scott J. Seregny, "Professional Activism and Association among Russian Teachers, 1864 – 1905," in Harley D. Balzer, ed. , *Russia's Missing Middle Class: The Professions in Russian History* (Armonk, N. Y. : M. E. Sharpe, 1996), pp. 169 – 196.

[2] 布朗森对这些年间教育改革和保守倒退做了份详细的年表，"Enlightening the Urban Poor," pp. 171 – 175。

1908 年 5 月 3 日，国家教育法令终于使俄国踏上了普及性小学义务教育之路[1]。 沙皇及立法者紧跟时代警示制定路线，直到 1922 年才完成制定，甚至第一次世界大战和两次革命也没有阻碍这一进程。 帝国官僚还是有权干涉地方政府，可是学校财务压力大部分转移到了地方政府身上[2]。

1911 年，斯托雷平从另一阵线对莫斯科教育改革家发起攻击[3]。 这位保守派首相解雇了莫斯科大学校长和两名校长支持者，因为他们没有实施中央政府关于学生集会的禁令。 强行实施禁令，源于前一年秋天列夫·托尔斯泰死后莫斯科等各地爆发了一系列抗议死刑的学生示威游行[4]。 纪念托尔斯泰的学生集会导致了持续数天的大规模停课。 尽管学校警告学生会被逐出校园，但莫斯科还是有四千多名学生集会抗议死刑。 学生和警察在街上斗争、罢课，莫斯科和其他城市的大学几乎都关闭了。 官方回应是要驱逐几乎 5% 的俄罗斯大学生[5]，其中很多为莫斯科大学的学生。 这些行动反过来又引发学生加上教师的进一步抗议，大学高层管理陷入混乱。

---

[1] Robert William Thurston, "Urban Problems and Local Government in Late Imperial Russia, 1906 – 1914" (Ph. D. diss., University of Michigan, 1980), p. 203.

[2] Thurston, *Liberal City*, *Conservative State*, pp. 154 – 180.

[3] 依据 Samuel Kassow, "Professionalism among University Professors," in Balzer, ed., *Russia's Missing Middle Class*, pp. 197 – 222。

[4] 关于列夫·托尔斯泰反对死刑的重要性，讨论参见 Jeffrey Peter Brooks, "Liberalism, Literature, and the Idea of Culture：Russia, 1905 – 1914" (Ph. D. diss., Stanford University, 1972), pp. 200 – 220, 460 – 473。

[5] 出处同前，pp. 469 – 470。

　　斯托雷平坚持认为他有权对付参与政治游行的国家公职人员——大学高级管理层和教职工。 莫斯科大学有三分之一的教授辞职——包括 25 位全职教授和 74 位助理教授。 之后，他们大部分在不受教育部控制的莫斯科高等教育机构谋得职位，例如莫斯科商业学院以及新成立的沙尼亚夫斯基人民大学（后文会讨论沙尼亚夫斯基人民大学的重要性）。

　　在这种冲突和动乱的背景下，莫斯科城市管理很难完成日益沉重的教育重任。 1905 年到 1913 年，莫斯科市教育开支几乎增长了 3 倍，学生总数翻了 1 倍之多[1]。 城市教育计划扩大到了教室教学之外。 到 1913 年，莫斯科市每年支出 19.9 万卢布用于"没有生活来源"的学生——几乎是学生总数的一半[2]。

　　在莫斯科市所有教育成本中，中央部委解决大约 10%，其余由城市自行承担[3]。 1909 年，莫斯科市杜马落实了免费初等教育的目标，到 1916 年时预算开支提高到了 750 万卢布（相比之下，圣彼得堡城市更大但预算仅有 690 万卢布）[4]。 尽管取得了这么多成就，但到 1910 年时莫斯科受教育者在城市总人口只占 2.7%，而人口规模类似的费城受教育者占比已

[1] Thurston, "Urban Problems," p. 203.

[2] Thurston, *Liberal City*, *Conservative State*, p. 157.

[3] 1913 年，俄国中央政府提供了莫斯科小学预算的 11%、莫斯科所有教育开支的 9%。 出处同前。

[4] Nicholas J. Astrov, "The Municipal Government and the All-Russian Union of Towns," in Paul G. Gronsky and Nicholas I. Astrov, eds., *The War and the Russian Government* (1929; reprint, New York: Howard Fartig, 1973), pp. 129–321: 156.

达 10%[1]。

这一时期莫斯科在教育领域取得的许多成就是尼古拉·古奇科夫市长的领导成果[2]。 1905 年 11 月 19 日，在莫斯科陷入几乎完全无政府状态的前几周，古奇科夫当选为市长。 古奇科夫英勇地努力去抚平革命动乱带来的诸多社会、经济、物理和心灵伤口，直到 1912 年 12 月 18 日卸任。

古奇科夫来自之前旧礼仪派的商人家庭，祖辈费奥多尔·古奇科夫是个棉纺商人，在 18 和 19 世纪之交时为追求名利离开农奴村庄，来到莫斯科[3]。 古奇科夫家族与整个莫斯科商圈都保持着密切联系，加入官方东正教，在许多工厂、银行和商业协会担任领导。 尼古拉担任了一段时间俄美商会主席，据说与显赫的博金家族几位保守派人士等关系尤为友好[4]。

古奇科夫在几位莫斯科杜马议员推选他成为市长之前，就已参与公民政治长达十多年。 古奇科夫是莫斯科州自治议会中的莫斯科城市代表，在各个委员会中一直积极地推动扶贫。 最后在内战期间与白军并肩战斗，1935 年 75 岁时死于巴黎。

古奇科夫担任市长时，认为在教育政策这一领域，他能将各

---

[1] Thurston, *Liberal City, Conservative State*, p. 158.

[2] Liubov' Fedorovna Pisar'kova, "Gorodskie golovy Moskvy (1863 – 1917gg.)," *Otechestvennaia istoriia 1997*, no. 2, pp. 3 – 19: 12 – 14.

[3] I. F. Gindin, "Guchkov Family," in Wieczynski, ed., *Modern Encyclopedia*, vol. 13, pp. 187 – 188.

[4] O. V. Terebov, D. B. Pavlov, and A. N. Bokhanov, "Guchkovy," in S. O. Shmidt et al., eds., *Moskua entsiklopediia* (Moscow: Nauchnoe izdatel'stvo 'Bol'shaia Rossiiskaiaentsiklopediia,' 1997), pp. 240 – 241.

个社会群体动员起来（另一个类似领域是基础设施建设，古奇科夫领导下的市政府给予了大力支持）。 古奇科夫认识到贫民需要通过教育才能进步，明白许多较富裕人士从哲学角度支持普及教育，也理解实业家需要有一定文化水平的合格工人。 甚至当财政资源不足以实现教育任务时，古奇科夫发挥人格魅力激发人们采取行动。 结果在古奇科夫任市长期间，极大地拓展了莫斯科市学校系统。

在古奇科夫时期，商人的传统形象不能说是个开明的形象。 一般认为，莫斯科商人不愿进入公众视野、寡言少语、一心经营[1]。 而由于对教育的共同关切，商人、专业人士、地方政府官员、知识分子，甚至激进主义者走到了一起。 矛盾的是，商人文化保守主义根深蒂固，而这正为他们有时对教育价值持相对开明的态度奠定了前提。

莫斯科慈善机构

莫斯科社会有着哲学保守主义思潮，表现在有着庞大且富裕的旧礼仪派群体，以及本地高度尊崇斯拉夫哲学观点。 阿黛尔·林登梅尔肯定地表示："俄国东正教既不批判财富，也不赞美财富，而是采取管理的理念。 财富是上帝的恩赐，并不代表

---

[1] 例如参见 Joseph C. Bradley, "Merchant Moscow After Hours: Voluntary Associations and Leisure," in James L. West and Iurii A. Petrov, eds., *Merchant Moscow: Images of Russia's Vanished Bourgeoisie* (Princeton: Princeton University Press, 1998), pp. 133 – 143。

优越，反而有义务将财富用于公共利益——尤其是捐给慈善机构。"[1]这种管理理念可能会陷入家长式作风，事实也的确如此。 莫斯科慈善机构基于在提供方与受益人之间交换的理念，偏向支持有交换寓意的活动，例如支持教育。

白银时代拥有资源的莫斯科人是杰出的慈善家。 林登梅尔指出，到了 20 世纪 20 年代初期，莫斯科商人"资助了 12 个公共救济院，一个修女救济院，两个免费住宿机构，一个 150 个床位的医院，6 个学校，并在 1899 年捐款 107 000 多卢布"[2]。

需要考虑的问题，不是莫斯科富人是否大部分极力支持采取激进的教育政策，他们当然不是。 他们也不是出于知识目的而关注知识教育。 教育活动家列夫·克莱因伯特在回忆录中抱怨说，虽然战前莫斯科在小学上花了数百万，但是只开设了 40 个公共图书馆（却有着 1 400 个酒摊）[3]。 支持成人教育和职业教育计划的经济利益，是建立在超越意识形态的深刻务实主义基础之上。

莫斯科人对各种学校、医院、救济院的慈善支持，形成了一个在俄罗斯帝国少见的典型公民圈子： 实用主义与既激进又保守的理念不同寻常地相互融合、产生影响。 在这一背景下，更凸显了莫斯科当地支持包括基本读写教学、职业课程及高级培训

---

[1] Adele Lindenmeyr, *Poverty Is Not a Vice: Charity*, *Society*, *and the State in Imperial Russia* (Princeton：Princeton University Press, 1996), p. 8.

[2] 出处同前，p. 58。

[3] L. M. Kleinbort, *Ocherki rabochei intelligentsii*, vol. 1：1905 - 1916 (Petrograd：Nachatki znanii, 1923), p. 49.

等成人教育的重要意义。

学术发展

　　莫斯科大学是莫斯科学术生活最早、最重要的发源地。莫斯科大学于 1755 年由米哈伊尔·罗蒙诺索夫创办，一直到 19 世纪都是俄国最顶尖的高等学术机构。 到 19 世纪中叶，圣彼得堡大学和喀山大学在许多特定学科上超越了莫斯科大学；这一时期，莫斯科大学没有像圣彼得堡大学化学家德米特里·门捷列夫和喀山大学数学家尼古拉·罗巴切夫斯基那样有声望的学者。 但是，比起圣彼得堡大学和喀山大学，莫斯科大学可以说在较为广泛的学科领域，教职工和学生质量相对较高[1]。

　　一直到 19 世纪，俄国的大学还比不上欧洲高等学术机构。到 19 世纪中叶，欧洲学生依然不会去俄罗斯求学，而许多俄国人会选择出国获取专业资格。 不过，在为学生配备资格教师上，俄国大学不再强制聘任国外教授。 俄国教授开始对西方欧洲主流科学、教学及出版作出贡献。 莫斯科大学在数学、物理、化学、地质、生物方面很强，有许多教授无可争议地赢得了国际声誉。 到 19 世纪 30 年代，莫斯科大学已经成为学术和政治运动中心。

　　比起俄罗斯帝国其他学校，莫斯科大学最为重视科学工作的

---

[1] William L. Blackwell, *The Beginnings of Russian Industrialization*, *1800 – 1860* (Princeton: Princeton University Press, 1968), pp. 354 – 364.

技术性、产业性和应用性，课程突出强调许多大学教授所认可的以应用为导向。 继 1835 年大学改革之后，大学教师们迅速建立以务实解决问题为导向的实验室。 和在芝加哥一样，学术既关注加强研究，也关注提高认知。 还和芝加哥一样的是，莫斯科大学牢牢扎根于莫斯科这座城市。

莫斯科大学活泼的学术生活与城市社区紧密相连，培养了广泛的自由主义及探索精神，而不限于封闭的学术生涯。 莫斯科大学在俄国所有高等教育机构中，是走向社会的先锋。 早在 1804 年，莫斯科大学教师便开设了公共讲堂，积极面向公众，并持续了整个 19 世纪。 他们还得到了莫斯科其他受过良好教育者的共同参与，工厂主们支持基础文化课并为城市社区提供普及教学。 早在 19 世纪 40 年代中期，在莫斯科或周边工厂，就有二三十个工厂学校为一千多名工人学生提供培训[1]。 19 世纪的莫斯科大学在影响莫斯科环境的同时，也折射了这一时代及城市状况。

莫斯科文化协会于 1847 年由莫斯科农业协会创办成立，14 年后即 1861 年，谢尔盖·洛什卡列夫与帝国自由经济协会创办成立了圣彼得堡文化委员会[2]。 在 19 世纪下半叶，莫斯科文化协会与圣彼得堡文化委员会都支持采取各种措施来提高本地工人文化水平，推动本地及全国关于教育问题的讨论，因此也经常与教育部产生冲突，最终于 1895 年 11 月，教育部承担起了圣彼

---

[1] V. Ia. Laverychev, *Tsarizm i rabochii vopros v Rossii*, *1861 – 1917* (Moscow: Mysl, 1972), p. 16.

[2] Bronson, "Enlightening the Urban Poor," pp. 15 – 42.

得堡文化委员会和莫斯科文化协会的管理职责。

不过，莫斯科官员依旧支持本地教育活动家及其目标。例如，莫斯科市杜马议员米哈伊尔·杜霍夫斯基调动城市基金，为普里新斯坦斯基区的工厂工人创办了一个学校[1]。这些教育项目跨越了富人区的地理限制，经常深入到工人社区内部。

杜霍夫斯基也在莫斯科大学教授刑法，而且非常受欢迎。他创办的工人学校于 1897 年 10 月 12 日开学，受到了莫斯科几位工厂主的捐赠。开学第一天，有三百多名工人到学校上课，随着学校消息传开，越来越多的工人到学校去。有几个工业区对废弃建筑、小学、工厂厨房进行翻新，为教学培训提供场地，从晚上 8 点上课至 10 点。到了 1902 年，继杜霍夫斯基在普里新斯坦斯基的工人学校之后，一些学校项目陆续开展起来，除了教授基本读写，还教授地理、化学、物理、历史和文学。

还有些莫斯科人效仿美国社区服务站和英国、德国、法国的"人民宫殿"，通过其他方式为莫斯科成人提供教育[2]。伊万·伊安祖尔是位著名经济学家、莫斯科大学金融法教授，并成了一位最杰出的教育活动家。1895 年 12 月至 1896 年 1 月，莫斯科举办第二届俄国技术和职业教育活动家大会时，伊安祖尔和其他莫斯科教育领袖组织了部分大会议程，推进了普及教育和成

---

[1] Bronson, "Enlightening the Urban Poor," pp. 60 – 64; Victoria E. Bonnell, *Roots of Rebellion: Workers' Politics and Organizations in St. Petersburg and Moscow, 1900 – 1914* (Berkeley: University of California Press, 1983), pp. 69 – 72.

[2] Bronson, "Enlightening the Urban Poor," pp. 64 – 73.

人教育运动[1]。

　　19 世纪莫斯科的教育机构中很多人认为，教工人阅读和帮助欠富裕家庭提高文化水平，是一项重要关切。 并不是每一位莫斯科大学教授都参与进来，也不是每一位莫斯科工厂主都支持成人教育项目。 但还是有大量教授和工厂主参与支持。 由于关切莫斯科工人的读写能力，在这一领域不同的政治和哲学观点化为了具体行动。 女性教育是又一类似领域。 在女性教育方面，19 世纪后半叶莫斯科的有识之士再次积极提倡放开俄国教育机会。

大学女性

　　1862 年尼古拉·车尔尼雪夫斯基的小说《怎么办？》问世，使得女性教育开始成为一项引起热议的政治议题[2]。 车尔尼雪夫斯基的小说呈现了勤劳、自立的坚强女性，引发了俄国知识界关于国家未来的热烈讨论和争论，其中围绕“女性问题”的争论迅速变得两极化。 车尔尼雪夫斯基小说中的女性形象，再加上 1825 年十二月党人起义后，追随丈夫一起被流放西伯利亚的起义领袖的妻子们提供了现实楷模，推动了女性逐渐摆脱宗教自我牺牲理念。 车尔尼雪夫斯基将女性解放从理念变成了革命追求。

　　为社会各个阶层的女性提供多少教育以及何种教育，这个问

---

[1] Bronson，“Enlightening the Urban Poor，” pp. 74 – 76.

[2] Lindenmeyr, *Poverty Is Not a Vice*, pp. 127 – 130.

题在 1861 年前基本受到忽视，至少在官方层面如此。 叶卡捷琳娜大帝曾在当时位于圣彼得堡郊区的斯莫尔尼村成立了贵族女孩教育社，此后又出现了一些面向贵族家庭和商人之女的中学[1]。

许多富裕家庭依靠请私人老师教女儿学习为人处世。 直到 19 世纪 60 年代以前，都没有女子公立学校，但到了 19 世纪 70 年代中期，有 27 000 位女孩接受了公立学校教育。 只有少数俄国女性获得大学入学所需的正式教育。

俄国女性即使学习再好，帝国政府无论如何也绝不允许其进入大学。 俄国女性要追求更高教育，只有两个选择。 一是说服大学教授允许其旁听课程，没有学分；二是出国。 无论哪个选择，贵族女性都与政府产生了直接冲突。

俄国有些女性完全放弃了推动改革的可能性，加入了这一时期的平民主义等革命激进运动。 有些女性进入了国内支持的教育机构，如国内一流的医学院圣彼得堡医疗外科学院。 更多女性争取前往苏黎世，到理工学校攻读学位，使得这座原本死气沉沉的瑞士银行小镇变成了俄国激进主义的重要中心[2]。 最早从 19 世纪 70 年代中期开始，医学和工程专业的俄国年轻女性开

---

[1] Richard Stites, *The Women's Liberation Movement in Russia: Feminism, Nibilism, and Bolshevism, 1860 - 1930* (Princeton: Princeton University Press, 1978), p. 4. 贵族女孩教育社的斯莫尔尼村研究所在 1917 年秋天成为布尔什维克总部，在十月革命成功推翻临时政府后成为列宁总部。 后来被转到莫斯科市政府手中，此后一直到1991 年前这里都是作为莫斯科共产党的总部。

[2] 出处同前，pp. 79 - 84。

始从瑞士返回国内[1]。

鉴于富裕阶层女性对接受更高教育的需求日益上升，俄国大学断断续续地努力作出回应。 1876 年，喀山大学开设了面向女性的课程，两年后圣彼得堡大学和基辅大学也开设了[2]。 圣彼得堡的国家教育部官员极力遏制这类课程，即使女学生上课且成绩优异也拒绝授予她们学位。 在莫斯科，以弗拉基米尔·格里尔为首的莫斯科大学教授开设不受教育部管辖的课程，以此避开限制。

格里尔是欧洲史顶尖教授，从 1868 年到 1904 年退休一直在莫斯科大学任教（1919 年去世，享年 82 岁）[3]。 格里尔在莫斯科大学完成大学学业后，到德国、意大利、巴黎求学三年，之后回到莫斯科，在第一军校完成了研究生学业。 格里尔在史学上强调采用广义文化视角，赢得了多个教学奖项。 例如，是格里尔将大学研讨课引入俄国并用于历史研究。

格里尔是自由派人士，反对国内的激进运动。 他支持地方政府自治，拥护开明的 1863 年大学法，创立了后来俄国最重要的女性研讨课。 当 1872 年至 1888 年，帝国政府迫使女性研讨课关闭时，格里尔在人文社科领域为女性组织了高阶开放课程。格里尔还是这一时期 "莫斯科女性高阶公共课程" 的主要幕后

———————

[1] 关于对五位激进的女医学生回忆录的英文翻译，参见 Barbara Alpern Engel and Clifford N. Rosenthal, *Five Sisters: Women against the Tsar* (New York：Alfred A. Knopf, 1975)。

[2] Stites, *The Women's Liberation Movement*, pp. 82 – 84.

[3] Christine Johanson, "Ger'e (Guerrier), Vladimir Ivanovich," in Wieczynski, ed., *Modern Encyclopedia*, vol. 12, pp. 149 – 151.

推动者，最后的成功得益于莫斯科富人源源不断的财力支持，以及他莫斯科大学同事们的时间奉献[1]。

格里尔的课程从未获得官方认可，一直属于莫斯科民间教育活动。 1900 年格里尔重新开课后，担任课程主管直到 1905年[2]。 1909 年达林顿批判道： 为俄国女性提供高等教育依然困难重重[3]。

前面说过，俄国全国女性文化水平低得可怜。 而莫斯科城市及当地官员发起并支持了无数面向女性的教育辅助项目，因此从很大程度上说，莫斯科成为一个特例。 例如，一直到 20 世纪最初十年，莫斯科城市杜马都在不断讨论女性初等教育和中等教育问题[4]。

商人关切女性文化水平的因素之一依然是出于自我利益。莫斯科许多灯具产业依靠相对廉价的女性劳动力。 家长式管理的农村集体通过公社控制土地，农村女性极少能够获得土地分配，农村男性最有可能外出到城市谋生。 如同芭芭拉·阿尔珀·恩格所指出，随着农奴解放，国内谋生机会减少，打破这种

----

[1] Ar. Krasheninnikova, "Vysshee zhenskoe obrazovanie v'Moskvie," *Moskva v eiaproshlom 'i nastoiashchem' 12*, pp. 106 – 120.

[2] Johanson, "Ger'e (Guerrier)."

[3] Darlington, *Education in Russia*, pp. 426 – 459.

[4] 关于这一时期女性教育议题的小范围抽样，参见下列日期的城市杜马会议材料 1900 年 2 月 8 日，1900 年 3 月 21 日，1901 年 1 月 23 日，1901 年 2 月 6 日，1901 年 2 月 20 日，1901 年 9 月 28 日，1901 年 12 月 18 日，1902 年 2 月 5 日，1902 年 2 月 12 日，出版于相应日期的 *Stenograficheskie otchety o sobraniiakh" Moskouskoi gorodskoi dumy* (Moscow：Gorodskaia duma，1889 – 1908)。

规律的情况开始增多[1]。 农村女性虽然难以在城市生存，但从 19 世纪 90 年代起至 20 世纪 20 年代以前，入城女性不断增多。 农村女性入城后，既脱离了农村生活限制，也失去了农村生活提供的保护。 莫斯科欣欣向荣的纺织厂，吸引了俄国中部许多农民女性前去寻找国内就业机会。 莫斯科商人和工厂主为城市女性提供少量教育投资，正是投资其劳动力。

虽然这种愤世嫉俗不是没有道理，但这并不是全貌。 女性无论是否信奉宗教，在俄国慈善领域尤其是莫斯科慈善领域都异常活跃。 阿黛尔·林登梅尔指出："女性在划时代的自愿捐助主义、慈善和社会改革运动中所发挥的重大作用不容低估……对于很多女性而言，有组织的基金会为她们的虔诚或爱国之心提供了一个能被认可的出口。"[2]出身社会中层的女性一般成为教师，尤其是小学教师[3]。 对于本就积极活跃的莫斯科女性而言，推动各个层次的女性教育成为她们实践自愿捐助主义的天然舞台。

女性教育整合了莫斯科讲求实用的多元主义中诸多要素。资源较多者出于自身利益，帮助资源较少者，形成了巨大的累积效应，使得莫斯科女性教育水平远远超过了全国平均水平。 莫

---

[1] 讨论依据 Barbara Alpern Engel, *Between the Fields and the City: Women, Work, and Family in Russia, 1861 - 1914* (Cambridge, U. K.: Cambridge University Press, 1994)。

[2] Lindenmeyr, *Poverty Is Not a Vice*, p. 125.

[3] Christine Ruane, *Gender, Class, and the Professionalization of Russian City Teachers, 1860 - 1914* (Pittsburgh: University of Pittsburgh Press, 1994), pp. 32 - 33.

斯科女性活跃在慈善领域以及最广义上的政治生活中——包括工会运动、激进运动和革命运动。 莫斯科女性对新兴公民文化有着不可估量的贡献，维系了跨越传统阶级和行业界限建立联盟所必要的社会空间。

人民大学

正如围绕女性教育的冲突所揭示的，在公共教育领域的冲突是世纪之交莫斯科面临众多严峻挑战的核心。 成千上万的农民工涌入城市，不仅城市工厂运转和居民区管理，还有每个人的生活都受到影响。 有一定文化水平意味着岗位上有更高技能水平。 有阅读能力才可能融入莫斯科繁荣的城市商业文化。 社会活动家、自由派教授、务实的市政官员和圣彼得堡派来的保守派官员一起卷入了形形色色的漫长斗争中。 结果是成功与受挫罕见地并存着，既取得了许多显著成就，又出现了巨大失败。 到1910年，莫斯科城市文化取得了一定水平，当然欧洲和北美许多城市可以说在教育方面取得的成就更大[1]。

成功与否取决于是否让城市官员参与到公共教育中，在建立广泛的公民联盟基础上开展行动。 城市领导积极鼓励有实力的莫斯科人采取行动改善教育。 但是，由于城市资源有限、上级政府干预及社会政治斗争大环境，通常削弱了所取得的积极成果。

---

[1] 杰弗瑞·布鲁克斯在他标志性的研究《当俄国学会阅读》中有力地提出了这一点。

　　沙尼亚夫斯基人民大学的成立，充分体现了莫斯科对待大众教育方面的优点与不足。 沙尼亚夫斯基人民大学如同莫斯科这一时期的另一辉煌成果——特列季亚科夫画廊，典型体现了公私伙伴关系模式。 随着后来俄国陷入日益加剧的社会政治两极化、分裂主义、缺乏包容性，这些机构有助于为俄国在未来找到一条新路径。

　　阿尔方斯·沙尼亚夫斯基与收藏家帕维尔·特列季亚科夫不同，他不是最早的莫斯科旧礼仪派商业精英。 沙尼亚夫斯基是波兰人，先是跟着帝国军队到西伯利亚服役，1875 年退役后从事黄金交易，不久就与瓦西里·萨巴什尼科夫合作并赚得盆满钵满，萨巴什尼科夫的儿子米哈伊尔和谢尔盖兄弟俩后来建立了莫斯科声名卓著的学术出版社之一[1]。

　　沙尼亚夫斯基和萨巴什尼科夫是不同于莫斯科旧礼仪派的莫斯科典型代表。 他们代表了充满活力、成功有为的上层资产阶级，新兴城市吸引的正是这种人。 在这一部分的芝加哥和大阪章节中也能看到类似沙尼亚夫斯基和萨巴什尼科夫的人物。 这两位的存在体现了莫斯科日益多元化，沙尼亚夫斯基留给莫斯科的遗赠既体现也推动了这一多样性。

　　沙尼亚夫斯基于 1837 年出生在波兰城市塞德尔附近的家族庄园。 他是贵族之子，9 岁时父母就送他到图拉少年班学习[2]。 1861 年在圣彼得堡总参谋部学院完成军事教育，以优

[1] S. V. Belov, "Sabashnikovy," in Shmidt et al., eds., *Moskva entsiklopediia*, pp. 710－711.

[2] Evgenii Kniazev, "Vol'nyi universitet," *Vash Vybor* 1995, no. 1, pp. 34－36.

异成绩毕业。 沙尼亚夫斯基拒绝了留在首都圣彼得堡担任军事学校教授的邀请，选择追随尼古拉·穆拉夫·伊娃穆斯基伯爵领导的远征军，前往东部阿穆尔地区探险。 沙尼亚夫斯基的整个军旅生涯都待在了西伯利亚和远东地区，退役时获得少将头衔。

沙尼亚夫斯基受俄国 19 世纪 60 年代一代人的观念影响，相信知识带来进步[1]。 沙尼亚夫斯基在西伯利亚时积极支持公共教育。 妻子利迪亚·阿列克赛福娜·保德斯特芙娜是女权主义先锋，家里拥有几座西伯利亚小金矿[2]。 沙尼亚夫斯基与妻子利用金矿收入，支持慈善事业。 他们最初涉足教育领域时是为布里亚特人成立一座学校，但由于教育部长禁止开课而终止。

阿尔方斯·沙尼亚夫斯基与妻子最后定居莫斯科，住在阿尔巴特的豪宅，靠来自家族的金矿和莫斯科地产收入生活[3]。

---

[1] 沙尼亚夫斯基同时代的人们着重强调他对进步和自由的坚强信念，这被他们视为 19 世纪 60 年代那人对社会进步信念的象征。 例如参见 A. A. Kizevetter, *Na rubezhe duukh stoletii*（Vospominaniia 1881－1914）（Prague：Orbis, 1929），pp. 471－474；and A. Mikhailovskii, "Munitsipal'naia Moskva, in N. A. Geinike, N. S. Elagin, E. A. Efimova, and I. I. Shitts, eds., *Po Moskuie. Progulki po Mosukie i eia khudozhestvennym" i prosvietitel'nym" ucbrezhdeniiam"*（Moscow Izdanie M. i S. Sabashnikovykh", 1917），pp. 151－158。

[2] Kizevetter, *Na rubezhe dvukh stoletii*, p. 474.

[3] Ia. M. Belitskii and G. N. Glezer, *Moskva neznakomaia*（Moscow：Stroiizdat, 1993），pp. 208－211.

他们为女性教育提供慈善支持，例如慷慨投资格里尔课程等项目[1]。

　　1905 年政府垮台后，沙尼亚夫斯基夫妇觉察到了推动公共高等教育发展的机会。 阿尔方斯那时身体已经不行了，于 1905 年去世，未能看到与妻子两人的最终项目成果。 他将在莫斯科的地产及 30 万卢布遗赠给莫斯科市政府，要求莫斯科市杜马建立一座不受教育部管辖的高等教育机构，并且不论财产、宗教、教育背景如何，为所有 16 岁以上的公民提供教育[2]。 睿智的是，他还为这一遗赠定下截止日期，迫使莫斯科市杜马采取行动[3]。

　　沙尼亚夫斯基建立大学的远见卓识，顺应了 1905 年革命期间建立人民大学的大潮[4]。 1905 年 12 月，土木工程师协会成立了俄国人民大学全国总会，第二年春天又创立了莫斯科人民大学协会。 支持者们设想这些机构有独立自主权，通过专业课程、公共讲座、调研学习及利用图书馆和阅读室资源等，来推动校外教育和知识普及。 沙尼亚夫斯基期望他们的人民大学更进一步，能授予毕业生在公立大学享有的全部权利和待遇。

　　莫斯科城市杜马接受了沙尼亚夫斯基的遗赠，成立了以弗拉

―――――――

[1] la. M. Belitskii, *Zabytaia Moskua*（Moscow：Moskovskii rabochii, 1994）, pp. 16 – 17.

[2] Bronson, "Enlightening the Urban Poor," p. 109.

[3] Kizevetter, *Na rubezhe dvukh stoletii*, pp. 478 – 479.

[4] Bronson, "Enlightening the Urban Poor," pp. 105 – 109.

基米尔·格利岑王子为首的最高委员会，以将计划变为现实[1]。 沙尼亚夫斯基的妻子利迪亚和家族朋友米哈伊尔·萨巴什尼科夫也是委员会成员。 他们获得了大量慷慨的资金捐助，当地学术界也提供指导服务[2]。 教育部对拟建学校迟迟不予授权，导致这一斗争一直持续到1908年[3]。 学校最终得以开学，但代价是无权授予学位，并且接受教育部监督管理。开放式入学政策得到批准，凡是16岁以上公民，无论以前教育经历如何，只要感兴趣都可以上课[4]。 1908年10月2日，学校及时走完了程序，第一批课程开班[5]。

学校一举成功。 沙尼亚夫斯基人民大学分为社会科学、历史哲学、自然科学三个学院，既有公共讲座，也有更为正式的学术教育。 讲座针对未完成中等教育的学生，注册学生中几乎有一半是工人。 学术路径提供三年相当于大学学位的教育培训。1910年学生增至1 735人，到1916年超过了7 000人[6]。 图书

———

[1] 许多城市杜马相关决议和行动参见 Stenografcbeskie otchety o sobraniiakh" Moskouskoi gorodskoi dumy on January 10, 1906, February 21, 1906, May 30, 1906, June 13, 1906, June 20, 1906, August 22, 1906, September 5, 1906, February 13, 1907, May 29, 1907, August 21, 1907, November 6, 1907, 以及 November 27, 1907。

[2] "Shaniavskii universitet," in Shmidt et al. , eds. , Moskva entsiklopediia , p. 908.

[3] McClelland, Autocrats and Academics , pp. 93 – 94.

[4] "Shaniavskii universitet," p. 908.

[5] Bronson, "Enlightening the Urban Poor," pp. 114 – 115.

[6] Evgenii Kniazev, "Vol'nyi universitet," p. 36.

馆发展到藏书 35 000 册[1]。

　　最后，莫斯科城市杜马和私人捐赠者在缪斯柯伊广场，为沙尼亚夫斯基人民大学建立了一座宏伟的现代化建筑[2]，设计师为伊拉里昂·伊万诺夫·希斯。 1912 年新设施开始启用，备受公众赞誉。 1918 年末，布尔什维克关闭沙尼亚夫斯基人民大学，接管了大学建筑设施，用于自己教学目的。 整个苏维埃时期，在缪斯柯伊广场上这座建筑综合设施里，容纳了数个共产党教育机构。 直到 1991 年从莫斯科苏维埃手中转出，用于新成立的俄罗斯国立人文大学。

　　沙尼亚夫斯基人民大学存在期间一直是教育部的眼中钉。教育部官员日益将其视为激进政治的温床。 继 1911 年莫斯科大学与首相斯托雷平斗争后，沙尼亚夫斯基人民大学聘任了许多来自莫斯科大学的抗议教师。 莫斯科许多自由派知识分子在沙尼亚夫斯基人民大学讲课或成为正式教师，包括农学家克莱门特·季米里亚泽夫、亚历山大·查亚诺夫，生物学家尼古拉·科尔佐夫，化学家尼古拉·泽林斯基，地球化学家亚历山大·费尔斯曼，地球物理学家彼得·拉扎列夫，历史学家亚历山大·基泽维特、尼古拉·斯佩兰斯基，流体动力学及空气动力学专家尼古拉·朱可夫斯，法官阿纳托利·科尼，文学学者马特韦·罗扎诺夫，神经病理学家弗拉基米尔·罗特，物理学家彼得·列别捷夫，诗人谢尔盖·埃塞宁，以及沙尼亚夫斯基密友兼科学出版商米哈伊尔·萨巴什尼科夫。

---

[1]　Bronson，"Enlightening the Urban Poor," p. 184.

[2]　"Shaniavskii universitet," p. 908.

　　在教育系统及社会环境日益教条式不宽容的背景下，这些学者及其同事们共同为学术探索创造了自由空间。 例如，基泽维特回顾在沙尼亚夫斯基人民大学的时光，认为是其杰出学术生涯中最辉煌的日子。 这一观点似乎得到了沙尼亚夫斯基人民大学许多学生和教师的共鸣[1]。

　　沙尼亚夫斯基人民大学是莫斯科公共部门和私人部门共同解决国家教育政策不足问题的最佳代表，其成功源于市政府、地方富裕阶层和活跃的知识界能够协同努力。 沙尼亚夫斯基人民大学的存在，加上普里新斯坦斯基工人学校、格里尔女性高阶课程、莫斯科大学各种公共教育计划，都证明了莫斯科公民文化的兴起，为不受政府控制的社会倡议培育了空间。

　　沙尼亚夫斯基的故事及不受教育部官员管辖的其他许多教育项目，与工业革命前夕活跃在大不列颠曼彻斯特和苏格兰的异见院校和文学哲学协会有异曲同工之妙。 彼得·霍尔在其创新型城市研究中认为，正是这些外围教育和学术机构培育的思想空间，让常常触发技术突破的外部企业家得以发展成长。 霍尔认为，兰开夏新教教徒、异见者和公理会教徒及其组织和机构，为曼彻斯特提供了宝贵资源，使曼彻斯特在工业革命前夕能够"比对手占据显著优势"[2]。

　　莫斯科新兴商人阶层支持类似的民间教育项目和哲学思潮，表明他们既热衷慈善，也从经济上的实用主义出发，满足提高本

[1] Kizevetter, *Na rubezhe dvuky stoletii*, pp. 468 - 501.
[2] Peter Hall, *Cities in Civilization* (New York: Pantheon, 1998), pp. 336 - 342.

地工人质量的需求。 市政官员成功将互相竞争、意见不同的社会力量聚集到此类教育项目中来，证实了他们确有能力促成妥协和解，而不是一般认为的这在沙皇俄国末期并不存在。 每当文化普及和公共教育问题进入视野时，讲求实用的多元主义者通常占据上风。

莫斯科城市文化

杰弗里·布鲁克斯、丹尼尔·布鲁尔、斯蒂芬·弗兰克、罗斯·格里克曼、路易斯·麦克雷诺兹、马克·斯坦伯格等学者研究文化普及和阅读问题时，在著作中详述了莫斯科城市教育项目和慈善教育项目的重要意义。 这些研究表明，尽管在任何农业社会向工业社会转型中都会出现混乱，但革命前的莫斯科几乎并未陷入所谓落后的前现代 "农民"文化困境。

例如，格里克曼发现，1914 年俄国工业劳动力中女性占了五分之一，相比过去有惊人增长，还动摇了过去根深蒂固的家庭关系[1]。 女性工资与男性工资差距比想象中更小。 在第一次世界大战爆发时，棉布、羊毛、亚麻生产行业的女性工资是男性工资的三分之二到四分之三。 而且，正如本章前文所述，莫斯科识字率接近北大西洋的社会水平。

文化普及和爱好读书深深流淌在莫斯科各个阶层人的血液中。精明又略有粗俗的尼古拉·帕斯托霍夫迎合新兴大众阅读爱好，发行了备受欢迎的街头报纸《莫斯科报》，赚取了巨大财富。《莫斯

---

[1] Glickman, *Russian Factory Women*, p. 2.

科报》和莫斯科、圣彼得堡城市其他报纸文章生动，充满金玉良言的文章和建议，与欧美城市大众新闻相比也毫不逊色[1]。 马克·斯坦伯格和斯蒂芬·弗兰克一针见血地指出："到20世纪初，阅读已经成为工人阶级文化中不可或缺的一部分。"[2]

杰弗里·布鲁克斯在《当俄国学会识字》一书中深入探讨了莫斯科的图书文化。 无论莫斯科及其市民仍有一只脚多么不舍地留在工业化前，另一只脚已经深深扎根在工业资本主义的"现代"世界了。 莫斯科已经成为一个大众商业印刷文化中心，创造了不少财富。 莫斯科有几位报业大亨出身贫寒，通过销售图书和报纸发家致富[3]。 出版商伊凡·西汀被称为"俄国的约瑟夫·普利策"，他从小村庄起步，一路奋斗到控制了俄国最大的出版社和备受尊敬的自由派报纸《俄国世界》[4]。 报业大亨尼古拉·帕斯托霍夫也是勤奋致富的典范[5]。

1914年，俄国出版了133 561 886册书，是20年前的三倍之

———————

[1] Louise McReynolds, *The News under Russia's Old Regime: The Development of a Mass Circulation Press* (Princeton：Princeton University Press, 1991)； Daniel R. Brower, "The Penny Press and Its Readers," in Stephen P. Frank and Mark. D. Steinberg, eds., *Cultures in Flux: Lower-Class Values, Practices, and Resistance in LateImperial Russia* (Princeton：Princeton University Press, 1994), pp. 147 – 167.

[2] Mark D. Steinberg and Stephen P. Frank, "Introduction," in Frank Steinberg, eds., *Cultures in Flux*, pp. 3 – 10：4.

[3] Brooks, *When Russian Learned to Read*, pp. 94 – 104.

[4] 故事出自 Charles A. Ruud, *Russian Entrepreneur: Publisher Ivan Sytin of Moscow, 1851 – 1934* (Montreal：McGill-Queen's University Press, 1990)。

[5] Brooks, *When Russia Learned to Read*, pp. 118 – 129.

多[1]。 大众报刊日益"世俗化、理性化、国际化"。 莫斯科街头报刊将启蒙运动和欧洲工业化理念刻入俄国人脑海。 大众识字普及和城市报的传播还表明，超越团体界限的公民意识在莫斯科兴起。

彼得·弗里茨切认为，在柏林，城市日报具有社区建设作用。 这对莫斯科也直接适用。 弗里茨切写道："有了报纸，读者在城市里往来就多了些选择，而不必一门心思陷于各自事务。 报纸呈现了城市大观，可以有各种各样的探索。 中产阶级女性、白领职员、工人阶级各择其道……在城市这个绝妙之地，众人熙熙攘攘、变化多端、寻找自我，使现代多元化城市具有了海纳百川的包容色彩。"[2]

"绝妙城市"莫斯科是一个消费文化之地，这一文化改变了俄国大城市尤其是莫斯科的环境。 农民、农民工、社会中上层都处在杰弗里·伯兹所说的"消费主义新信条"迹象的围攻下[3]。 城市中产阶级和乡下农民对紧跟时髦的穿着引以为豪。 去消费就是走向社会上游。

俄国城市新文化的出现，尤其表现在酒精消费的变化上。 饮酒变成城市生活不可或缺的一部分，一场"喝酒浪潮"在 19 世纪 90 年代席卷全国[4]。 酒精生产和消费从手工作坊变成工

―――――――

[1] Brooks, *When Russia Learned to Read*, p. 61.

[2] Peter Fritzsche, *Reading Berlin*, *1900* (Cambridge, Mass. : Harvard University Press. 1996), p. 49.

[3] Burds, *Peasant Dreams and Market Politics*, p. 147.

[4] Nikolai Gorin, "Russkoe p'ianstvo kak sotsial 'no-kul' turnyi fenomen, " *Vlast'* 1998. no. 3, pp. 50 – 57.

业化模式，城市酒馆酒吧与街头报纸一样成为城市的典型特征。尼古拉·戈林认为，这一时期俄国的饮酒习惯发生了根本变化，与季节性节日和农村庆祝活动的关系变得弱化[1]。在莫斯科和俄国其他大城市，醉酒日益普遍、成为常态。

格里克曼笔下的女性识字工人、麦克雷诺德和布劳尔笔下的报业大亨、布鲁克斯笔下的报纸读者、斯坦伯格笔下的工人阶级诗人、伯兹笔下的消费者、戈林笔下的饮酒者，他们都参与塑造了城市公民文化，这一文化超越群体差异，产生了与狭隘的阶级身份相对的、一种广泛的公民意识。莫斯科的城市特质带有激烈竞争的色彩。专制制度下的官员当然认为莫斯科城市活力是对自己统治秩序的一个威胁。俄国工业化进程充斥各种紧张对立，不是所有时候都能达成妥协一致。但是，莫斯科从实用主义出发的多元主义者与其他大部分俄国人相比，在艰难时刻能更有效地达成妥协。

实用主义成果

在本章所研究的这一时期，由于公共教育是公众关切的议题，莫斯科充满抱负的公民社会常与行动迟缓的市政府联合起来，对抗帝国教育部保守派监督官员。大众教育如同劳工关系和公共卫生一样，成为检验莫斯科富裕阶层对待境遇较差邻里的试金石之一。在教育领域，莫斯科人能够在不损害自我利益情

---

[1] Nikolai Gorin, "Russkoe p'ianstvo kak sotsial 'no-kul' turnyi fenomen," *Vlast'* 1998. no. 3, pp. 50–57.

况下，将有关慈善和虔诚的历史悠久的文化和宗教教义转化为行动。 莫斯科公共教育不像其他问题争议较多，也与同期芝加哥情况不同，而是集中体现了在教育领域能够形成超越意识形态和狭隘社会利益的广泛共识和协同行动。 激进派和保守派一样都倡导教育市民学习读写。

无论是工人基本识字能力培训、各阶层女性教育问题，还是大学教育对公众的开放程度，各方面都能发现优秀领袖和开拓者，他们面对看似不可逾越的障碍能有效达成建设性联盟。 反过来，许多莫斯科富人也因此与教育部等国家官员产生激烈冲突，因为这些国家官员总是认为任何形式的教育都是政治激进主义的危险阵营[1]。

但是，许多著名的教育项目支持者也是帝制维护者。 至少，他们不是官方害怕的激进派和革命派。 正如芝加哥交通争夺战英雄，瓦西里·瓦赫捷罗夫、米哈伊尔·杜霍夫斯基、弗拉基米尔·格里尔、尼古拉·古奇科夫、阿尔方斯·沙尼亚夫斯基以及一些较不知名的教育支持者，并不是一开始就热衷重建社会权力的根本基础。 他们本质上是保守派，最初目标旨在推动社会运行更加良好。

莫斯科的教育活动家是讲求实用的多元主义者，与芝加哥卡特·哈里森、约翰·哈兰德、比昂·阿诺德可以并驾齐驱，而且和芝加哥情况一样，他们取得的成功也相对有限。 虽然整体上莫斯科教育体系接近瘫痪，不过在莫斯科所有社会群体中，文化普及和阅读日益成为城市文化的核心要素。

---

[1] Thurston, *Liberal City*, *Conservative State*.

尽管莫斯科人努力推进教育事业，却敌不过圣彼得堡的帝国政府极尽一切可能遏制莫斯科教育工作。 到 1905 年革命末，圣彼得堡这种顽固态度似乎有所收敛，但继 1907 年斯托雷平"六三政变"后又卷土重来，甚至来势更汹。 瓦赫捷罗夫最后在 20 世纪 20 年代布尔什维克新政府时期，教红军士兵阅读。 格里尔一直忠于自由主义原则，死于饱受革命和内战摧残的莫斯科。古奇科夫加入白军，与苏联进行斗争，20 世纪 30 年代在国外逝世。 沙尼亚夫斯基人民大学尽管取得了显著成果，但还是被布尔什维克关闭了。 这些命运是俄国政治中心在军事失败、政治僵化、管理无能的重压之下土崩瓦解的典型例证。

讲求实用的多元主义在俄国国家政治层面失败了，更加凸显了莫斯科取得的成就是多么引人注目。 莫斯科教育政策集中体现了讲求实用的多元主义，不仅使整个城市受益，还使许多居民个人受益。 在白银时代的莫斯科，教育成为一定时期内公民意识真正成功超越阶级意识的一个领域。

第七章
繁华口岸

    进行大规模城市开发项目必然依赖相互妥协。 新的城市建设需要大规模人力、资金和智力投入。 城市既是系统性、技术性和经济性变革之巨大力量的产物，也是个体偏好的产物。如果城市追求自我革新则更是如此，各种可能性和妥协行为深深嵌在城市一墙一瓦之中。 因此，在本章所讨论的半个世纪中，如何进行适当城市开发是日本一直备受争议的重要议题之一。

    早在 1888 年，铃木鹿次郎等改革派记者就开始报道大阪釜崎贫民窟居民的恶劣环境[1]。 无数记者和改革人士紧随其后，大力宣扬英国城市学家埃比尼泽·霍华德提出的 "田园

---

[1] Jeffrey Eldon Hanes, "Seki Hajime and the Making of Modern Osaka" (Ph. D. diss., University of California, Berkeley, 1988), pp. 204 – 205; Chubachi Masayoshi and Taira Koji, "Poverty in Modern Japan: Perceptions and Realities," in Hugh Patrick, ed., with Larry Meissner, *Japanese Industrialization and Its Social Consequences* (Berkeley: University of California Press, 1976), pp. 391 – 437: 403 – 404.

城市"，这种自给自足的田园城市吸引城市居民返回乡村[1]。 无论是从商业模式还是改革派角度，郊区化都将在市郊铁路网的推动下深入发展，在大阪及全球各地都是如此。 1893 年至 1900 年，大阪新建了 11 条主干线，极大增强了逃离市中心的力量，促使大阪在 20 世纪初扩张至周围各县[2]。

市郊电气化运输及街道电车遍布整个大阪，不过也不是没有争议、逐利和腐败现象，且毫不亚于芝加哥查尔斯·叶凯士等人所为[3]。 其中最激烈的一次争议是围绕 9 条和高津之间电车路

------

[1] Hanes, "Seki Hajime," pp. 206 – 209, 303 – 321, 343 – 351.

[2] Takeo Yazaki, *Social Change and the City in Japan: From Earliest Times through the Industrial Revolution* (Tokyo: Japan Publications, 1968), p. 471.

[3] 例如参见神户《日本周报》的下列文章："Osaka-Nara Electric Railway: Another Charter Refused," September 6, 1906, p. 306; "The Osaka City Electric Railway: Who Is to Undertake the Enterprise?" November 22, 1906, p. 653; "The Hanshin Electric Railway. Municipal Difficulty at Osaka," February 21, 1907, p. 247; "Another Electric Railway Scheme: Charter Refused," February 6, 1908, p. 161; "Osaka Tramways," June 4, 1908, p. 699; "Opening of Osaka Electric Tram Service: Incidents in the Celebrations, Cost of the Line," August 13, 1908, p. 239; "Osaka Municipal Corruption: Alteration of Electric Tramway Route," February 17, 1910, p. 271; "The Osaka Tramway Dispute: Enthusiastic Public Demonstration," August 29, 1912, p. 381; "Baiting the Mayor: An Osaka Municipal Appointment," November 27, 1913, p. 927; "Illuminated Tramcars in Osaka: Municipal Celebrations," May 10, 1917, p. 750。

线变更，导致了 1912 年上村市长辞职[1]。 路线变更建议方案由于涉及与油气公司的内部交易，为油气公司谋取建议路线上一座桥的绝对控制权，结果方案被东京阻断。 市民团体迅速组织起来，对东京拒绝给予必要经营许可进行抗议[2]。 事件愈演愈烈，到了 1912 年 8 月，有 5 位知名人士由于代表油气公司故意贿赂大阪市议会议员而遭到逮捕[3]。

大阪市议会起初支持上村市长，还再次提名他为市长，谴责油气公司及其代理[4]。 事件拖延了一个秋天。 最后到了 1913 年 1 月，大阪召开市议会，选举新市长。 这一过程如同一场暴风雨，爆发了"所谓的自由之战"，最后肝付男爵取代上村当选为市长[5]。 和芝加哥一样，大阪这些政治权谋体现了争议之大。 不过，电车和城际轨道服务依旧不断拓展、持续增长，更加有利于城市扩张[6]。

[1] "The Osaka Municipality and the Government: Growing Indignation, Mayor Resigns," *Japan Weekly Chronicle*, July 25, 1912, p. 174.

[2] "The Osaka Municipality and the Government: Growing Indignation, Arrangements for Mass Protest Meeting," *Japan Weekly Chronicle*, August 1, 1912, p. 222.

[3] "The Osaka Municipality and the Government: Leading Residents Arrested," *Japan Weekly Chronicle*, August 15, 1912, p. 305.

[4] "The Osaka Electric Tramway Question: Excited Meeting of Municipal Assembly: The Vacant Mayoral Chair," *Japan Weekly Chronicle*, August 22, 1912, p. 339.

[5] "The Election for Mayor at Osaka: Stormy Proceedings," *Japan Weekly Chronicle*, January 16, 1913, p. 111.

[6] *An Outline of Municipal Administration of the City of Osaka* (Osaka: Osaka Shiyakusho, 1930), p. 74.

公共工程

随着城市和郊区扩张，大阪精英阶层将经济发展和城市建设规划进行整合，其中传统的城市规划只占有限的一部分。 规划师、政治家、房地产开发商探索更适合工业时代的城市空间关系。 大阪变得与过去截然不同。

在处理经济发展和城市开发的空间关系上，采取何种政策最为适宜，大阪领导人并没有达成共识。 从任期较长的池上四郎市长开始，有些大阪市领导能够促成重大基础设施建设项目，为广大市民带来福利。 池上市长在 1913 年被反对派攻击称"太过诚实、正派，难以成功担任大阪市长"[1]，不过相比起来，他更为理解地方政治已经成为一场多元游戏，参与方既有大阪和东京的公私部门，还有行业、工会和小型企业。 大阪案例，是围绕特定几个备受关注的亟须建设项目，成功调动资源的一个故事。

正如芝加哥的交通争夺战，回头再看大阪的案例并没有非常成功。 生活用水和污水处理工程从没有真正满足需求，大阪港口大型复兴项目几乎刚完工就过时了。 批评者们完全有理由攻击这些项目。 不过，尽管项目不足之处数不胜数，但是，即使历经第二次世界大战和 1995 年关西大地震的巨大破坏，如今这些上百年的民用工程项目依然在为这座城市和区域提供着服务。

---

[1] "Honesty a Disqualification," *Japan Weekly Chronicle*, September 18, 1913, p. 509.

大阪第一部城市规划，即以东京派来进行项目督查的工程师命名的《1899 年山口规划》，为长达十多年的城市改善运动画上了圆满句号。 1894 年，大阪船场和岛之内地区铺上了污水处理管道；1895 年，新的管道系统投入运营[1]。 第一批管道设施运营时能够为 61 万大阪市民提供服务，到 1901 年，污水处理服务实际上已经面向整座城市[2]。 1897 年，大型港口改善项目使大阪成为重要的国际航运中心，这在后文将详细讨论。

明治市政府

高度中央集权的政治体制使得城市权力和权威受到削弱，这是地方城市规划项目所处的环境背景。 明治维新时期，日本实现了中央集权，尤其是 19 世纪 80 年代将管理体制实践及关系制度化之后，情况更是如此[3]。

由于之前政权长期衰弱无力，地方精英阶层的权力和权威得以扩大。 奈地田哲夫表示，大阪商人"分析政治经济结构和内涵上，比贵族统治者更加精准、更有见地"，因而在与德川幕府政权架构的关系中将自我地位扩大到了极致[4]。 明治维新扭转了这

[1] Johannes Hirschmeier, *The Origins of Entrepreneurship in Meiji Japan* (Cambridge, Mass.：Harvard University Press, 1964), pp. 38 - 39.

[2] *An Outline of Municipal Administration*, pp. 62 - 64.

[3] Marius B. Jansen and Gilbert Rozman, "Overview," in Marius B. Jansen and Gilbert Rozman, eds., *Japan in Transition: From Tokugawa to Meiji* (Princeton：Princeton University Press, 1986), pp. 2 - 36：6.

[4] Tetsuo Najita, *Visions of Virtue in Tokugawa Japan: The Kaitokydo Merchant Academy of Osaka* (Chicago：University of Chicago Press, 1987), p. 287.

一关系。　中央集权化管理既是新政权为实现经济现代化创造条件而推动国家整合的产物，也反过来强化了国家整合进程[1]。

在 1868 动乱之年，少数战败方推动了中央集权。　即使有些藩地支持过败方，这些地方精英也接受了正席卷全国的这一革命性变革[2]。　他们服从明治政府中央集权，成为向新政体转型的标志之一。　马里乌斯·B.詹森和吉尔伯特·罗兹曼表示，在 19 世纪 80 年代末，高度集权的行政体制确立下来，指引着日本走上"现代"之路[3]。　最终目标旨在将日本变为"一等国家"[4]。

1881 年，日本就承诺设立府议会和国家层面的帝国议会，直到 1889 年《明治宪法》颁布才得以落实[5]。　在国家层面，选民只包括交纳直接税 15 日元的男性——巧合的是，选民人数刚好等同旧政权时武士户主数量[6]。　直到 20 世纪，这一政治

[1] Tetsuo Najita, *Visions of Virtue in Tokugawa Japan: The Kaitokydo Merchant Academy of Osaka* (Chicago: University of Chicago Press, 1987), pp. 7 - 8, 10.

[2] 观点讨论参见 Michio Umegaki, "From Domain to Prefecture," in Jansen and Rozman, eds., *Japan in Transition*, pp. 91 - 110。

[3] Jansen and Rozman, "Overview," p. 18.

[4] Kozo Yamamura, "The Role of Government in Japan's 'Catch-Up' Industrialization: A Neo-Institutionalist Perspective," in Hyung-ki Kim, Michio Muramatsu, T. J. Pempel, and Kozo Yamamura, eds., *The Japanese Civil Service and Economic Development* (Oxford, U. K.: Clarendon, 1995), pp. 102 - 132: 111 - 113.

[5] Bernard S. Silberman, "The Structure of Bureaucratic Rationality and Economic Development in Japan," in Kim et al., eds., *The Japanese Civil Service*, pp. 135 - 173: 157 - 158.

[6] Jansen and Rozman, "Overview," p. 19.

阶层依然限制重重。 片区领导和地方商人还拥有大量隐性权力，因此，城市治理既面临高度集权的中央体制，又面临只允许有限政治运作的复杂地方环境。 所以，大阪政治进程融合了同期莫斯科和芝加哥两座城市的特征。

1860 年至 1890 年间，日本对全国约 260 个规模迥异又复杂不同的藩地进行了重组，改成了 3 个府、42 个基本相同的县[1]。 县下设镇、村以及城市和农村区域，作为具有选举制议会、学校和警察局等的标准行政单元。 这些行政单元要符合东京中央政府官员确立的全国运行标准。 地方议会的选举权只赋予成人男性纳税者。 大阪与东京、京都共同被单列为"府市"，具有县政府架构。

但是，到了 1898 年，中央政府官员确信大阪、东京、京都的原有行政区划已经无法满足其发展需求。 于是，帝国议会颁布了特别城市管理法规，对这三座城市采取新的治理制度[2]。大阪府知事担任市长角色，直到大阪选民选出市长和市议会。据说大阪地方自治由此开始。

市长作为第一行政长官，由市议会选出，但必须经东京内务省批准、大阪府知事同意后，才能就任。 重要的一点是，府知事逐渐成为国家政权在大阪的代表，而不是反过来大阪在国家政权中的代表。 从 1867 年到 1905 年，13 位大阪府知事没有一位

[1] Andrew Fraser, "Local Administration：The Example of Awa-Tokushima," in Jansen and Rozman, eds., *Japan in Transition*, pp. 111 - 131：111.

[2] *Great Osaka: A Glimpse of the Industrial City* (Osaka：Osaka Shiyakusho [municipal office], 1925), pp. 6 - 8；*An Outline of Municipal Administration*, pp. 9 - 10.

是东京大学毕业生，但是从 1905 年到 1925 年，9 位大阪府知事中有 8 位是东京大学毕业，也就意味着是来自中央关系网[1]。

新的人事系统导致日本许多城市的行政长官快速更迭。 事实上，大阪以其行政长官稳定而出名。 池上市长担任市长十多年之久，其继任者关一市长也是如此[2]。 大阪市细分为多个行政区，每个区有区长，负责该区人口普查、税收和教育[3]。

现代大阪初具雏形

尽管在中央集权的明治政府管理体系下，地方政府相对较弱，但是大阪领导人总能说服中央官员对各种项目准予行政许可权。 更重要的是，大阪开支呈指数增长，甚至超过了城市经济和人口的快速增长速度。 1889 年，大阪地方政府机构开支为 197 043 日元。 到 1898 年，依据城市管理法规成立市政府开始"自治"时，开支增加到 3 098 318 日元，而且还在不断攀升，十年后达到 9 152 798 日元，1918 年"战时繁荣"结束之际达到了 20 084 725 日元[4]。 城市收入与支出同期增长。 具有同样重要意义的是，随着城市规划能力提高，对城市形成具有重要意

[1] Tetsuo Najita, *Hara Kei in the Politics of Compromise*，1905 - 1915 (Cambridge, Mass：Harvard University Press, 1967)，p. 33. 东京大学毕业生逐渐占据主导地位，是个全国现象而非只是针对大阪。 参见 Silberman, "The Structure of Bureaucratic Rationality," pp. 153 - 155，168 - 170。

[2] *An Outline of Municipal Administration*，p. 10.

[3] *Great Osaka*，p. 9.

[4] *An Outline of Municipal Administration*，pp. 17 - 18.

义的工程项目资金在城市支出中占有较高比例。 1903 年前尚不存在交通预算，在 1907 年至 1911 年引入有轨电车后，交通预算增至城市预算的 34.7%，到 1920 年至 1924 年时稳定在 26%[1]。 1918 年城市规划部门启动运营，开始时默默无闻，而到 20 世纪 20 年代早期年度预算高达 600 万日元，1920 年至 1924 年间占城市总支出的 7.3%[2]。 此外，在健康和教育领域，政府能力也在提升。

城市规划项目是在市政府支持下开展的，但最终决定权来自东京，一般为内务省。 这就要求，在项目报给时有敌意的东京中央官员时，地方官员必须去动员他们支持。 可以想象，鉴于城市复杂的经济社会结构，动员活动并非总是干干净净。

在经济和政治权力日趋整合的国家新型体制下，大阪作为一座经济一体化中心城市确立了自己一席之地[3]。 日本政府领导和经济领袖通过周密计划和行动获取了资本主义架构和技术。财团从国家成功发展中攫取了超乎寻常的利益。 日本对华战争（1894—1895 年）和对俄战争（1904—1905 年）胜利，又在第一次世界大战中小心翼翼与战胜方组成联盟，大阪从中创造了巨大财富，反过来又将这些财富投到城市工业基础建设之中。 随

---

[1] Shibamura Atsuki, "Gyozaisei no Kozo Henka," in Shinshu Osakashishi Hensei linkai, *Shinsbu Osakashishi* (Osaka：Osaka City Government, 1994), vol. 6, chp. 1, sec. 5, sub. 1, pp. 120–134：124.

[2] 出处同前。

[3] 已有无数日本观察家研究了财阀体系的兴起。 本讨论是基于健男雄大的研究，他认为金融集团的发展与日本城市演变普遍有关，尤其是与大阪有关系。 Yazaki, *Social Change and the City*, pp. 384–409.

着日本扩大亚洲殖民地，大阪经济精英还通过控制对殖民地贸易赚得盆满钵满。

大阪资本家不仅投资建厂，他们似乎与其他地方资本家一样，还努力美化周围环境，不断地将贫民及贫民窟赶出视线之外。中钵正美和平良浩笔下大阪规划家的城市美化项目很容易理解，这就像乔治·欧仁·奥斯曼男爵建设巴黎大道、罗伯·摩斯修建高速公路一样，只是换了名字[1]。

"大阪市，"中钵和平良表示，"在明治维新后很多年，只是如今全国铁路线（大阪干线）以内很小一块区域。1888年，根据新的法律，大阪成为一座现代'城市'。为了在住房上达到'城市标准'，大阪积极清除贫民窟。1897年，大阪将铁路线内外部分区域纳入范围，面积得到扩大。"

"在日本现代化初期，"中钵和平良认为，"一般认为大阪约六分之一人口属于'赤贫'。大阪似乎还以有全日本最差贫民窟为名，即众所周知的釜崎，是德川时代的腐败产物。如今，这一区域成为时尚之地日本桥，从著名的道顿堀向南一直到天王寺公园……1899年，釜崎住有2 255户8 532人口，约为东京最大贫民窟的两倍。"这一情况"自从警察开始严格督查公共卫生后得到显著改善"[2]。

贫民依旧存在

贫民并未消失，这些"城市美化"工程从未把贫民清除。

---

[1] Chubachi and Taira, "Poverty in Modern Japan," pp. 403 – 405.

[2] 出处同前，p. 403。

反而，一片片棚户点和临时工简易住所（ドヤ）布满城市周围。建筑标准严格使得大阪街道干净整洁，但是恶劣的环境只是从室外转向了室内。"房间里一个榻榻米（草席）上不止一个人睡，"中钵和平良说道，同时"这些地方的表里不一现象，正是源于大阪的城市美化政策"[1]。

贫民并非一直安于在这座大城市里蜗居"棚户点"。传统主仆关系受到了市场化资本主义力量的影响。大阪工业劳动力——尤其是大企业的——日益骚动，加入日本不断壮大的工会运动之中。大阪专业人士同样追求独立自主。工业资本主义对立现象无处不在。

资本日益集中到顶层少数金融集团手中，这些大型企业集团不断扩张，对所在经济部门形成垄断控制。通过复杂的控股公司体系，工业垄断资本家与正在吞噬银行部门的金融寡头相结合，发展出了垄断联盟。金融与工业资本联手，在东京寻求政治伙伴。到第一次世界大战时，五大银行（三井、三菱、安田、住友、第一劝业银行）构成了"财阀"的核心[2]。其中，住友位于大阪。明治时代金融和工业结合，与行政管理和政治领域的集权化同步进行。

财阀垄断集中在大城市，他们通过家族和企业总部对工业、金融和政治形成控制。早期明治政府准许财团低价购买政府企业和工厂，大部分财阀利用了与政府这一密切关系。通过早期国家支持的收购行动，创始家族和控股公司扩大了势力。资本

---

[1] Chubachi and Taira, "Poverty in Modern Japan," pp. 403.

[2] Yazaki, *Social Change and the City*, pp. 387 – 395.

通过快速积累和高度集中增长起来，这一模式与欧洲和北美资本主义发展非常不同。

　　大量财阀位于东京，更加强化了东京在日本人生活中的核心地位。 东京是三井、三菱、安田三大财阀的总部，还是众多中小垄断集团所在地。 大阪财阀住友是在权势和规模上能与东京财阀匹敌的唯一非东京财团。 同时，在大阪还有藤田传三郎男爵的各种业务，金融领域的野村证券和山口集团，冈崎山下航运垄断集团。 这些商业和金融集团兼具全国和全球规模，大阪只是其发源地。 尤其是住友，起源可以追溯到早期德川时代大阪一个成功的商业家族。 住友一直积极参与城市事务。 其势力之大，地方政治领导根本无法忽视，就像不能无视东京帝国政府一样。

　　治理大阪变为各种利益竞争之间的一种平衡，要平衡中央政府、地方财阀，还有其他有影响力但更本地化的商业利益集团、工会等社会组织、区里政客走卒、不断壮大的各个政治党派，以及府市政府内不同派系。 所有重大规划项目——例如后文将讨论的大型港口复兴计划——都需要在这些相互竞争甚至时而对立的团体之间，建立并维系一个并不牢固的联盟。 项目要取得成功，需要政治家建立联盟并使之持续整个项目周期。 项目越是庞大复杂，政治家和规划师越难以达成共识。

　　地方规划要取得成功，必须有强大的政治或商业领袖参与。例如，市长鹤原定吉在 1903 年举办位于天王寺的第五次内国劝业博览会中起到了核心作用，商人西村舍三在港口大型复兴项目中起了主导作用[1]。 1909 年和 1915 年这些项目完工后，位于

---

[1] Hanes，"Seki Hajime，" pp. 277 – 279.

大阪城正南的天王寺成为大阪首座主要公园和城市动物园所在地[1]。 这一时期的大阪政治家因实施这些重大项目如今仍被人们所铭记，他们是城市多元主义妥协政治的实践者。

明治时代城市规划

"现代"城市规划经东京传到明治时代的日本。 在 19 世纪80 年代，东京实施了大量城市规划项目，旨在使这座首都城市在外国人眼中设计更加合理、安全、美观。 与其说这是将东京"推倒重建"，不如说是进行"接连不断的规划实践，导致东京变得新旧混杂"[2]。 明治时代规划者，尤其是拥有巨大权力的内务省官员，在如何将国家新型工业发展与城市生活相融合方面，不是追寻本土传统，而是借鉴巴黎和欧洲规划传统。

内务省根据 1888 年《市区改正条例》赋予的权力，扩大东京规划项目。 规划最初只针对首都东京，直到 1899 年以山口半六为首的内务省官员开始着手解决大阪城市蔓延问题。 1899 年山口规划呼吁采取大规模综合措施，将大阪城市区域从 15 平方公里扩大到 56 平方公里，辖区人口从而由 50 万人增加到 75 万人，规划提议建设 212 条新路、20 条运河、29 座公园，此外还

[1] David M. Dunfield, *Exploring Osaka: Japan's Second City*（New York：Weatherhill. 1993）, pp. 51 – 53; "The New Osaka Park：Opening Ceremony," *Japan Weekly Chronicle*, October 21, 1909, p. 744; "The Value of Public Parks," *Japan Weekly Chronicle*, October 28, 1909, pp. 760 – 761.

[2] Hanes, "Seki Hajime," p. 195.

有各种道路拓宽计划和港口改善项目[1]。

　　山口等东京官员提出的城市综合规划，在大阪精英圈早已备受欢迎。 早在内务省关注大阪发展以前，大阪城市领导就已批准实施新的建筑标准，支持对新建建筑进行限制，启动生活用水、污水处理和港口项目。 1886 年，大阪府议会成立规划委员会后，立即着手限制有害工业，将城市重新定位，开始围绕连通北部梅田和南部难波的道路系统发展。

　　山口的出现和内务省开始关注大阪，赋予了大阪市领导将这些宏大计划付诸现实所需的政府和政治支持。 山口是在巴黎求学的工程规划师，喜好开发大型"大道设计"，而不去应对处理大阪惊人经济工业增长背后的动态社会经济情况。 山口及其继任者极力追求拓宽街道，经常招致本地地主和居民憎恶[2]。由此看来，比起 19 世纪末 20 世纪初其他城市的规划师，山口和大阪其他规划师算是不好不坏。

　　大阪官员反对山口关于城市周边的规划，害怕规划导致城市

---

[1] Hanes，"Seki Hajime，" p. 201.

[2] 正如 1908 年及 1911 年地主和租户反对为建设新电车线路而拓宽街道的计划。 参见 "The Osaka Tramway Scheme：Compulsory Removal of Houses，" *Japan Weekly Chronicle*，May 28，1908，p. 670；"The Osaka Electric Tramway：Compulsory Removal of Houses，" *Japan Weekly Chronicle*，June 18，1908，p. 773；"Osaka Municipal Electric Tramways：A Remarkable Protest，" *Japan Weekly Chronicle*，October 1，1908，p. 500；"Osaka Electric Tramways：The Question of Street Widening，" *Japan Weekly Chronicle*，August 10，1911，p. 237；"Dispute Between Landlords and Tenants：An Osaka Grievance，" *Japan Weekly Chronicle*，August 24，1911，p. 333。

周边住宅标准低、道路短缺[1]。 1900 年和 1901 年，大阪市议会专门制定规划，迫使城市郊区建筑开发商提高工程质量。 日俄战争时军事开支上升，导致各种规划项目缺少了必要启动资金。 直到 20 世纪第二个十年初期，随着本地开发商及铁路发展针对城市新兴中产阶级开展了大量郊区"田园城市"建设，大阪政府才最终回归郊区发展议题[2]。

与此同时，大阪房租攀升，高居日本前列，迫使白领居民开始离开城市[3]。 拥有 10 000 人以上的卫星城，从 1911 年的两个增加到 1920 年的 19 个。 这些卫星城镇以之前已有的农村和独立城镇为中心，围绕大阪东侧形成环状。 这些城镇的功能迅速细化，有的成为中等规模厂商所在地，有的成为白领家庭聚集地[4]。

中之岛中央公会堂

中之岛是本地精湛艺术与内务省支持的模范社区并存之地。从 1903 年至 1921 年，在中之岛上，沿着新中轴梅田—难波，大阪新建了一座辉煌的公共中心[5]。 这让人想起明治政府早期

---

[1] Hanes, "Seki Hajime," p. 293.

[2] 出处同前，pp. 294 – 295。

[3] "City Life in Japan: The Exodus to the Suburbs," *Japan Weekly Chronicle*, April 8, 1909, p. 560; "The Price of Land in Osaka," *Japan Weekly Chronicle*, April 18, 1918, p. 596.

[4] Yazaki, *Social Change and the City*, pp. 470 – 471.

[5] Hanes, "Seki Hajime," pp. 286 – 287.

建立在大阪城堡侧河岸、盛大开业的帝国造币厂，不过这座公共中心更为宏伟[1]。

帝国造币厂是日本最早的主要"西式"建筑之一。1868 年至 1871 年间，英国测量建筑师托马斯·J. 沃特斯担任造币厂和厂址设计师，建成后立刻成为民众和游客"必游"之地[2]。造币厂房及其新型工业化造币流程，成为大阪现代化的直接代表[3]。这一地位当之无愧，因为沃特斯设计的造币厂既是技术成就，也是建筑成就[4]。优美的新古典主义外墙代表着日本西化的决心，内部运转着最先进的瓦特蒸汽机、克虏伯钢辊、索尼尔铸币机，这些设备原计划用于香港的英国造币厂，但计划落空了。造币厂侧的迎宾馆"泉布观"为维多利亚建筑风格，大型露台足以让人联想到建筑宏伟的英属印度帝国，这里接待了无数国内外名流[5]。

中之岛上坐落了一座核心公园（中之岛公园）、日本银行新建筑、府立图书馆、中央公会堂和市役所——加上用水和道路交

[1] The Souvenir Guide to Osaka and the Fifth National Industrial Exhibition (Osaka: Hakurankai Kyosankai [municipal office], 1903), pp. 74-75; A Guide to Osaka (Osaka: Osaka Hotel Company, 1913), pp. 12-13.

[2] Dunfield, Exploring Osaka, pp. 25-26.

[3] 关于帝国造币厂在明治时代日本西化运动中作用的热烈讨论，参见 Roy Seijun Hanashiro, "The Establishment of the Japanese Imperial Mint and the Role of Hired Foreigners: 1868-1875" (Ph. D. diss., University of Hawaii, 1988)。

[4] 关于大阪这座造币厂的更深入讨论，参见 Dallas Finn, Meiji Revisited: The Sites of Victorian Japan (New York: Weatherhill, 1995), pp. 18-21。

[5] Botond Bognar, The Japan Guide (New York: Princeton Architectural Press, 1995), p. 215.

通服务围绕中之岛重新展开——导致城市中心东移，从以大阪城和广大运河系统为核心的东西轴心，变为在旧运河之上道路在梅田和难波火车站穿梭的南北贯通[1]。 大阪城作为军事储备重地，也推动了这一转型。 皇家军队有效地使城堡区域脱离出城市生活，如同新的铁路枢纽将城市生活吸引至别处。

中之岛公园于 1890 年开放，位于岛东侧。 十多年后中之岛上开展了重大开发项目：辰野金吾设计的新文艺复兴建筑日本银行（1903 年），野口孙市设计的罗马复兴建筑大阪府立图书馆（1904 年），冈田信一郎设计的新古典主义建筑中央公会堂（1918 年）[2]。 这三位都是日本第一批接受西式设计和建筑方法的建筑师，其中，辰野最负盛名[3]。 他成立的关西辰野建筑公司设计了新桥车站等著名的东京地标建筑[4]。

辰野设计的日本银行是明治时代日本最重要的建筑之一[5]。 建筑融合了西式风格，本质上带有巴洛克风格的古典主义色彩，有一个中央圆顶以及一些铜穹顶，构成了大阪独特的天际线。 镶嵌木板、镶木地板、丝绸壁纸、三角楣饰、红色天鹅绒装饰都传递着权力、地位和 19 与 20 世纪之交的流行时尚。 辰野还将在日本建造 37 座银行，最后总计接近 200 座西式建筑。

————

[1] Hanes, "Seki Hajime," pp. 286 - 287.

[2] Dunfield, Exploring Osaka, pp. 27 - 32; "Osaka Municipal Building: Details of Plans," *Japan Weekly Chronicle*, May 11, 1911, p. 805.

[3] Dunfield, *Exploring Osaka*, pp. 27 - 32. 关于辰野及其同胞对手西化建筑师妻木赖黄的更多信息，参见 *Meiji Revisited*, pp. 191 - 192。

[4] Hiroyuki Suzuki and Toharu Hatsuda, *Urban Architecture in Taisho: A Visual Anthology* (Tokyo: Kashiwa-shobo, 1992), p. 122.

[5] Finn, *Meiji Revisited*, pp. 192 - 196; Bognar, *The Japan Guide*, p. 207.

野口设计的大阪府立图书馆具有更强的新古典主义色彩，让人奇特地回忆起由伊蒂尔·汤恩和亚历山大·杰克逊·戴维斯在1833 年至 1840 年间设计的位于北卡罗来纳州罗利的州议会大厦。 图书馆建筑结构和功能的灵感深受美国影响[1]。 大阪著名财阀住友家族的第 15 代继承人住友吉左卫门友纯，在 1893 年到芝加哥参加哥伦比亚世界博览会之后，捐赠了图书馆的建造费和图书采购费[2]。 住友效仿安德鲁·卡耐基——可能也是以英国曼彻斯特的实业家为榜样——决定建造一座公共图书馆，让知识面向大阪更广泛群体。 建筑砖铁骨架外是石砌结构，建有华丽的科林斯式圆柱和精美的铜葺屋顶。 除了野口设计之外，浅井忠提供了室内艺术设计，朝平夫进行了青铜浮雕工作。

冈田设计的中央公会堂尽管在艺术审美上略逊一筹，但实现了重要的社会功能[3]。 中央公会堂于 1912 年由冈田进行最初设计，应股票经纪人岩本荣之助要求，建筑师辰野和片冈安又对初期设计进行了完善。 岩本出于公民自豪感提供了捐赠。 中央公会堂多年来一直是大阪最大的礼堂，为无数会议、讲座、音乐会、演出、集会等社会活动提供了适宜场所，赋予了大阪大都市之感。 中央公会堂成为这一时期大阪重要的公共平台。 冈田兼具多重风格，还设计了大阪新哥特式高岛屋购物中心，以及位于东京的新日式歌舞伎座和新古典主义的东京都美术馆[4]。

---

[1] Bognar, *The Japan Guide*, p. 207.

[2] Finn, *Meiji Revisited*, pp. 181 – 182.

[3] Suzuki and Hatsuda, *Urban Architecture*, pp. 186 – 188; Bognar, *The Japan Guide*, p. 208.

[4] Suzuki and Hatsuda, *Urban Arcbitecture*, pp. 102 – 104, 116 – 121, 176 – 179.

由片冈安设计的五层新文艺复兴建筑市役所，位于日本银行与府立图书馆之间，1918 年建成后确立了中之岛作为大阪中央区的地位。 建筑设计是与牛村木弓和今林彦太郎两位建筑师共同完成的。 建筑为圆顶，钢铁加固，防火防震，宣示着大阪"都市"地位[1]。 狭窄的河道将中之岛和北区梅田分开，对面是由山下启次郎、横浜努、金桥慎太郎、牛村木弓设计，于 1916 年建成的庄严的砖石结构大阪高等裁判所，这些建筑鳞次栉比，就像这一时期的英国小城[2]。 过去城市商区位于以大阪城为中心的 17 世纪道路网里，中之岛上形成新的城市中心后，便很快将交通分流出来。

中之岛所呈现的辉煌西式建筑也出现在私人领域。 有几座银行以及保险公司总部和商店的建设都具有这一时期最前沿的当代风格[3]。

一对年轻的大阪建筑师——野口（以设计府立图书馆出名）和日高胖——将利用住友财阀的支持，确立其作为日本新艺术运动前沿实践派的声誉[4]。 尽管他们设计的许多建筑并不位于大阪，但他们受到了大阪视觉氛围的熏陶，如同住友资助的建筑师和资金支持一样发挥了影响。 他们的建筑作品偏向英国工艺美术风格，所设计的私宅及奢侈家具率先将欧洲最新设计引入日本，就像同期日本设计开始影响弗兰克·劳埃德·赖特等著名西

---

［1］ Suzuki and Hatsuda, *Urban Architecture*, pp. 18 – 19; Hanes, "Seki Hajime," p. 285.

［2］ Suzuki and Hatsuda, *Urban Architecture*, pp. 8 – 10.

［3］ 出处同前，pp. 48 – 49, 74 – 75, 94 – 95。

［4］ Finn, *Meiji Revisited*, pp. 214 – 218.

方建筑师的艺术审美[1]。 野口和日高充分参与推动发展了大正时代的建筑风格，即反映出"深谙与新兴前卫建筑齐头并进的历史风格"，折射出"意识到了日本建筑传统"[2]。

除了建筑领域，大阪城市规划在整个 20 世纪第二个十年一直在断断续续开展。 交通规划发展迅速，1903 年启动电车服务后尤其如此[3]。 内燃机开始发挥影响；1915 年左右，首次开始对机动车通行进行管理[4]。 综合规划与城市发展相比相对滞后，直到 1919 年国家出台《城市规划法》，为全国确立了更加全面综合的规划政策[5]。

大型港口项目

大阪浩大的港口复兴项目可能是这一时期最重要的城市建设项目。 港口项目凝聚了本地商业利益与城市官员力量，虽被东京反对但依然得以实施。 项目完工完全来自大阪本地所有主要社会团体的间接和直接支持。 正如杰弗里·汉斯指出，项目

―――――

[1] Kevin Nute, *Frank Lloyd Wright and Japan: The Role of Traditional Japanese Art and Architecture in the Work of Frank Lloyd Wright* (New York： Van Nostrand Reinhold, 1993).

[2] Suzuki and Hatsuda, *Urban Architecture*, pp. 3 – 4.

[3] *The City Transit System in Osaka*, *1966* (Osaka： City of Osaka, 1966), p. 1.

[4] "Regulation of Traffic in Osaka： Creation of New Bureau," *Japan Weekly Chronicle*, December 13, 1917, p. 962; "Taxis for Osaka： New Scheme," *Japan Weekly Chronicle*, May 2, 1918, p. 688.

[5] Hanes, "Seki Hajime," pp. 311 – 331.

"成为市民着迷不已的一样东西。 实际上，当 1894 年要选出一个城市徽章时，市议会没有采用寓意明显的罗盘，而是选了与众不同的航道航标"[1]。 不管怎样，是好还是像不少批评家所言的不好，大阪港口都处于这一代人城市政治的核心位置。

明治维新初期，大阪时局不利。 初期大阪商业家族试图促使国家将新首都落户大阪，这一努力失败后，大阪商业家族面临着地位下降、政府政策要摧毁他们金融和贸易垄断地位的现实情况。 大阪港口适应不了现代航运成为这一时期令人困扰的一个问题。

在整个德川时代，大阪控制了沿海贸易。 但是，由于淤泥沉积，港口深度无法承载远洋轮船。 大阪港口不可通航，导致明治政府早期决定开发附近的神户作为关西地区面向外部世界的港口。 大阪开始意识到，亟须对港口设施进行现代化改造以求生存，并与中央政府正大力投资的附近港口相竞争。 这一严峻现实，迫使大阪精英们联合起来。

到了 19 世纪 70 年代中期，大阪本地商人和政治领袖开始松散地联合起来，在经济发展战略上进行合作，使得大阪相对神户和更远的横滨这两座新港口能够保持竞争力。 大阪与神户争夺国际航运变成了一场公开的经济战争，在一定程度上至今争夺不休。

由于神户在东京的政治支持者的影响，大阪被迫在规划制定和项目筹资上自力更生。 只有建立联盟互相合作，才能将港口复兴等大型项目付诸实施。 无论是住友等老牌商业家族，还是

---

[1] Hanes, "Seki Hajime," p. 277.

藤田传三郎男爵和大阪证券交易所创始人五代友厚等新兴明治经济精英，大阪人都在互相寻求合作基础。

19世纪80年代大量私人项目开展，试图改善大阪港口设施，将铁路线进一步延伸至大阪工业区和港口区[1]。最终到了19世纪90年代，新成立的大阪市政府通过公私合作伙伴关系，与当地势力庞大的商人西村舍三合作，将港口项目纳为己有[2]。

基本计划是打造一个新港口，包括将巨大的防波堤向大阪湾里推进，使曲折的淀川河道变直，疏浚淀川流入大阪湾的河道，使其连通新港区和仓库设施，新建铁路线将港口设施与国家货运网络连接起来。由于大阪市无法依赖东京部委给予可靠支持，项目资金只能自给自足。本地银行家提供了初期贷款，支持项目启动。未来建设资金寄托于将填海新增土地卖给或租给本地开发商产生的收益。通过填海造地，大阪市向湾区扩张，扩张规模至少是17世纪以来最大的一次。

计划多少奏效了。但是并非一帆风顺，有本地官员互相推诿，有1904—1905年间和1914—1918年间因战争导致拖延，以及当需要到国际市场举债时还经历了与中央政府机构的斗争，而

---

[1] 日本铁路出现时间较晚；最早的东京至横滨铁路也是直到1872年才开通。此后铁路开发非常迅速。关西地区神户和大阪之间的第一条铁路于1874年开通，1877年延伸到了京都。Thomas C. Smith, *Political Change and Industrial Development in Japan Government Enterprise, 1868 – 1880* (Stanford: Stanford University Press, 1955), pp. 42 – 45.

[2] 出处同前，p. 277。

且还遭受了不止一桩丑闻。 项目导致大阪不止一次濒临财政崩溃[1]。 从 1898 年市政府成立到 1904 年，每年港口项目吞噬了整个城市预算的三分之一到二分之一，更别提 1899 年财年时占全部开支高达 70.9%。 1905 年日俄战争后大阪市政收入下降，直到 1910 年后，十来年间才逐步恢复。 而在 1905 年后衰退最严重的时期，恰好港口和其他小型项目融资债券到期，因而偿还债券利息占了城市预算的四分之一以上，这种情况一直持续到第一次世界大战末。 在又一次港口引发的财政危机巅峰时，债券支付利息占了 1916 年大阪预算的 48.9%。 总体而言，从 1897年后的 20 年间，大阪市在港口相关支出上的投入超过了 2 700 万日元。

大阪不断推动港口设施现代化，在与神户的持续竞争中保持了自己的贸易份额[2]。 在日韩、日中贸易中，大阪也成功占有一定地位[3]。 1910 年，大阪贸易中 70% 以上是与境外的亚洲

---

[1] 数据支持，参见 Hotta Akio, "Shushi Jijo to Shichosha no Kensetsu," in Shinshu Osakashishi Hensei Iinkai, *Shinsbu Osakashishi* (Osaka：Osaka City Government, 1994), vol. 6, chp. 1, sec. 1, sub. 3, pp. 19 – 33：28 – 29；Toshimitsu Nakao, "Dai-gokai Naikoku Kangyo Hakurankai to Shisei," in Shinshu Osakashishi Hensei Iinkai, *Shinshu Osakashishi*, vol. 6, chp. 1, sec. 2, sub. 1, pp. 34 – 48：38 – 39；Toshimitsu Nakao, "Senso to Gyozaisei," in Shinshu Osakashishi Hensei Iinkai, *Shinshu Osakashishi*, vol. 6, chp. 1, sec. 2, sub. 2, pp. 48 – 63：50 – 51；Shibamura, "Gyozaisei no Kozo Henka," pp. 124, 128 – 129。

[2] *A Guide to Osaka Japan*, p. 5.

[3] "Governor Takasaki on Usaka Harbour," *Japan Weekly Chronicle*, October 15, 1908, p. 581.

其他港口[1]。 在第二次世界大战前，大阪新港口逐渐融入铁路系统，进一步推动了日本最大的工业综合体——大阪都市圈——的发展。

远在 20 世纪第二个十年末港口项目完工之前，港口就已经发挥了影响力。 1904 年，神户地方领导就开始担忧，政府补贴的神户港口设施与大阪市港口相比会逐渐黯然失色[2]。 这一担忧导致神户也自主展开港口现代化建设，这反过来又激励大阪进一步强化港口建设[3]。

大阪大型港口项目面临众多物流问题。 有三个问题尤其能说明项目面临的紧迫情况，这也是为什么项目需要各方通力合作： 第一，融资一直令人头疼，经常导致大阪与东京中央政府机构产生冲突；第二，项目各个阶段腐败横行，在填海造地的处置上尤其如此；第三，现代化港口设施除非通过铁路与日本腹地相连，否则毫无意义。

———————

[1] Shibamura Atsuki, interview by author, Ibaragi, Japan, April 14, 1996.

[2] "Osaka Harbour Facilities," *Japan Weekly Chronicle*, August 4, 1904, p. 136.

[3] "Osaka Harbor Works: A Warm Debate: The Ethics of Ministerial Influence," *Japan Weekly Chronicle*, August 9, 1906, p. 165; "The Osaka Harbour Works," *Japan Weekly Chronicle*, February 20, 1908, p. 236; "The Kobe Harbour Works," *Japan Weekly Chronicle*, March 5, 1908, p. 281; "The Future of Kobe," *Japan Weekly Chronicle*, July 29, 1909, pp. 181–183; "Osaka and Kobe Shippers," *Japan Weekly Chronicle*, March 29, 1917, p. 518.

丑闻、不法与负债

在港口现代化融资上，大阪市政府很快掏空了本地资本市场。 大阪市官员从府里和帝国政府两方都无法获得足够投资，所以不得不转向国际资本市场。 到国际资本市场融资需要得到东京大藏省批准，这可不容易办到。 本地规划导致大阪与越来越多的中央部委产生冲突（如内务省、大藏省、交通省等），所有这些部委本身互相也有管辖之争[1]。 而且，正如在神户的《日本周报》写道，东京中央政府"一直认为大阪市政府腐败又愚蠢"[2]。

1906 年末，大阪市与日本动产信贷银行达成协议，获得了 2 700 万日元资金，用于完成包括港口在内的各种城市基本建设项目[3]。 最初大藏省官员并不看好欧洲货币市场，拒绝批准贷款[4]。 大阪市政府和港口管理官员在大阪和东京间多次奔

[1] "The Future of Osaka Harbour: Speech by Dr. Sakatini: The Kobe Breakwater," *Japan Weekly Chronicle*, September 27, 1906, p. 394.

[2] "The Osaka Engineering Scandal: Accused Committed for Trial," *Japan Weekly Chronicle*, November 22, 1906, p. 653.

[3] "Osaka Improvements: Warm on Waterworks Scheme: Huge Foreign Loan," *Japan Weekly Chronicle*, July 19, 1906, p. 85; "The Osaka Foreign Loan: Curious Action bythe Government, " *Japan Weekly Chronicle*, August 16, 1906, p. 216; "The Osaka Municipal Loan: An Arrangement Arrived At," *Japan Weekly Chronicle*, December 20. 1906, p. 778; "Osaka Municipal Loan: Government Approval, " *Japan Weekly Chronicle*, March 21, 1907, p. 406.

[4] "The Osaka Foreign Loan: Curious Action by the Government," p. 216.

波往返，到了 1907 年初，才最终获得批准[1]。 由于要为了融资不断斗争，导致大阪市政府对项目采取短期危机管理的方式，其代价就是不能对整个港区及其与城市其他地区的联系上进行长期规划[2]。

如前面所述，大阪市试图推动填海区域的房地产开发，为港口的进一步发展提供资金。 这种计划可能会导致资金分配不当，这不论处于何时何地、何种文化都有可能出现。 就像同时代芝加哥市领导将电车经营权一个街区一个街区地来卖，大阪市领导在利用城市房地产谋取个人利益上也毫不犹豫。

市政府和府政府——尤其是大阪府议员——从土地交易中获利的机会多多。 他们控制着哪些填海区域先行开发的决策，掌握基础设施开发规划的内幕消息，有机会削减注册费等。 到处传着对各个府议员和城市官员的指控，丑闻不绝于耳[3]。

---

[1] "Osaka Municipal Loan: Government Approval," p. 406; "The Osaka Municipal Loan: Government Approval Granted," *Japan Weekly Chronicle*, April 30, 1908, p. 549.

[2] "Osaka Harbour Works: Another Scheme Formulated," *Japan Weekly Chronicle*, October 4, 1906, p. 422.

[3] 例如参见 "Municipal Scandal at Osaka: Leakage in the Tax Office," *Japan Weekly Chronicle*, June 13, 1907, p. 777; "Official Corruption in Japan: Remarkable Revelations in Osaka," *Japan Weekly Chronicle*, July 22, 1909, p. 152; " Corruption in Osaka: Grave Charge against a Tax Official, " *Japan Weekly Chronicle*, March 31, 1910, D. 539; "Alleged Corrupt Land Deal: Osaka Official Arrested," *Japan Weekly Chronicle*, November 13, 1913, p. 87; "Violation of the Election Law: Curious Case in Osaka," *Japan Weekly Chronicle*, February 25, 1917, p. 271; "Official Corruption in Osaka, " *Japan Weekly Chronicle*, March 22, 1917, p. 474; "The Osaka （转下页）

　　1908 年末，大阪丑闻达到高潮，港口房地产的处置不当牵涉到一半府议员。 大阪律师西尾哲夫组织了周密的收回扣方案，与法官助理小岛福太郎联手向木商勒索"大笔资金"[1]。方案一旦公之于众，包括 11 名府议员在内的多个知名政治家都将被以各种罪行起诉。 负责监督港口项目储备资金的议会委员会里有众多成员被判刑或解雇。 关于议员小濑韩三郎、高田稔、山下吉太郎、西尾哲夫与木材信托的交易，还召开了公开会议，但这几位议员仍对判决表示怀疑。 同样，当时在新增土地上开发游乐场和许可住房问题也让正直人士愤慨不已[2]。 港口官员还被发现向非法逮捕的船只索取贿赂作为释放费用[3]。

　　议会大规模辞职风波一年后，山下市长和藤原副市长在又一

（接上页）Engineering Scandal: Fresh Developments," *Japan Weekly Chronicle*, March 29, 1917, p. 507; "The Osaka Engineering Scandal: Accused Committed for Trial," *Japan Weekly Chronicle*, October 18, 1917, p. 639; "Municipal Corruption in Osaka: Another Scandal Disclosed," *Japan Weekly Chronicle*, February 28, 1918, p. 319。

[1] "The Osaka-Fu Assembly Scandal," *Japan Weekly Chronicle*, July 16, 1908, p. 97; "The Osaka-Fu Assembly Scandal: Decision of Preliminary Court," *Japan Weekly Chronicle*, October 22, 1908, p. 627; "The Osaka-Fu Assembly Scandal: Accused Sentenced," *Japan Weekly Chronicle*, December 31, 1908, p. 1003.

[2] "The Osaka Harbour Works," *Japan Weekly Chronicle*, June 4, 1908, pp. 697–698.

[3] "Corruption in Osaka: Allegations against Officials of Marine Office," *Japan Weekly Chronicle*, September 17, 1908, p. 423.

场丑闻中被迫下台，这次丑闻是关于电车路线选址[1]。 据称，获得许可权的商家为了提高利益，贿赂市议员更改电车路线[2]。 众多高级官员因受贿定罪，包括前任常务副市长松村智雄[3]。 在这场轩然大波中，公愤和改革选举的呼声达到高潮，不止一名市议员因牵涉丑闻而受到市民人身攻击[4]。

推进铁路事业发展

比起接连不断的指控和市政官员的不法行径，新港口的铁路服务短缺证明是个更加严峻的问题。 这一规划不当，一方面来自大阪市官员一直要奋力对抗预算危机而相对短视，另一方面来自大阪市未能从东京中央政府官员那里获得可靠支持。

但是，到了1910年，大阪如果要继续与神户港口竞争，就不能再忽视航运不便这一问题。 为了建设一条铁路干线，大阪将港口并入日本主要铁路网，但关于铁路干线选址和所有权的问题爆发了讨论。 最终选取了北部路线，因为这也能为大阪主要

---

[1] "The Osaka Municipal Assembly: Question of New Municipal Council: Alteration of Electric Tram Route," *Japan Weekly Chronicle*, December 30, 1909, p. 1169.

[2] "Osaka Municipal Corruption: Alteration of Electric Tramway Route," *Japan Weekly Chronicle*, February 17, 1910, p. 271.

[3] "The Osaka Municipal Scandal: Opening of Public Trial," *Japan Weekly Chronicle*, July 21, 1910, p. 124; "The Osaka Municipal Scandal Case: Judgement," *Japan Weekly Chronicle*, August 18, 1910, p. 297.

[4] "Sequel to Osaka Municipal Scandal: Assault on Member of Council," *Japan Weekly Chronicle*, January 20, 1910, p. 124.

工业区提供服务[1]。 而中央政府迟迟不予铁路建设专项资
金，导致融资再次成为一大主要难题[2]。 直到 1911 年初，内
务省官员才同意进行项目投资，但是规定建设南部路线，而不是
穿过北部工业区的路线[3]。 大阪官员认为，改变路线会导致
大阪港口变得"只为本地服务"[4]。

　　大阪市规划官员与内务省中央官员间的官场之争又持续了五
年，这五年间一公里铁路线也没能建成[5]。 1916 年 3 月，大
阪三位私营商户——三位在港口都有仓储设施——买下所需土
地，自己建起铁路[6]。 到了 20 世纪 20 年代，随着港口复兴项
目完工，港口蓬勃发展起来，中央和大阪市政府都参与到私有铁
路建设中，升级港口铁路站场，确保了大阪作为一座重要国际港
口的地位。

----

［1］ "Osaka Harbour: The Question of Railway Connection," *Japan Weekly Chronicle*, May 26, 1910, p. 911.

［2］ "Osaka Harbour Works: Statement by Director of Engineering Bureau," *Japan Weekly Chronicle*, June 9, 1910, p. 985; "The Osaka Harbour Works: Estimate of Cost," *Japan Weekly Chronicle*, October 20, 1910, p. 700; "Osaka Harbour Works: Question of Railway Extension," *Japan Weekly Chronicle*, January 5, 1911, p. 13.

［3］ "Osaka Harbour Works: Question of Railway Extension," p. 13; "The Osaka Harbour Works: The Question of Railway Connection," *Japan Weekly Chronicle*, April 27, 1911, p. 729.

［4］ "The Osaka Harbour Works: The Question of Railway Connection," p. 729.

［5］ "Osaka Harbour Works Railway: Discussion in Diet Committee," *Japan Weekly Chronicle*, February 3, 1916, pp. 171 - 172.

［6］ "Osaka Harbour Facilities: Proposed Undertakings by Merchant Princes," *Japan Weekly Chronicle*, March 16, 1916, p. 431.

　　尽管大阪港口复兴项目最终促使大阪在日本对亚洲贸易中成功占有相当的贸易份额，但是项目本身一直饱受诉病。 在当时愤怒的观察家看来，有几大要素怎么批评都不为过： 项目建设缓慢；与市场经济周期性繁荣与衰退相关的项目停工；贿赂、腐败、滥用指控屡屡出现；管理无能；超出成本。 神户竞争对手当然竭尽全力想让大阪项目失败。 对于思考更为深入的批评家，例如关一，只是认为港口项目并不属于良好的经济和城市发展项目，是为了有限的商业利益消耗大量公共资金的项目[1]。

　　作为日本唯一用市政资金——2 700 万日元——建设的重要港口，大阪港口最终成本几乎是当时大阪市政府年度开支的 20 倍之多[2]。 在第二次世界大战到来之前的几十年间，港口使得大阪都市保持了蓬勃活力。 正是由于这一港口项目——以及相关基础设施开发和城市建设项目——大阪转型为全球一流的工业中心。 若不是采取联合政治，即讲求实用的多元主义的核心要义，大阪就无法实现这点。

---

[1] Hanes，"Seki Hajime，" p. 247.

[2] *The City of Osaka: Its Government and Administration* (Osaka： Osaka Shiyakusho，1953)，p. 2；*An Outline of Municipal Administration*，pp. 82 - 83.

暴动与革命

第八章
修宪失败

1902—1914 年间，虔诚市民的团体和他们的政治代言人先后起草了三版城市治理宪章修正案，并把宪章摆到芝加哥全体选民面前。 他们的方案每次都极不光彩地遭到失败。 表面上，愤怒的市民很可能已经同调查记者林肯·斯蒂芬斯一起发问，"美国人真的想要好政府吗？ 我们能分得清吗？"[1]在表象之下，由于不愿妥协和包容，造成芝加哥的城市政治进入了新的排他时代。美国历史上最强大的政治机器即将出现，以填补一方面行政管理和政治结构赋予的能力与另一方面复杂的都市生活现实之间不断扩大的鸿沟。 妥协和迁就让位给"政治机器"和"改革"之间的绝对选择。 倾向二元化选择的思维模式被强加于种族分化日益严重的城市。 在 1919 年"红色夏天"的激烈的种族冲突和暴乱之后，芝加哥式政治和讲求实用多元主义遭到的根本性失败再也无法掩饰。 代价巨大，让人无法忽视。

---

[1] 最早见于 1903 年《麦克卢尔杂志》，本引用出自 Justin Kaplan, *Lincoln Steffens: A Biography* (New York: Simon and Schuster, 1974), p. 123。

　　宪章改革运动团结了中产阶级和专业人员，他们参与了进步主义时期美国城市改革运动。　芝加哥修宪失败关键原因在于当地政治文化长期被劳工、阶级和种族冲突搞得极端化[1]。　一派人"自说自话"，相信"城市改革的动力只可能来自他们所属的阶级"，自认为"城市中的一切改革都应由他们来领导"[2]。　另一派人是文化较低的族群、劳工和一直没有选举权的女性，他们不相信那些维稳现状的道德规范，蔑视那些自封的卫道士，在道德上更加宽容——至少表现在：酒馆、娼妓和无处不在的润滑着芝加哥新兴政治机器的"贿赂"。

　　伊利诺伊州"南部僻壤"的农民和代表他们的议员是所有芝加哥人共同的敌人。　如老卡特·哈里森和小卡特·哈里森等施行包容政治的领导者愿意求同存异。　可是，自以为是的支持宪章改革的市民阶层却更习惯于把对手描述为"自私、腐败或狭隘"，这么一来在投票表决中毫无胜算[3]。　正如阿尔弗雷多·罗德里格斯和露西·温切斯特将近一个世纪之后对拉丁美洲城市的观察，"首先，改造城市政府意味着创造一个城市共同愿景并坚持不懈地追求"[4]。　宪章改革者们既没有建立共同愿景，也

---

[1] 如非特别指出，本章关于芝加哥宪章改革运动失败的讨论，是基于 Maureen A. Flanagan, *Charter Reform in Chicago* (Carbondale：Southern Illinois University Press, 1987)。

[2] 出处同前，pp. 38 – 39。

[3] 出处同前，pp. 47 – 63。

[4] Alfredo Rodriguez and Lucy Winchester, "The Challenges for Urban Governance in Latin America：Reinventing the Government of Cities," in Patricia K. McCarney, ed., *Citiesand Governance: New Directions in Latin America, Asia, and Africa* (Toronto：University of Toronto Press, 1996), pp. 23 – 38：30.

没有改造政府所需的执政时间。

芝加哥的"杂烩政府"

差不多从芝加哥建立之初，城市难以捉摸的高速增长就远远快于政治体制变革的速度[1]。 到 20 世纪初，城市仍然依靠 19 世纪 60 年代确立的、落后的治理机构和原则来运行，而在这期间芝加哥的城市人口已由当时的 40 万发展到 40 年后的接近 200 万[2]。

芝加哥市民联合会在 1902 年的一份报告中论述了宪章改革，哀叹地方治理机制过时且支离破碎[3]。 联合会发言人写道："大家普遍承认，城市治理中衍生的各种独立机构已远超经济或公共服务的范畴……芝加哥的宪章过时了，不再适应现在的城市规模和具体实际。"[4]他们呼吁从地理上扩展城市边界，提高宪章中规定的市政债务上限，改革地方司法系统，合并和统一地方政府机构，改革选区体系，联合会的报告中宣称市政治理

---

[1] 这一时代改革家们突出强调了这一观点。 例如参见 Jane Addams, "Problems of Municipal Administration," *American Journal of Sociology* 10, no. 4 (January 1905), pp. 425 - 444。

[2] 相关讨论参见 Ann Durkin Keating, "Governing the New Metropolis: The Development of Urban and Suburban Governments in Cook County, Illinois, 1831 - 1902" (Ph. D. diss., University of Chicago, 1984), pp. 2 - 15。

[3] *Preliminary Report on Need for New City Charter* (Chicago: Civic Federation of Chicago, 1902).

[4] 出处同前，p. 2。

"应当更加节约、高效、公平"[1]。 也许类似不久之前
（1897—1898 年）纽约市合并五个自治市镇，那时联合会启动了
州宪法的修改程序，旨在为城市起草一份新的宪章创造条件[2]。

1870 年的伊利诺伊州宪法中还没有给各个单独的镇或市作
出规定，而是不论规模地对所有地区制定了相同的合并程序。
这样的体系有利于乡村和小城镇的伊利诺伊人，他们害怕湖边
"邪恶的"包罗万象的都会，并且力争把州里少得可怜的税收留
得离家近些[3]。

芝加哥在 1871 年大火之前与众多其他美国城市一样，本质
上像企业一样运作，依靠政府服务直接受益方的缴费来获得收入
来源[4]。 通过研究失传已久的市议会档案，罗宾·L.艾因霍
恩把这种私有化的市政治理称为"分块体制"。 艾因霍恩认

---

[1] *Preliminary Report on Need for New City Charter* (Chicago：Civic Federation of
Chicago, 1902)，p. 4.

[2] 出处同前，pp. 15 - 16，27 - 28。

[3] Flanagan, *Charter Reform*, pp. 1 - 9. 州南部税收之争几乎从芝加哥城市
建立之时就开始了，至少在 19 世纪五六十年代 "高大的"约翰·温特
沃斯市长时代就不断为此抗争。 参见 Don E. Fehrenbacher, *Chicago
Giant: A Biography of "Long John" Wentworth* (Madison, Wisc.：
American History Research Center, 1957)，pp. 185 - 187。

[4] 关于美国其他城市的管理，参见 Amy Bridges, *A City in the Republic:
Antebellum New York and the Origins of Machine Politics* (Cambridge, U. K.：
Cambrdge University Press, 1984)；Sam Bass Warner, Jr., *The Private City:
Philadelphia in Three Periods of Its Growth* (Philadelphia：University of
Pennsylvania Press, 1968)；Terrence J. McDonald, *The Parameters of Urban
Fiscal Policy: Socioeconomic Change and Political Culture in San Francisco,
1860 - 1906* (Berkeley：University of California Press, 1987)。

为："根据档案显示，在芝加哥历史上有段时期，政府干净得令所有人都很满意，甚至包括最吹毛求疵的城市改革者、19世纪晚期自觉精英主义的'结构改革者'以及那些拿城市和私营企业对比来蓄意谴责市政府缺乏民主的人。"[1] 应纳税的房地产所有者为市政服务买单，同时也控制着市政服务。

在杰克森式的"分块体制"中，地方政府的工作只局限于建设用户自费的各式公共工程和基建项目，之所以转变为镀金时代的大政府，在某种程度上是由于南北战争后美国政府规模和内容的演变所推动[2]。 对政府服务的需求不断扩大，促使政治体制非正规式的集权化以增加财政收入、协调政府工作[3]。 通常由政府雇佣市政工程师来规划城镇和街区，因此不能完全说芝加哥等美国城市完全是由市场的力量创造出来的[4]。 到了19

---

[1] Robin L. Einhorn, *Property Rules: Political Economy in Chicago*, *1833 - 1872* (Chicago: University of Chicago Press, 1991). 艾因霍恩的研究是在1833年至1871年芝加哥市议会文献记录基础上展开的，这些资料曾被认为毁于大火，但在一次州资料盘点中在芝加哥一个仓库中重新出现。

[2] 政府在参与改善基础设施方面的变化，可见于芝加哥无休止地渴望联邦政府资助耗资巨大的港口改善项目。 例如参见 Joan E. Draper, "Chicago: Planning Wacker Drive," in Zeynep Celik, Diane Favro, and Richard Ingersoll, eds., *Streets: Critical Perspectives on Public Space* (Berkeley: University of California Press, 1994), pp. 259 - 276; Robin L. Einhorn, "A Taxing Dilemma: Early Lake Shore Protection," *Chicago History 18* (Fall 1989), pp. 34 - 51。

[3] Einhorn, *Property Rules*, p. 24.

[4] 观点出自 Donald L. Miller, *City of the Century: The Epic of Chicago and the Making of America* (New York: Simon and Schuster, 1996), pp. 59 - 60。

世纪 70 年代，在芝加哥，"分块体制"至少已发展成"政府依据通过权力政治和群体竞争来作出的公共政策决策、重新进行财富分配的体制"[1]。

面对公共服务需求不断上升，芝加哥的城市领导者们最初希望通过向周围扩展管辖范围来增加收入来源[2]。 在 1880—1890 年间，在当地最重要的商业利益团体的支持下[3]，芝加哥吞并了周围数个社区，包括 1889 年土地吞并热潮使城市面积几乎增至 4 倍[4]。 周围社区的人口增长已经比芝加哥更快，直到此时，联合牲畜屠宰场等当地许多重要雇主都位于城市界限之外[5]。 在 1893 年并入北部城镇罗杰斯公园和西崤之后，土地兼并运动才告停歇。 从那时起，城市的边界基本上保持未变。

---

[1] Einhorn, *Property Rules*, p. 229.

[2] 关于兼并运动的更多讨论，参见 Ann Durkin Keating's informative discussion in her *Building Chicago: Suburban Developers and the Creation of a Divided Metropolis* (Columbus: Ohio State University Press, 1988), pp. 98 – 119。

[3] Frederic Cople Jaher, *The Urban Establishment: Upper Strata in Boston*, *New York*, *Charleston*, *Chicago*, *and Los Angeles* (Urbana: University of Illinois Press, 1982), p. 503.

[4] 1889 年兼并包括杰斐逊镇和湖镇、湖景市和海德公园村。 Irving Cutler, *Chicago: Metropolis of the Mid-Continent*, 3d ed. (Dubuque, Iowa: Kendall/Hunt, 1982), p. 33. 进一步讨论兼并问题，参见 Keating, "Governing the New Metropolis," pp. 307 – 320; Edith Abbott, *The Tenements of Chicago*, *1908 – 1935* (Chicago: University of Chicago Press, 1936), pp. 9 – 14。

[5] Flanagan, *Charter Reform*, p. 13.

芝加哥市和库克郡的官员们利用伊利诺伊州法令中的条款设立了许多专门的行政机构、行政区、财政机构和财政区，解决供水、排水、公园、教育和图书馆等公众关切的问题[1]。 这块百衲布最终发展成涵盖超过 1 600 个独立法定管辖范围的体制，芝加哥资深的地方改革实践者查尔斯·E. 梅里亚姆称之为"杂烩政府"[2]。 根据梅里亚姆的说法，在 20 世纪 20 年代末，芝加哥的辖区包括 4 个州、16 个郡、203 个城市、166 个城镇、59 个公园区、10 个环卫区、188 个排水区和 1 027 个其他杂七杂八的政府机构[3]。

芝加哥并不是唯一一个政府和政府机构相互重叠的美国城市。 欧内斯特·S. 格里菲斯认为，直到 19 世纪后半叶，这种体制的复杂性和松散性仍然是美国城市治理中的根本弱点，导致

---

[1] Flanagan, *Charter Reform*, pp. 22 – 24. 相关讨论还参见 Richard Schneirov, "Class Conflict, Municipal Politics, and Governmental Reform in Gilded Age Chicago, 1871 – 1875," in Hartmut Keil and John B. Jentz, eds., *German Workers in Industrial Chicago*, 1850 – 1910: A. Comparative *Perspective* (DeKalb: Northern Illinois University Press, 1983), pp. 183 – 205: 184 – 187; 以及 Ester R. Fuchs, *Mayors and Money: Fiscal Policy in New York and Chicago* (Chicago: University of Chicago Press, 1992), p. 195。

[2] Charles E. Merriam, *Scrambled Government: Who Rules What in Chicago land?* (Chicago: League for Industrial Democracy, 1934). 在梅里亚姆看来，文中"政府"指"独立行使征税和负债权力的机构，有依法履职的官员在特定区域负责特定服务" (p. 3)。

[3] Charles E. Merriam, *Chicago: A More Intimate View of Urban Politics* (New York: Macmillan, 1929), pp. 90 – 93.

了他认为的"明显失败"[1]。 一个世纪后，大卫·拉斯科在他大卖的著作《没有郊区的城市》中也表达了极相似的观点[2]。然而卢米斯·梅菲尔德主张，郊区增长在 20 世纪早期带来的后果"与现代阶段完全不同。 在第二次世界大战之前，城市经济不像后来那样受到严重影响，也不像后来那样经济更为一体……就算没有吞并，城市经济网经常也能够延伸到偏远地区，郊区许多独立的工业和消费服务提供者被城市机构取代更新，都市圈内的一体化整合越来越厉害"[3]。

尽管如此，梅里亚姆的观点对于这一问题的讨论仍然重要，它解释了芝加哥与莫斯科和大阪不同的市政管理方式。 例如，他准确地指出芝加哥复杂的体制把城市治理过程转化为对各种各样治理机构之间剧烈冲突的管理和操控过程。 梅里亚姆观察发现，"在错综复杂的环境中，一个个鲜明的个体互相交织，各个社会团体间争取支持或搞对立和表达意见"[4]。 此外，如安·德尔金·基汀在 60 年后所写："芝加哥在改善供水、排水、马路和人行道过程中的混乱状态，给贪污腐败留下了大量机会。"[5]

---

[1] Ernest S. Griffith, *A History of American City Government: The Conspicuous Failure, 1870 - 1900* (New York: National Municipal League; Lanham, Md.: University Press of America, 1983), pp. 4, 52 - 96.

[2] David Rusk, *Cities without Suburbs* (Washington, D. C.: Woodrow Wilson Center Press, 1993).

[3] Loomis Mayfield, "The Reorganization of Urban Politics: The Chicago Growth Machine after World War II" (Ph. D. diss., University of Pittsburgh, 1996), p. 14.

[4] Merriam, *Chicago*, p. 94.

[5] Keating, *Building Chicago*, p. 48.

查尔斯·E. 梅里亚姆和市政改革

1911 年，梅里亚姆竞选市长的辛酸落败代表着芝加哥进步主义运动的巅峰[1]。 梅里亚姆是芝加哥市议会议员，同时也是芝加哥大学政治学教授，他成功获得共和党候选提名，领导了针对民主党人小卡特·亨利·哈里森的一场改革派进攻[2]。

梅里亚姆的父亲是艾奥瓦州的政客，梅里亚姆在纽约市哥伦比亚大学研究生毕业后，于 1900 年加入了芝加哥大学政治学系[3]。 他很快对地方政治产生了兴趣，并为芝加哥的多个改革团体做了大量研究。 1909 年，梅里亚姆被学校周围的海德公园社区选为芝加哥市议会议员并迅速成为改革拥护者。 1911 年，梅里亚姆利用共和党市长弗雷德·A. 巴斯退休以及伊利诺伊州共和党的内部分歧，战胜州内大佬威廉·罗瑞默赢得党内初选提名[4]。 地方上的党内分歧预示了一年之后共和党正统派与改革派全国性的分裂，共和党改革派后来成立了进步党。 市长选举失败后，作为无党派人士的梅里亚姆于 1903 年在共和党正统派的强大阻力下重新赢回市议会议员席位。 他将再次参加

---

[1] 观点参见 Steven J. Diner, *A City and Its Universities: Public Policy in Chicago, 1892 – 1919* (Chapel Hill: University of North Carolina Press, 1980), pp. 154 – 175。

[2] 关于梅里亚姆个人的政治生涯，参见 Barry D. Karl, *Charles E. Merriam and the Study of Politics* (Chicago: University of Chicago Press, 1974), pp. 61 – 83。

[3] Diner, *A City and Its Universities*, pp. 33 – 34.

[4] 出处同前，pp. 169 – 171。

市长竞选，但是再也没有像 1911 年与哈里森对决时与成功那么接近。

　　梅里亚姆的传记作家巴里·D. 卡尔认为，尽管哈里森和梅里亚姆不愿承认，但事实上两人有很多共同点[1]。 两人都是改革派，都跨越党派界限以争取竞选支持。 哈里森和梅里亚姆都在各自党内激烈的初选中击败了党内政治机器，并且两人都谋求大量族群的支持，特别是爱尔兰裔和德裔的支持，他们在竞选过程中都经常使用德语[2]。 然而，哈里森更有政治经验，尤其是在掌控派系和联盟上[3]。 在多元且分裂的城市里，哈里森有活动能力，善于协调关系，从而能够上台并一直执政到 1915 年[4]。

　　城市地方自治和新城市宪章的支持者们意识到，建立在对附近土地兼并和建立在临时地区政府基础上的短期行政管理战略具有局限性。 他们知道，需要改变芝加哥政府的过时体制才能应对这个世界上发展最快，可能也是技术上最先进的都市面临的种种挑战[5]。 然而，改革者们虽然谈起理论来头头是道，但在政

---

[1] Karl, *Charles E. Merriam*, pp. 68 – 69.

[2] 关于哈里森与德国选民关系的讨论，参见 Schneirov, "Class Conflict," pp. 199 – 200。

[3] Karl, *Charles E. Merriam*, pp. 68 – 69.

[4] Edward R. Kantowicz, "Carter H. Harrison II: The Politics of Balance," in Paul Green and Melvin G. Holli, eds., *The Mayors: The Chicago Political Tradition* (Carbondale: Southern Illinois University Press, 1987), p. 28.

[5] 这些观点被多次提出来，例如 Chicago New Charter Movement, *Why the Pending Constitutional Amendment Should Be Adopted*, Text A (Chicago: New Charter Campaign Committee, 1904); Chicago New Charter Movement, *Why the Pending Constitutional Amendment Should Be Adopted*, Text B (Chicago: New Charter Campaign Committee, 1904)。

治实践上却捉襟见肘。

进步女性

到 19 世纪 90 年代晚期，许多不同的团体试图把自己当作改革最佳的代言人。早在 19 世纪 70 年代，各类市民就已经联合起来成立了自称监督地方政府的市民协会[1]。由简·亚当斯、艾伦·盖茨·斯塔尔和稍后的弗洛伦斯·凯丽在霍尔馆领导的社区睦邻运动，力图与移民和劳工合作，争取中产阶级和无产阶级的改革要素支持[2]。对一些人来说，亚当斯是那一时代芝加哥人的典型代表，对社会方方面面的群体发挥了强大的影响力，她后来与教育家尼古拉斯·穆雷·巴特勒共同获得了 1931 年诺贝尔和平奖[3]。对另一些人来说，凯丽集中体现了美国第一代接受过大学教育的女性的许多美德，她的父亲是令人尊敬

[1] Flanagan, *Charter Reform*, pp. 35 – 36; Schneirov, "Class Conflict," pp. 183 – 205.

[2] Jane Addams, *Twenty Years at Hull-House* (1910; reprint, New York: New American Library, 1961); Helen Lefkowitz Horowitz, *Culture and the City: Cultural Philanthropy in Chicago from the 1880s to 1917* (Lexington: University Press of Kentucky, 1976), pp. 126 – 144; Allen F. Davis and Mary Lynn McCree, eds., *Eighty Years at Hull-House* (Chicago: Quadrangle, 1969); Elizabeth Wilson, *The Sphinx in the City: Urban Life, the Control of Disorder, and Women* (Berkeley: University of California Press, 1991), pp. 71 – 75; Abbott, *The Tenements of Chicago*, pp. 30 – 33; Miller, *City of the Century*, pp. 416 – 425, 455 – 467.

[3] Garry Wills, "Sons and Daughters of Chicago," *New York Review of Books*, June 9, 1994, pp. 52 – 59: 55, 58 – 59.

的费城共和党国会议员，凯丽是全国消费者联盟主席以及弗里德里希·恩格斯的翻译和密友[1]。

　　社会改革者们与西北大学和新成立的芝加哥大学关系密切，他们在 19 世纪 90 年代成立了芝加哥社区公益组织以及大学自己的社区服务点[2]。 例如，玛格丽特·德雷尔·罗宾斯是女性工会联盟的领袖，在一次霍尔馆活动后她搬到了西北大学社区服务点附近居住[3]。 社会改革在芝加哥培育了活动家社会调查传统，芝加哥大学的多个系都保有这一传统，尤其要归功于威廉·雷尼·哈珀，他创建了芝加哥大学并于 1892 年至 1906 年间担任校长[4]。

　　这些城市公民越来越关注在公共利益与个人私利之间谋求恰当平衡，推动社会各阶层去努力培育一种新的公民意识。 在

---

[1] 例如参见 Kathryn Kish Sklar, *Florence Kelley and the Nation's Work*, vol. 1: *The Rise of Women's Political Culture*, *1830 - 1900* (New Haven: Yale University Press, 1995)。 或参见凯丽自传 *Notes of Sixty Years: The Autobiography of Florence Kelley*, ed. Kathryn Kish Sklar (Chicago: C. H. Kerr, 1986)；或参见凯丽的一些报告 *First Report of the Factory Inspectors of Illinois on Small-Pox in the Tenement House Sweatshops of Chicago* (Springfield, Ill.: H. W. Rokker, State Printer and Binder, 1894)。

[2] Perry R. Duis, *Chicago: Creating New Traditions* (Chicago: Chicago Historical Society, 1976), pp. 57 - 81; Robert A. Slayton, *Back of the Yards: The Making of Local Democracy* (Chicago: University of Chicago Press, 1986), pp. 172 - 178; Wilson, The Sphinxin the City, pp. 71 - 75.

[3] Elizabeth Anne Payne, *Reform*, *Labor*, *and Feminism: Margaret Dreier Robins and the Women's Trade Union League* (Urbana: University of Illinois Press, 1988), p. 44.

[4] 这一时期芝加哥社会行动主义与社会研究之间的关系，是史蒂芬·J. 迪纳巨著《一座城市及其大学》的主题。 关于哈珀，参见 pp. 15 - 19。

1892 年至 1919 年之间，城市里有 70 个活跃的改革团体，至少有 2 500 名芝加哥人加入了其中的一个或多个团体[1]。

相比美国其他城市，芝加哥上层社会的女性更多地成为走在前沿的改革活动家[2]，尤其是索芙妮丝芭·P. 布雷肯里奇和艾迪斯·艾伯特对创立社会工作中独特的"芝加哥学派"发挥了特别重要的作用，"芝加哥学派"是在对城市各类街区广泛实证研究的基础上开展社区服务研究[3]。事实证明，改革派女性天生熟悉诸如数据收集、科学观察、重视预防等社会学的语言和方法[4]。例如，简·亚当斯与社会学家乔治·H. 米德、W. I. 托马斯和他们芝加哥大学的同事一起考察社会行为和社区对社会变化的承载力[5]。她全程参与了美国社会学学科的产生过程，定期参加相关讨论，为奠定这一学科作出了贡献[6]。

因此，在芝加哥政治和社会行动主义中，著名女性的作用值

[1] 这一时期芝加哥社会行动主义与社会研究之间的关系，是史蒂芬·J. 迪纳巨著《一座城市及其大学》的主题。关于哈珀，参见 p.56。

[2] Jaher, *The Urban Establishment*, p. 508; and Bessie Louise Pierce, *A History of Chicago*, vol. 3: *The Rise of a Modern City*, *1871 – 1893* (Chicago: University of Chicago Press, 1957), pp. 487 – 490. 新闻界就此观点，参见 Wills, "Sons and Daughters of Chicago"。

[3] Diner, *A City and Its Universities*, pp. 44 – 47.

[4] 观点论述参见 Paula Baker, "The Domestication of Politics: Women and American Political Society, 1780 – 1920," *American Historical Review* 89, no. 3 (1984), pp. 620 – 647: 634。

[5] Mary Jo Deegan, *Jane Addams and the Men of the Chicago School*, *1892 – 1918* (New Brunswick, N. J.: Transaction, 1988), pp. 105, 309 – 328.

[6] 例如参见关于简·亚当斯的材料 *The Social Thought of Jane Addams*, ed. Christopher Lasch (Indianapolis: Bobbs – Merrill, 1965)。

得特别关注。 19世纪的美国女性被排除在选举政治之外，她们通过志愿组织或改革团体来寻求影响力。 萨拉·埃文斯称，女性和志向相同的男性把这些组织"不但用作定期开展公共讨论的论坛，还用作公民行动的摇篮。 女性在那里找到了一种新的自由空间，给予了她们在家庭范围之外施展行动的可能，毕竟官方的政府舞台将她们拒之门外"[1]。

莫琳·弗拉纳根进一步论证，历史学家通常忽略进步主义时代女性也是政治改革者，而贸然把女性排除在他们的政治史之外[2]。 她的研究恰好指向相反的方向。

弗拉纳根对芝加哥的城市俱乐部和女性城市俱乐部成员们公民行动主义的比较研究，揭示了女性在芝加哥地方政治和社会改革的参与度远超社区睦邻运动的范畴。 弗拉纳根写道："和芝加哥的城市俱乐部中的男性相比，由于女性城市俱乐部中的女性与城市权力体系、城市中的日常生活和其他个人有着不同关系，当她们面对这些市政能力不足的问题时，常常对美好城市有着截然不同的愿景，对提供居民福利有着截然不同的具体解决方案。"[3]

由于这两个城市俱乐部招募的成员同样都是当地社会的中上

---

[1] Sara M. Evans, "Women's History and Political Theory: Toward a Feminist Approach to Public Life," in Nancy A. Hewitt and Suzanne Lebsock, eds., *Visible Women: New Essays on American Activism* (Urbana: University of Illinois Press, 1993), pp. 119 – 139: 128.

[2] Maureen A. Flanagan, "Gender and Urban Political Reform: The City Club and the Woman's City Club of Chicago in the Progressive Era," *American Historical Review* 95, no. 4 (October 1990), pp. 1032 – 1050.

[3] 出处同前，p. 1033。

阶层，二者之间的反差就特别明显。 男性的城市俱乐部成立于
1903 年，其成员主要是商人和专业人士；与之对应的女性的城
市俱乐部成立于 1910 年，其成员经常是男性俱乐部成员的配
偶[1]。 两个俱乐部在当时主要的市政改革议题上都持有自己
的立场，例如垃圾控制、公共教育、职业教育以及警察和劳工等
问题。 男性认为全市范围的改革是改善芝加哥的一种手段，"主
要在于把城市打造成商业活动的舞台，市政改革旨在保护和扩大
商业利益"[2]。 而另一方面，女性俱乐部的成员坚持全市范围
改革愿景是要求市政机构保障"城市中每一个人的幸福，而非追
求短期的商业影响"[3]。

　　弗拉纳根有力论证道，这种观点差异源自两个俱乐部的成员
不同的日常生活体验。 芝加哥的城市俱乐部大部分成员的生活
体验主要来自他们的职业活动。 相反，多数中产阶级女性对芝
加哥的体验来自她们的家庭。 弗拉纳根认为"女性善于安排家
居环境来确保每一个家庭成员的幸福，"她继续道，"当她们进
入政治舞台，她们追求实现同样的目标。"[4]总之，尽管男性
城市俱乐部的成员社会地位较高，但他们"很少把商业群体的利
益与全体市民的利益视为一个整体"[5]。 这种不同极大地丰

[1] Maureen A. Flanagan, "Gender and Urban Political Reform: The City Club
and the Woman's City Club of Chicago in the Progressive Era," *American
Historical Review* 95, no. 4 (October 1990), p. 1034.

[2] 出处同前，p. 1044。

[3] 出处同前。

[4] 出处同前，p. 1046。

[5] 出处同前，p. 1050。

富了进步主义时代芝加哥在社会、政治、经济等多方面的改革
工作。

　　女性天主教徒也努力帮助芝加哥的贫困移民，尽管她们采取
的方法与那些境况较好的新教徒姐妹不太一样。 天主教的社会
和教育机构往往服务于它们自己的社区，而不是推动广泛的社会
改革。 史蒂文·J. 第纳尔点出，这种"只关心本教区的立场源
自国内占主体的新教徒对美国天主教徒的排斥"[1]。 例如，圣
伊格纳修斯学院（1909 年改名为洛约拉大学）和圣文森特学院
（1907 年改名为德保罗大学）从未像芝加哥大学和西北大学那
样明显地支持社会行动主义。

　　苏埃伦·霍依留意到各天主教宗教团体长期为芝加哥的穷人
服务。 霍依对此给予高度评价，尽管这些天主教的宗教慈善记
录"很少为天主教圈子外所知"，并且与城市里更出名的社区服
务站相比相形见绌[2]。 例如，几乎与世隔绝的爱尔兰裔美国
人及其天主教善牧修女会帮助有需要的女性，包括单亲妈妈与她
们的孩子以及"被遗弃的""堕落的"和"悔罪的"女性。 善牧
修女会于 1859 年来到芝加哥，在玛丽·圣诞·诺露修女、圣安
吉丽克·克利里的玛丽修女和圣十字·麦卡布的玛丽修女的积极
领导下得到发展。 到 1911 年，该教会为大量女性提供居所、宗
教指引、职业培训和就业安置。 修女们建立的芝加哥工业学校
迅速成为城市里一流的职业教育机构之一。

―――――――

[1] Diner, *A City and Its Universities*, p. 24.

[2] Suellen Hoy, "Caring for Chicago's Women and Girls: The Sisters of the Good
　　　 Shepherd, 1859 – 1911," *Journal of Urban History* 23, no. 3 （March
　　　 1997）, pp. 260 – 294: 260 – 261.

　　非裔美国女性同样也有她们自己推动社会改革和选举权的俱乐部[1]。非洲裔美国女性所追求的事业范围较广，从幼儿园和儿童福利到文盲和住房问题。除了与她们的进步主义白人同道们做同样的努力，菲莉丝惠特利俱乐部、阿尔法选举权俱乐部和弗雷德里克道格拉斯女性俱乐部等团体的成员都积极参与提高芝加哥非裔美国人地位的政治事业。例如，在她们的努力下，奥斯卡·德·普莱斯特才成功当选芝加哥首位非洲裔美国人市议员。

　　女性非常积极地影响着都市的发展。她们采取各种方式表达意见，提高共鸣，推动地方和国家经济发展。女性通过奋斗进入了相对高收入的文员岗位：芝加哥从事文职工作的女性人数从1870年的9人暴增到半个世纪后1920年的96 963人[2]。同期，城市女性劳动力总人数从1880年的35 600人增加到1930年的407 600人[3]。如果不充分理解芝加哥女性对公共经济、文化和政治生活的巨大贡献，就无法理解这座大都市。

公民协会

　　如果说女性改革者们通过俱乐部、学校和社区服务站等形式

---

[1] Anne Meis Knupfer, "For Home, Family, and Equality: African American Women's Clubs," *Chicago History* 27, no. 2 (Summer 1998), pp. 5 – 25.

[2] 直到20世纪初，收入较好且相对稳定的文员工作已成为另一个以男性为主的就业领域。Lisa M. Fine, *The Souls of the Skyscraper: Female Clerical Workers in Chicago, 1870 – 1930* (Philadelphia: Temple University Press, 1990), p. 48.

[3] Joanne J. Meyerowitz, *Women Adrift: Independent Wage Earners in Chicago, 1880 – 1930* (Chicago: University of Chicago Press, 1988), p. 5.

找到了各种施展行动的机会，那么男性有能力通过有组织的政党和机构等更"传统"的方式来发挥影响。所谓"更好的"地方男性团体团结在芝加哥工会联盟俱乐部等组织周围，捍卫"投票箱的纯洁"[1]。芝加哥工会联盟成立于1879年，1880年开始正式运作，它是一个全国性运动组织的地方分支。南北战争时期有一个名称相似的组织，在伊利诺伊州和其他北方各州为捍卫工会，与支持南方分子的"铜头""叛国"活动作斗争。工会联盟团结了麦克科密克家族、麦迪尔家族和菲尔德家族等，基本上吸收的是地方社会精英，反对以种族为基础的政治团体，推进"改革"事业，促成了如哥伦比亚世界博览会等活动助推经济繁荣。他们的活动与基于贿赂的选区层级的政治系统产生冲突[2]。

这一时代的两个较大的改革派公民团体是芝加哥市民联合会和从其中分离出的城市选民联盟，它们在筹备新宪章中发挥了关键作用，将新宪章提交给城市和州当局并最终交到芝加哥全体选民手里。欧内斯特·格里菲斯认为，这些组织推行的"有良知的实用主义"是许多美国城市在进步主义时代城市政治的典型特征[3]。

---

[1] Bruce Grant, *Fight for a City: The Story of the Union League Club of Chicago and Its Times*, *1880 – 1955* (Chicago：Rand McNally, 1955).

[2] Robert I. Goler, "Visions of a Better Chicago," in Susan E. Hirsch and Robert L. GoIer eds., *A City Comes of Age: Chicago in the 1890s* (Chicago：Chicago Historical Society 1990), pp. 90 – 153.

[3] Ernest S. Griffith, *A History of American City Government: The Progressive Years and Their Aftermath*, *1900 – 1920* (New York：National Municipal League；Lanham, University Press of America, 1983), p. 9.

市民联合会经过威廉·托马斯·斯泰德领导的一场激愤的公众集会后得到充分发展。斯泰德是英国的新闻记者和道德卫士，他写过一本极为尖锐并广为流传的小册子《如果基督来到芝加哥！》[1]。他原本是来芝加哥参观世博会的，但显然花了更多时间在探寻城市里数不尽的酒馆、小酒吧和妓院等低俗之事上。出于对城市腐败、堕落和挥霍的义愤，斯泰德不断在公众集会上发表长篇大论，最终出版了他的著作，讲述末日审判降临时，湖边的索多玛将会发生什么。

这场群情激愤的公众集会发生在 1893 年 11 月 12 日，位于经常用于集会的中央音乐厅，群贤毕至，包括各富裕阶层的众多代表、社会改革者、工会组织者和宗教领袖[2]。市民联合会领导人道格拉斯·萨瑟兰在半个世纪后回忆起这次事件说道："1893 年的世博会刚刚结束。全国范围的'萧条'景象（芝加哥很大程度上得以避免，由于世博会的建造和维护需求带来了大量的地方就业，而且世界各地的大批游客带来了潮水般的现金消费）在此时完全显露出来……罪恶和赌博横行，在城市商业中心周围肆意招摇。"[3]群众被斯泰德的道德感召打动，发起了一场"芝加哥之战"，意图通过公民行动来拯救这座城市[4]。

［1］ William I. Stead, *If Christ Came to Chicago! A Plea for the Union of All Who Love in the Service of All Who Suffer* (Chicago: Laird and Lee, 1894).

［2］ 有关斯泰德自己对这些事件的描述，参见出处同前，pp. 465-471。

［3］ Douglas Sutherland, *Fifty Years on the Civic Front: A History of the Civic Federation* (Chicago: Civic Federation of Chicago, 1943), p. 4.

［4］ 出处同前，pp. 4-7；Miller, *City of the Century*, pp: 533-541。

　　当时在场的 5 个人被推举出来起草一份行动计划，其中包括霍尔馆的简·亚当斯[1]。 那些计划继而被呈给 1893 年 12 月 12 日在礼堂演奏厅集会的更多人。 当晚成立了中央救赎协会，救赎协会继而在 1894 年 2 月 3 日发起成立了市民联合会，最后在市民联合会的框架下开展公益活动[2]。

　　新成立的市民联合会道德部几周内便开始奋力工作，聘请了平克顿侦探事务所开展对某些罪行的调查，这些工作是市长约翰·P. 霍普金斯和芝加哥警察局不愿开展的[3]。 市民联合会本质上是亲商的，在 1894 年 5 月血腥的普尔曼大罢工中，它试图在劳工和管理层之间充当仲裁者。 这场冲突最终爆发成惨痛的暴力事件，总统格罗弗·克利夫兰不顾地方官员反对出动了联邦军队镇压[4]。

　　到 1896 年，市民联合会的政治部独立出来，组建城市选民联盟[5]。 城市选民联盟政治上更倾向行动主义，寻求通过直接的政治行动而非对道德罪行的评述来实现公民救赎[6]。 利用中央救赎协会的调查结果，城市选民联盟动员人们支持和抵制某些竞选候选人。 城市选民联盟的一些成员培养了更广泛市政改革的思想，并于 1903 年成立了芝加哥城市俱乐部。

――――――

[1] Addams, *Twenty Years at Hull-House*, pp. 122 – 123.

[2] Sutherland, *Fifty Years on the Civic Front*, pp. 8 – 9.

[3] 出处同前, p. 10。

[4] Flanagan, *Charter Reform*, p. 36.

[5] Sutherland, *Fifty Years on the Civic Front*, p. 16.

[6] Flanagan, *Charter Reform*, p. 37.

　　这些改革团体中有许多是由新教徒组成的，他们亲商、有魄力，并且支持公共道德规范和个人责任。他们认为城市是"一个企业，所有的市民都是企业成员并且在企业里都有专属的利益。如果企业经营得好，那么所有人都受益。如果经营不善，所有人的利益都受损"[1]。像20世纪90年代的共和党人一样，一个世纪之前的市民联合会运动相信最好的政府是受限制的政府。市民联合会运动的领袖认为，衡量政府好坏的一个标准就是看税收政策是否实现收税最低且"公正"[2]。这一时期的地方改革团体社会基础有限，没有联合芝加哥的各个族群与各个阶级。萨缪尔·海耶斯认为，在进步主义时代，全美国的市政改革者不希望"简单地把坏人替换为好人；他们想要改变决策者的职业和阶级出身"[3]。改革者想让商人同伴进入地方政府，"相信城市改革的动力仅靠他们所在阶级"，但多为自说自话[4]。事实证明，他们这一狭隘导致在后来宪章改革中走向失败。

[1] Lucius S. Richardson, *The Civic Federation and the Municipal Government* (St. Louis: Civic Federation of St. Louis, 1896), pp. 15 – 16.

[2] 例如，参见市民联合会小册子如 *Tax Inequalities in Illinois* (Chicago: Civic Federation of Chicago, 1910) 和 Douglas Sutherland, Federal "Aid" (Chicago: Civic Federation of Chicago, 1921)。

[3] Samuel P. Hays, "The Politics of Reform in Municipal Government in the Progressive Era," *Pacific Northwest Quarterly* 55, no. 4 (October 1964), pp. 157 – 169: 163.

[4] Flanagan, *Charter Reform*, p. 38.

为扩大地方自治而斗争

1902 年前，已经不断有提议要求扩大地方自治，同时理顺伊利诺伊州、库克郡和芝加哥市各政府机构的复杂关系[1]。在当时，市民联合会自信地认为，要想结束重叠的政府机构、改组不受控制的市议会、强化财政责任，唯一的有效方法就是彻底修改城市的组织原则。 联合会成员们呼吁建立新的城市宪章——这必须同时得到斯普林菲尔德充满敌意的州立法机构和随性的地方全体选民的同意。 最终，在市民联合会的推动下，芝加哥于 1902 年 10 月 28 日汇集 74 名商业和社会精英，召开了芝加哥新宪章会议[2]。 会上，芝加哥期货交易所、芝加哥律师协会、伊利诺伊州制造商协会、城市选民联盟和房地产理事会等商业组织得到了充分代表，商业俱乐部、村镇协会、伊利诺伊俱乐部、马奎特俱乐部和工会联盟俱乐部等精英俱乐部也均出席[3]。 市长哈里森顺理成章地当上了新宪章会议执行委员会成员。 此外，除了芝加哥劳工联合会的乔治·J. 汤普森，新宪章会议的领导职位都被精英改革者把持。 汤普森是在执行委员会首次会议之后不久，和期货交易所的 B. A. 埃克

---

[1] 有几个提议出自 Edmund J. James, *The Charters of the City of Chicago*, Part 2: *The City Charters, 1838 – 1851* (Chicago: University of Chicago Press, 1899)。

[2] Flanagan, *Charter Reform*, p. 50.

[3] Chicago New Charter Convention, *Proceedings* (Chicago: New Charter Convention, 1902), pp. 3 – 4.

哈特一起加入了执行委员会。 尽管新宪章会议中也偶有劳工领袖和政治领袖出现，但其主要成员是成功商人和专业领域的精英。

鉴于市民联合会的亲商倾向以及 8 年前镇压普尔曼罢工过程中地方各工会挥之不去的敌意，几乎可以断定任何与市民联合会紧密相关的活动都不可能真正具有充分代表性。 1904 年 11 月，芝加哥学校理事会允许市民联合会进入当地教室宣传宪章改革，而起初却把工会限制在学校之外，这进一步加重了劳工的担忧[1]。

新宪章会议多次在斯普林菲尔德和芝加哥市议会上提议召开正式会议起草新的城市宪章，但都遭失败[2]。 可以预见，共和党人与民主党人、劳动者利益和商业利益所支持的宪章方案都是用于扩展自身权利的。 例如，第六和第七选区的共和党人成立了 25 个委员会，每周六在联合饭店共同开会"听取某个或某几个委员会的报告"[3]。 这些团体"在俱乐部、教堂或方便聚集

---

[1] Flanagan, *Charter Reform*, pp. 55 - 56.

[2] 市民联合会主席伯纳德·E. 桑尼在 1904 年 4 月 14 日向工会联盟俱乐部的全面讲话中讨论了新宪章会议的活动。 参见 E. Sunny, *The Proposed Amendment to the Constitution of the State of Illinoisand a New Charter for Chicago* (Chicago: Civic Federation of Chicago, 1904)。 如想参考芝加哥新宪章会议，也可参见 Convention, *Report of the Executive Committee, to Be Submitted to the Convention at Its Next Meeting, December 15, 1902* (Chicago: New Charter Convention, 1902)。

[3] Sixth and Seventh Ward Charter Committee (Republican), *Plan and Purpose* (Chicago: Sixth and Seventh Ward Charter Committee, 1904), p. 3.

的地方开会，就芝加哥政府的各种问题开展一般性讨论"[1]。通过这种方式，第六和第七选区的共和党人希望"主要向他们自己的立法委员会提出一系列经过慎重思考且代表民意的举措"[2]。 这些委员会的委员是非常认真的人，包括梅里亚姆、新闻记者哈罗德·L. 伊基斯，以及芝加哥大学的教授们和杰出的共和党改革者们。

1905 年，由共和党人主导的市议会最终批准了一项计划，借此当地许多重要部门都指派了代表参加宪章会议。 根据莫琳·弗拉纳根的报告，最终"按职业来分有 26 名律师、32 名商人、2 名社会工作者、1 名教授和 1 名牧师。 其中许多男性在此前市民联合会和城市选民联盟的改革运动中都有过积极表现。 就连那几个族群代表也几乎都是富商；仅有 2 名代表是芝加哥劳工联合会的成员，仅有 1 名代表是黑人商人。 这最后 3 名代表是由市长爱德华·F. 邓恩指定的"[3]。

与会者制订了一份 150 页的草案以供讨论[4]。 与之前的锚铢必较相比，1906 年 11 月 30 日之后的审议有些不够细致[5]。代表们仔细评估了伊利诺伊州和美国其他地方过去的法律和行政

----

［1］ Sixth and Seventh Ward Charter Committee（Republican）, *Plan and Purpose*（Chicago：Sixth and Seventh Ward Charter Committee, 1904）, p. 3.

［2］ 出处同前，p. 4。

［3］ Flanagan, *Charter Reform*, p. 61.

［4］ *Bill for an Act to Provide a Charter for the City of Chicago*（Chicago：City Charter Convention, 1905）; *An Act to Provide a Charter for the City of Chicago*（Chicago：Chicago Charter Convention, 1905）.

［5］ Flanagan, *Charter Reform*, pp. 64 - 97.

惯例[1]。 有一些议题引发了激烈的争论：市议会议员的任期由两年变为四年、详细划定市议会的征税和决策权力、地方自治的范围、女性的选举权以及禁令。

温和式改革和亲商思想体现在每一个议题上，尽管有时颇受争议。 在芝加哥政治、阶级、族群和文化斗争的主战场——教育问题上，草拟的章程招致教师、教师工会和许多家长协会的不满。 教师和家长将被排除在教育决策之外，因为学校理事会的各成员将由任命而非通过选举产生，并且内部将进行集权化管理[2]。 商人们担心宪章的条款最终会导致提高税收，这对许多选民来说又是一个缺点。 与此同时，女性的市政选举权、酒类销售的市政监管和公用事业的市政所有权等这些城市里争议最大的问题被一直拖延到 1906 年 12 月末才讨论。

在女性的选举权问题上，代表们得出的结论是这个问题不归他们管。 有人警告道，给女性选举权并让这一社会阶层接近投票箱是错误的[3]。 有关酒类监管问题，与会代表们避无可避。 就像一个世纪后有关堕胎的斗争一样，禁酒议题是在当时充当着

---

[1] 他们是在这一时期美国和国际城市治理实践集大成汇编的基础上进行评估，例如参见 August Raymond Hattan, *Digest of City Charters Together with Other Statutory and Constitutional Provisions Relating to Cities* (Chicago: Chicago Charter Convention, 1906); Merriam, *Report of an Investigation*。

[2] Julia Wrigley, *Class Politics and Public Schools: Chicago, 1900 - 1950* (New Brunswick, N. J.: Rutgers University Press, 1982), pp. 105 - 110.

[3] Flanagan, *Charter Reform*, p. 85.

不同社会价值观的试金石[1]。 老资格的新教徒精英和新移民群体就这一议题展开了文化论战[2]。 它是唤起道德复兴的焦点[3]。 禁酒的支持者们希望酒类监管交给斯普利菲尔德由乡村主导的伊利诺伊州立法机构来决定；自由派政策的支持者们在这一问题上坚持"地方自治"。

宪章会议的代表们就酒类饮料的销售单独提出了法案，从而把围绕禁酒令的斗争从宪章改革中撇开。 然而佩里·杜伊斯指出，道德只是斗争的一半。 酒类销售许可费是芝加哥和伊利诺伊州其他城市政府收入的重要来源[4]。 杜伊斯引用的数字从每年 300 万美元到 800 万美元不等，1886 年整个州由此的市政收入为 300 万美元，到 1910 年芝加哥市政金库由此每年收入800 万美元[5]。 在伊利诺伊州立法机构已禁止城市提高税率或增发债券的情况下，"必须靠酒馆许可费才能避免市政破产"[6]。

---

[1] 关于这一冲突的讨论，参见 Perry R. Duis, *The Saloon: Public Drinking in Chicago and Boston*, *1880 - 1920* (Urbana: University of Illinois Press, 1983)。

[2] 例如，德裔群体在反对禁酒运动中相当积极。 Andrew Jacke Townsend, "The Germans of Chicago" (Ph. D. diss., University of Chicago, 1927), pp. 140 - 142.

[3] Flanagan, *Charter Reform*, pp. 87 - 92.

[4] Duis, *The Saloon*, p. 115.

[5] 杜伊斯数据与梅里亚姆的估计一致，即仅在 1904 年芝加哥市就从酒类销售许可费中获得 3 759 555 美元的收入。 Merriam, *Report of an Investigation*, p. 114.

[6] Duis, *The Saloon*, p. 115.

桀骜不驯的安东 · "托尼" · 瑟麦克等芝加哥政客通过反对禁酒令建立起强大的政治机器。 瑟麦克利用族群反对禁酒令而建立起（由市长爱德华 · J. 凯利和理查德 · J. 戴利进一步改进）20 世纪芝加哥庞大的民主党机器。 1933 年初，瑟麦克在担任市长期间被暗杀，当时他正与候任总统富兰克林 · 罗斯福在佛罗里达州随车队行进[1]。 这个波希米亚矿工的儿子尽管有不少瑕疵，但以 "强力、坚定、毅力、精明" 著称[2]。 瑟麦克恰恰就是市民联合会成员谴责的那种政客。

召开宪章会议的时候，争取公用事业市政所有化的运动有条不紊地进行着。 许多代表又一次认为他们可以找到一条安全的中间道路来通过这一市政雷区[3]。 与会代表们增加了条款，扩大了市政对公共交通公司等公用事业的监督和管理，而回避公有制的诉求。

将城市宪章草案交给芝加哥选民之前还有两场重要的较量。第一个是 1907 年的市长选举必须于早春进行；第二个是伊利诺伊州立法机构必须正式批准宪章草案。 这两个事件决定了宪章草案的厄运。

1907 年全民公投

1907 年市长竞选中，"激进的" 民主党现任市长爱德华 · F.

---

[1] 关于瑟麦克的生涯，参见 Alex Gottfried, *Boss Cermak of Chicago: A Study of Urban Political Leadership* （Seattle：University of Washington Press，1962）。

[2] Harold F. Gosnell, *Machine Politics: Chicago Model* （1937；reprint，New York：AMS，1969），p. 13.

[3] Flanagan, *Charter Reform*, pp. 90 – 92.

邓恩对阵没有争议的芝加哥邮政局长共和党弗雷德·A. 巴斯。如第五章所述，在竞选季一开始，巴斯即在一场火车事故中受伤，直到竞选结果揭晓仍然在病床上。

邓恩在 1905 年竞选时曾承诺对城市有轨电车实行市政所有化，可他无法兑现这一竞选承诺。 他变成了强大市议会的严厉批评者。 例如，他告诉德高望重的商业俱乐部，"根据过去三四十年对那些腐败和挥霍的立法议员以及议会经验，城市公民反思后坚信，绝对有必要对立法腐败和挥霍进行审查"[1]。 邓恩市长对芝加哥学校系统的改革工作同样触动了地方政体最敏感的一些神经末梢。

巴斯承诺在禁酒问题上为城市争取地方自治。 由于车祸受伤，巴斯从来没有在公众面前露面，他是乘着反邓恩的潮流而上台的。 上台后他立即着手争取伊利诺伊州众议院对宪章改革的支持。 在这一过程中，巴斯和芝加哥同僚在几个关键问题上退缩了，首先是全州地方选择权法案的提议，禁酒支持者们将其视为全面禁酒的开端。 州立法机构修改了选区的边界并且取消了草拟的直接预选条款，从而危及宪章会议所设计的巧妙制衡，而这一点正是宪章会议思辨的核心[2]。 芝加哥的代表予以回

---

[1] Edward F. Dunne, "Onthe Chicago Charter: Address to Commercial Club, March 12, 1904," in Edward F. Dunne, *Dunne: Judge*, *Mayor*, *Governor*, comp. and ed. William L. Sullivan (Chicago: Windemere, 1916), pp. 150 – 156: 156.

[2] William Booth Philip, "Chicago and the Downstate: A Study of Their Conflicts, 1870 – 1934" (Ph. D. diss., University of Chicago, 1940), p. 61.

击，提议永久性限制由库克郡选出的州议员数量。 修改后的宪章于 5 月 7 日在州众议院获得通过，于 5 月 12 日在州参议院获得通过，然后回到芝加哥准备于 1907 年 9 月进行全民公投。

芝加哥媒体整个夏天都在争论，州立法机构干涉选区边界划分的做法日益受到关注[1]。 芝加哥德高望重的新教徒商业精英们仍然自信地认为，尽管宪章并不完美，但是还会获得通过。 改革的拥护者们极力降低州立法机构的改动和修订带来的影响。

令人遗憾的是，芝加哥市民联合会在一份报告中指出：

> 重新划分新选区的规划本应触发一个与宪章有关的政治问题。 大家普遍认可把选区数量减少到 50 是明智的，责任将会集中，有利于立法工作。 在重划的时候，一定会遇到城市外围选区人口增长而城市中心选区人口趋于减少或保持不变的情况。 事实上，选区重划的时候民主党领导人正在与共和党人开会，可以确信他们对大部分内容都是赞成的。 确实有个别民主党人不满，但这就像任何事总会有个别人不满一样[2]。

依据市民联合会的叙述，一切都非常逻辑清晰、有序、"不

---

[1] Flanagan, *Charter Reform*, pp. 110 – 135.

[2] *The New Chicago Charter: Why It Should Be Adopted at the Special Election, September 17* (Chicago: Civic Federation of Chicago, 1907), p. 10.

关乎政治"。 然而事实证明，选区大佬们是不愿失去权力根基的。

　　草案为地方自治"开了个好头"，尤其是城市里"最优秀、最聪明的人"参与了制定。 那个夏天，芝加哥城市俱乐部的午餐会基本忽略了那些反对宪章草案的人。 然而，反对声暗流涌动，如弗拉纳根写道："重要的是，许多宪章反对者认为市政府和城市是同一个概念，这与宪章支持者的观点相冲突。"[1]

　　宪章支持者们认为对手许多观点不具备合法性。 市民联合会支持通过新宪章的做法肯定冒犯了许多在这一芝加哥政治进程中的弱势参与者。 市民联合会认为，宪章草案所谓的"缺陷"——

　　　　完全取决于观察的角度，大部分都是无稽之谈，诸如指责宪章是为企业利益而制定的；不利于公立学校；让市长成了沙皇；给予市长在教育理事会之上过大的权力，授权市长在骚乱或暴动时动员民兵；把政治集团统治强加给城市，合并公园是"危险的"。 有些说法太幼稚、不值一提，另一些反对则完全出于自私自利或是不切实际的臆想，而不是考虑如何促进整个城市和全体公民（而不是特定阶级）的利益[2]。

　　市民联合会显然没有意识到，许多人认为它的会员有"自私

---

[1] Flanagan, *Charter Reform*, pp. 115 - 116.

[2] *The New Chicago Charter*, pp. 10 - 11.

自利"倾向，旨在服务芝加哥市民中某个特定的阶级。

拥护者们无视反对意见，注定了宪章走向失败。假使他们在开会辩论中更充分地融入反对观点，那么他们最后也不会显得与芝加哥同胞距离如此遥远，就像库克郡居民感觉他们是"下州人"一样。市民联合会和城市俱乐部群体不屑于采取包容的策略而一味地向前推进，忽视了来自劳工、族群、女性组织、威廉·兰多夫·赫斯特独立联盟和其他普通市民越来越多的不满。全民公决的最终结果是 121 935 票反对宪章草案，仅有 59 786 票支持改革方案[1]。

第二次宪章会议于 1908 年 9 月召开，这次更多地接纳了反对的意见。然而前一年的溃败带来的敌意仍然存在。与会代表们又一次拒绝了城市女性选举权的诉求。而禁酒问题的恶化成了新教和天主教文化之间无休止的争论。斯普林菲尔德又一次出来干涉。最终，第二次宪章改革在州立法机构受阻[2]。从这时起，那些最热心改革的中产阶级和专业人员开始离开这座堕落的城市，搬到位于芝加哥郊区表面上更正派的社区[3]。第三次起草芝加哥城市宪章的尝试也于 1914 年草草收场，在 20 世纪 20 年代早期试图修改州宪法的努力同样地在上州与下州的对

---

[1] Flanagan, Charter Reform, p. 135.

[2] 关于这一版本芝加哥城市新宪章的文本，参见 Chicago Charter Convention, *Resolutions and Communications Received at Meeting held January 19, 1909* (Chicago: City Charter Convention, 1909); Chicago Charter Convention, *An Act to Provide a Charter for the City of Chicago* (Chicago: City Charter Convention, 1909)。

[3] 对此观点的有力论述，参见 Wayne Andrews in *The Battle for Chicago* (New York: Harcourt and Brace, 1946), pp. 319 – 321。

抗中落败[1]。

莫琳·弗拉纳根有力地论证道：

> 芝加哥人之所以无法在宪章改革上达成共识并付诸实施，其原因根植于过去的政治文化中。它既不在于"改革者"与"大佬们"的对立，也不在于对改革的敌意。在宪章斗争中，对于什么才是城市政府的优先事项，每一方都有不同的想法。支持宪章的那些人重视对城市政府的各个部门采取严格的财政控制。相反，宪章的反对者们相信诸如公共事业和公立学校应当被视为由城市提供的至关重要的服务，以此来保证并持续改善全体市民的生活质量。他们最终反对1907年宪章是因为他们认为它将带来用错误手段去实现错误目标的市政府[2]。

尽管这个说法很有说服力，但是却不能解释仅仅数年之前小卡特·哈里森如何能够在有轨电车系统的市政所有权问题上弥合支持者与反对者之间类似的巨大分歧。宪章改革运动失败的原因，往好了说是无视反对声，往坏了说是否认反对者的合法性，将其拒之门外。进步主义改革者们没能在政治上践行都市多元主义。与此同时，芝加哥继续运行着。由私人关系而非由制度和正式的法律安排来填补过时的宪章制度所留下的组织空白。

后来，共和党人"大比尔"·汤普森和民主党人瑟麦克、凯

---

[1] Flanagan, *Charter Reform*, pp. 146 – 148.

[2] 出处同前，p. 148。

利和戴利恰恰是利用了这种组织上的模糊状态建立起他们强大的政治机器[1]。弗拉纳根总结认为："宪章改革失败后，若不是依靠政治机器作为一种出路，统治结构将陷入混乱。这个机器给芝加哥带来了集权政府；找到了对整个城市体系进行控制的方法，而之前无论是对重叠的各权力机关进行结构性改革还是地方自治机制，都没能够实现这点。"[2]

因此，这种政治机器及其惠利体制使得芝加哥在制度混乱的同时又面临了非制度的秩序，并且持续至今，尽管形式上被大幅删节。按照艾斯特·富克斯的提法，政党机器"确保市长在选举日获得忠诚的投票，保证市议会在预算上服从市长的领导"[3]。她继续道，"正是政治机器赋予了市长在重要预算决策上拥有了法外控制权"，以及在其他问题上的重要权力，她可

---

[1] 关于汤普森，参见 Douglas Bukowski, "Big Bill Thompson: The 'Model' Politician," in Green and Holli, eds., The Mayors, pp. 61 - 81。关于瑟麦克，参见 Paul M. Green, "Anton J. Cermak: The Man and His Machine," pp. 99 - 110; Gottfried, Boss Cermak。关于凯利，参见 Roger Biles, "Edward J. Kelly: New Deal Machine Builder," in Green and Holli, eds., The Mayors, pp. 111 - 125; Gosnell, Machine Politics。关于戴利，参见 John M. Allswang, "Richard J. Daley: America's Last Boss," in Green and Holli, eds., The Mayors, pp. 144 - 163; Mike Royko, Boss: Richard J. Daley of Chicago (New York: E. P. Dutton, 1971)。关于戴利死后政治机器倒台，参见 Gary Rivlin, Fire on the Prairie: Chicago's Harold Washington and the Politics of Race (New York: Henry Holt, 1992)。继哈罗德·华盛顿市长死后，理查德·J之子理查德·M. 戴利接替市长之位、戴利家族重回权力舞台，表明20世纪90年代芝加哥强大政治机器的影响虽然悄无声息但一直存在。

[2] Flanagan, Charter Reform, p. 155.

[3] Fuchs, Mayors and Money, p. 6.

能还会这样补充[1]。 反过来，芝加哥政治机器崛起的直接原因就是在有些时期没有践行讲求实用的多元主义，即 1907 年的宪章改革大辩论时期、邓恩于 1905 年至 1907 年不成功的执政任期（参见第五章讨论）以及梅里亚姆 1911 年市长竞选失败。

大迁徙

讲求实用的多元主义在下一个十年里进一步式微。 从美国南部乡村迁来的非裔美国人越来越多、速度越来越快，给芝加哥的政治和社会结构增添了新的维度，明显触发了城市坊间更剧烈的化学反应。

芝加哥迅速成为 20 世纪 10 年代晚期和 20 年代"大迁徙"时期南方黑人迁居者的主要目的地。 贫穷的非裔美国农民被迫离开土地，他们来自密西西比州、路易斯安那州、亚拉巴马州、得克萨斯州、阿肯色州、田纳西州和佐治亚州的部分地区[2]，这座城市对他们来说是一片"希望的土地"。 他们之所以沿着伊利诺伊州中部铁路线而上，从南方来说，原因一是种族主义和歧视性的黑人隔离法（即吉姆克劳法），二是南部农产品收益率逐渐下降，三是想要看看更广大世界的愿望；从北方来说，原因是表面上拥有更多自由以及北方巨大的工业财富。 就像各地移

---

[1] Fuchs, *Mayors and Money*, p. 8.

[2] James R. Grossman, *Land of Hope: Chicago, Black Southerners, and the Great Migration* (Chicago: University of Chicago Press, 1989), p. 6.

民都是依靠传统的亲属关系网流动一样，南部黑人被吸引到芝加哥南部"一片被白人称为黑带的狭长地块"，而且更重要的是，他们是因种族偏见而被限制在这一地块[1]。 到1910年，芝加哥78%的非裔美国人居住在这片受限的拥挤街区。 这种隔离使城市聚居形态突然间发生了巨大改变。 1898年以前，芝加哥仅有四分之一多点的黑人居住在非裔美国人占多数的区内，超过30%的黑人居住在白人占比超过95%的街区。

詹姆斯·R. 格罗斯曼在他有关芝加哥和大迁徙的杰出研究《希望之地》中记述了这段历史，由于第一次世界大战切断了跨大西洋的移民线路，南部乡村的黑人从1916年开始流入[2]。 战争所需的工业产品不断增加，增加了芝加哥等制造业中心对劳动力的需求，招工者们纷纷南下寻找廉价劳动力。 从1916年到1919年，约有5万到7万名非裔美国人搬到了芝加哥，还有成千上万未登记的跨越火车站，涌入黑人街区。 直到大萧条切断了芝加哥等北方城市的工作机会，迁移大潮才开始减弱。

短期内如此多非裔美国人的到来，掀开了美国人精神中邪恶的一面。 社会改革者们通常只关心白人穷人的困境，但是却忽略赤贫黑人的需求[3]。 白人房地产经纪人和业主常常主动合

---

[1] James R. Grossman, *Land of Hope: Chicago*, *Black Southerners*, *and the Great Migration* (Chicago: University of Chicago Press, 1989), p. 123.

[2] 出处同前，pp. 3 - 6。

[3] 简·亚当斯是个极特别的例外，在无数场合公开谈论过种族问题。 参见 Elisabeth Lasch-Quinn, *Black Neighbors: Race and the Limits of Reform in the American Settlement House Movement*, *1890 - 1945* (Chapel Hill: University of North Carolina Press, 1993), pp. 1 - 10。

谋把非裔美国人限制在南面一个界限清晰的区域内。 当这种欺骗行不通时，有些白人开始使用暴力。 在 1919 年骚乱的前两年，有些非裔美国人迁入白人街区后，在他们家里，以及卖房子给他们的房产经纪办公室，至少发生了 26 起爆炸案[1]。 类似爆炸案持续了几十年，产生了直接影响。 1910 年时，芝加哥没有哪个人口普查区黑人占比超过 75%；到了 1920 年，35.7% 的芝加哥黑人居住在这样的区域。

芝加哥最终于 1919 年 7 月 27 日被引爆了，公开的种族间暴力硝烟持续了两周，今天中性地称之为 "1919 年芝加哥种族骚乱"。 种族骚乱对美国人来说习以为常，但这一叫法遮掩了它的恐怖，它被称为美国曾经历过的最严重的都市褊狭事件之一。这种叫法将其描述成美国熟知的事件，弱化了那些恐怖日子。

关于 1919 年事件，小威廉·M. 塔特尔作了有力论述："1919 年芝加哥种族骚乱的根源不在上层政策，而在黑人和白人之间的底层仇恨，这些黑人通常缺少表达、具有现世主义倾向，这些白人则没有为后世记录他们的动机和感受……真正的不满和实际的仇恨因此不在上面，而在底层，在各种族共存的底层，即在工厂、在街区、在街区的消遣娱乐活动中。"[2]

简言之，1919 年的骚乱正是基于实用主义的包容方式瓦

---

[1] William M. Tuttle, Jr., "Contested Neighborhoods and Racial Violence: Chicago in 1919: A Case Study," in Kenneth T. Jackson and Stanley K. Schultz, eds., *Cities in American History* (New York: Knopf, 1972), pp. 232 - 248.

[2] William M. Tuttle, Jr., *Race Riot: Chicago in the Red Summer of 1919* (New York: Atheneum, 1970), p. viii.

解。 种族成了那个夏天芝加哥的核心问题，代替阶级和族群成了地方政治的主旋律。 发生在 1919 年七八月间的悲剧事件，结束了芝加哥历史上将许多弱势群体纳入权力博弈的这段辉煌时期。 1919 年种族骚乱证明了在社会分化严重的社区，排他性政治会造成恐怖后果。

1919 年的"红色夏天"

　　1919 年 7 月对芝加哥来说是特别炎热潮湿的一个月[1]。大批的黑人和白人来到城市的湖滨乘凉。 在 7 月 27 日之前，已出现了不少种族间的小摩擦。 这天，14 岁的非裔美国人约翰·哈里斯和他的 4 个姓威廉姆斯的同伴（查尔斯和劳伦斯两兄弟，以及 2 个非亲戚的朋友尤金和保罗）在湖中游过了城市南面一条无形但明确的分界线，一边是非裔美国人常去的 25 街沙滩，另一边是白人更喜欢去的 29 街沙滩。 很不幸当他们越过这条线的时候岸上正发生一场种族斗殴。 步行巡逻的一黑一白两名警察很快失去了对场面的控制，一时间拳脚相加、石块乱飞。 其中的一个男孩尤金·威廉姆斯被岸上一名白人男子扔的砖头击中，并最终溺亡[2]。 悲剧发生后，白人警官拒绝逮捕扔砖头的人，

―――――

[1] 除非另有说明，此说法参见 William M. Tuttle, Jr., *Race Riot: Chicago in the Red Summer of 1919* (New York：Atheneum, 1970), pp. 3 – 10。

[2] 库克郡尸检办公室就此事给出了另一种版本，宣称尤金·威廉姆斯为了等岸上冲突停息，在水中抓着枕木长达数小时最终筋疲力尽导致溺亡，他的死因与石头或任何扔的东西无关。 尸检报告表示，那些流言是导致后来暴乱的重要导火索。 尸检报告给出的伤亡数字 （转下页）

事态进一步加剧，而当他因为别的不相关控诉拘捕一名黑人男子时，场面彻底失控。另一名黑人男子冲拘人的警察开枪。警察开枪回击，突然间子弹满天飞。芝加哥的种族骚乱开始了。骚乱持续两周，出动了 6 200 名州警干预才使芝加哥街道重新恢复了有限的秩序，当时共造成 38 名芝加哥人（包括 33 名黑人）死亡，另有 537 人（包括 342 名黑人）遭受重伤。

这一年对芝加哥来说本就是非常艰难的一年[1]。战后的萧条对这个制造业中心的打击尤其沉重。非裔美国人，特别是从欧洲返回的大兵们，不愿意放弃战时取得的权利和个人自由[2]。返回的白人老兵们希望拿回他们原来的工作，造成了全芝加哥工厂的紧张局势。由于黑人愿意越过罢工封锁而回去工作，白人也不信任黑人——显然白人没有理解非裔美国人为什么没多大意愿遵守工会统一的罢工安排，所以工会是把这些黑人排除在外的[3]。

芝加哥的雇主们从自身出发，总是巴不得通过操控芝加哥劳工阶层中的这种分歧来谋取利益[4]。城市里大部分都是大厂

———————

（接上页）为"23 名黑人死亡、15 名白人死亡、291 名受伤和致残"，这一数字也与塔特尔的不同。Peter M. Hoffman, The Race Riots. Available at http://cpl. lib. uic. edu/004chicago/disasters/riots _ race. html, accessed December 1, 1999.

[1] William M. Tuttle, Jr., *Race Riot: Chicago in the Red Summer of 1919* (New York：Atheneum, 1970), pp. 12 - 31。

[2] 出处同前，pp. 208 - 241。

[3] 关于芝加哥工会中白人种族歧视问题的著名讨论，参见 Grossman, *Land of Hope*, pp. 208 - 245。

[4] Tuttle, *Race Riot*.

雇主：1919 年芝加哥 400 000 名产业工人中有 70% 受雇于至少一百人以上的工厂；接近三分之一受雇于一千人以上的工厂[1]。满是小作坊的城市消失了，阶层和族群间共命运之感也随之消失[2]。

基于同样的原因，全美国各地的种族和阶级关系逐渐恶化。三 K 党正走向巅峰；在南方私自处死非裔美国人的事情几乎天天都在发生。国家和地方的风潮共同推动着芝加哥的种族冲突。

城市里的白人工人同时还有其他顾虑。1919 年的夏天还出现了反布尔什维克的"红色恐怖"，莫斯科的事件激起了这股在欧洲许多中心城市的反社会主义狂热。红色恐怖卓有成效地开展打击工会的活动，把白人劳工置于更大的经济威胁之下。在芝加哥的贫民窟和中产阶级街区里有来自欧洲多国的移民，这些国家经历了真正的共产主义革命——既如俄国那样成功了，又如德国那样失败了。芝加哥的各族群关心着他们的亲属在老家的福祉，并且他们自己也都在欧洲的阶级斗争中站了队。这座城市肩负了所有这些压力，仅仅半个世纪之前城市里还主要是德国移民，而战时却被污蔑为偏心外国。

因此，那年夏天，芝加哥弥漫着紧张的气氛，甚至在白人试图把黑人赶出"他们的"公共沙滩前也是如此。十年来，非裔美国人顺密西西比河而上，迁居到这个美国中部都市，种族敌对与日俱增，而冲突的局势一触即发。如前所述，越来越多的黑

---

[1] Lizabeth Cohen, *Making a New Deal: Industrial Workers in Chicago, 1919 - 1939* (Cambridge, U. K.: Cambridge University Press, 1990), p. 15.

[2] 出处同前，p. 29。

人受迫于地方风俗、白人暴力和种族主义房地产经纪人而拥挤地聚居在特意划定的街区。 黑人的廉租房本来就已经是芝加哥最差的居住环境，在难以承受的大量迁居者的重压下就变得更加不适宜居住。 芝加哥的非裔美国人社区由此有了它自己针对白人邻居的"诉状明细"。 简言之，1919 年的芝加哥是一个即将被引爆的火药桶。 芝加哥成了试验种族、族群和阶级容忍与暴力的绝佳实验室。

地方政客们在这些局势也插入一脚。 既是市长也是共和党大佬的"大比尔"·汤普森依靠非裔美国人选民来保持他在蓄势待发的共和党机器的优势地位[1]。 汤普森于 1915 年至 1923 年和 1927 年至 1931 年担任市长，他对腐败的机器政治并不陌生。他是"首次得到两位公廉党进步主义者一致投票当选的政客，在全国不得人心却被多位总统候选人讨好，传闻是阿尔·卡彭的盟友却从未被司法部起诉"[2]。 这个肥圆的丑角大佬于 1915 年借助城市里的暴力黑社会，从如亚当斯和梅里亚姆等改革者手中夺取了对本地共和党的控制，后来却再也不沾黑社会。 起初他为了迎合中产阶级的利益，破坏城市各工会，关闭了哈里森从中得到过巨大政治支持的、臭名昭著的"堤岸"酒馆妓院区。

大比尔在他第一个任期里巧妙地与芝加哥的第一位黑人市议员德·普莱斯特公开结盟，更广义上讲，是与非裔美国人群体结

---

[1] 关于汤普森与非裔美国人选民间关系简明扼要的讨论，参见 Grossman, *Land of Hope*, pp. 176 – 179。

[2] Bukowski, "Big Bill Thompson," p. 61.

盟。 汤普森凭借作为"全世界第六大德国城市"市长的地位，批评美国加入第一次世界大战。 在他第一个任期里，还出现了腐败指控和牵涉有组织犯罪的流言。 这些"负面材料"让汤普森在 1918 年丢掉了美国参议院席位，并且失去了曾经牢固的中产阶级选民基础。 然而，非裔美国人和德国裔选民们回馈了对他的忠诚，让他得以第二次当选。 第二选区的黑人在他 1919 年竞选中贡献了大半选票，他因此在共和党提名选举中击败一贯的改革者梅里亚姆，以及在大选中击败民主党人罗伯特·施韦泽和无党派人士麦克莱·霍伊尼[1]。

汤普森没有参加 1923 年的市长竞选，在 1927 年击败其良政改革继任者民主党人威廉·德弗并重新掌权[2]。 到 1931 年，面对萧条时代大规模背弃胡佛领导的共和党转而支持民主党人的局面，汤普森再也无法团结他的权力基础。 在汤普森的最后任期内，满是他与阿尔·卡彭等借禁酒令发达的芝加哥黑帮分子有牵连的流言[3]。

瑟麦克继任为市长，建立了一个白人的蓝领民主党"机器"，在长达半个世纪的时间里彻底完胜对手。 瑟麦克和其继任者凯利讨好芝加哥的非裔选民，但是后来的民主党市长马丁·H. 肯内利和理查德·J. 戴利却在第二次世界大战后不断地打

---

[1] Bukowski, "Big Bill Thompson," pp. 74 – 76.

[2] 参见 John R. Schmidt, "William E. Dever: A Chicago Political Fable," in Green and Holli, eds., *The Mayors*, pp. 82 – 98。

[3] Bukowski, "Big Bill Thompson," pp. 76 – 77; Milton L. Rakove, *Don't Make No Waves, Don't Back No Losers: An Insider's Analysis of the Daley Machine* (Bloomington: Indiana University Press, 1975), pp. 25 – 26.

"种族牌"[1]。 表面上"机器"政治风平浪静，但实则种族分裂暗流涌动。

1919 年七八月事件的后遗症将持续很长时间，显著改变了芝加哥的公民生活。 乔治·赫伯特·米德和他芝加哥大学的同事约翰·杜威一起领导了提倡实用主义哲学的芝加哥学派的发展，米德在当时就立刻将 1919 年阶级和种族冲突视为芝加哥进步主义改革运动的"破产终结"[2]。 在"红色夏天"之后，讲求实用的多元主义政治越来越难成功。 同 1907 年修改新城市宪章落败一样，1919 年的骚乱给芝加哥政局开启了一个更加排他的新时代。

---

[1] 关于理查德·J. 戴利在任年间种族问题及其与民主党机器的深入讨论，参见 Roger Biles, *Richard J. Daley: Politics, Race, and the Governing of Chicago* (DeKalb: Northern Illinois University Press, 1995)。

[2] Andrew Feffer, *The Chicago Pragmatists and American Progressivism* (Ithaca: Cornell University Press, 1993), p. 1.

第九章
住房短缺

　　在 19 和 20 世纪之交，莫斯科是欧洲居住条件最差的中心城市之一，只有具有"欧洲大陆最不卫生的城市"之称的圣彼得堡更胜一筹。当时的莫斯科住房短缺，公共卫生设施匮乏，传染病灾难性频发，也只有俄国当时的首都圣彼得堡能与其不相上下。莫斯科市政官员没有能力解决这些社会病态，导致城市社会群体的矛盾与日俱增，这一紧张局面最终侵蚀并破坏了任何有望折中妥协的中间地带。这种激进的情况也同样来自——也可以说是更多来自——莫斯科以外许多事件的影响。社会两极化强化了阶级对立，强化了各方都互不妥协的观念。在一个越来越追求明确意识形态的世界，想用实用主义方案来解决棘手问题变得不再可能。政治走到莫斯科街头，街头暴力反映了多元主义失败造成的不可承受之代价。革命战争摧毁了 1861 年改革后繁荣起来的、充满活力的莫斯科商业。在 20 世纪的俄国革命史诗中，住房短缺问题发人深省。

　　这一时期，欧洲任何地方的贫民都令人生畏，但欧洲大陆上没有哪里像莫斯科这座俄国重要工业城镇中的贫困如此具有破坏性。 令人发指的居住条件既体现在空间狭小，又体现在卫生条件恶劣。 凛冽的寒冬使其雪上加霜，严重依赖木质建筑而不是砖石建筑也加剧了这些问题。 各个层级的俄国政府都没能改善这种恶劣条件，加之工业厂主吝啬、贪婪、专横和皇室傲慢、僵化，无一不滋长了社会动荡。

斯蒂芬·阿拉维迪是来自亚美尼亚的莫斯科商业学院研究生，1915 年写了关于莫斯科居住条件的毕业论文但遭到官方压制，这一打击导致他后来推动成立了亚美尼亚共产党。 根据阿拉维迪所言，1912 年在莫斯科每间公寓里挤着 8.7 人，而对比其他城市，每间公寓里居住人数为巴黎 4.3 人，柏林 3.9 人，威尼斯 4.2 人，伦敦 4.5 人[1]。 加拿大地理学家詹姆斯·贝特在其关于圣彼得堡的权威研究中表示，1910 年圣彼得堡每间公寓里居住人数为 7.4——远超欧洲平均水平，但重要的是，比同期莫斯科情况稍好[2]。 约瑟夫·布拉德利认为，尽管在莫斯科单位土地上整体人口密度略低，但是单位居住单元内人口密度高于欧洲一般水平[3]。

莫斯科最为拥挤的住所，是其他欧洲人从未居住过的地方。莫斯科公寓中约有 10% 为地下室；从 1882 年到 1912 年，莫斯科

———

[1] Stepan Karapetovich Alaverdian, *Zhilishchnyi vopros v Moskve* (Yerevan：Izdatel'stvo A. N. Armianskoi S. S. R. , 1961), p. 34.

[2] James H. Bater, *St. Petersburg: Industrialization and Change* (Montreal：McGill-Queen's University Press, 1976), p. 329.

[3] Joseph Bradley, *Muzhik and Muscovite: Urbanization in Late Imperial Russia* (Berkeley：University of California Press, 1985), pp. 196 - 197.

总人口中在地下室居住的人数增加了一半[1]。 莫斯科工人中还有40%——1899年约为18万人——只是租住公寓房间的一部分,通常只是租张简易床铺[2]。 实际上,公寓越小,每个房间居住人数越多[3]。 1912年,每个单间公寓平均居住人数为6.5人,而对比两居室公寓每间居住3.9人,三居室公寓每间居住2.2人,四居室公寓每间居住2.7人[4]。

同样在1912年,超过20万莫斯科人住在雇主提供的住所,其中几乎三分之一住在工棚,所拥有的不过是一张床铺[5]。基特罗夫地区位于克里姆林宫以东仅仅一公里,是犯罪、疾病、垃圾旅社密集地,在这里臭名昭著的廉租房内,一张床铺一晚上需要花费五到七个戈比,住着不计其数的莫斯科人和外地人[6]。 这里就是马克西姆·高尔基笔下的"下等之地",极端凄惨,不亚于欧洲大陆任何地方,甚至更差。

毫不奇怪的是,俄国城市的卫生条件比欧洲或美国城市的卫生条件更差,而且传染病率更高。 霍乱、肺结核、伤寒频发,

---

[1] Joseph Bradley, *Muzhik and Muscovite: Urbanization in Late Imperial Russia* (Berkeley: University of California Press, 1985), p. 197.

[2] 出处同前, p. 211; William Gleason, "Public Health, Politics, and Cities in Late Imperial Russia," *Journal of Urban History* 16, no. 4 (August 1990), pp. 341 – 365: 350。

[3] Bradley, *Muzhik and Muscovite*, p. 210.

[4] Alaverdian, *Zhilishchnyi vopros*, p. 34.

[5] Bradley, *Muzhik and Muscovite*, pp. 199 – 204.

[6] Alaverdian, *Zhilishchnyi vopros*, pp. 45 – 50; Robert W. Thurston, *Liberal City, Conservative State: Moscow and Russia's Urban Crisis, 1906 – 1914* (Oxford, U. K.: Oxford University Press, 1987), p. 16.

更加放大了俄国地方政府的无能、没能确保为市民提供合适的居住条件。这里再次强调，如上文所述，莫斯科是欧洲卫生条件第二差的大城市，仅次于首都圣彼得堡[1]。

到 1913 年，莫斯科市政府部门为微不足道的两千人提供了永久性公共住房[2]。同期，在整个工业化欧洲和北美，居住条件恶劣已促使慈善家和政府官员考虑如何为城市贫民提供住房。政府补贴住房的研究、管理和建设在各地都被纳入议程，但在俄国并没有发生[3]。

俄国大规模城镇化进程高度集中——1861 年改革后才开始，远远落后于西欧——加之莫斯科财政不足、帝国官僚管理僵化，导致许多旨在改善本地住房和卫生条件的城市规划及项目搁浅[4]。莫斯科的教育工作反映了讲求实用的多元主义取得成功，但莫斯科在如何有效解决城市住房危机上没能达成共识，体现了讲求实用的多元主义走向失败。

不同人群，不同居所

这一时期，莫斯科住房并非仅是贫民窟描述的那样，而是多

[1] Bater, *St. Petersburg*, pp. 342 – 353.

[2] A. Mikhailovskii, "Munitsipal'naia Moskva," in N. A. Geinike, N. S. Elagin, N A. Efimova, and I. I. Shitts, eds., *Po Moskvie. Progulki po Moskvie i eia khudozhestuennym" i prosvietitel'nym "uchrezhdeniiam"* (Moscow: Izdanie M. i S. Sabashnikovykh", 1917), pp. 121 – 158; 147 – 148.

[3] Nancy Steiber, *Housing Design and Society in Amsterdam: Reconfiguring Urban Orderand Identity, 1900 – 1920* (Chicago: University of Chicago, 1998).

[4] 就此观点的有力论证，参见 Gleason, "Public Health"。

元化的。　莫斯科人口增长迅速，日益分成不同的社会经济群体。　世袭贵族与新兴商业阶层争夺权力和地位。　小商业主与本地商业寡头争夺商贸利益。　农民工匠在繁华的城市市场来来往往，工人在大大小小的工厂卖命苦干。　受教育女性与文盲的女性同胞摩肩接踵，工会成员与警察支持的工贼互相斗争。　这座城市里充满了各色各样的俄国人，还有不少非俄国人。　这些不同群体在城市住房体系中寻找各自立足之地。

如果一个世纪以前在这座城市里走走，就能一窥莫斯科人口是多么混杂多样。　1902 年在莫斯科接近 4 万栋住宅中，有一半是木质房子，三分之一是砖石结构，其余的由不同建筑材料多多少少混合而成[1]。　更为突出的一点是，到了 1912 年莫斯科公寓楼中有 45% 左右为人均超过一间房——居住总人数超过 40 万人[2]。　莫斯科新兴中产阶级住在这种公寓内，可能比有自己住房的上层人士情况稍差，但是比起其余 55% 公寓中每间挤着不止两人还是要好很多。

莫斯科中央区花园环路内杂乱的小巷中，还保留着改革前古老贵族家庭为城市主宰的零星印记。　充满魅力的古典豪宅（独栋别墅）嘎吱作响，似乎在卑微地向圣彼得堡的豪华宫殿致敬[3]。　在

---

［1］ E. G. Boldinoi, "Statisticheskaia portret Moskvy na 1910 god," in A. S. Kiselev et al., eds., *Moskouskii arkhiv. Istoriko-kraevedcheskii al'manakh* (Moscow: Moskovskoegorodskoe ob"edinenie arkhivov, 1996), pp. 162 - 182: 165.

［2］ Alaverdian, *Zhilishchnyi vopros*, p. 33.

［3］ 关于莫斯科古典时期的讨论，参见 Albert J. Schmidt, *The Architectureand Planning of Classical Moscow: A Cultural History* (Philadelphia: American Philosophical Society Press, 1989)。

1812 年大火后建造了许多石头和灰泥别墅，外墙颜色刷成了和首都宫殿一样的焦黄色。 前代遗留下来的一些大型木质建筑有着宽阔的木梁、原木圆柱和雕刻木山形墙，似在模仿皇家宏伟之态。

随着农奴解放，贵族在农村的地产慢慢枯竭，莫斯科贵族开始走向没落[1]。 他们的城市住房已褪去光彩，在新兴商业阶层更加高大、极尽奢华的住宅对比下日益黯然失色。 在 19 和 20 世纪之交的莫斯科，作为主流阶层，城市工业繁荣中的商人阶层偏爱宏伟和折中主义风格，这与已逝去的庄重年代格格不入。

商人家族曾在横跨莫斯科河的高尔基公园地区居住了数十年，紧邻着工厂和工人，如今正缓慢、稳步放弃这些城堡般的建筑群[2]。 继 1905 年社会动乱之后，他们紧跟潮流，所建住宅越来越壮观，从充满活力的新艺术运动风格到仿哥特式风格，从所谓的新俄罗斯风格到日益保守的宏大古典主义风格应有尽有[3]。"怪异爬藤植物"卷须盘旋而上、刻满建筑侧面，曲木

[1] 关于俄国贵族地产上生活，参见 Priscilla R. Roosevelt, *Life onthe Russian Country Estate: A Social and Cultural History* (New Haven：Yale University Press, 1995)。

[2] Dmitri Chvidkovski (Shvidkovskiil) , "Le monde du 'Zamoskvoretche' dans la culture deMoscou," in Olda Morel et al. , eds. , *La maison Igoumnov: Residence de lambassadeurde France a Moscou* (Paris：Les amis de la maison Igoumnov, 1993) , pp. 33 – 41, 140 – 143：140.

[3] William Craft Brumfield, "Redesigning the Russian House, 1895 to 1917," in William Craft Brumfield and Blair A. Ruble, eds. , *Russian Housing in the Modern Age: Designand Social History* (Cambridge, U. K.：Cambridge University Press；Washington, D. C.：Woodrow Wilson Center Press, 1993) , pp. 25 – 54.

窗户正对着街道，"新颖的彩色砖瓦"吸引着路人目光[1]。　这里没有贵族的雅致和品位。　这些住宅追求以体量和惊奇博彩。

用建筑观察家凯瑟琳·伯顿·穆雷尔的话说，如果 19 世纪70 年代以前的莫斯科是个"杂乱无章的城市，满是空地和小木房，房子几乎都不超过两层高、自带小花园"，那么私营开发商已全力填满花园环路以内的市中心，为新兴中产阶级建造公寓[2]。　投机性公寓楼，或"收入性住房"深刻改变了圣彼得堡和莫斯科[3]。

圣彼得堡的公寓还保留了一些皇家风范的痕迹——宏伟的门厅和楼梯，隐匿的仆人阶梯等。　而莫斯科的开发商极少把资金浪费在那些设施上。　正如高效的中层公寓楼在欧洲和北美遍地开花，莫斯科是这种公寓楼的俄国版本。　公寓楼和附近商人府邸一样，风格大胆，通常有着绚丽的装饰艺术，同时糅合"现代"与"欧式"元素。

如果走出中央区分界线花园环路，就会发现莫斯科住宅迅速变样了，朝城市主要铁路沿线的东部工业区尤其如此。　在这个半城市半乡村的木房子世界里，生活着城市一半以上的人口，农民身着工服，工人家庭处在赤贫的边缘，仆人住在富裕的主人家里，而工匠和建筑劳工则散落在整个莫斯科居住。　相比之下，

---

［1］ Kathleen Berton Murrell, *Moscow Art Nouveau* (London： Philip Wilson，1997)，p. 6.

［2］ 出处同前，pp. 105 - 106。

［3］ William Craft Brumfield, " Building for Comfort and Profit： The New Apartment House, " in Brumfield and Ruble, eds., *Russian Housing*，pp. 55 - 84.

工厂工人集中在花园环路以外地区[1]。 有能力负担一块小菜地和一两个家畜的境遇稍好者，住着建造简陋的木房子（其实就是简易棚屋）。 到了1917年，接近30万名工人住着雇主提供的恶臭工棚："不同倒班的工人们有时床铺共睡，床铺也不过是挤满屋子的多块木板架子，一排排床铺真的是占满了整个空间。在特雷赫戈尔卡的女性工棚里，女工不上班时也没有其他地方可去，所以就在这些床铺上读书、做针线活、八卦聊天。"[2]

那体现的是在莫斯科相对开明的工厂里工人的生活状态。有许多工人只是在别人私家住宅一个角落或地下室里，不同时间共用一张折叠床。 城市里那些穷困潦倒的人在基特罗夫地区简陋的出租屋之间换来换去，或者无处可归、四处流浪——在莫斯科这样冬天长达半年的城市，找不到可怜的零活。

一个世纪前苏联的住房情况在一个世纪后很难进行全面评估。在20世纪30年代斯大林开展工业化运动期间，情况会进一步恶化——革命前莫斯科赤贫人口拥挤的居住情况成为普遍状态，除了少数特权者[3]。 后来，苏联没能为莫斯科居民提供足够住宅，这或许更有利于苏联莫斯科私人开发商。

———————

[1] Thurston, *Liberal City*, p. 17.

[2] Diane Koenker, *Moscow Workers and the 1917 Revolution* (Princeton：Princeton University Press, 1981), p. 54.

[3] Stephen Kotkin, "Shelter and Subjectivity in the Stalin Period：A Case Study of Magnitogorsk," in Brumfield and Ruble, eds., *Russian Housing*, pp. 171 - 120; William J. Chase, *Workers, Society, and the Soviet State: Labor and Life in Moscow, 1918 - 1929* (Urbana：University of Illinois Press, 1987).

在第一次世界大战前半个世纪里，住房建设逐步改善。城市地域内木制建筑比例下降[1]。更重要的是，含有自来水和抽水马桶的住房单元，从 1882 年仅仅 15 496 间（或者说占可采集数据的 22%），增长至 1912 年超过 80 万间（几乎是城市人口的 60%）。其中包括城市中央区 90% 以上的人口[2]。

这一时期许多莫斯科人依旧贫困潦倒，工人的支出中仅食物一项就占了收入的一半，这种情况一直持续到 1917 年革命（1918 年内战时期占高达 70%）[3]。莫斯科没能满足赤贫人口的基本需求，通常从城市住宅就能一眼看出来。

莫斯科市场失灵

莫斯科贫困区情况恶化，是几个因素共同作用的结果。最重要的因素显然是莫斯科的人口增长速度，城市人口"不是每日在增长，而是时刻在增长"，无论城市还是私人开发商都无法跟上这一速度[4]。从 1907 年到 1912 年，莫斯科市住房单元数量增长了 8.8%，而城市居民数量迅速增长了几乎两倍（同期增长了 16.1%）[5]。莫斯科的人口发展速度并非特例；实际上，其增长速度比起本书另外两座城市还相对更慢。

莫斯科整体人口密度低于伦敦、巴黎、维也纳、米兰等城

---

[1] Bradley, *Muzhik and Muscovite*, pp. 195 – 196.

[2] 出处同前，p. 197。

[3] Koenker, *Moscow Workers*, p. 56.

[4] Alaverdian, *Zhilishchnyi vopros*, p. 25.

[5] Thurston, *Liberal City*, p. 19.

市。 在莫斯科城市外缘，建筑周围通常有个小庭院，草地如茵，家畜满院，风景如画。 但在整个欧洲，没有哪里能像莫斯科那样，每栋建筑、每个房间里拥挤了这么多人。

经济和技术落后造成了莫斯科住房现状。 俄国公共交通发展缓慢，有轨电车直到 1904 年才进入莫斯科，比欧洲其他地方和北美晚很多。 莫斯科交通发展也落后于大阪。 因此，莫斯科人不得不住在就业地点附近，结果导致生产制造地区过度拥挤[1]。 收入和财富特点将这种街区隔离开来，即收入低下、工作劳累的劳工极度集中[2]。 农民工迁徙模式将农村关系网又搬到了城市，农民劳工和来自老家的兄弟们住在一起，在紧密的城市关系网中有组织地与原先农村邻居一起生活和工作[3]。

莫斯科人与农村保持着深刻联系。 贵族试图维持在农村的地产，而劳工根据本地劳动力需求来回迁徙。 众多宗教节日也促使劳工在城市和农村之间不断往返。 罗伯特·约翰逊表示："几十万农民每年不断往返于城市及其工厂，从来没有与农村断绝关系。"[4]

莫斯科许多地方依旧是工人临时居住点——1871 年男女比例仅为 100∶70，不过 1912 年男女比例达到 100∶84[5]。 许多工

[1] Bater, *St. Petersburg*, pp. 318 – 320, 326 – 342.

[2] Koenker, *Moscow Workers*, p. 53.

[3] Robert E. Johnson, *Peasant and Proletarian: The Working Class of Moscow in the Late Nineteenth Century* (New Brunswick, N. J.: Rutgers University Press, 1979), pp. 79 – 87.

[4] 出处同前，p. 29。

[5] Mikhailovskii, "Munitsipal'naia Moskva," p. 122.

人的家庭还在农村，导致家庭分隔两地[1]。 在俄国贫困阶层中，有很多人的身份几乎无法区别清楚，比如无法清楚区分"农民"和"工人"。 20世纪晚期，埃里斯·基默林·维特施夫特说道："剧烈的迁徙、城镇化和工业化进程，摧毁了经济、社会和文化生活的重要结构，取而代之建立了新的结构。 不过，定义含糊不清、身份变来变去、法律上没保障成为俄国社会的长久模式……不论是从事传统还是新的任何职业，城市'公民'可能与过去一样，永久地住在一个城市或在城市间流动。"[2]

社会关系中保留了不止一点的农村集体思维模式。 随着时间推移，尽管许多商人与工人一起居住了几十年后，开始搬到了市中心的街区，工人阶级逐渐被驱逐到莫斯科郊区，但是社会关系依然保留了下来。 一些工厂主以农民祖辈为荣，称其与工人有联系，这在圣彼得堡、欧洲或北美都极为罕见。 一些工厂主保留了由风俗和传统塑造形成的家长式作风特点，这些风俗和传统在其他"现代"社会里早已黯然消亡。 社会分化在加剧，但直到第一次世界大战，社会才彻底破裂。 米哈伊尔·沙斯蒂托表示："虽然在莫斯科商业精英中，偶尔也有祖辈来自其他社会阶层的，但是大部分最为显赫的商业家族都有农民背景。 未来商业帝国的建立者在方方面面都像农民： 衣着、生活方式、方言。"[3]

---

[1] Johnson, *Peasant and Proletarian*, p. 56.

[2] Elise Kimerling Wirtschafter, *Social Identity in Imperial Russia* (DeKalb： Northern Illinois University Press, 1997), p. 136.

[3] Mikhail K. Shastillo, "Peasant Entrepreneurs and Worker Peasants： Labor Relations in Merchant Moscow," in James L. West and Iurii A. Petrov, eds. , *Merchant Moscow: Images of Russia's Vanished Bourgeoisie* (Princeton： Princeton University Press, 1998), pp. 85 – 93： 86.

到第一次世界大战爆发之际，逐渐有越来越多人举家落户莫斯科。除了同期女性比例上升之外，城市总人口中孩子比例也在增加，从 10.6% 增至 16.8%[1]。俄国家庭人口数量比欧洲多。约翰逊表示："在俄国，土地一般是共同所有，父亲遗产由几个儿子共同来分，有着（与欧洲）不同的模式：家庭更大，婚姻更早，单身极其罕见。"[2]当举家迁到城里后，有更多家庭成员拥挤在破烂不堪的房间里，拥挤程度甚于西欧。

在幅员辽阔的莫斯科，背井离乡的农民工仍是主体。这些农民工住在临时宿舍里，如工棚、犄角旮旯之类，给城市抹上了转瞬即逝之感。有太多的莫斯科人，在市场上不能获得足够的住房。在 20 世纪第二个十年，大部分人的住房情况持续恶化[3]。人们的住房最低标准和生活现状的差距越来越大，本地官员也没有能力解决。

市政机构没有能力解决泛滥的住房和卫生问题。建筑标准不够严谨且执行不力，公共住房补助也没能补齐为穷人提供住房的短板。城市预算依然不足以应对所面临的挑战；中央政府官僚体系使得地方自治和权力受限；部门间相互竞争，权限模糊不清，即便之前制定的政策可能有效，官场懒散腐败之风也使之难以实施[4]。帝制晚期俄国已经成为一个"充斥经济、社会、政

---

［1］ Johnson, *Peasant and Proletarian*, p. 56.

［2］ 出处同前，p. 51。

［3］ Thurston, *Liberal City*, pp. 17 – 18.

［4］ 更深入讨论，参见 Bradley, *Muzhik and Muscovite*; Robert WilliamThurston, "Urban Problems and Local Government in Late Imperial Russia: Moscow, 1906 – 1914" (Ph. D. diss., University of Michigan, 1980)。

治固有特权和义务的社会，由君主强加给臣民，但政府能力有限，无法得到有效落实"[1]。莫斯科贫民窟迅速成了革命滋生的温床。

住房与卫生状况恶劣

莫斯科住房问题本身并不会得到富裕阶层的特别关注。就像在欧洲其他地方和北美一样，对于贫困阶层的卑微不幸能找到不少貌似合理的解释，比如是市场力量和工作本性导致。但是，莫斯科富裕阶层无法忽视的是，伴随恶劣住房条件还产生了许多社会问题，包括道德沦丧、犯罪、疾病，而且这些问题并不局限在贫民窟之内。

基特罗夫市场有着客栈、酒馆、妓院、廉价临时落脚点，代表了 19 和 20 世纪之交"罪恶之角"的所有典型特征。来到城里的农民和穷人一般都知道只要花几戈比，就能在那有个床铺。愤懑不满的年轻人在基特罗夫街角游荡，学习犯罪伎俩。酒水可以自由流动，非常廉价。基特罗夫是莫斯科特别肮脏的一块区域，毫无芝加哥滨河区所拥有的粗犷魅力。用 1898 年城市委员会的话说，这里是"整个城市糟糕透顶的溃烂之地"[2]。非婚生育是城市平均水平的两倍之多，这里非婚生育人口大约占所有出生人口数量的三分之一，成千人堕落在"花天酒地，有着犯

---

[1] Wirtschafter, *Social Identity*, p. 169.

[2] From *Sovremennoe khoziaistvo goroda Moskvy*, as reprted in Koenker, *Moscow Workers*, p. 16.

罪行径的生活中"[1]。

但是，没有基特罗夫地区，也就没有莫斯科。 正是有了这些廉价旅馆和客栈，离开日益贫瘠的农村、涌向城市的工作者才有了落脚点。 在堕落的基特罗夫地区，许多天真的农村孩子也腐化堕落，不过更多的人在城市新生活中站住脚跟，继续搬到其他不一定更加富有，但却更加理性的社区。 基特罗夫地区如同一个引导天真无知者进入城市生活的机器。

每年成千上万的人出入基特罗夫地区，不仅带来了希望，也带来了病菌。 临时宿舍和廉价旅社成为疾病滋生地。 基特罗夫再次首当其冲。 每年莫斯科都饱尝传染病盛行之害——伤寒、白喉、猩红热、麻疹、霍乱、性传播疾病，等等。 不管何时爆发了什么传染病，基特罗夫都是源头，这已经屡见不鲜[2]。 哪怕一个人只是在基特罗夫街上走走，其死亡概率都会上升。

犯罪、嫖娼、酗酒在一定程度上能够遏制在基特罗夫等下流街区以及离市中心更远的工人居住区内。 而病菌的流动性要强得多。1891—1892 年悲惨的大饥荒——虽然在莫斯科表现并不明显——导致数十万俄国农民被迫离开家园。 霍乱伴随饥饿，与逃难移民一起来到城市[3]。 当时莫斯科肺结核得病率高居欧洲之首[4]。

[1] From *Sovremennoe khoziaistvo goroda Moskvy*, as reprted in Koenker, *Moscow Workers*, p. 17.

[2] Thurston, *Liberal City*, p. 19.

[3] Adele Lindenmeyr, *Poverty Is Not a Vice: Charity, Society, and the State in Imperial Russia* (Princeton: Princeton University Press, 1996), p. 5.

[4] 1911 年肺结核每万人的死亡率在伦敦为 17.6 人，在罗马为 18.6 人，在柏林为 20.0 人，在巴黎为 38.7 人，在维也纳为 42.7 人，在圣彼得堡为 44.1 人，在莫斯科为 45.6 人。 Thurston, *Liberal City*, p. 19.

在第一次世界大战之前半个世纪，莫斯科疾病缠身。 从1881 年到 1910 年整个时期，莫斯科是除了圣彼得堡之外欧洲死亡率最高的大都市。 例如，根据罗伯特·瑟斯顿计算，1910 年莫斯科死亡率高于 1881 年至 1885 年欧洲其他主要城市的平均死亡率[1]。 虽然 1881 年到 1910 年间莫斯科死亡率下降了17.1%，但这一改善远远落后于同期欧洲其他主要城市[2]。1909 年莫斯科婴儿死亡率比马德里高三分之一，几乎是维也纳甚至是敖德萨的两倍之高[3]。

莫斯科公共卫生系统完全失灵。 死亡率和疾病率远高于欧洲其他地区，而且持续多年。 如瑟斯顿所言，这座城市"（1906 年）公共卫生情况与 1881 年的极低水平相比，并没有明显改善"[4]。

当地社会和政府也许可以无视那些品行不端和旅社破败的情况，或者对潦倒之人的呼声充耳不闻。 不过他们无法忽视，事实上没有忽视这些情况导致的疾病肆虐情形。 市政府在公共卫生项目上开支不菲，但收效甚微[5]。 这些项目范围狭隘——通常是为穷人提供传统救济院和孤儿院（常导致疾病进一步传播）。 由于经济社会变革以及农村危机频发使得莫

---

[1] Thurston, *Liberal City*, pp. 19 - 20.

[2] 同期圣彼得堡死亡率下降了 22.3%，巴黎下降幅度为 28.3%，伦敦为33.0%，柏林为 41.5%。 出处同前，p. 196。

[3] 出处同前。

[4] 出处同前，p. 20。

[5] 就此观点的有力论证，参见出处同前，pp. 19 - 20。

斯科城乡都疲于应对，缺少欧洲其他地方常见的公共救济行动[1]。

继 1891 年至 1892 年爆发了残酷的饥荒和骇人的霍乱之后，在 19 世纪 90 年代莫斯科市政府扶贫行动稳步增长[2]。 不幸的是，本地精英就采取何种减贫项目合适且有效，并没有达成共识，结果所开展的城市项目影响力受到削弱。 同时，正如阿黛尔·林登梅尔指出：

> 参与改革的政府官员和外部专家遭遇帝国晚期一个极其激烈的政治冲突： 中央政府和地方政府间斗争。 财政问题似乎也难分难解；俄国经济相对落后，哪里去找到足够资金来支持有效的公共救济？ 贫困本身也难以定义；在如此贫穷的一个国家，谁真正应该有权获得公共救济？ 最后，改革行动体现了关于公共救济的社会意义和道德使命上存在着深刻分歧[3]。

学术界研究深刻改变了芝加哥甚至是大阪的社会政策，但对莫斯科的影响相对较小。 观念和态度在不断演变，但是倡导改革者常常在专家圈和日益孤立的自由主义政治圈内固步自封。 尽管莫斯科改善住房条件本可极大缓解城市公共卫生危机，但是住房政策停滞不前。 由于达成共识，教育领域获得了大规模政

---

[1] Lindenmeyr, *Poverty Is Not a Vice*, pp. 62–63.

[2] 出处同前，p. 68。

[3] 出处同前，p. 74。

府和慈善投资，但在住房政策方面这一共识却烟消云散。 讲求实用的多元主义没能解决帝国晚期莫斯科最为严峻的问题之一，即人们住在哪里、住得如何。 结果这座俄国中心城市的公共卫生数据惨不忍睹，非当代欧洲所见。

为之甚少，为时已晚

莫斯科的学术领袖和政治领袖深刻地意识到了国外学术思潮的变化。 莫斯科教授尤其熟谙德国大学中的发展进步。 社会问题研究在莫斯科毫不陌生。 莫斯科领袖和其他地方的一样，通过调研和梳理社会现状，制定未来行动路线。 但是，由于财政资源不足和圣彼得堡上级官僚干涉，常常阻碍莫斯科官员根据研究成果采取行动措施。

俄国对社会变革指标进行梳理从公共卫生领域开始。 第六章介绍过农村自治议会开展了一个收集社会数据的宏大项目。主要收集评估医疗和卫生数据，由农村自治议会的医生带领开展。 到了 19 和 20 世纪之交，农村自治议会的医疗已经形成一个"领先的农村医疗保障体系"[1]。 农村自治议会能够通过一套机制悄悄绕过中央机构管辖而提供医疗服务，这点对于医疗专业人士具有重要意义。 在农村自治议会这个平台上，医生可以坚持独立专业标准，较少受到沙皇政府的干预。 在 1905 年前尤

---

[1] Nancy M. Frieden, "The Politics of Zemstvo Medicine," in Terence Emmons and Wayne S. Vucinich, eds., *The Zemstvo in Russia: An Experiment in Local Self-Government* (Cambridge, U. K.: Cambridge University Press, 1982), pp. 315 – 342: 315.

其如此，医生和农村自治议会代表为了共同抗击疾病而艰难地达成了共识。

农村自治议会的医疗服务得到了当时的观察家以及俄国国内外历史学家的普遍赞许。而现实相对扑朔迷离，因为俄国农村生活极其艰苦，农民"居住环境依旧肮脏，慢性病和流行病频发"[1]。

尽管农村自治议会的实际行动基本没有匹配上其宏大目标，但引起了俄国广大专业人士和知识分子的关注。农村自治议会的医疗服务鼓励本地社会活动家和技术专家共同参与提高公共医疗水准，这对于莫斯科住房和医疗政策具有重要意义[2]。南希·弗里登准确地指出："革命前的俄国医生具备受教育精英的许多特质。他们作为社会改革家，为偏远农村和城市贫民窟的普通大众提供服务；作为技术专家，设计和执行开拓性的社区医疗项目；作为政治活动家，加速了 1905 年革命到来进程。"[3]

俄国医生过去一直属于有正式工作、拿着薪水的雇员，缺乏欧洲"自由职业"医生的独立性。医疗卫生属于俄国政府管辖。农村自治议会的医疗系统以社区为基础，为医生在独立自主与服务中央政府之间提供了一个中间地带。医生寻求如何服务更多公众，在这一过程中，也扩大了其专业自主权。例如尼

---

[1] Samuel C. Ramer, "The Zemstvo and Public Health," in Emmons and Vucinich, eds., *The Zemstuo in Russia*, pp. 279 - 314: 279.

[2] Nancy Mandelker Frieden, *Russian Pbysicians in an Era of Reform and Revolution, 1856 - 1905* (Princeton: Princeton University Press, 1981), p. xili.

[3] 出处同前。

古拉·皮罗戈夫医生，他重新定义了在帝制俄国何谓行医，在俄
国大众心中，尤其是医疗界受到敬重。

皮罗戈夫于 1881 年去世，享年 71 岁。他鼓励医生成为社
会活动家。他支持并组织了一系列协会，为医科学院、医院、
诊所、个体医生救治弱势群体提供平台。1881 年 5 月，在他去
世前不久，皮罗戈夫协会十五周年成为一个公共庆祝节日。新
登基的亚历山大三世给这位优秀的医生发了一份祝贺电报，莫斯
科市授予了皮罗戈夫"荣誉市民"头衔[1]。

还有其他医生也成了公共医疗服务的先驱。例如，伊夫让
尼·奥西波夫在 1873 年萨马拉举行的农村自治议会大会上，提
议要根据本地社区需求提供强有力的医疗服务[2]。奥西波夫
提出，要广泛收集医疗数据，绘制地方医疗地形图。1875 年，
奥西波夫升任莫斯科省公共卫生委员会主席，他与莫斯科省自治
议会主席、莫斯科大学毕业的法官迪米特里·诺莫夫联手打造了
俄国最成功的医疗数据项目[3]。他们收集基础数据旨在为实
施更大范围卫生和公共医疗教育项目打下基础，只是这些目标常
常实现不了。

到 19 世纪末期，莫斯科省模范医疗卫生官员有点成为一个
小型文化偶像。例如，弗里登解释道："在西方读者看来，契诃
夫市的'瓦尼亚叔叔'阿斯特罗夫医生可能是位沉迷于当地生态

---

[1] Nancy Mandelker Frieden, *Russian Physicians in an Era of Reform and
Revolution*, *1856 – 1905*（Princeton：Princeton University Press, 1981）, pp.
5 – 11; Gleason, "Public Health," pp. 347 – 348.

[2] Frieden, *Russian Physicians*, pp. 91 – 93.

[3] 出处同前，p. 93。

的奇怪人物，但实际上，他是莫斯科农村自治议会中从事疾病与
地理因素相关性的医生代表。"[1]契诃夫医生在 1890 年著名的
萨哈林岛之旅中，独自收集因犯病史[2]。 随着工业化的到来，
莫斯科省医疗数据统计员最终完成了 19 卷评估公共医疗状况的
统计数据[3]。

农村自治议会致力于改善社区医疗，虽然这点值得赞许，但
是俄国农村公共卫生现状依旧骇人听闻。 1891 年饥荒及随后霍
乱出现时，俄国公共卫生水平更是差得一踏糊涂。 遗憾的是，
农村自治议会的委员会由于资金短缺，面对饥荒和瘟疫无能为
力。 与此同时，农村数据收集为莫斯科等城市开展公共医疗等
社会数据收集提供了路径。

与农村同期的城市医生和卫生官员也日益活跃[4]。 第一
次世界大战早期，随着几百个城市的自治组织"全俄城镇联盟"
大力游说增加公共卫生项目，社区、媒体和各行业要求改善城市
公共医疗状况的呼声达到了顶点[5]。

莫斯科市官员早就针对本地住房状况开展了广泛调研[6]。
1899 年的城市调研中既有统计数据也有记述材料，都阐释了住
房不合格和可怕的传染病趋势之间具有明确关联[7]。 1912

[1] Frieden, *Russian Physicians*, pp. 91 – 93.

[2] 出处同前。

[3] 出处同前，p. 101。

[4] 《城市商业报》(*Gorodskoe delo*) 文章中有体现。 关于这些文章的评
价，参见 Gleason, "Public Health"。

[5] 出处同前。

[6] Thurston, *Liberal City*, pp. 17 – 19, 138 – 139.

[7] 出处同前，Alaverdian, *Zhilishchnyi vopros*。

年，莫斯科市根据 1902 年的普查发布了新的住房样板[1]。 上文提到的阿拉维等社会科学家在莫斯科住房状况研究中采用了这些数据（不过阿拉维论文被禁止发表，部分原因就在于使用了这些数据）[2]。

莫斯科市领导和首都圣彼得堡许多官员一样，都非常清楚地知道城市卫生糟糕透顶。 莫斯科肮脏的生活环境，以及首都同样恶劣的环境，为越来越激进的反对派提供了工具。 莫斯科市及心忧社会的公民领袖一直没能团结起来，没能采取行动改善当地住房状况。

政策欠缺，住房短缺

在住房领域，莫斯科市的积极行动展现在两个截然不同但相互关联的领域。 首先，莫斯科有大量富裕人士支持改善城市贫民生活的慈善行动。 其次，城市政府部门通过加强私有住房的监管、建设和运营公共住房设施，努力改善住房条件。

莫斯科富人一直都向济贫院、救济所、孤儿院提供支持。皇室弃婴之家于 1763 年成立，1797 年由沙皇保罗一世的第二任妻子玛丽亚·费多罗夫纳批准了皇室赞助，专门收容赤贫家庭的子女、未满 13 岁的孤儿和非婚生婴幼儿[3]。 皇室弃婴之家受益于与皇室的关系和慷慨的私人赞助。 到了 19 世纪

---

[1] Thurston, *Liberal City*, p. 17.

[2] Alaverdian, *Zhilishchnyi vopros*.

[3] Bradley, *Muzhik and Muscovite*, pp. 260 – 266.

末，皇室弃婴之家发展成了莫斯科最大的慈善组织。 还有无数小型私人组织、宗教机构和医院，也都努力为莫斯科穷人提供服务。

莫斯科救济院及其相关机构在 19 世纪 90 年代由私人管理转为市政府管理，此后成为莫斯科市及本区第二大济贫机构[1]。皇室弃婴之家主要是照料和教育儿童。 官员们极少去试图解决导致弃婴弃儿产生的贫困根源。 莫斯科救济院依据中世纪欧洲贫困法而成立，通过获取劳力来维持运营，而劳动安排有时非常苛刻。 直到 19 世纪最后阶段，莫斯科救济院成立了职业教育中心后，管理者们才进行调整。

莫斯科市还有无数教会支持的收容所、济贫之家和济贫服务，为看似虔诚和需要的贫民提供服务。 私人住房项目所实现的，不过是在本地收容所为穷困潦倒的莫斯科人或游民提供一晚干净床铺。

尽管私人慈善项目和机构值得赞扬，但到了 19 世纪 80 年代后期，其不足之处也无法令人忽视。 莫斯科贫困、医疗和住房问题随处可见，众所周知。 沙皇部长们认为提供福利属于警察问题，最好留给内务部负责。 而内务部评估了帝国福利系统，特别注意到莫斯科在解决日益庞大的入城贫困农民工问题上应对不力。 1887 年，内务部与内阁批准将大量慈善组织、救济院、医院转为城市所有。 次年，莫斯科杜马中以伊万·马蒙托夫为主席的委员会对市政府管理市域私人、公共和国家福利机构进行

---

[1] Bradley, *Muzhik and Muscovite*, pp. 267 – 272.

了评估[1]。 随后，莫斯科市又将住房、医疗、福利纳入治理范围。

莫斯科市政府第一个住房项目是于 1879 年开设了一个收容所，以减少私人廉租屋的过度拥挤，遏制传染病的传播[2]。 该收容所从刚开放时容纳 510 人，到 1886 年时可为 1 305 名穷人提供干净床位、洗浴和用餐。 到 1912 年，莫斯科市将开放新的收容所，每晚可容纳高达 5 650 名无家可归者，根据所在地设施情况免费或象征性收费，或有劳力者可以提供劳力作为交换。 当时，私人救济所每晚可容纳 7 500 名穷人。 在 1913 年全年，市运营的收容点将 55 823 人拒之门外，表明城市救济项目依然短缺。

城市官员还努力控制私人住房中的高风险因素。 1910 年，市政府发布了私人住宅火灾安全和卫生管理条例，1912 年全年持续改善基特罗夫地区旅馆条件[3]。 许多莫斯科人能理解对公共和私人收容所进行管理的需求，尤其是因为这有助于控制疾病传播。 但监管其他形式住房，包括城市最东部臭名昭著的工人宿舍，就没有那么成功了。 财政部、帝国杜马以及莫斯科市政府就工厂住房发布的法律法规，只能算是陈述性声明而已。

与此同时，城市领导在决策上故意没有扩大住房管理范围。罗伯特·瑟斯顿指出："1911 年，城市住房管理委员会认为，对

---

[1] Bradley, *Muzhik and Muscovite*, p. 309.

[2] Thurston, *Liberal City*, pp. 138 – 139.

[3] 出处同前，pp. 140 – 142。

多人合租公寓进行严格管理只会迫使其关闭，将数千人驱逐到大街上。 鉴于城市住房市场极其紧缺，委员会的决定毫无疑问是正确的。 解决问题的唯一有效方案就是大规模建设住宅，无论是私人建设或者政府建设均可。"[1]

此时，在欧洲及全球无数地区，城市部门和中央政府部门开始进入住房市场[2]。 许多莫斯科人意识到了这点。 1901 年，财力雄厚的索洛多夫尼科夫家族将 700 万卢布遗赠给城市，支持为小户家庭和单身居民建造廉价公寓[3]。 索洛多夫尼科夫的赠款比用于成立人民大学的沙尼亚夫斯基赠款还多，但所取得的益处却差之千里。 由于市政府对这笔资金管理不善，到 1909 年才仅仅完成两栋规定公寓建设。 到第一次世界大战爆发之际，索洛多夫尼科夫公寓住有 2 000 人左右，其中许多是低层白领工人，而并非真正的贫民。

与此同时，根据 1911 年当地住房改善计划，莫斯科市也利用城市资金进行住房投资，为市公务员建设政府廉租房。 这一计划后来被战争破坏。 根据瑟斯顿估测，在苏联以前，莫斯科市政府最终建造了 60 栋公寓房，能容纳 39 000 人——对比当时市场需求以及欧洲其他城市的住房计划，这一成果就相形见绌了[4]。

只要留心观察就很容易发现，上世纪之交莫斯科的公共医疗、住房和贫困危机形势严峻、令人担忧。 有无数学者的研究

---

[1] Thurston, *Liberal City*, pp. 142 – 143.

[2] Steiber, *Housing Design*.

[3] Thurston, *Liberal City*, pp. 143 – 144.

[4] 出处同前。

和各种文学作品记录了在莫斯科的所见情形。 莫斯科是欧洲居住环境最差、卫生状况最差的城市，而且这种状况持续了一定时间。 负责改善这一状况的城市官员几乎没有什么资源可以调动。 预算分配不多，更重要的是，几乎没有城市领导站出来为城市运营的项目争取预算。 当圣彼得堡的帝国官员认为莫斯科市的行动迎合了一直被视为是反政府的组织时还会加以破坏。不像在教育领域，莫斯科在住房领域没有就行动达成广泛共识。莫斯科市为降低公共医疗风险和改善住房条件所作的努力少之又少、为时已晚。 讲求实用的多元主义失败了。 结果是导致各个街区状况恶化，恰恰为沙皇体制惧怕不已的政治激进主义提供了理想的温床。

失败与起义

在本章研究阶段，俄国出现了两次政权瓦解。 第一次瓦解是 1905 年俄国耻辱地败给日本之后。 第二次出现在打击更为沉重的第一次世界大战期间。 政权瓦解带来了巨大混乱，超出地域，波及全国。 莫斯科广大贫民和没有权利的农民工人生活悲惨，城市知识分子和商人与帝国体制深深不容，导致地方政府机制也同时瓦解。 前文所述的医疗和住房状况为俄国各种激进和革命活动培养了成千上万惊人的大军。 1917 年的革命风暴使莫斯科彻底湮没。 本地贵族和商人阶级不再存在；莫斯科理想主义知识分子和躁动的工人阶级将自食其果。

到第一次世界大战中期，莫斯科政治和整个帝国政治一样，都陷入了一系列二元化选择。 人们支持君主或君主的敌人，支持"人民"或反对"人民"，支持或反对这个或那个阶级或民族团体。讲求实用的多元主义需要有中间地带才能实现政治妥协，但它被一种新的心理取而代之：如果你不是"支持我们"，就是"反对我们"。这种过于简单化的认识将导致此后数十年有成千上万的莫斯科人和数百万俄罗斯人丧失生命。

由于帝国劳工政策的僵化以及沙皇警察的残暴，地方公民议会中缺少有组织能力的劳工代表。虽然1905年前就有大量地下劳工组织和革命党派，但直到1905年革命期间，劳工联合会才合法[1]。莫斯科多元化经济产生了各种各样的贸易联合会。各个联合会一般与基于意识形态的政治党派联合起来，这比较符合欧洲劳工组织的模式，而不是美国的模式。

在1905年10月至11月的罢工运动中，莫斯科工会开始兴起。几周之后，到12月武装起义时，工会数量已经超过100个，有3万多名成员[2]。这一时期，莫斯科工会的激进运动达到顶峰。1905年，由于俄国战败造成生活贫困，俄国许多城市和城镇爆发了动乱。1905年1月22日，在乔治·加邦神父领导下，工人们在圣彼得堡东宫广场进行和平集会，军队开枪镇压，此后形势逐步恶化，这一天将永久地被铭记为"血腥星期日"。

随着帝国政府失去了对子民的控制，罢工和集会游行具有了

----

[1] Victoria Bonnell, "Radical Politics and Organized Labor in Pre-Revolutionary Moscow, 1905 - 1914," *Journal of Social History* 12, no. 2 (1979), pp. 282 - 300：282.

[2] 出处同前，p. 284。

政治色彩。 革命起义集中在圣彼得堡，但也很快传播到了莫斯科和帝国其他地方。 形形色色的社会和政治群体从这场混乱中谋利，俄国社会中没有任何一分子能够避开这场动乱和剧变[1]。

1905 年 10 月 20 日，有 3 万人（政府估测数据）至 15 万人（一些劳工领袖估测的数据）走在莫斯科街道上，为被杀害的革命党人尼古拉·鲍曼送葬，送葬游行持续了 8 个小时[2]。 鲍曼被偏右翼黑色百人团的工人枪杀。 在整个秋天，支持政府的势力、右翼民族主义者、宪政改革派、激进的革命党派之间的对峙日益加剧。 到了 12 月，两方不可避免地走向实力较量，并将在莫斯科街道上演[3]。

与首都相比，莫斯科城市相对和平，只有小部分工人进行罢工。 圣彼得堡的工厂，尤其是规模更大的重工业厂，更加适合工会组织，不像莫斯科是小规模家庭式纺织作坊。 在莫斯科，虽然大学和高等学校一直都是动荡中心，直到 11 月底才形成革命"苏维埃"（委员会）。 1905 年末，莫斯科约有 34 万名工人举行罢工。 莫斯科激进左派人士开始利用这一机会，而军队、警察和成帮结队的右翼暴徒作出反击。 在一系列激战中，左翼

---

[1] 例如，关于莫斯科教师在当地工会运动中的作用，参见 Christine Ruane, *Gender*, *Class*, *and the Professionalization of Russian City Teachers*, *1860 - 1914* (Pittsburgh：University of Pittsburgh Press, 1994), pp. 128 - 163。

[2] Abraham Ascher, *The Revolution of 1905*, vol. 1：*Russia in Disarray* (Stanford：Stanford University Press, 1988), pp. 262 - 264.

[3] 出处同前, pp. 304 - 322。

失败了；据估计，有一千多莫斯科人丧命[1]。 地方政府随之开始残酷报复，逮捕工人和学生，不经正式审判就进行处决。 莫斯科只有少数最大的工会得以幸存[2]。

1906 年 3 月 4 日劳工和工会合法化，莫斯科工会组织者迅速利用这些法规行动起来。 在接下来的 15 个月，莫斯科 63 个工会获得了合法地位，同期 5 万多名工人加入了工会。 工会积极参与选举政治，开始从扩大化的城市选举中谋利。 但在 1907 年 6 月 3 日 "斯托雷平政变" 后，工会运动遭到严重挫败（当时的首相彼得·斯托雷平强制解散国家杜马，在极为严苛的投票法下进行新的议会选举）[3]。 莫斯科工会成员减至 2 万人左右。地方工会将一直处于弱势，直到 1912 年 4 月发生了连那金矿大屠杀，在整个俄罗斯帝国点燃了又一轮工会激进运动。

沙皇尼古拉斯二世及其部长们通过与自由派改革人士妥协，得以重新巩固统治地位。 俄国政治架构中实行的大量改革，孕育了真正民主化的希望。 地方政府变得更加强大、更有活力，劳工法律得到强化，工会组织形成，大学学术氛围自由化，政党有权参与国家议会选举。 俄国在社会动乱中探索出了一套政治和社会机制，这条革命道路完全能引领俄国成为欧洲范例。 专制统治大势已去。 然而，尼古拉斯恢复政治势力之后，立马不

---

[1] Abraham Ascher, *The Revolution of 1905*, vol. 1：*Russia in Disarray* (Stanford：Stanford University Press, 1988), p. 322.

[2] Bonnell, "Radical Politics," pp. 284 – 285.

[3] Abraham Ascher, *The Revolution of 1905*, vol. 2：*Autbority Restored* (Stanford：Stanford University Press, 1992), pp. 355 – 368.

愿承认其妥协不仅是战略让步而已，并且信心倍增，削弱新建立的制度，特别是削弱国家杜马[1]。 1907年6月3日斯托雷平政变，为专制政体一步步确立权力清除了路障。

1917

俄国在第一次世界大战中的惨败，彻底摧毁了其政治制度根基。 1917年初，人们的耐心消耗殆尽，饥饿的工人走上圣彼得堡街道。 而冬宫护卫队不愿再向游行民众开枪。 1917年3月15日，尼古拉斯被迫退位，终结了长达三个世纪之久的罗曼诺夫王朝统治。 王位无人接替。 宪政临时政府掌权，先是由乔治·洛夫领导，后来又由亚历山大·基伦斯基领导。 战争持续进行，贫困愈加严重，政治激进力量伺机行动。

1917年春天，莫斯科起初平静无波，与圣彼得堡相比尤其平静。 正如黛安·科恩克所言，在3月份之前，罢工不仅是反对工厂管理，更是赤裸裸的反政府政治行为[2]。 沙皇倒台之后，罢工就只是罢工。

但是，整整1917年，劳工关系持续恶化。 科恩克认为，从3月到10月份，至少出现了269次罢工，有257 000多名工人参与[3]。 不过，简要回顾下乔治·莱登伯格关于芝加哥交通之

---

[1] 关于此论点的有力论证，参见 Abraham Ascher, *The Revolution of 1905*, vol. 2: *Autbority Restored* (Stanford: Stanford University Press, 1992), pp. 355 – 368。

[2] Koenker, *Moscow Workers*, p. 293.

[3] 出处同前，p. 295。

争的研究，2 个月后莫斯科罢工不再是代表民主与政府根本性不同概念之间的对峙[1]，而是相对单纯的金钱之争。 在价值观上的不一致，正转变为围绕工资和工厂管理措施方面的各种争议。 1917 年的莫斯科的罢工者通常是大型工厂里工资较高、城市出身的工人，通过罢工寻求物质利益。

因此，尼古拉斯退位，原本为莫斯科再度采取实用主义方案解决迫切问题开辟了路径。 5 月份莫斯科罢工次数达到顶峰；每个月实际参加罢工的工人不断增加，一直持续到 7 月，此后劳资纠纷再度减弱[2]。 随着夏天来临，广义政治关切被搁置一旁。 在俄国其他地方，尤其是圣彼得堡，事态发展尚未恢复。一些激进党派起初在临时政府成立后被边缘化，准备伺机卷土重来，各个政治派别继续展开权力斗争。

莫斯科城市官员没有能力解决本章所述的各种社会痼疾，城市各个社会群体间关系愈加紧张。 正如罗恩·苏尼所言，俄国社会分化严重，加深了人们的恐惧和猜忌、希望和绝望之感[3]。 社会两极分化使得阶级对立加剧，再次让各方都认为不可调和。 这种激进主义是莫斯科内外众多事件共同作用的结果，导致莫斯科丧失了从实用主义出发来开展多元主义实践的机遇。 莫斯科城市和整个俄国社会变得激进，使得原本多样化的

---

[1] Georg Leidenberger, "Working-Class Progressivism and the Politics of Transportationin Chicago, 1895 – 1907" (Ph. D. diss. , University of North Carolina, 1995), pp. 165 – 199.

[2] Koenker, *Moscow Workers*, pp. 296 – 298.

[3] Ronald Grigor Suny, "Toward a Social History of the October Revolution," *American Historical Review* 88, no. 1 (February 1983), pp. 31 – 52: 49.

政治选择变为革命的二元化选择。

与圣彼得堡的布尔什维克相比，莫斯科的布尔什维克相对温和。他们并不情愿支持首都新革命政体[1]。10 月 25 日，莫斯科苏维埃成立了军事革命委员会，以抗衡联合了许多城市杜马议员力量的公共安全委员会。尽管从 10 月 27 日起，莫斯科街上冲突不断，但是双方作了妥协，尽力避免发生对峙。10 月 28 日，布尔什维克领袖维克托·诺金离开苏维埃总部去参加和谈时遭到逮捕。克里姆林宫内的反布尔什维克力量在养精蓄锐，同时军事革命委员会也武装起来准备战斗。11 月 3 日下午 4 点，经过数小时激战，追随列宁的力量夺取了克里姆林宫。虽然没有准确数据，但据称在莫斯科之战中至少有一千名布尔什维克死亡。毫无疑问，对手死亡人数更多。

十月暴动并没有阻碍国家立宪会议的选举计划。首都选举投票定于 11 月 12 日举行，莫斯科投票定于 11 月 19 日至 21 日举行。其他地区投票于 11 月后半月进行。莫斯科工人从 11 月 3 日起基本就没有到工厂上班，如今成群结队为其大会代表投票。代表农民利益的社会革命党将赢得国家大选，而在莫斯科得票率不到 8%。在莫斯科投票中，布尔什维克赢得了 47% 选票，而自由派的立宪民主党赢得了 35% 选票。

选票几乎毫无意义。1918 年 1 月 5 日，布尔什维克武装在圣彼得堡塔夫利宫集结，直接解散了立宪会议，驱逐了依法选举出来的、真心想要召开议会的代表们。从这一刻起，尽管将面临激烈内战和持续数年的动荡局势，但是布尔什维克获得了俄国

---

[1] 依据 Koenker, *Moscow Workers*, pp. 332 – 355。

最高控制权。

    1918 年初，列宁离开圣彼得堡，将首都移至莫斯科，远离支持其反对派的各种国际远征势力。 1918 年 3 月 11 日，列宁踏上了莫斯科尼古拉斯站台，在 1861 年改革后发展繁荣的莫斯科商业由此画上了句号。

第十章
贫困与暴动

到 20 世纪早期，大阪意识到，伴随工业资本主义而来的有着似乎不可避免的矛盾：工厂厂主和工厂工人之间的矛盾。 尽管日本总体收入和消费水平似乎在不断上升，但这一矛盾却日益激化[1]。 工业化进程为他们创造了前所未有的财富，而这种工业化模式的人际关系让许多日本人忧心忡忡。

这些忧虑不无道理。 由于没有能力应对日益加剧的社会不公平现象，1918 年夏天，整个日本爆发了空前的街头暴力事件。 对大阪而言，这场夏天"稻米暴乱"标志着对立两方都无视对方的基本做人尊严。 双方都诉诸暴力，标志着漫长的政治和解画上了句号。 稻米暴乱事件在大阪，也在整个日本，为对内右翼独裁主义统治和对外军国主义扩张营造了有利环境。 以多元化利益为基础的政治行为机制和准则没能在全国站住核心地

[1] Alan H. Gleason, "Economic Growth and Consumption in Japan," in William W. Lockwood, ed., *The State and Economic Enterprise in Japan: Essays in the Political Economy of Growth* (Princeton: Princeton University Press, 1965), pp. 391 - 444.

位，也削弱了大阪讲求实用的多元主义地方政治文化。

二三十年以前，日本就意识到了城市贫困现象。 当时新闻记者和知识分子"走进日本各大城市贫民窟，既为证实资本主义发展带来的社会影响……也为更加全面地刻画日本正在逐步成形的社会类型"[1]。 在明治工业革命以前，日本城市贫民就已生活艰难。 例如，1870 年针对大阪的调查显示，18% 的城市人口，即 57 000 位居民属于贫民[2]。 但是健康成年男性的贫困，无论是流离失所的武士、农村移民或是大阪日益庞大的工人贫民，代表了某种新事物，似乎非日本特色。

贫困的社会根源

直到 19 世纪八九十年代，人们才认识到赤贫是有社会根源的，是源于结构性变革带来的毁灭性影响，而不是个人道德缺陷。 这一认识来自原敬等调查记者的开拓性报道，安部矶雄等基督教和佛教社会改革家坚持不懈的积极社会行动，以及后藤新平等敏锐政府官员的家长式干预[3]。 大卫 · 霍威尔在其关于北海道渔业的研究中指出："在资本主义制度下，生活不一定是

---

[1] Koji Taira, "Urban Poverty, Ragpickers, and the 'Ants' Villa' in Tokyo," *Economic Development and Cultural Change* 17, no. 2 (January 1969), pp. 155 - 177：156.

[2] W. Dean Kinzley, "Japan's Discovery of Poverty：Changing Views of Poverty and Social Welfare in the Nineteenth Century," *Journal of Asian History* 22, no. 1 (1988), pp. 1 - 24：4.

[3] Kinzley, "Japan's Discovery"；Taira, "Urban Poverty."

更好或更坏，但一定是不同了。"[1]对金钱与合约产生依赖，明治日本初期对市场的无情理性持浪漫主义态度并颂扬，对老年人的需求熟视无睹，都让许多日本人震惊不已。

城市工业贫困既带来了道德困境，也带来了经济问题。霍威尔写道："资本主义以前，日本各地农村具有内生依赖性，虽然并非一成不变，但也存在了数代之久。因此演变出一种管理人际关系的道德经济。但是，资本主义出现后，这种社会平衡遭到破坏，无法存在，因为它不能够补充资本主义生产关系内在剥削机制。"[2]在劳工关系上，寻求新的道德和经济平衡将贯穿整个本章研究阶段。

杰弗里·汉斯在对改革派市长关一的研究中，简要描述了大阪不容乐观的贫困状况。汉斯写道："工业劳动力在城市无序蔓延中首当其冲，他们住着拥挤不堪的廉租房，连最基本的生活设施都没有。在大阪郊区，屋内配备厕所、下水道、防潮、通风和日照的只是个别特例，而不是普遍现象。贫民窟里肺结核病猖獗不已，霍乱疫情是生活（和死亡）常态。贫民窟里没有公园和游乐场，交通设施短缺，这些居民是身陷城市凄惨状况的真正囚徒。在破败的大阪郊区，这种惨境还在日益恶化。"[3]

———

[1] David L. Howell, *Capitalism from Within: Economy, Society, and the State in a Japanese Fishery* (Berkeley: University of California Press, 1995), p. 6.

[2] 出处同前，p. 8。

[3] Jeffrey Eldon Hanes, "Seki Hajime and the Making of Modern Osaka" (Ph. D. diss., University of California, Berkeley, 1988), pp. 1 - 2.

　　工人联合会和工人激进运动不断扩大规模和范围，而资本主义工厂厂主意图进行破坏。 这一过程并非一帆风顺；19 世纪 90 年代后期及 20 年后第一次世界大战期间，社会改革家取得了一些成功[1]。 赤贫的工厂工人基本未受过教育，在依附过去农业规范的社会秩序中时常感到敌意和排斥，很容易沦为贪婪管理者的剥削对象。 即使在具有同情心的观察家看来，例如后来共产主义者片山潜，他们也是"酗酒、打架、赌博，无心筹划未来的一类人"[2]。 如果可能有进步，也是来自更换雇主，而不是源于晋升。 工人周转率高，阶级意识薄弱，国家政府随时准备诉诸暴力或威胁手段。 工厂厂主、劳工和政府间这种进退模式，在大阪工作场所上可见一斑。

　　针对工人的悲惨境地，改革派开始从工厂之外寻求解决方案。 工业劳动力开始被视为广大城市工人贫民中的一分子[3]。 1906 年，在大阪及整个日本，到处爆发劳工纠纷[4]。 当年夏天，面对日俄战争后工业衰退的低谷，刚被大阪军工厂解雇的 800 名工人，结束了抗议活动，在当地警察押送下回

----

[1] Andrew Gordon, *The Evolution of Labor Relations in Japan: Heavy Industry. 1853 – 1955* (Cambridge, Mass.: Harvard University Press, 1985), pp. 47 – 50.

[2] 片山潜于 1897 年作此评论。 出处同前，p. 29。

[3] 出处同前，pp. 26 – 27。

[4] Takeo Yazaki, *Social Change and the City in Japan: From Earliest Times through the Industrial Revolution* (Tokyo: Japan Publications, 1968), p. 408.

家[1]。 只要有工人在的街区，就无法秩序井然。 同年 7 月，在大阪拥挤不堪的工业区爆发了瘟疫，103 户狭小拥挤的住房中有 463 名居民染病[2]。 鉴于此，大阪城市官员不得不成立日本首个城市卫生研究所，推动传染病预防工作[3]。

大阪劳动力

大阪劳动力市场上充斥着大量未成年劳动力，从而削弱了劳动力需求。 1901 年针对全市 21 个工厂所有工人的调查显示，有四分之一的工人不满 14 岁[4]。 大阪著名的纺织厂中，一半以上工人是来自贫困家庭的未成年人；火柴厂中女性工人大部分年龄在 10~15 岁之间。 甚至极端的是，能在火柴厂看见六七岁童工[5]。 总体而言，市纺织厂 80% 的工人是女性，其中许多来自贫困农村苦于生计的佃农家庭，其他来自这座工业大城市自身的贫民窟[6]。 由于工厂宿舍提供"免费住宿"，有些工人甚

---

[1]　"The Osaka Military Arsenal: Dismissal of Workers and the Consequence," *Japan Weekly Chronicle* (Kobe), July 12, 1906, p. 48.

[2]　"Factory Life in Japan: The Treatment of Operatives," *Japan Weekly Chronicle*, August 2, 1906, p. 152.

[3]　*Great Osaka: A Glimpse of the Industrial City* (Osaka: Osaka Shiyakusho, 1925), pp. 16 – 17.

[4]　Yazaki, *Social Change*, p. 407.

[5]　出处同前。

[6]　E. Patricia Tsurumi, *Factory Girls: Women in the Thread Mills of Meiji Japan* (Princeton: Princeton University Press, 1990), pp. 5, 42.

至不愿意冒罢工失败的风险而"丧失所有"[1]。

1882 年，涩泽荣一创立了拥有 10 500 纺锤的大阪棉纺织厂，为大阪及整个日本纺织业劳工关系定下了基调。涩泽利用早期在大藏省的工作关系，筹到了大量私人资本，即 25 万日元用于开办事业[2]。涩泽向股东允诺给予丰厚利润，期望利用日本较低工资水平为国际市场生产高质量织物。破产农民，尤其是农民女儿似乎为涩泽提供了无穷无尽的劳动力资源[3]。

1909 年，女性占日本工厂劳动力总数的 62%[4]。这一优势占比在一定程度上是因为纺织制造业在国家总体工业经济中占据主导地位[5]。当年，纺织业工人人数占所有产业劳动力总数的 61.2%，位列第二的饮食业占比远远落后，只有 11.2%[6]。

————————

[1] Yazaki, *Social Change*, p. 407.

[2] Tsurumi, *Factory Girls*, pp. 39 – 45.

[3] 关于随着时间推移大阪纺织业劳动力情况的讨论，参见 Gary R. Saxonhouse, "Productivity Change and Labor Absorption in Japanese Cotton Spinning. 1891 – 1935," *Quarterly Journal of Economics* 16, no. 2 (May 1977), pp. 195 – 219。

[4] Hiroshi Hazama, "Historical Changes in the Life Style of Industrial Workers," in Hugh Patrick, ed., with the assistance of Larry Meissner, *Japanese Industrialization and Its Social Consequences* (Berkeley: University of California Press, 1976), pp. 21 – 51: 29.

[5] Gary R. Saxonhouse, "Country Girls and Communication among Competitors in the Japanese Cotton-Spinning Industry," in Patrick, ed., *Japanese Industrialization*, pp. 97 – 125.

[6] Robert E. Cole and Ken'ichi Tominaga, "Japan's Changing Occupational Structure and Its Significance," in Patrick, ed., *Japanese Industrialization*, pp. 53 – 96: 59.

由于金属和机械制造业的快速发展，到 1920 年纺织业就业占比下降到 55.6%，但比例仍然凸出[1]。

纺织女工难以加入工会。 大阪"工厂女孩"通常是不满 20 岁的未婚女子，只想在结婚前短暂工作一阵子。 她们远离农村老家，住在工厂宿舍里[2]。 1897 年，她们有一半在岗时间不足一年，五年内会有 95% 以上的人换工作、结婚或沦为娼妓。到 1918 年这个数字稍有下滑，有接近 11% 的纺织工人在岗长达 5 年或更久[3]。 尽管厂里日益加强全包管理和福利措施，但这种模式还是一直延续到 20 世纪 20 年代，以同期国际标准来看颇为罕见[4]。

日本纺织业的"工厂女孩"不应该被视为"只是剥削受害者"[5]。 就像以前马萨诸塞州洛威尔和莫斯科等其他纺织业中心的女工一样，她们将工作视作个人发展的机遇。 女工独立自主性得到提高，在第一次世界大战后的大正时代后期尤其如此。 在日本大阪等地，有些女工积极追求改善工作和居住环境，增加工资，扩大工作场所里的个体自由。 但是，她们几乎

---

[1] 到了 1920 年，在劳动力雇佣数量上，金属和机械制造业占据第二位，在生产制造业劳动力占比为 17.2%，且这一新兴领域的劳动力主要为男性。 出处同前。

[2] Hazama, "Historical Changes," p. 29.

[3] Saxonhouse, "Country Girls," p. 101.

[4] 出处同前，pp. 102 - 106。

[5] 观点出自：Barbara Molony, "Activism among Women in the Taisho Cotton TextileIndustry," in Gail Lee Bernstein, ed., *Recreating Japanese Women*, *1600 - 1945* (Berkeley：University of California Press, 1991), pp. 217 - 238。

并未受到主流工会主义的影响，在明治时代工业化早期尤其如此。 大阪大型工厂以年轻女工为主，工厂厂主从剥削这些弱势群体中谋利。

例如，涩泽最初选择大阪作为厂址，就是为了最大化利用关西贫困农村劳动力。 日本农民逐渐被赶出土地，由佃农耕种的土地从 1868 年仅占总耕地 30%，到 1913 年这一比例超过了 45%[1]。 在关西地区更是这种情况。

涩泽复杂的工资级别分类，折磨人的夜班制度，对无须技能低薪劳工的无穷无尽需求，损害了雇主和雇员间具有相互义务的日本传统观念。 涩泽的管理方式，为大阪这座新型工业心脏既带来了现代会计和股票分红做法，也带来了 19 世纪末的劳工关系。 在大阪棉纺织厂的吸引下，贫困的工人阶级潜在群体来到大阪，构成了欧洲劳工运动的潜在社会基础。 涩泽及其工厂助力打造了这座"远东曼彻斯特"。

工会及罢工

大阪劳工关系的权力天平每年都在发生变化。 工人越来越将罢工作为改善生活条件的武器。 1907 年 8 月，大阪谷物经销商协会同意了工人的加薪要求[2]。 同年夏天，关氏轮船联合

---

[1] Thomas R. H. Havens, *Farm and Nation in Modern Japan: Agrarian Nationalism, 1870–1940* (Princeton: Princeton University Press, 1974), p. 35.

[2] "The Labour Question in Japan: More Dissatisfied Miners: Osaka Coolies Demand Higher Wages," *Japan Weekly Chronicle*, August 1, 1907, p. 137.

会成功为船厂工人争取到了20%加薪，随之附近货物转运船厂的工人也迅速效仿[1]。 几乎同时，大阪2 000名印刷工人罢工要求加薪[2]，9月末又有2 000名制帽厂工人走上街头[3]。 1907年，在整个日本尤其是大阪，罢工频率显著上升[4]。 不过，天平将再次向工厂厂主倾斜。 到年末，鸟取县印刷厂并未满足工人的30%加薪要求，而是选择了关闭工厂[5]。

到1908年中，罢工仍在持续，此时市场周期开始向厂主倾斜[6]。 1909年经济下滑，厂主顺势削减工人数量[7]。 罢工和闭厂、解决争议和削减员工，周而复始，是资本主义劳资关系的常态。 不过总的来说，在日本，尤其在大阪，改革者和工人积极分子开始向工厂之外寻求解决方案。

在大阪发生罢工之际，关一和福田德三等劳工改革派正在积

---

[1] "The Labour Question in Japan: Another Strike: Increase of Wages at Osaka," *Japan Weekly Chronicle*, September 5, 1907, p. 303.

[2] "The Labour Question in Japan: More Strikes," *Japan Weekly Chronicle*, September 19, 1907, p. 370.

[3] "Labour Troubles in Japan: Big Strike at Osaka," *Japan Weekly Chronicle*, September 26, 1907, p. 405.

[4] "The Labour Question in Japan: Growing Frequency of Strikes," *Japan Weekly Chronicle*, September 12, 1907, p. 332.

[5] "The Labour Question in Japan: More Demands for Increased Wages in Osaka," *Japan Weekly Chronicle*, December 5, 1907, p. 729.

[6] "Labour Troubles in Osaka: Ferry-Boat Men on Strike," *Japan Weekly Chronicle*, May 28, 1907, p. 673; "The Labour Question: Strike in Osaka," *Japan Weekly Chronicle*, June 25, 1908, p. 812.

[7] "Unemployed Mercantile Officers and Seamen: Serious Situation in Osaka," *Japan Weekly Chronicle*, March 25, 1909, p. 475.

极争取全国劳工法律改革[1]。 面对提倡自由放任的理论家和
贪婪的工厂主，劳工改革派逐渐明确需求，要求安全管理、缩短
工作时长、提高薪资[2]。

　　反城市化的农业理想主义者也参与进来，认为只有大规模回
流农村才能保护日本文化及其工人[3]。 农本主义是乡村农业
向城市工业转型中的社会典型特征，贯穿了明治时代始终，为日
益"近代的"城市世界提供了一种不同的愿景，为新日本提供了
一种不同的愿景。 托马斯·R. H. 海文斯的研究指出，在第二
次世界大战前不同时期，激进分子和保守分子、政府官员和农
民、士兵和平民、理想主义者和实用主义者、城市市民和农村居
民都会受到农本主义思想的吸引[4]。 海文斯还表示，第一次
世界大战后官员们尤其认同农本主义[5]。

　　面对方方面面的压力，劳工改革家开始认为，国内工人境遇
既是所在工厂的劳工问题，也是整体劳工问题的一部分。 到了
20 世纪二三十年代，日本家长式管理的工业体系主要特征将发
展成熟。 在本研究阶段，首次出现减少劳工周转率、削弱工会
权力、通过将工人视作完整个体的管理方式来提高劳动生产率等

---

［1］ Hanes，"Seki Hajime," pp. 164－165.

［2］ 出处同前，pp. 166－190。

［3］ Henry D. Smith II，"Tokyo as an Idea: An Exploration of Japanese Urban
Thought until 1945," *Journal of Japanese Studies* 4，no. 1（winter 1978），
pp. 58－59.

［4］ Havens，*Farm and Nation*，pp. 1－10.

［5］ 出处同前，p. 9。

措施[1]。 作为全国首屈一指的工业城市，大阪是运用措施的典型代表。

如上文所述，产业工人无法归入德川时代武士、农民、手工业者、商人这四大社会阶层，在一定程度上成了日本明治时代社会边缘者[2]。 工人是社会分化和经济剧变的产物，集中体现了明治时代的剧变特征[3]。 其存在本身就滋生焦虑。 由于受到排斥，工人要求提高地位和改善待遇，不仅是为了满足庞大的经济需求，更是确立其个人价值[4]。 劳工纠纷不仅是劳资之争，更是日本社会边缘者与主流文化群体间的斗争[5]。 劳工改革者和活动家不仅追求提高工人工资、改善工人境遇，他们还要求将工人认可为日本社会真正的一员。 劳工战略不只是涵盖工作场所，市政府为工人群体开展的社会项目也是关键组成部分。

[1] T [homas] C. Smith，"The Right to Benevolence：Dignity and Japanese Workers，1890 - 1920，" *Comparative Studies in Society and History* 26，no. 4（October 1984），pp. 587 - 613.

[2] 出处同前，pp. 589 - 590。

[3] Tsurumi，*Factory Girls*，pp. 105 - 106.

[4] 托马斯·C. 史密斯在其关于日本工业化的诸多研究中反复强调和论述此点。 例如参见 Smith，"The Rightto Benevolence，" pp. 549 - 595；Thomas C. Smith，"Japan's Aristocratic Revolution，" *Yale Review* 50（Spring 1961），pp. 370 - 383；Thomas C. Smith，*Native Sources of Japanese Industrialization*，*1750 - 1920*（Berkeley：University of California Press. 1988），pp. 236 - 270。

[5] Smith，"The Right to Benevolence，" p. 597.

反对自由放任

　　著名知识分子和政府官员对日本资本主义与西方资本主义究竟有哪些不同展开了辩论，从东京开始，迅速波及大阪等其他城市[1]。 一些杰出政治家反对自由放任式经济发展，例如大正时代内阁总理大臣大隈重信[2]。 还有些重要学者和意见领袖坚定主张有一种东亚特色的发展方式，可以超越西方社会关系问题，例如京都大学汉学家及大阪雄辩家内藤湖南[3]。 社会政策学会等有影响力的团体认为，负责任的社会政策不仅要能够协调相互矛盾的各个群体，而且必须将日本与西方自由放任的资本主义区别开来[4]。 日本可以通过政策设计找到一条缓解社会

————

[1] Kenneth B. Pyle, "The Technology of Japanese Nationalism: The Local Improvement Movement, 1900 – 1918," *Journal of Asian Studies* 33, no. 1 (November 1973), pp. 51 – 66.

[2] Joyce C. Lebra, *Okuma Shigenobu: Statesman of Japan* (Canberra: Australian National University Press, 1973), pp. 137 – 140.

[3] 有关内藤湖南观点的更多讨论，参见 Joshua A. Fogel, *Politics and Sinology: The Case of Naito Konan (1866 – 1934)* (Cambridge, Mass.: Harvard UniversityPress, 1984)。

[4] Pyle, "The Technology of Japanese Nationalism," p. 54. 这些议题在明治转型初期就早早地被提出来了。 例如，参见 R. H. P. 梅森关于早期议会辩论贫困问题的讨论: "The Debate on Poor Relief, 1890," in Andrew Fraser, R. H. P. Mason, and Philip Mitchell, *Japan's Early Parliaments, 1890 – 1905: Structure, Issues, and Trends* (London: Routledge, 1995), pp. 67 – 90。

分化的独特道路[1]。 这种观点有着更广泛的背景环境，即日本知识界努力确立一种与西方发展相关但又截然不同的历史概念[2]。 这标志着 1885 年之后的十年间，日本人思想发生了明显转变，不再是仅仅模仿西方，而是走向定义日本独特性，而日本因此得以在世界舞台竞争中取得成功。

肯尼斯·B. 皮尔在研究明治时代日本新一代的变化中，抓住了这一转型。 1969 年皮尔写道："在 19 世纪 80 年代末至 90 年代初的某个时期，日本近代历史上出现了一个重大分水岭。 一面是沉迷于国内改革；充满好奇、自我批评、未知多变的日本，仍在形成中的日本……另一面是有着国民生活新秩序和新规范的日本；较难控制、较难接受社会改革、较难容纳新价值观的日本……最重要的是，一个强烈认可内部团结和独特性的日本。"[3]

日本许多知识分子和中央官员早已受到了德国经济发展理念的吸引[4]。 东京帝国大学著名教授金井伸在德国学习四年

---

[1] 关于将现代化主义者要求改善工作条件，如何转为呼吁民族特性甚至民族优越性，相关讨论参见 R. P. Dore，"The Modernizer as a Special Case：Japanese Factory Legislation，1882 – 1911，" *Comparative Studies in Society and History* 11，no. 4（October 1969），pp. 433 – 450。

[2] 更详细的讨论参见 Stefan Tanaka，*Japan's Orient：Rendering Pasts into History*（Berkeley：University of California Press，1993）。

[3] Kenneth B. Pyle，*The New Generation in Meiji Japan：Problems of Cultural Identity，1885 – 1895*（Stanford：Stanford University Press，1969），p. 188.

[4] 这一观点多次强调，参见 Nobutaka Ike，*The Beginnings of Political Democracy in Japan*（Baltimore：Johns Hopkins University Press，1950），pp. 115 – 118。

后，1890 年回到日本，强烈主张国家是一个有机体，不能允许有任何一部分发生病变[1]。 后藤新平同样也是受到了年轻时在内务省任职期间去柏林考察的经历影响，他后来成为中国台湾民政长官、南满洲铁道株式会社总裁、外务大臣和东京市长[2]。 后藤等人受到了德国历史学派反自由放任思潮的影响。 这些观点立即迎合了日本惧怕工业导致社会革命的思想家们。 德国对政府干预持开放态度，讨论经济发展中的道德问题，这在日本备受欢迎[3]。

地方改良运动

反自由放任思潮自然对培养地方政治群体起到了推动作用。1907 年，战后衰退导致社会关系紧张，让提倡社会和谐的人士有了紧迫之感[4]。 "地方改良运动"应运而生，解决工业不平等的重担从雇主转到了政府和城市慈善组织身上。 1911 年，关于工厂劳工关系的法律也应运而生[5]。 不久之后，西方流行

[1] Sally Ann Hastings, *Neighborhood and Nation in Tokyo*, *1905 – 1937* (Pittsburgh：University of Pittsburgh Press, 1995), pp. 22 – 23.

[2] Yukiko Hayase, "The Career of Goto Shimpei：Japan's Statesman of Research, 1857 – 1929" (Ph. D. diss., Florida State University, 1974), pp. 20 – 24; Kinzley, "Japan'sDiscovery of Poverty," pp. 18 – 19.

[3] Kenneth B. Pyle, "Advantages of Fellowship：German Economics and Japanese Bureaucrats, 1890 – 1925," *Journal of Japanese Studies* 1, no. 1 (Autumn 1974), pp. 127 – 164.

[4] Pyle, "The Technology of Japanese Nationalism," pp. 55 – 57.

[5] 出处同前。

的"市政社会主义者"理念将在整个日本，尤其是在大阪产生共鸣。

地方改良运动支持者对城市作为一个社会形态持有模棱两可的态度。有些改革者将城市视作日本未来不可或缺的一部分，他们进一步要求市民不要回避城市增长，而是在城市内部消除苦难。在这些活动家看来，劳工改革、社会改革、城市改革是异曲同工[1]。

到了 20 世纪早期，改革家请求日本政府更加积极地解决城市问题[2]。这些"市政社会主义者"与名称类似的英美活动家一样，尽管倡导政府进一步缓解工业城市病，但是反对中央政府干预城市生活[3]。

许多理论家大力倡导将改革责任转移到地方层面，包括片山潜和安部矶雄等[4]。他们从提倡基督教思想到"市政社会主义"，再到更为激进的社会主义形式，例如片山最终成为莫斯科国际社会主义领袖之一（并葬于克里姆林宫的墙下）[5]。

---

[1] Hanes, "Seki Hajime," pp. 186 - 190.

[2] 这种积极行动在日本殖民统治时期也非常多见，例如，后藤新平在担任中国台湾民政长官和南满洲铁道株式会社总裁时表现如此。参见 Hayase, "The Career of Goto Shimpei," pp. 40 - 128。

[3] 观点基于 Hanes, "Seki Hajime," pp. 208 - 233。

[4] 当代关于片山和安部等人角色的论述，参见 A. Morgan Young, *Japan in Recent Years, 1912 - 1926* (New York: William Morrow, 1929), pp. 48 - 69。

[5] 关于基督教社会思想在两位早期思想发展中作用的重要讨论，参见 Irwin Scheiner, *Christian Converts and Social Protest in Meiji Japan* (Berkeley: University of California Press, 1970), pp. 243 - 247。

片山和安部认为，城市是居民毕生生活之地。 二人认为，城市管理应努力让市民全面受益[1]。 要实现这一目标，可以将权力转移给地方政府部门，同时将市政设施和交通设施转为城市所有[2]。 这些改革措施能够提高基本公共服务水平[3]。 就此而言，片山和安部的观点和芝加哥市长爱德华·F. 邓恩非常相像。不过，他们稍有不同。 根据约翰·博耶关于同期德国和奥地利市政府所有模式区别的论述，邓恩等芝加哥人倾向德国模式，主要追求社会改革[4]。 大阪和维也纳一样，"市政社会主义者"追求市政所有化是保护地方不受中央机关政府干预的一种方式。

片山既是这一时期改革派知识分子的代表，也是某种反叛形象代表。 片山出生于日本西南部冈山县一个贫农家庭，由于组织多次运动，被迫流亡美国、墨西哥，最终到了苏联[5]。 片山

---

[1] 关于基督教社会思想在两位早期思想发展中作用的重要讨论，参见 Irwin Scheiner, *Christian Converts and Social Protest in Meiji Japan* (Berkeley：University of California Press, 1970), p. 210。

[2] 出处同前, pp. 211–212。 在芝加哥也一样，电车由城市所有是项极具争议的议题。 例如参见 "Electric Municipalisation in Osaka：Some Curious Manoeuvres," *Japan Weekly Chronicle*, July 17, 1913, p. 127；"Electric Municipalisation in Osaka：The Scheme Rejected," *Japan Weekly Chronicle*, July 24, 1913, p. 169；"Osaka Electric Supply：Municipalisation Scheme Rejected," *Japan Weekly Chronicle*, July 31, 1913, p. 195。

[3] Hanes, "Seki Hajime," pp. 212–213.

[4] John W. Boyer, *Political Radicalism in Late Imperial Vienna: Origins of the Christian Social Movement, 1848–1897* (Chicago：University of Chicago Press, 1981), pp. 420–421.

[5] Michiko Sawada, *Tokyo Life, New York Dreams: Urban Japanese Visions of America, 1890–1924* (Berkeley：University of California Press, 1996), pp. 126–140.

是"社会运动先锋、职业社会工作开拓者、早期工会运动领袖",还是日本首个劳工报纸的编辑、日本首个布尔什维克[1]。 片山旅居莫斯科期间,加入了共产国际执行委员会,在1922 年成立日本共产党上发挥了主要作用[2]。 片山日益激进,部分原因是日本政府只将劳工问题视为社会威胁,而并不采取有效解决措施。

在 20 世纪早期,片山成为"城市社会主义"的杰出代表。片山在耶鲁大学学习基督教神学后回国,不久发表了关于欧美城市自治的一系列文章[3]。 他热情洋溢地写道,要把集体价值观置于狭隘的经济考量之上[4]。 他表示:"城市不应只是商贸夺利之地和自由竞争者残酷斗争的舞台。 城市必须从如今利益角逐之地,变为工商业欣欣向荣之地,变为快乐之地,在这里,最新文化成果能够被全面接纳,全体市民能够生活安宁、平静和满足。"[5]

片山在日本时主要住在东京,但经常被迫流亡到美国。 他到过美国许多地方(在芝加哥待过很长时间),演讲、写作、学

[1] Hyman Kublin, *Asian Revolutionary: The Life of Sen Katayama* (Princeton: Princeton University Press, 1964), p. ix.

[2] Katayama Sen, *Vospominaniia* (Moscow: Nauka, 1964), pp. 3 – 5.

[3] Smith, "Tokyo as an Idea," p. 60.

[4] Shiro Sugihara, "Economists in Journalism: Liberalism, Nationalism, and Their Variants," in Chuhei Sugiyama and Hiroshi Mizuta, eds., *Enlightenment and Beyond: Political Economy Comes to Japan* (Tokyo: University of Tokyo Press, 1988), pp. 237 – 253: 252 – 253.

[5] Katayama, *Vospominaniia*, pp. 440 – 443.

习，做过日工，甚至在得克萨斯州管理过几百英亩的稻田[1]。1911 年，片山领导了东京电车工人大罢工后名声大噪，这次罢工是个转折点，标志着劳工冲突从地方琐事，变成了重大社会和政治事件。 片山与大阪社会主义者保持着密切联系，包括大井宪太郎（大阪第一个劳工报纸《大阪周报》发行人），和莫里奇卡"同志"（社会主义学习报《大阪大众报》发行人）[2]。 在片山和许多东京人看来，大阪是"日本最为保守的城市"[3]。

安部是基督教新教的皈依者，社会主义改革派倡导者[4]。作为早稻田大学教授和"日本棒球之父"，安部在美国学习神学期间接触了西方城市治理[5]。 他比片山更进一步，提倡所有城市土地都由公共所有[6]。 在安部看来，城市如家，要像管理家庭生活一样用同样原则治理城市。 一个适当家庭，仅仅有收入是不够的。 健康、便利、宜居、邻里和谐，都是家庭幸福的因子。 安部认为，"以企业为基础"权威的理念能够通过促进平等来提高忠诚度，必须以此取代等级式、半"封建的"权威[7]。 片山强调，通过将企业和城市视为一个家庭，能够找到

---

[1] Sawada, *Tokyo Life*, pp. 126 – 140.

[2] Katayama, *The Labor Movement in Japan* (Chicago：Charles H. Kerr, 1918), pp. 54 – 55, 129 – 132.

[3] 出处同前，p. 131。

[4] Scheiner, *Christian Converts*, pp. 188 – 193；Sawada, *Tokyo Life*, pp. 99 – 101.

[5] Hastings, *Neighborbood and Nation*, p. 182；Smith, "Tokyo as an Idea," p. 60.

[6] Smith, "Tokyo as an Idea," p. 60.

[7] Smith, *Native Sources*, p. 260.

城市问题的解决之道[1]。

日本市政社会主义者试图"依靠西方成熟技术",找到一种"温和的实用主义方式"来解决城市问题[2]。和在美国一样,城市社会主义倡议的理想经常与实用主义政治产生冲突[3]。东京内务省官员试图利用这一改革倡议为自己的目标服务[4]。

与美国不同的是,他们还与更加激进的左翼势力产生冲突,例如社会活动家幸德秋水领导的力量对日本新兴资本主义采取更加学术、精英主义的态度[5]。不过,即使是日本马克思主义领袖河上肇,他在变得激进之前,也是经过了儒家、佛教和基督教思想,德国历史学派和英美社会改良主义的思想历程[6]。

市政社会主义者的许多论述采用了新的社会科学术语,最后

---

[1] Hanes, "Seki Hajime," pp. 214 – 215.

[2] Smith, "Tokyo as an Idea," p. 59.

[3] Hanes, "Seki Hajime," pp. 215 – 217.

[4] 出处同前, pp. 219 – 222。

[5] 幸德于1911年因其反战活动被以大逆罪处死。他将"唯物主义的"激进主义等同于"片山潜等人基督教人道主义"。关于这一时期日本左翼内部冲突的更多讨论,参见 F. G. Notehelfer, *Kotoku Shusui: Portrait of a Japanese Radical* (Cambridge, U. K.: Cambridge University Press, 1971), pp. 93 – 105。

[6] 盖尔·李·伯恩斯坦对河上肇生平思想发展做了杰出的记述,展示了该世纪之初相互冲突的各种趋势在日本社会思想中的影响力量。参见 Gail Lee Bernstein, *Japanese Marxist: A Portrait of Kawakami Hajime, 1879 – 1946* (Cambridge, Mass.: Harvard University Press, 1976)。

为城市研究留下了丰富遗产[1]。 尤其是大阪的改革计划和机制是以城市为中心努力减轻社会苦难。

关一等市政社会主义者和改革家结合日本国内和西方先进理念和项目，认为规划是建设宜居城市的关键因素[2]。 日本思想家受到了法国美学、英国社会政策、德国折中主义和美国实用主义的影响，同时持有关于社会关系和义务的本地传统理念。 他们认为阶级冲突是经济发展的障碍。 改革家并不想遏制私营企业发展，而是想将盈利之外的因素纳入考虑来提高企业效益。

一些改革思想家意识到现有企业人才和资源不足，提倡成立有限责任制企业，从而将工厂厂主从传统个人融资模式的枷锁中解放出来。 例如，关一主张社会保障网对工厂厂主和工人同样重要。 他认为，不能允许工业实利主义者单纯为了个人利益追求最大收益。 政府管理应该确保私人投资中的公共利益，从而实现与西方自由放任相比更加均衡的资本主义发展[3]。 工厂厂主在与工人关系中占据上风，因此应该服从宏观调控。 在关一看来，成功不能只变成量化衡量，因为社会"道德经济"远比账本统计重要[4]。

改革家期望实业家超越私利，期望城市帮助工厂厂主来实现

[1] 例如改革派官员后藤新平。 参见 Hanes，"Seki Hajime," pp. 222 – 233；Hayase，"The Career of Goto Shimpei," pp. 179 – 199。

[2] 讨论基于 Hanes，"Seki Hajime," pp. 9，96 – 110，131 – 133，161，231 – 239。

[3] 出处同前，pp. 96 – 110。

[4] 出处同前，pp. 131 – 132。

社会目标。 社会稳定成为比起利益最大化更加重要的一个目标[1]。 地方自治成为实现这些改革者倡议的必要元素[2]。

城市社会积极行动

1914 年，在改革家关一到大阪就任副市长之前，大阪就已出现不以盈利为目的的慈善市政项目。 市政府项目鼓励慈善行动，如向穷人提供援助，向需要的人提供免费医疗救治，向弃儿孤儿提供教育[3]。 到了 1915 年，全市有 1 585 个卫生组织和志愿者组织在城市指导下从事减少传染病工作[4]，并由 1906 年成立的城市卫生研究所进行统筹协调[5]。

关一的到来，为大阪市缓解工人阶级问题注入了强劲动力。在 1918 年稻米骚乱促使社会服务成为"一项必要政治事务"之前，关一就认识到，解决这些关切是首要任务[6]。 正是有机会"对工业化日本面临的社会问题采取预防措施"，这点吸引关一来到大阪[7]。 作为副市长，关一将社会改革作为首要任务之一。

---

[1] 讨论基于 Hanes，"Seki Hajime," p. 161。

[2] 出处同前，pp. 233 – 239。

[3] *Present-Day Osaka* (Osaka：Osaka Shiyakusho, 1915)，pp. 8 – 10.

[4] 出处同前，p. 11。

[5] *An Outline of Municipal Administration of the City of Osaka* (Osaka：Osaka Shiyakusho, 1930)，p. 14.

[6] Hanes，"Seki Hajime," p. 11.

[7] 出处同前，p. 128。

1916 年，在天皇资金支持下，大阪成立了城市工业研究所[1]。 研究所为引导生产制造商采取更加有效、人性化的劳工政策，展开各种技术研究。 当时立刻引发了大量有关生活水平的调查研究，后来成为日本所有类似研究的样板[2]。

大阪这些项目尽管可能符合城市规划师和市政社会主义者的理念，但是几乎丝毫没有缓解城市贫民的悲惨处境。 收入分配不均，价格和工资波动在整个日本社会打造新的赢家和输家[3]。 工厂待遇低，即使在日本第一次世界大战繁荣期，依然保持低水平[4]。 最终，市政官员无论出发点多好，也无法改变日本工业发展中根本的结构性现实。

1920 年，英国驻大阪总领事奥斯瓦尔德·怀特写道："人们通常认为日本劳工价格低廉、素质不高。 总的来说，判断没错。"[5]怀特依据大阪城市工业研究所材料，指出日本生产制造商偏爱劳动密集型生产方式，虽然这种生产方式造成资源浪费，但是比起投资新技术和机械，所需资金投入较少。 工人工作时间长，平均一班 10～12 小时，休息日非常少，可能一个月

————

[1] *An Outline of Municipal Administration*, pp. 33 – 34.

[2] Oswald White, *Report on Japanese Labor* (London：His Majesty's Stationary Office, 1920).

[3] W. Mark Fruin, *Kikkoman: Company, Clan, and Community* (Cambridge, Mass.：Harvard University Press, 1983), pp. 67 – 68.

[4] *Report of Labor Research*, Series X：*Cost of Living among Laborers in Osaka Japan* (Osaka：Municipal Bureau of Labor Research of Osaka, 1921)；Young, Japan in Recent Times, pp. 110 – 119.

[5] White, *Report on Japanese Labor*, p. 5.

休息 2~4 天[1]。 有些产业以童工和女工为主，尤其是纺织业，大阪纺织厂雇有 10 万名左右"女孩"[2]。 消费者粮食税也给穷人增加了超乎寻常的负担[3]。 对于日本这种竞争激烈、资金匮乏的经济，劳工工资水平低，生活条件差，也相应做出反抗。 怀特还表示："与此同时，日本工商业的发展增加了国家财富，虽然分配不均，但所有阶层都受益了，所以认为工人阶级原地踏步这种观点是不对的。"[4]

第一次世界大战期间的经济繁荣暴露出，改革家认为市政府和慈善组织介入就足以减轻大阪贫民的悲惨处境这一观点是错误的。 日本精英阶层普遍感觉到危机加剧，担心社会解体，逐渐认同于全国动员和压制而不是基于改革的应对之策[5]。 外国人也注意到了这一趋势。 例如，怀特发现，"各个工厂工资逐年上升；战时几乎翻倍……不幸的是，工薪阶层在开支时发现物价也在攀升。 事实上，在日本必然是物价先上升后，工资才提高"[6]。

怀特的美国同事们同样也向华盛顿报告说，劳工问题一触即发。 一份未署名的美国外交官发回国内的电报表示：

[1] White, *Report on Japanese Labor*, p. 12.

[2] 出处同前，p. 11。

[3] 出处同前，p. 13。

[4] 出处同前，p. 5。

[5] Kenneth B. Pyle, *The Making f Modern Japan* (Lexington, Mass.: D. C. Heath, 1978), pp. 124-127.

[6] White, *Report on Japanese Labor*, p. 13.

　　　工资低得难以想象……只要工人印刷的报纸主要还在国
内销售，食品主要来自国内生产，就还能实现两者经济平
衡，尽管经济形势严峻，但劳工也能维持生计，不会真正困
难。 但是，战争导致日本及其他地区物价大幅上升，雇主
维持高价，拒绝大幅提高工资。 同时，其他国家购买日本
大米、黄豆、油等粮食，导致生活成本上升，而工人收入几
乎毫无起色[1]。

　　据此，这位美国外交官总结道，这将引发大规模社会
动乱。

　　这位外交官进一步表示，劳资纠纷正成为一个城市问题，这
与日本市政社会主义者观点一致。 外交官回顾参观大阪纺织
厂，认为："悄悄调研一下就不难理解劳资问题，至少部分原因
是食物匮乏和居住条件差。 由于非常多受雇女孩来自遥远的乡
下，许多工厂为女工提供食宿，住在工厂内部宿舍……根本没有
任何娱乐，只有辛苦又单调的工作，甚至没有休息和消遣活动。
男性工人大部分住在廉价宿舍里，拥挤不堪，没有厕所，完全没
有任何生活便利和舒适可言。"[2]

　　针对城市贫困问题，大阪不单是"为之甚少，为时已晚"，
更是没能成功劝说工厂主改变管理方式。 失败的部分原因在于

------

[1] "Present Economic Conditions," report by the U. S. Embassy, Tokyo, n.
d., National Archives and Records Administration, Department of State
General Records, Class 8, Country 94, Record Group 59. 894. 00, pp. 37 –
44: 38 – 39.

[2] 出处同前，p. 42。

支持工人阶级的政治家和城市改革家们主要在自言自语，没有将大阪广大市民融入讨论。正如怀特的分析指出，劳工改革本可以利用工厂主的利己主义，因为如果管理技术得到任何改善，工厂主们也会受益匪浅。

稻米暴乱事件

1918 年 8 月，讲求实用的多元主义彻底瓦解，稻米暴乱事件在劳方和资方、城市和农民、富人和穷人之间留下了不可弥补的鸿沟，给日本留下了持续二三十年的创伤。例如，稻米骚乱进一步强化了农村农本主义运动中反资本主义倾向[1]。反对米价上升的动乱事件并非开始于大阪，也不是结束于大阪。但是，大阪受创尤其严重，这次暴乱事件毫无疑问地证明了反对自由放任的知识分子观点的正确性。如果不采取更加开明的社会政策，资本主义工业化将导致社会秩序瓦解。

稻米骚乱在日本并不新奇。稻米是日本最重要的粮食，仅在 18 世纪江户就出现了三次大暴动[2]。但是，1918 年的暴乱事件标志着日本，尤其是大阪社会政策出现重大转折点。

---

[1] Havens, *Farm and Nation*, pp. 9 - 10.

[2] Anne Walthall, "Edo Riots," in James L. McClain, John M. Merriman, and Kaoru Ugawa, eds., *Edo and Paris: Urban Life and the State in the Early Modern Era* (Ithaca: Cornell University Press, 1994), pp. 407 - 428. 在 19 世纪 80 年代，农村出现了大量暴乱事件，虽然本身不属于稻米骚乱事件，但同样体现了农村走投无路和赤贫状况。例如参见 Roger W. Bowen, *Rebellion and Democracyin Meiji Japan: A Study of Commoners in the Popular Rights Movement* (Berkeley: University of California Press, 1980).

　　大阪官员早已在竭力减少米价上升造成的问题。 早在 1911 年 9 月，市政府就开始努力遏制哄抬米价问题，后来慈善家木村新三郎与市政府一起资助 5 000 名大阪穷人购买粮食[1]。 许多家庭为了赚点买米钱，迫不得已让孩子辍学，去工厂上班[2]。后来到了 1918 年 3 月，市政府试图建立由市政府运营的农贸市场，通过竞争压低粮食和蔬菜价格[3]。 但是到了 8 月中旬，25 万大阪人民走上街头，闹事、抢劫，与警察和军队搏斗，所有这些都是米价高企的结果[4]。

　　事件始于 1918 年 7 月 22 日，在遥远的富山湾的一个小渔村，家庭主妇们晚上聚在一起乘凉，边聊边对米价攀升越来越愤怒[5]。 美国驻东京大使馆已经报告说农村出现了真正饥饿现象，而且说"政府不采取充分援助措施，结局必然是暴动和流血

[1]　"Raid on Osaka Rice-Brokers: Breaking Up the 'Bull' Ring," *Japan Weekly Chronicle*, September 7, 1911, p. 415; "An Osaka Philanthropist: Free Rice for the Poor: Proposed Municipal Grant to the Destitute," *Japan Weekly Chronicle*, September 14, 1911, p. 461.

[2]　"The High Price of Rice: Effect on School Attendance in Osaka," *Japan Weekly Chronicle*, March 14, 1912, p. 487.

[3]　"The High Price of Rice: Effect on School Attendance in Osaka," *Japan Weekly Chronicle*, March 7, 1918; "Public Markets in Osaka: Successful Experiments," *Japan Weekly Chronicle*, July 4, 1918, p. 19.

[4]　"The Riots in Osaka: Police Reinforced by Military," *Japan Weekly Chronicle*, August 18, 1918, p. 251; "Casualties and Arrests in Osaka," *Japan Weekly Chronicle*, August 29, 1918, p. 297.

[5]　Michael Lewis, *Rioters and Citizens: Mass Protest in Imperial Japan* (Berkeley: University of California Press, 1990), p. xvii.

事件"[1]。

接下来 8 周，这些初期和平集会发展成为示威游行和武装
冲突，从北海道到九州岛，在农村和大城市中心都是如此。
这些暴乱虽然规模巨大、传播广泛，但被认为"只是短暂事
件"[2]。 稻米价格基本没有下降，中央和地方政府重新恢复
对社会的控制，五千多名暴乱者安静地服刑，"毫无不
满"[3]。 稻米暴乱事件似乎与注重共识的日本史学格格
不入。

在各地稻米事件中，大阪是暴乱最激烈的地区之一。 一开
始，大阪的示威领袖和京都及神户的一样，带着游行群众前往稻
米零售交易商那里，想迫使他们降低价格[4]。 "8 月 12 号晚上
8 点，以一个大寺庙的钟声为信号，暴乱开始了，"美国外交官
汇报说，"十组人群前往不同的村庄，从所有者手中夺走稻米，
装进麻袋和马车运走。 据警察局长估计，暴动人数有 15 万人，
单一个地区就有 7 万人。 他们和警察军队顽强对峙，最终好不
容易才解散。"[5]

———

[1] Labor Unions, report by the U. S. Embassy, Tokyo, n. d. [probably late 1918], National Archives, Department of State General Records, Class 8, Country 94, Record Group 59. 894. 00, pp. 47 – 48.

[2] Lewis, *Rioters and Citizens*, p. xviii.

[3] 出处同前，p. xvii。

[4] 出处同前，p. 97 – 98。

[5] "Osaka Rits," report of the U. S. Embassy, Tokyo, n. d., National Archives, Department of State General Records, Class 8, Country 94, Record Group 59. 894. 00, p. 61.

示威游行一开始明显高度克制，但随着袭击警察和被警察袭击越来越频繁，示威游行逐渐失控。 在大阪等城市，"人群把袭击对象扩大到了米商之外等其他'经济'敌人，比如房东、当铺老板、放高利贷者还有房地产机构"[1]。 他们自发形成了一个罢工委员会，最后，会议还得到大阪府知事林市藏和大阪市长池上四郎莅临，不过会议结束后他们就立即被中央警察逮捕了[2]。

事件持续发酵。 美国驻东京大使馆发回国内的电报表示："有时候，富人为了保护自己会雇持枪保镖，用水管向人群喷洒硫酸。 可以想象，这一举动招致了人们的强烈憎恶，他们立即向富商躲避的建筑纵火。"[3]实用主义政治讲求和解和包容，而前提是要认可与自己不同的人的价值。 当富商决定向人群喷洒硫酸时，就标志着事情已经变质了。 通过诉诸武力和暴力回应抗议行动，标志着政治和解的过程终止了。 难怪"社会下层对上层人士深恶痛绝的心理"与日俱增[4]。

"对米商的仇恨，"另一份外交官的汇报中表示，"自然非常严重，不仅包括粮食匮乏的穷人和中产阶级，甚至还有小商店

---

[1] Lewis, *Rioters and Citizens*, pp. 104 - 105.

[2] 出处同前，pp. 109 - 111。

[3] "The Rice Riots," report by the U. S. Embassy, Tokyo, n. d. National Archives, Department of State General Records, Class 8, Country 94, Record Group 59. 894. 00, pp. 54 - 56：55.

[4] 一位未署名的外交官在关于暴乱事件的外交报告中使用了该短语。 "The Profiteers (The Narikin)," report by the U. S. Embassy, Tokyo, n. d. , National Archives, Department of State General Records, Class 8, Country 94, Record Group 59. 894. 00, pp. 45 - 46：45.

主和稻米零售商，他们只能眼睁睁地将商品半价出售，甚至倒到街上，而真正的罪魁祸首——股票市场投机商却悄无声息地逃脱不见或加入暴民。"[1]

正如上述汇报所揭示，游行人群的特征使得暴乱事件值得被关注。暴乱的人极少是城市赤贫人口，反而是"从事传统买卖的家庭支柱男人"[2]。这些"中间"群体一方面被排斥在工会运动之外，另一方面也无法融入富商群体。他们在当今可能被称为中产阶级的下层，当时只能凭借自己的智慧在毫无节制的资本积累中努力求得生存，他们被滋生社会分化的大阪政治排斥在外，从来没有成为自称"市政社会主义者"和城市改革者的援助对象。他们参加暴动，表明在大阪从实用主义出发的多元主义政治失败了。

暴动之后

1918 年漫长酷暑之后，整个日本迎来了一波高压立法和右翼运动[3]。这些行动的直接影响就是群体事件平息下来[4]。

---

[1] "The Causes of the Rice Riots," report by the U. S. Embassy, Tokyo, n. d., National Archives, Department of State General Records, Class 8, Country 94, Record Group 59. 894. 00, pp. 49 - 53：50.

[2] Lewis, *Rioters and Citizens*, pp. 117 - 124.

[3] 出处同前，pp. 240 - 246。

[4] "Report," U. S. Embassy, Tokyo, September 6, 1918, National Archives, Department of State General Records, Class 9, Country 94, Record Group 59. 894. 50/5a, pp. 1 - 9.

大阪劳工运动自然利用这一全新机遇，推动工会工人更加激进[1]。

从中期来看，引发的另一种反应可能更具重要意义。 迈克尔·刘易斯指出："暴动促使政府成立了单独的社会福利部门。 大阪府和大阪市在暴动之前就成立了社会福利科室，借机率先将这些小科室或子科室变为了全职能部门。 在大阪市建成社会福利部门后几年间，日本各大城市都成立了类似部门。"[2]

稻米暴乱事件标志着日本贫民政策上出现了一个分水岭[3]。 1918 年暴乱和布尔什维克革命时间如此接近，打破了

---

[1]　"Radicalism in Japanese Labour Unions: Restraining Influence of Mr. Kagawa: Moderation Unpopular," *Japan Weekly Chronicle*, October 21, 1920, p. 574; "The Socialist and Labour Movement in Japan: IV. The Rise of the Labour Unions," *Japan Weekly Chronicle*, December 2, 1920, p. 761; "The Socialist and Labour Movement in Japan: V. The Growing Power of the Labour Movement," *Japan Weekly Chronicle*, December 9, 1920, pp. 796 - 797; "The Socialist and Labour Movement in Japan: VIII. The Labour Movement-Recent Development," *Japan Weekly Chronicle*, December 30, 1920, pp. 898 - 900.

关于此类马克思主义的明确解读，参见 1933 年片山潜关于 1918 年稻米暴乱事件的文章 "K 15 - letiiu risovykh buntov 1918 goda v laponii," in Katayama Sen, *Sen Katayama. Stat'i i memuary (k stoletiiu so dnia rozhdeniia)* (Moscow: Izd. vostochnoi literatury, 1959), pp. 121 - 139。

[2]　Lewis, *Rioters and Citizens*, p. 247.

[3]　Masayoshi Chubachi and Koji Taira, "Poverty in Modern Japan: Perceptions and Realities," in Patrick, ed., *Japanese Industrialization*, pp. 391 - 437: 427.

最顽固的保守派的心防[1]。 社会福利成为日本政策议程中不可或缺的一项。 日本内务省从只是鼓励私营部门慈善，变成积极参与对穷人实施援助[2]。 在这方面大阪府走在了前列，1918年10月大阪府知事林市藏成立了日本首批福利委员会[3]。

在成立过程中林市藏得到了学者小河滋次郎的辅助，他认为这些福利委员会在35个区拥有527名委员，是旨在援助穷人和监督（比如监视）反社会行为。 萨莉·安·黑斯廷斯在报告中指出，小河希望委员们与贫困家庭成员建立起联系，就像美国缓刑监督官与前科犯保持联系一样[4]。 委员们几乎都是来自中产阶级，要遵循儒家理念，照看穷人就如父子、如手足、如君臣、如友人般。

在城市层面，市政府努力应对社会动乱，卫生和教育项目开支显著上升。 1897年财年公共卫生开支为98 000日元，到1907年增加到796 000日元，十年后攀升到931 000日元[5]。 到

---

[1] Michael Weiner, *The Origins of the Korean Community in Japan*, *1910 – 1923* (Atlantic Highlands, N. J.: Humanities Press International, 1989), p. 101.

[2] Hastings, *Neigbborhood and Nation*, pp. 85 – 87.

[3] 出处同前。

[4] 出处同前，p. 87。

[5] Hotta Akio, "Shushi jijo to Shichosha no Kensetu," in Shinshu Osakashishi HenseiIinkai, *Shinshu Osakashishi* (Osaka: Osaka City Government, 1994), vol. 6, chp. 1, sec. 1, sub. 3, pp. 19 – 33: 28 – 29; Natao Toshimitsu, "Dai-gokai Naikoku Kangyo Hakurankai to Shisei," in Shinshu Osakashishi Hensei Iinkai, *Shinshu Osakashishi*, vol. 6, chp. 1, sec. 2, sub. 1, pp. 34 – 48: 38 – 39; Natao Toshimitsu, "Senso to Gyozaisei," in Shinshu Osakashishi Hensei Iinkai, *Shinshu Osakashishi*, vol. 6, chp. 1, （转下页）

1919 年公共卫生项目资金翻倍，到 1922 年财年时增至 2 758 000 日元。 与此同时，从 1917 年至 1922 年，城市教育支出增加了 27 倍，因为街道学校机构失灵，责任转嫁到了城市身上[1]。

　　十几年后回首时，大阪城市领导意识到，1918 年"稻米骚乱"是日本社会福利工作的一个转折点。 在此之前，个体慈善家和本地公共机构的确也实施了各种形式的援助工作，小规模援助工作。 但是，由于形式匮乏、质量不高，这些工作不能称为现代意义上的社会福利工作。 不过，如今（1930 年）这些工作远比之前扩大了规模，每年投入大量资金，互相之间也完美契合[2]。

　　颇为讽刺的是，发生稻米暴乱之时，正值关一成为大阪政治

（接上页）sec. 2, sub. 2, pp. 48 - 63：50 - 51；Shibamura Atsuki, "Gyozaisei no Kozo Henka," in Shinshu Osakashishi Hensei Iinkai, *Shinshu Osakashishi*, vol. 6, chp. 1, sec. 5, sub. 1, pp. 120 - 134：128 - 129.

[1] Hotta Akio, "Shushi jijo to Shichosha no Kensetu," in Shinshu Osakashishi HenseiIinkai, *Shinshu Osakashishi* (Osaka：Osaka City Government, 1994), vol. 6, chp. 1, sec. 1, sub. 3, pp. 19 - 33：28 - 29；Natao Toshimitsu, "Dai-gokai Naikoku Kangyo Hakurankai to Shisei," in Shinshu Osakashishi Hensei Iinkai, *Shinshu Osakashishi*, vol. 6, chp. 1, sec. 2, sub. 1, pp. 34 - 48：38 - 39；Natao Toshimitsu, "Senso to Gyozaisei," in Shinshu Osakashishi Hensei Iinkai, *Shinshu Osakashishi*, vol. 6, chp. 1, sec. 2, sub. 2, pp. 48 - 63：50 - 51；Shibamura Atsuki, "Gyozaisei no Kozo Henka," in Shinshu Osakashishi Hensei Iinkai, *Shinshu Osakashishi*, vol. 6, chp. 1, sec. 5, sub. 1, pp. 120 - 134：128 - 129.

[2] *An Outline of Municipal Administration*, p. 41.

领袖想确保落实 1918 年前失败了的包容性政策。 关一后来成为
"现代大阪之父"，大阪也启动了可谓日本由市政府支持的、规
模最大的社会服务和社会研究计划[1]。

　　第二次世界大战前些年，原本完全可能是大阪在德川之后的
黄金时代。 本地实业家和商人已经意识到不可能再取得任何胜
利。 直到本研究阶段之后，破碎的大阪社会组织才意识到讲求
实用的多元主义政治具有重要力量。

---

[1] 一个反例是认为东京在这方面走在最前列，尤其是后藤新平在主政期
　　间于 1922 年成立了东京城市研究所之后，更佐证了这一观点。 美国政
　　治学家查尔斯·比尔德在东京城市研究所初期制定研究任务中发挥了
　　重要作用。 Hayase, "The Careerof Goto Shimpei," pp. 179–99; Charles
　　A. Beard, *The Administration and Politics of Tokyo: A Survey and Opinions*
　　(New York: Macmillan, 1923).

总　结

第十一章
讲求实用的多元主义者范例：
非霸权式政治实践

　　前文案例研究说明，在严重分化、快速蜕变的大城市，从实用主义出发、包容都市多元主义的政治策略，能够有效发挥作用。相反，渴望为所欲为或只是无视各个竞争群体，就会阻碍政策变革之路，导致失败。可能最引人注目的一点是：尽管这三座城市有诸多不同，但还是呈现出相似模式。

　　理查德·L. 麦考密克在论述美国进步主义时，认为进步主义者之所以取得成功，主要原因在于他们"采取了一种截然不同的改革方式，几乎各行各业的领袖都或多或少采取了这一改革方式。他们一般先组织志愿团队，调查问题，收集信息，根据最新社会科学原则进行分析"[1]。莫斯科和大阪的改革家都遵循了类似的行动指南，一般引用德国而非美国经验作为实施范

---

[1] Richard L. McCormick, "Public Life in Industrial America, 1877 – 1917," in Eric Foner, ed. , *The New American History* (Philadelphia： Temple University Press, 1990）, pp. 93 – 117： 107.

本。 在莫斯科、大阪、芝加哥这三座城市中，教育家和医疗卫生活动家都高度依赖以社会研究作为行动依据。 莫斯科旧礼仪派的所作所为与芝加哥新教派极其相像。 尤为突出的是，成功的城市领袖们采取的策略具有可比性，都是注重协调多元化利益与自我立场。

老卡特·亨利·哈里森、小卡特·亨利·哈里森、尼古拉·阿列克谢夫、关一这四位政治领袖，是采取讲求实用主义的多元主义策略典型代表。 这四位领袖的个性和文化背景不同，教育和社会地位迥异，在规模巨大、分化严重、快速变革的工业城市中，在资本主义爆发式增长的鼎盛时期，成功地针对诸多迫切问题找到了实用主义解决方案。 他们成功之际，正值当时对手等人失败之时。 虽然他们背景环境截然不同，但他们政治生涯都反映出秉承和解、实用主义和温和改革的原则。 这些共性和差异揭示了在城市问题上采取实用主义和多元主义解决方案的政治策略具有哪些优缺点。

哈里森父子

查尔斯·E. 梅里亚姆是芝加哥大学的政治学家、芝加哥市议员，还当过市长候选人，他在 1929 年著述自己地方政治经历时，表示自己所在城市之所以能在 1879 年至 1915 年之间避免泛滥的美式市政贪腐，很大程度上要归功于小卡特·哈里森与老卡特·哈里森的领导[1]。 哈里森父子遏制对腐败的市议会无底

---

[1] Charles E. Merriam, *Chicago: A More Intimate View of Urban Politics* (New York: Macmillan, 1929), pp. 19 – 21, 190 – 192.

线纵容的同时，还采取了政治包容策略[1]。 老哈里森发现，
"由于他最忠实的拥护者所属的社会阶层，并没有机会成为他的
座上宾"[2]。 小哈里森曾公开表达他"一直都同情弱势群
体"[3]，这种情感一定程度上解释了为什么他与声名狼藉的选
区走狗诸如迈克尔·"傻帽"·肯纳和"澡堂男"·约翰·科林
过从甚密[4]。

哈里森家族的渊源让卡特·哈里森父子与各种类型的社区和
人群联系紧密，也正是从这些联系中发展出了他们的从政风格。
卡特·哈里森父子是弗吉尼亚州哈里森家族与金·卡特家族的后
裔，两大家族从 17 世纪初就在东部沿海社会占据主导地位。 哈
里森系家族曾赞助了许多弗吉尼亚殖民地的领袖以及"一位独立
宣言签署人、两位总统、二三十年间多位芝加哥市长"[5]。 老
卡特·哈里森的父母向西搬到肯塔基州后，成了列克星敦社群的

---

[1] 关于地方市议员为一己私利出售特许经营权的"腐败"行径，更多讨
　　论参见：Lloyd Wendt and Herman Kogan, *Bosses in Lusty Chicago: The
　　Story of Bathhouse John and Hinky Dink* （1943；reprint, Bloomington：
　　Indiana University Press, 1967），pp. 34 - 35。

[2] Claudius O. Johnson, *Carter Henry Harrison I: Political Leader* （Chicago：
　　University of Chicago Press, 1928），p. 185.

[3] Carter H. Harrison, [Jr. ,] *Stormy Years: The Autobiography of Carter H.
　　Harrison, Five Times Mayor of Chicago* （Indianapolis：Bobbs-Merrill, 1935），
　　p. 51.

[4] 肯纳和科林是温特与高根经典之作《欲望都市芝加哥的大佬们》的主
　　角。 关于在 19 和 20 世纪之交美国城市酒馆与政治两者关系的主题，
　　参见：Perry R. Duis, *The Saloon: Public Drinking in Chicago and Boston,
　　1880 - 1920* （Urbana：University of Illinois Press, 1983），pp. 114 - 142。

[5] Johnson, *Carter Henry Harrison I*, pp. 3 - 6.

杰出成员[1]。 老卡特·哈里森本人毕业于耶鲁大学（1845届），之后在列克星敦市的特兰西瓦尼亚大学学习法律。 正如小哈里森所写，老哈里森试图"凭借在巴黎拉丁区两年的经验"，给"他的拓荒之地"带来"欧洲大陆的行为方式和思想观念，以及对一些不可避免的邪恶采取宽容态度，如酒精、赌博和卖淫等"[2]。 经由圣路易斯市中转，哈里森最终搬到了芝加哥，一定程度上是因为如小哈里森所言，他的父亲"天生反对奴隶制思想"[3]。 发展中的芝加哥还有一半是乡村，老哈里森与其他不少肯塔基人一起在城市一角定居下来，通过房地产买卖挣得一份不错的收入[4]。 他们社区旁边最后建成了联合公园，哈里森及其邻居们"在家园里生活稳定、中规中矩且社交活跃。他们的家园得以免于城市弊病；穷人的悲惨处境干扰不到公馆或联排住宅窗外的景致，而且商业招牌也都不是令人生厌的形式"[5]。

　　由于 1871 年大火灾而被卷入政坛的老卡特·哈里森成为第

---

［1］关于老卡特·哈里森的生平概述，参见 Donald L. Miller, *City of the Century: The Epic of Chicago and the Making of America* (New York: Simon and Schuster, 1996), pp. 439 – 440。

［2］Carter H. Harrison, Jr., *Growing Up With Chicago* (Chicago: Ralph Fletcher Seymour, 1944), p. 259.

［3］Harrison, *The Stormy Years*, p. 17.

［4］Harrison, *Growing Up With Chicago*, p. 11.

［5］Richard Sennett, *Families against the City: Middle Class Homes of Industrial Chicago, 1872 – 1890* (Cambridge, Mass.: Harvard University Press, 1970), p. 22.

一个入主芝加哥市政厅的职业政治家[1]。 他一开始靠共和党人约瑟夫·梅迪尔的"防火选票"担任了三年的郡行政长官，之后作为民主党人在国会任职，后来于1879年首次当选芝加哥市长[2]。 回过头看，他早期与梅迪尔的关系似乎有些吊诡，梅迪尔作为《芝加哥论坛报》的编辑和发行人，后来在老哈里森的市长生涯中反复攻击他。 像芝加哥许多新教精英一样，梅迪尔谴责老哈里森利用芝加哥社会毒瘤：无政府主义者、社会主义者、酒馆和妓院老板、臭名昭著的选区大佬。 尽管梅迪尔曾谴责老哈里森在1860年历史性选举中幼稚地支持民主党选票，但两人私下仍然维持着朋友关系[3]。 老哈里森充满魅力、机智慷慨、勇敢无畏、活力四射，擅长化敌为友哪怕是他最坚定的政治对手。 1893年老哈里森被刺杀后不久，梅迪尔在评论这位市长生涯时对《洛杉矶时报》记者说，老哈里森"是我们城市有史以来最了不起的人，我相信大家都会这样认为"[4]。

老哈里森被视为一个完美的政坛人物，尤其受到移民群体喜爱，他公开表明自己身份属于移民群体，虽然他自己有着盎格鲁-萨克逊血统[5]。 正如保罗·克莱普纳所写，老哈里森

---

[1] 引自 Paul Michael Green, "The Chicago Democratic Party, 1840 – 1920: From Factionalism to Political Organization" (Ph. D. diss., University of Chicago, 1975), p. 1。

[2] Johnson, *Carter Henry Harrison I*, pp. 62 – 71.

[3] Miller, *City of the Century*, pp. 437 – 439.

[4] 出处同前，p. 437。

[5] Green, "The Chicago Democratic Party," pp. 37 – 44. 爱德华·赫伯特·马祖尔表示，哈里森尤其深受犹太贫困移民们喜爱，因为 （转下页）

　　"能够设身处地考虑族群感受，能用多种语言演说也激起了与一些族群间强烈的心理共鸣，而一般这些族群对支持民主党候选人并不热情"[1]。 据说哈里森有典型的芝加哥式"个人主义的自由放纵与乐观精神"[2]。 他展现的社会包容当然"反映了这个城市异常的包容，在这里，市场竞争中实用主义的伦理准则处于优先地位，人们必然持有民族、宗教和种族的好恶，但表达这些好恶的需求相对靠后"[3]。 换言之，哈里森认为那套新英格兰村庄的道德标准不可强加于大都市芝加哥[4]。

　　哈里森于 1879 年 4 月 28 日发表了首次市长就职演说，明确表明他对移民的支持不会危及传统商业伙伴的利益。 他表示："房地产作为财富的基石，提供了城市五分之四的收入，却被施以重税。"他继续道："这将扼杀动力，干扰投资与意愿，如不

（接上页）"可以靠他来阻止庆祝星期日为安息日的顽固新教徒和改革派犹太教徒将他们狭隘观念强加给贫民窟居民"。 Edward Herbert Mazur, "Minyans for a Prairie City: The Politics of Chicago Jewry, 1850 - 1940" (Ph. D. diss., University of Chicago, 1974), p. 99.

[1] Paul Kleppner, *Chicago Divided: The Making of a Black Mayor* (Dekalb: Northern Illinois University Press, 1985), p. 22.

[2] R. Reid Badger, *The Great America Fair: The World's Columbian Exposition and American Culture* (Chicago: Nelson-Hall, 1979), p. 89.

[3] Bill Granger and Lori Granger, *Lords of the Last Machine: The Story of Politics in Chicago* (New York: Random House, 1987), p. 28.

[4] 哈里森友人威利斯·约翰·阿伯特在其被暗杀后为这位殉职市长撰写的传记中强调了这点。 Willis John Abbott, *Carter Henry Harrison: A Memoir* (New York: Dodd, Mead, 1895), pp. 235 - 241.

加以制止，将彻底断送这些收入来源。"[1]

老哈里森远非仅仅受到穷苦人民的喜爱，文质彬彬的他也维护房地产和商业利益。老哈里森受到广泛政治支持，几乎看不到任何反对。唐纳德·L.米勒评论道："老卡特·哈里森相信，要想对普通芝加哥劳动者提供最大帮助，他的角色应该像城市的帝国统治者，而不是社会改革者。"[2]为了保护商界利益，老哈里森容忍本地移民劳工赌博、饮酒和滥交[3]。在管理方式上，他自以为是地采用政党分赃制，但保证在承担真正责任的岗位上任命有能力的人。"除了抓住劳动阶层的支持，他还通过系列行动赢得了持观望态度的商人的支持，包括'丝袜'民主党人和一些共和党人。他在管理市政基金上取得了既经济又高效的成绩，还推动了市中心的改造提升，这点在欧文·阿尔迪斯等商人和房地产经纪人看来至关重要。"[4]用20世纪晚期的术语来说，老哈里森是社会自由主义者和财政保守主义者。

1887年老哈里森竞选失利，部分原因是受到之前参选州长没能成功的影响，其他原因还有干草市场爆炸案后他表示对社会主义者和无政府主义者宽容处理[5]。老哈里森离职时给市政

---

[1] Alfred Theodore Andreas, *History of Chicago* (Chicago: A. T. Andreas, 1884 – 1886), vol. 3, p. 856.

[2] Miller, *City of the Century*, p. 444.

[3] 出处同前，p. 448。

[4] 出处同前，p. 441。

[5] Abbott, *Carter Henry Harrison*, pp. 139 – 144. 哈里森在当天下午早些时候到过干草市场，当时他认为群众井然有序，所以在爆炸之前就离开了。关于这些事件的简要来龙去脉，参见：Ray Ginger, *Age of* （转下页）

府留下了良好的财政基础[1]。 他很快便开始了一场环球旅行，两年后兴高采烈地返回芝加哥。《追逐太阳》一书是他对这趟旅程的著名记述，展示了老哈里森是一名有洞察力的观察家和有才华的作家[2]。

与本书研究相关的是，老哈里森在这次环球游历中到访了大阪和莫斯科。 他在 1887 年 10 月 17 日对大阪的记述中，综合了对东京和京都的总结，认定三座城市"都有大量人口聚居，让骑车和步行的人茫然无措。 每座城市都有自己的城堡或中心建筑、宏伟的庙宇，都是人口稠密、街道狭窄"[3]。 日记中关于莫斯科的一周尤其值得关注，日期为 1888 年 6 月 12 日的一则记录道："在基督教世界，没有哪座城市的布局如莫斯科这般完全没有规则。"[4]

1891 年老哈里森作为红色民主党人再次竞选市长，但以微弱劣势败北。 1893 年他再次上台，正值芝加哥承办世界博览

（接上页）*Excess: The United States from 1877 to 1941*, 2d ed. （New York：Macmillan, 1975), pp. 59 - 60; Ray Ginger, *Altgeld's America: The Lincoln Idea versus Changing Realities* (1958; reprint, New York：Markus Wiener, 1986), pp. 42 - 48。 可能关于干草市场事件最权威的叙述应参见：Paul Avrich, *The Haymarket Tragedy* (Princeton：Princeton University Press, 1984)。

[1] Frederick Rex, *The Mayors of the City of Chicago, from March 4, 1837, to April 13, 1933* (Chicago：Chicago Municipal Reference Library, 1947), pp. 65 - 69.

[2] Carter H. Harrison, [Sr.,] *A Race with the Sun* (New York：G. P. Putnam; Chicago：W. E. Dibble, 1889).

[3] 出处同前，p. 78。

[4] 出处同前，p. 387。

会[1]。 老哈里森"声称他有权在城市最辉煌的时刻担任市长"[2]。 他主持盛会时风度非凡。 茵普瑞萨利奥·索尔·布鲁姆认为老哈里森是"世博会期间一位理想的市长。 没有人比他更适合接待来访的王公贵族和达官显贵。 面对所有重要的他乡来客，他代表了芝加哥的形象，为积极宣传芝加哥作出了不可估量的贡献"[3]。

1893 年 10 月 28 日，在世博会的最后一天，老哈里森出席完"美国城市日"各项典礼返回到家之后，倒在了一名刺客的子弹之下[4]。 那天他曾志得意满地宣称，芝加哥"永远不知道什么不能尝试，也尚未发现什么不能实现"[5]。 这种自傲展现了他"纵然年已 68 岁，但仍像个 20 岁的小伙子"[6]。 老哈里森先

---

[1] Abbott, *Carter Henry Harrison*, pp. 190 – 198; Miller, *City of the Century*, pp. 482 – 487.

[2] Wendt and Kogan, *Bosses in Lusty Chicago*, p. 59.

[3] Sol Bloom, *The Autobiography of Sol Bloom* (New York: G. P. Putnam, 1948) , p. 132.

[4] 关于老哈里森的更多讨论，参见： Johnson, *Carter Henry Harrison I*。 关于 1893 年 10 月 28 日，哈里森在家中遭到求职受挫失意的帕特里克·尤金·普伦德加斯特暗杀，参见： Abbott, *Carter Henry Harrison*, pp. 225 – 235; Carl S. Smith, *Urban Disorder and the Shape of Belief: The Great Chicago Fire, the Haymarket Bomb, and the Model Town of Pullman* (Chicago: University of Chicago Press, 1995) , pp. 266 – 268; Badger, *The Great America Fair*, p. 129; Edward R. Kantowicz, "Carter H. Harrison II: The Politics of Balance," in Paul M. Green and Melvin G. Holli, eds. , *The Mayors: The Chicago Political Tradition* (Carbondale: Southern Illinois University Press, 1987) , p. 19。

[5] Abbott, *Carter Henry Harrison*, p. 232.

[6] 出处同前, p. 226。

是宣布了他即将再次结婚，接着表明他想再活半个世纪，而当时的听众似乎忘记了"他离圣经中的 70 岁大限只差两年"[1]。他的葬礼被特意安排从市政厅行进到雅园公墓，这也成为芝加哥历史上最宏大、最肃穆的仪式之一[2]。

　　"一个精力充沛、高傲、仪表堂堂的人，一个热爱多姿多彩、充满活力的在大城市生活的城市扩张主义者"，老哈里森是芝加哥的化身[3]。罗杰·萨利文支持的改革派爱德华·邓恩，在 1933 年回忆录中抛开对老哈里森派的各种仇恨，评价老卡特·哈里森"极有可能是芝加哥有史以来最能干、最有眼光、最可敬的市长"[4]。对此，那一时代大部分芝加哥人都会感到认同。

　　60 多年之后，唐纳德·L. 米勒写得更加直接。米勒认为：

　　　　可能除了老理查德·戴利之外，在芝加哥历史上没有哪个从政者能如卡特·哈里森这样获得广泛公民支持。包括一大部分社会主义者在内的工人投票给哈里森是因为他任命工会领袖担任工厂和卫生督查员；支持工人集会、罢工和示威的权利；尽管受到来自大资本家的巨大压力，却好几次拒绝动用警察镇压罢工者……但是许多共和党小作坊经营者和

[1] Abbott, *Carter Henry Harrison*, p. 226.
[2] Miller, *City of the Century*, pp. 434 – 437.
[3] 出处同前，p. 437。
[4] Edward F. Dunne, *Illinois: The Heart of the Nation* (Chicago: Lewis Publishing, 1933), vol. 2, p. 203.

市中心房地产大亨继续支持哈里森是因为他一直致力于改善
基础设施，推动城市增长、发展和房地产增值，为各行各业
创造了成千上万就业机会[1]。

尽管小卡特·哈里森与他父亲的为人有很大不同，但在其任
期内还是获得了极大的竞选成功。 与父亲相比，小哈里森更爱
思考而且不那么善于交际，因此口才稍有逊色。 然而，他与父
亲一样精通城市管理的方方面面，保持亲近公众，在五届任期内
从未缺席过一次市议会会议[2]。

小哈里森于 1897 年至 1905 年间担任市长，在 1911 年击败
共和党改革派梅里亚姆后又执政了四年[3]。 梅里亚姆教授之
所以能从其他忠诚的党员手中赢得共和党提名有赖于以下两点，
一是现任共和党市长弗雷德·A. 巴斯突然决定不再寻求连任，
二是新的伊利诺伊州法律要求必须经过初选才能提名。 这项新
的法律调动起西奥多·罗斯福派进步主义分子和改革派商人，诸
如实业家查尔斯·R. 克雷恩、报业大亨维克多·F. 劳森和西尔
斯·罗伯克公司总裁朱利叶斯·罗森瓦尔德；同时这项法律也令
有些人不满，如居住在郊区化社区的中产阶级专业人员，以及像
霍尔馆的简·亚当斯那样的长期改良者从党内忠诚分子手中夺取

［1］ Miller, *City of the Century*, p. 444.

［2］ Edward R. Kantowicz, *Polish-American Politics in Chicago, 1888 – 1940*
（Chicago：University of Chicago Press, 1975）, p. 72.

［3］ 关于 1911 年选举始末，参见：Steven J. Diner, *A City and Its Universities:
Public Policy in Chicago, 1892 – 1919*（Chapel Hill：University of North
Carolina Press, 1980）, pp. 154 – 175。

共和党提名[1]。 小哈里森在面对党内斗争时保持了他长久以来在劳工阶层的选民基础。 西面的共和党大佬、美国参议员威廉·洛瑞莫的支持者基本上隔岸观火，默许小哈里森以 177 923 票对 160 791 票的微弱优势战胜梅里亚姆。 地方上的共和党内纷争一年之后将在国家层面上演，即尽管西奥多·罗斯福已在初选中连胜，但是党派大佬们还是拒绝把他们手中的总统提名给他。罗斯福后来代表公麋党参选，必然地导致了共和党现任总统威廉·霍华德·塔夫特连任失败，以及民主党进步主义人物伍德罗·威尔逊当选。

小哈里森有着丰厚财产，经常被拍到双手插在口袋里，并附言"芝加哥有幸拥有一位把手放在自己口袋里的市长"[2]。 至于他的追随者是否故技重施就是另外一回事了。 正如记者哈罗德·L. 伊基斯在《一个坏脾气者的自传》中向读者讲述的那样，小哈里森——

组织由罗伯特·E.（"鲍比"）布尔克操控。 布尔克的身材就像个大桶，浑圆有余，高度不足。 他曾是郡委员会的干事，在郡委员会中汤姆·加恩是主席，弗雷德·埃尔雷德是财务官。 这个组织里的重要人物包括来自"后院"的汤姆·凯瑞、"傻帽"·肯纳、"澡堂男"约翰·科林、吉

---

[1] Michael P. McCarthy, "Prelude to Armageddon: Charles E. Merriam and the Chicago Mayoral Election of 1911," *Journal of the Illinois State Historical Society* 67, no. 5 (November 1974), pp. 505 – 518.

[2] Harrison, *The Stormy Years*.

米·奎恩，以及其他同一条船上的人。相信我，他们都是爱钱的现实主义者。政治是他们的生计、他们的财富，是的，也是他们的生命……总之，哈里森市长允许这些豺狼随意地在城市的大街小巷转悠，捡走任何尚存的利益[1]。

小哈里森曾在一个德国体育机构接受教育，并未理会他父亲对他上耶鲁大学的期望，反而选择留在芝加哥进入耶稣会办的伊格纳修斯学院（即后来的洛约拉大学）[2]。小哈里森在婚前过着纨绔不羁的生活，直到与新奥尔良州名媛伊迪丝·奥格登结婚后才安定下来[3]。他在阿什兰大街和杰克森大街交叉口的住宅一直是芝加哥上流社会的中心[4]。

来自上流社会的小哈里森像父亲一样，在芝加哥本地人中拥有稳固的政治基础[5]。他和父亲在芝加哥日益庞大的非裔美国人中也非常受欢迎[6]。与父亲一样，小哈里森也无法将个

---

[1] Harold L. Ickes, *The Autobiography of a Curmudgeon* (New York: Reynal and Hitchcock, 1943), p. 35.

[2] Harrison, *The Stormy Years*, p. 26.

[3] Harrison, *Growing Up with Chicago*, pp. 56 – 76; Green, "The Chicago Democratic Party," pp. 74 –78.

[4] John Drury, *Old Chicago Houses* (New York: Bonanza, 1941), pp. 157 – 202.

[5] Miller, *City of the Century*, pp. 441 – 446.

[6] Charles Branham, "Black Chicago: Accommodationist Politics before the Great Migration," in Melvin G. Holli and Peter d'A. Jones, eds., *Ethnic Chicago*, rev. ed. (Grand Rapids, Mich.: William B. Eeridmas, 1984), pp. 338 – 379: 376 –377.

人魅力转化为民众对民主党的支持；在他担任市长的 12 年间，
仅有 4 年民主党人在市议会中占据多数[1]。

小哈里森包容文化差异，加上"精明地给其竞选支持者分配
权力"，帮助他赢得了大量非本土出生群体的选票[2]。 当小哈
里森在 84 岁回忆起他与乔治·"红"·布伦南和"傻帽"·肯
纳等这些人的关系时，理直气壮地解释说，在与查尔斯·泰森·
叶凯士的交通大战时期，芝加哥各选区领袖保持忠诚并且从未要
求任何回报[3]。"当面对 18 个选区的政治活动时，一个胆小如
鼠的改革者很可能只是傲慢地一嗅，就战战兢兢离开了，"哈里
森写到，"傻帽和澡堂男总有办法应对他们选区的种种政治状
况，而那些政治上恪守原则的管理者时不时地就会发起相对激烈
的抗议。"[4]然而，布伦南和肯纳"总是能递给我一枚能用的
硬币，它货真价实、完整无缺。 在我的生命旅程中，交往了许
多自命不凡的所谓更好阶层的人，而在他们身上我看不到这一
特质"[5]。

"傻帽和澡堂男"已经逐渐成为坊间典型的芝加哥流氓形
象。 肯纳和科林来自芝加哥臭名昭著的莱韦堕落区，在那里充
当着享乐和选票提供者，其中最为著名的便是提供"城市最狂野
的娱乐项目： 赌场、舞厅、酒馆、当铺、锡版相片展馆、游乐

─────────

[1] Kleppner, *Chicago Divided*, p. 22.

[2] Mazur, "Minyans for a Prairie City," p. 139; Kantowicz, *Polish-American Politics*, pp. 57 – 85.

[3] Harrison, *Growing Up with Chicago*, p. 289.

[4] 出处同前，p. 213。

[5] 出处同前，pp. 211 – 212。

场、巫毒教术士施法粉末、符咒、高价拍卖、马车出租行"之
类[1]。 这一地带"对能人来说没有道德边界"[2]。 共和党
选区队长、市议会议员肯纳和科林控制着这片地区。 他们举办
"第一选区舞会"，为自己及其政治伙伴筹资。 根据其中的一
次聚会调查，传闻肯纳曾向"人满为患的老鸨、警察队长、酒馆
老板、小偷、盗窃犯、妓女和汗流浃背的服务员"宣称"这里是
洛拉帕罗扎！ ……芝加哥不是个缺乏柔情的城市"[3]。 "自
命不凡的上层人士"确实"发起了相对激烈的抗议"，最终在 20
世纪第二个十年发布禁令彻底关闭了莱韦区。

近期，历史学家越来越认同小哈里森对其选区伙伴的评
价[4]。 20 世纪晚期的历史学家及诸如乔恩·狄福德、特伦
斯·J. 麦克唐纳德和安·杜尔肯·基廷认为，在一个世纪之前
美国城市政治上，城市基础设施甚至财政管理上所取得的巨大成
就比政治腐败和低效更为耀眼[5]。 如果像约翰·M. 埃尔斯旺

---

[1] Stephen Longstreet, *Chicago, 1860 - 1919* (New York: David McKay, 1973), p. 353.

[2] 出处同前，p. 354。

[3] 出处同前，p. 358。

[4] 戴维·P. 塞伦在 1979 年对当时美国城市历史著作的评论文章中提到了这一观点。 David P. Thelen, "Urban Politics: Beyond Bosses and Reformers," *Reviews in American History* 7, no. 3 (September 1979), pp. 406 - 412.

[5] John C. Teaford, *The Unheralded Triumph: City Government in America, 1870 - 1900* (Baltimore: Johns Hopkins University Press, 1984); Terrence J. McDonald, *The Parameters of Urban Fiscal Policy: Socioeconomic Change and Political Culture in San Francisco, 1860 - 1906* (Berkeley: （ 转下页 ）

那样回溯历史，会发现这些成绩愈发光彩夺目，埃尔斯旺认为，在进步主义时代（1890—1915 年），由于工业和城市变革带来的挑战，"越来越多的团体——经济的、社会的、文化的——指望政府去解决实际问题"[1]。 引用狄福德的经典著作，不论存在多少问题，当"人们意识到 1870 年至 1900 年间城市领导所面对的种种挑战"时，"市政工作有益的一面"即呈现出特殊的意义[2]。 美国各城市成功地应对"多元化、增长和金融等挑战，成就非凡。 到 19 世纪末，美国城市居民平均享有的公共服务水平超过了世界上任何其他城市的居民"[3]。

小哈里森于 1897 年在一片混乱中进入政坛，提名他首次竞选市长职位的民主党大会以他的支持者和"钱堆老板"萨利文的支持者之间芝加哥式的乱拳混战告终[4]。 这种暴力在那个时代没什么稀奇。 据说在 1894 年 11 月的选举中有数百人受伤，其中一次骚乱中，有一名芝加哥人被杀[5]。

1915 年，小哈里森初选失利，此前一年他在两方面的行动

（接上页）University of California Press，1987）；Ann Durkin Keating，*Building Chicago: Suburban Developers and the Creation of a Divided Metropolis*（Columbus：Ohio State University Press，1988）.

[1] John M. Allswang，*Bosses，Machines and Urban Voters*（Baltimore：Johns Hopkins University Press，1986），pp. 14 - 15.

[2] Teaford，*The Unheralded Triumph*，p. 4.

[3] 出处同前，p. 6。

[4] Wendt and Kogan，*Bosses in Lusty Chicago*，pp. 59 - 67.

[5] Ray Stannard Baker，"The Civic Federation of Chicago," *Outlook* 52（July 27，1895），pp. 132 - 133.

都没取得成功，一是再次改革城市有轨电车专营权，二是关闭大量酒馆、赌场和妓院，而这些场所正是他选区层面盟友们的主要收入来源[1]。 此后不久，酒精饮料销售禁令和曼恩法案（伊利诺伊州国会议员詹姆斯·曼恩提出议案，规定以"卖淫目的"跨州运输女性属于非法）将彻底终结莱韦区[2]。 小哈里森刚刚 40 岁出头，再也没能当选（不过他最终在富兰克林·罗斯福任内被联邦政府任命为芝加哥税务局局长）[3]。

梅里亚姆后来写道，哈里森父子"是小格局的老板，但是大格局的老板不会突然产生。 有轻微的贪污，也有赌徒和娼妓，不穷追猛打，而是给他们留一席之地，但是没有那种美国各城市常见的彻底组织化的政治腐败体系"[4]。 梅里亚姆继续称赞这位死对头在任期内巧妙地应对了城市里各种各样又相互竞争的社会群体。 梅里亚姆认为："像他父亲一样，小哈里森不是一个理想主义者，而是一个政治上的现实主义者，尽管他反对助长大

---

[1] Kantowicz, "Carter H. Harrison II," p. 30; Harold F. Gosnell, *Machine Politics: Chicago Model* (1937; reprint New York：AMS, 1969), pp. 142 - 144.

[2] Wendt and Kogan, *Bosses in Lusty Chicago*, pp. 336 - 339; Paul S. Boyer, *Urban Masses and Moral Order in America*, *1820 - 1920* (Cambridge, Mass.：Harvard University Press, 1978), p. 191; Herbert Asbury, *Gem of the Prairie: An Informal History of the Chicago Underworld* (New York：Knopf, 1940), pp. 281 - 319.

[3] Harrison, *Growing Up with Chicago*, p. 289; Green, "The Chicago Democratic Party," pp. 219 - 254.

[4] Merriam, *Chicago*, p. 20.

佬控制下的权钱交易和贪腐机器，也敌视那些试图控制整个城市的贪腐官员，但他们很难对付。"[1]他尽量避免同时惹怒改革势力和移民群体，"诠释了一个国际大都市的精神"[2]。 简言之，哈里森父子是"杰出的政治家，驾驭着大都市的狂风巨浪并且取得了空前的成功"[3]。

在这一时代，芝加哥之所以没有出现一个单一的强大政治机器，原因之一是那时芝加哥充斥着大量相互竞争的小派系。 当时美国人的政治忠诚是基于宗教和民族，因此，作为一个人口多元化的城市，芝加哥自然会催生出大量小型联盟，而非某个独具权威的单一政治组织[4]。 用 M. 克雷格·布朗和查尔斯·N. 哈拉贝的社会科学术语来说，哈里森的芝加哥是众多"派系机器"的聚集地，而不是一个"垄断"机器的保护区[5]。 根据加里·威尔斯的报告："工作和街区是按照族群来划分的，政治很自然的也是如此。 有多少潜在选民团体，就有多少从属于它们

---

[1] Merriam, *Chicago*, p. 21.

[2] 出处同前，pp. 21 – 22。

[3] 出处同前，pp. 190 – 191。

[4] 有关宗教和民族在 19 世纪美国政治中的决定性重要影响，更多讨论参见: Paul Kleppner, *The Third Electoral System*, *1853 – 1892: Parties*, *Voters*, *and Political Cultures* (Chapel Hill: University of North Carolina Press, 1979); Richard Jensen, *The Winning of the Midwest: Social and Political Conflict*, *1888 – 1896* (Chicago: University of Chicago Press, 1971)。

[5] M. Craig Brown and Charles N. Halaby, "Machine Politics in America, 1870 – 1945," *Journal of Interdisciplinary History* 17, no. 3 (Winter 1987), pp. 587 – 612: 595 – 596.

的'机器'。"[1]如今不得不承认，这些派系机器不但阻止了产生一个单一的、反民主的大型机器，也让城市拥有肥沃的土壤去实行妥协和基于城市多元化的政治。 社会碎片化是巩固了而非削弱了多元主义。

尽管哈里森父子个性截然不同——父亲"风度翩翩，戴着宽檐帽骑着白马"，俨然"城中重要人物之一"，儿子"个人魅力稍逊"，但政治手段高明[2]——但哈里森父子都追求爱德华·E. 卡托维茨所称的"平衡政治"[3]。 在政党体系不强的芝加哥，哈里森父子成为成功的政治家依靠的是个人声望，以及取得各种政治、经济、族群和政治选区的多元化支持[4]。 约翰·M. 埃尔斯旺认为，他们在很大程度上代表了其政党在这一时期所取得的成功。 埃尔斯旺认为"卡特·哈里森父子广受欢迎；他们在所有族群中都备受欢迎（例如，当1891年老哈里森作为独立候选人参选时，民主党得票率很低；当1911年小哈里森最后一次重返地方政治舞台时，民主党在所有7个原本犹豫的民族团体中都获得了多数票数）"[5]。

————

[1] Garry Wills, "Sons and Daughters of Chicago," *New York Review of Books*, June 9, 1994, pp. 52 – 59: 52.

[2] Merriam, *Chicago*, p. 20.

[3] Kantowicz, "Carter H. Harrison II," pp. 16 – 32.

[4] 在1890年至1916年芝加哥的25次选举中，10次民主党获胜，9次共和党获胜，3次两党共享胜利，3次其他党派取胜。 参见 John M. Allswang, *A House for All Peoples: Ethnic Politics in Chicago*, *1890 – 1936* (Lexington: University Press of Kentucky, 1971), pp. 23 – 24, 34 – 35。

[5] 出处同前，p. 34。

　　哈里森父子的政治见解代表了讲求实用的多元主义的精髓，将城市里严峻分化和差异性转化为极有用的政治资本，为他们自己和城市都带来好处。 他们"接受真实的芝加哥： 各阶层和族群团体在这里相互竞争、搏斗，每方都有属于自己的势力"[1]。 在他们的概念里，市长是居中维持这座分裂城市运转的协调员。 哈里森父子是无与伦比的讲求实用的多元主义者。

　　在 1989 年本地政治观察家和历史学者给芝加哥历任市长的排名中，老哈里森和小哈里森只落后于传奇的理查德·J. 戴利[2]。 甚至像欧内斯特·格里菲斯这样对美国城市治理持有偏见的观察家，也认为老哈里森"从历史上看，他是那个时代最好的符号——一个妥协者，当然也有度量，但同时还是一个伟大的公仆和伟大的人道主义者。 因为所有这些，他能够获得人民群众感情上的认同和亲近，这对当时一个偏正统的改革者来说是完全做不到的"[3]。 如爱德华·卡托维茨所总结，哈里森父子"有能力极其巧妙和灵活地应对芝加哥在世纪之交爆炸性的增长和繁杂的多样性"[4]。

[1] Miller, *City of the Century*, p. 486.

[2] Melvin G. Holli, "Ranking Chicago's Mayors: Mirror, Mirror, on the Wall, Who Is the Greatest of Them All?" in Green and Holli, eds. , *The Mayors*, pp. 202 – 211.

[3] Ernest S. Griffith, *A History of American City Government: The Conspicuous Failure, 1870 – 1900* (New York: National Municipal League; Lanham, Md. : University Press of America, 1983), pp. 103 – 104.

[4] Kantowicz, "Carter H. Harrison II," p. 17.

尼古拉·阿列克谢夫

　　尼古拉·阿列克谢夫完全就是莫斯科的"哈里森"，他和老卡特·亨利·哈里森一样遭到刺客枪杀，时间是在 1893 年 3 月 11 日莫斯科召开城市杜马期间[1]。 和哈里森父子一样，给阿列克谢夫贴上"多元主义者"的标签，可能会让同代人觉得奇怪。 不过，正如小哈里森虽与"一堆杂七杂八的选区大佬和移民政客"结盟，但能成功将许多改革政策付诸实践，故被坎托维茨称为"改革大佬"[2]。 同样，阿列克谢夫采取强硬手段实现了当时莫斯科可谓改革导向的多元化目标[3]。 与小哈里森不同的是，阿列克谢夫不需要面对庞大的选民[4]。

　　1852 年 10 月 15 日尼古拉出生时，阿列克谢夫家族已成为莫斯科最庞大的商业帝国之一。 就像这一时代许多商业帝国（当然并非所有），阿列克谢夫家族是农奴出身来到莫斯科（1746 年

[1] 特此感谢俄罗斯科学院历史研究所加丽娜·乌利亚诺娃为讨论尼古拉·阿列克谢夫生平和事迹提供建议和咨询。

[2] Kantowicz, "Carter H. Harrison II," p. 22.

[3] 关于阿列克谢夫市长生涯的英文概述，可参见：Walter S. Hanchett, "Moscow in the Late Nineteenth Century: A Study in Municipal Self-Government" (Ph. D. diss., University of Chicago, 1964), pp. 137 – 142。

[4] 艾米·布里奇斯提醒道：19 世纪美国城市政治最为显著的一个特征，就是为"第一代产业工人和之前手工业者"提供投票机会、竞争激烈的选举和初选活动。 Amy Bridges, *A City in the Republic: Antebellum New York and the Origins of Machine Politics* (Cambridge, U. K. Cambridge University Press, 1984), p. 8.

从雅罗斯拉夫尔地区而来）。 从 18 世纪末到 19 世纪初，莫斯科作为社会流动中心，吸引着农奴和刚获解放的农民以及城镇自由人（镇民）前往[1]。 埃里斯·基默林·维特施夫特在其巨著《帝制俄国中的社会身份》中表示，由于俄国没有欧洲行会传统，加上冬季漫长、作物生长季节短、突发性农产品过剩，俄国农民为了生计被迫从事手工业生产和贸易[2]。

　　到 19 世纪末，许多莫斯科最负盛名的家族都是这种充满活力和进取精神的寒门出身。 1762 年至 1796 年叶卡捷琳娜大帝鼓励商业发展和 1812 年拿破仑摧毁莫斯科，有着"地震般颠覆性影响"，将莫斯科传统商人阶级"烧为灰烬"，社会经济夷为平地，为新一波农民小商贩开辟了路径[3]。 正如詹姆斯·韦斯特所述："正是从这些朴实的农民商贩里，涌现出了几乎所有莫斯科商业帝国的创始人。 这些早期创业者中最雄心勃勃的不超过几十人，在 19 世纪 20 年代蒸汽动力姗姗来到俄国之时就已准备好搭乘这辆科技革命快车，他们及时登上了通往财富之路的短暂之旅，迅速开创了棉纺织生产这个全新行业。"[4]

　　维特施夫特将其视角尽可能地拓宽到涵盖整个帝制俄国社会

[1] Elizabeth Kridl Valkenier, "Book Review: *Merchant Moscow: Images of Russia's Vanished Bourgeoisie*, edited by James L. West and Iurii A. Petrov," *Harriman Review* 10, no. 4 (August 1998), pp. 38 – 40: 40.

[2] Elise Kimerling Wirtschafter, *Social Identity in Imperial Russia* (DeKalb: Northern Illinois University Press, 1997), pp. 78 – 79.

[3] James L. West, "Merchant Moscow in Historical Context," in James L. West and Iurii A. Petrov, eds., *Merchant Moscow: Images of Russia's Vanished Bourgeoisie* (Princeton: Princeton University Press, 1998), pp. 3 – 12: 7.

[4] 出处同前。

体系，将莫斯科情况置于俄国农奴制特点所形成的更大背景下来观察。 维特施夫特提醒读者道："农奴解放前后，任何人从其主人或出生地赎回人身自由后，只要拥有足够经济资源就可以登记成为镇民。"[1] 要赎回人身自由，可以利用从事非农业活动如手工艺品贸易的所得收入。 成功攒下足够钱来购买人身自由的农奴商贩们，通常已经在城镇站住了脚跟。 莫斯科位于俄国内陆，是俄国商贸批发和零售中心，成了新获自由和尚未获得自由的农民手工艺人和农民商贩向往之地[2]。 由此形成了动态、开放的社会经济结构，新来的商业传奇人物取代了固有的商业精英[3]。

　　阿列克谢夫家族是很早就进入工商界顶层的少数家族之一，一直延续到 1917 年后所有社会形态瓦解。 尼古拉是阿列克谢夫家族第五代莫斯科人，是母亲家族第七代莫斯科人。 尼古拉妻子的母亲来自更为显赫的特列季亚科夫家族[4]。 到尼古拉这一代时，阿列克谢夫家族已经通过联姻、商贸、社交和师友关

---

[1] Wirtschafter, *Social Identity*, p. 132.

[2] Irina V. Potkina, "Moscow's Commercial Mosaic," in West and Petrov, eds. , *Merchant Moscow*, pp. 37 – 44.

[3] 在莫斯科，在 1748 年注册的第一商会中的 382 个商业家族里，到 18 世纪最后 20 年间有 26 个尚存。 在 18 世纪末莫斯科第一商会中的 137 个商业家族里，到 1815 年有 21 个尚存。 1873 年，莫斯科第一商会中的 623 个商业家族里，只有 108 个是从 18 世纪家族发展而来的；有 185 个是于 1800 年至 1861 年间从其他社会阶层步入商界。 参见 Wirtschafter, *Social Identity*, p. 72。

[4] 特此感谢加丽娜·乌利亚诺娃分享其关于莫斯科创业家族慈善活动的庞大数据库："Blagotvoritel 'nost' moskovskikh predprinimatelei, 1869 – 1914," datebase, 1998。

系，与强大的切尔特维季科夫家族、马蒙托夫家族和特列季亚科夫紧密联系在一起[1]。

商业帝国创始人塞米永·阿列克谢夫将莫斯科省附近的农民手工艺者聚到一起，在莫斯科旧礼仪派罗戈津斯基地区开办了一个传统手工作坊（尽管阿列克谢夫家本身并不信奉旧礼仪派）[2]。在莫斯科被拿破仑毁灭之前几个月，塞米永刚好从莫斯科市长瓦西里·日加列夫手里买了这座石头房子。房子毗邻舍列季科夫、西蒙诺夫、莫罗佐夫等旧礼仪派大亨居住地，尼古拉及其堂兄，即未来莫斯科艺术剧院创办人之一康斯坦丁·斯坦尼拉夫斯基-阿列克谢夫均出生于此[3]。最后阿列克谢夫家族将这座房子捐给了莫斯科商会，用于建设尼古拉耶夫斯基孤寡院。

1812年，莫斯科毁灭性的大火烧倒了莫斯科闸门，源源不断的农民商贩和小商户从俄国穷乡僻壤之地涌至莫斯科[4]。

---

[1] Thomas C. Owen, *Capitalism and Politics in Russia: A Social History of the Moscow Merchants, 1855 - 1905* (Cambridge, U. K.: Cambridge University Press, 1981), pp. 221 -222; Pavel Buryshkin, *Moskva kupecheskaia: zapiski* (1954; reprint, Moscow: Sovremennik, 1991), pp. 129 -130. 关于显赫的谢列梅捷夫家族的讨论，参见：M. I. Pyliaev, Staraia Moskva (1891; reprint, Moscow: Svarog, 1995), pp. 162 - 186。

[2] Buryshkin, *Moskva kupecheskaia*, pp. 129 - 130; Alfred J. Rieber, *Merchants and Entrepreneurs in Imperial Russia* (Chapel Hill: University of North Carolina Press, 1982), p. 205. 关于罗戈津斯基旧礼仪派社区，参见 Roy R. Robson, *Old Believers in Modern Russia* (DeKalb: Northern Illinois University Press, 1995), pp. 53 - 74。

[3] 特此感谢加丽娜·乌利亚诺娃分享关于阿列克谢夫早期住宅的信息。

[4] James L. West, "A Note on Old Belief," in West and Petrov, eds., *Merchant Moscow*, pp. 13 - 18: 16 - 17。

莫斯科被拿破仑毁灭之际，正值对旧礼仪派的压迫相对较少之时，故而莫罗佐夫、里亚布申斯基、古契柯夫、索列丹科夫、赫鲁多夫等未来旧礼仪派商业帝国才能加入推动莫斯科转型的"这些杂七杂八的流动商贩"[1]。 这些旧礼仪派潜居在莫斯科市域外的两个封闭式社区里，就在亚乌扎河对岸。

1771 年一场瘟疫之后，旧礼仪派中的"无神甫派"（Bezpopovtsy）被驱逐出城，在普列奥布拉任斯基墓地，即如今普列奥布拉任斯卡亚地铁站附近，建立了居住点。"神甫派"（Popovtsy）在稍偏南方居住下来，靠近罗戈津斯基墓地，在如今爱好者公路沿线[2]。 在 19 世纪 20 年代中期，罗戈津斯基教堂为 68 000 名左右教民提供服务。 旧礼仪派注重卫生，1831 年暴发霍乱时基本未受影响，霍乱后得以繁荣发展。

塞米永·阿列克谢夫就像罗戈津斯基正教和旧礼仪派其他许多创业者一样，与工人住在一起，将整个运营看作家庭的延伸，后来他的儿子弗拉基米尔也延续了这种方式。 阿列克谢夫家族生产的丝绸和金线质量非常高，销售远至中亚、高加索地区和伊朗，因而积累了大量资本，引入英国工匠，步入莫斯科商业精英阶层[3]。 在 19 世纪 40 年代，亚历山大·阿列克谢夫成为地方

---

[1] James L. West, "A Note on Old Belief," in West and Petrov, eds., *Merchant Moscow*, p. 17; Iu. A. Petrov, *Dinastiia Riabushinskikh* (Moscow: Russkaia kniga, 1997), pp. 8 - 10.

[2] Galina Ulianova, "Old Believers and New Entrepreneurs: Religious Belief and Ritual in Merchant Moscow," in West and Petrov, eds., *Merchant Moscow*, pp. 61 - 71: 67 - 68.

[3] Rieber, *Merchants and Entrepreneurs*, p. 205.

政府领袖[1]。

　　尼古拉的母亲伊丽莎维塔是烟草大亨米哈伊尔·波斯坦津格罗之女。 米哈伊尔来自切尔尼戈夫地区的奈金希腊人社区，位于基辅西北方向约 125 公里处。 米哈伊尔在 1820 年成立了烟草工厂，后来发展成为莫斯科最大的烟草厂。 工厂由伊丽莎维塔的兄弟们（尼古拉的舅舅）运营，当时尼古拉正在莫斯科社会、经济、政治生活中崭露头角[2]。

　　雄心勃勃的尼古拉不满于家族传统生产方式，抓住机会将阿列克谢夫纺织厂改成了机械化。 尼古拉之所以能实现这点，是由于标准化和日益加剧的经济困境，导致在莫斯科周边核心工业区的大部分男性以及大量女性渐渐被迫成为工薪族[3]。

　　在莫斯科诸如阿列克谢夫等工厂中，同为农民出身一直是工厂厂主和工人之间一个维系纽带[4]。 随着生产工作与机械设备日益紧密相连，工人住在工厂宿舍，离厂主华丽新住宅越来越远，于是社会距离逐渐拉开。

　　正当传统劳工关系被"现代"生产方式冲淡，从欧洲输入工厂组织体系时，尼古拉接管了家族业务。 尼古拉在为家族远方

---

[1] Buryshkin, *Moskva kupecheskaia*, p. 130.

[2] 特此感谢加丽娜·乌利亚诺娃提供关于尼古拉·阿列克谢夫母亲的信息。

[3] Rose L. Glickman, *Russian Factory Women: Workplace and Society*, *1880 - 1914* (Berkeley：University of California Press, 1984), p. 45.

[4] Mikhail L. Shastillo, "Peasant Entrepreneurs and Worker Peasants：Labor Relations in Merchant Moscow," in West and Petrov, eds., *Merchant Moscow*, pp. 85 - 93.

工厂引入最新管理体系上特别成功和坚决，远至哈尔科夫，甚至后来的澳大利亚和南非。 在尼古拉·阿列克谢夫根本还没考虑从政之前，商业上的成功就为他赢得了"强力改革派"的绰号。

尼古拉虽然在罗戈津斯基长大，但由于家庭和社会关系，他的童年与扎莫斯克弗雷奇地区密不可分。 扎莫斯克弗雷奇地区位于莫斯科河正南方，正对着克里姆林宫，当时是商业中心地带[1]。 20 世纪晚期，建筑史学家德米特里·希维德科夫斯基在研究伊贡诺夫府邸，即如今法国驻俄国大使府邸时，对这一特别地区有过详细描述。 扎莫斯克弗雷奇"非同寻常地保持着大量传统；充满着古老俄国传统风俗和理念的独特生活与独特'世界'。 它是俄国的心脏，真正的俄国本质特征……是这座古城'最具'俄国特色的地方，保存了异域的灵魂，让外国人为之踟蹰，事实上所有欧洲文化背景的人都对这种生机勃勃的魅力和真真切切的美感着迷不已"[2]。

尼古拉和童年时的伙伴逃离了这个封闭的世界，抛弃长袍，穿起商务衣着，放弃独自在家玩卡片游戏，前往热闹的社交俱乐部，从城堡般的扎莫斯克弗雷奇家庭大院，搬至城对角极尽奢华的新艺术府邸——位于派瑞阿克池附近马来亚·布罗尼亚街和尼

---

[1] 关于扎莫斯克弗雷奇地区生活的更多讨论，参见 Ia. M. Belitskii, *Zabytaia Moskva* (Moscow：Moskovskii rabochii, 1994), pp. 190 – 280; Mikhail Mikhailovich Novikov, *Ot Moskvy do N'iu-Iorka. Moia zhizn' v nauke I politike* (New York：Chekhov Press, 1952), pp. 18 – 25。

[2] Dmitri Chvidkovski [Shvidkovskii], "Le monde du 'Zamoskvoretche' dans la culture de Moscou," in Olda Morel et al., eds., *La maison Igoumnov: Residence de l'ambassadeur de France à Moscou* (Paris：Les amis de la maison Igoumnov, 1993), pp. 34 – 41, 140 – 143：140.

基塔大街上[1]。 例如，阿列克谢夫家族搬到了如今科洛坡津斯卡亚地铁站附近的普莱新斯坦斯基大街。

无关政治，尼古拉尤其喜爱和童年伙伴谢尔盖·特列季亚科夫（1876 年至 1882 年担任莫斯科市长，是艺术收藏家帕维尔·特列季亚科夫的兄弟）在一起。 他们都是莫斯科音乐界的重要赞助商、俄罗斯帝国音乐学会当地活动家以及新成立的莫斯科音乐学院的支持者[2]。 尼古拉还与切尔特韦里科夫家族有着广泛社会和商业联系[3]。

————

[1] Christine Ruane， "Caftan to Business Suit：The Semiotics of Russian Merchant Dress," in West and Petrov, eds., *Merchant Moscow*, pp. 53 - 60；William Craft Brumfield， "Aesthetics and Commerce：The Architecture of Merchant Moscow," in West and Petrov, eds., *Merchant Moscow*, pp. 119 - 131；Joseph C. Bradley， "Merchant Moscow after Hours：Voluntary Associations and Leisure," in West and Petrov, eds., *Merchant Moscow*, pp. 113 - 143；Edith W. Clowes， "Merchants on Stage and in Life：Theatricality and Public Consciousness," in West and Petrov, eds., *Merchant Moscow*, pp. 147 - 159；Elena Chernevich and Mikhail Anikst, in collaboration with Nina Baburina, *Grafica Russa*, *1880 - 1917* (Florence：Cantini Editore, 1990).

[2] Jo Ann Ruckman, *The Moscow Business Elite: A Social and Cultural Portrait of Two Generations*, *1840 - 1905* (DeKalb：Northern Illinois University Press, 1984), p. 103；E. I. Kazanskii， "Muzyka v'Moskvie," *Moskva v'eia proshlom 'i nastoiashchem '*, vol. 11, pp. 60 - 90；V. Ger'e， "O Moskovskoi gorodskoi dume," in A. S. Kiselev et al., eds., *Moskovskii arkhiv. Istoriko - kraevedcheskii al'manakh* (Moscow：Moskovskoe gorodskoe ob" edinenie arkhivov, 1996), pp. 421 - 438；V. P. Ziloti, *V dome Tret'iakova* (New York：Chekhov Press, 1954), pp. 161 - 187.

[3] Rieber, *Merchants and Entrepreneurs*, p. 205. 谢尔盖·切尔特韦里科夫在回忆录中表达了对尼古拉·阿列克谢夫的温暖回忆。 （转下页）

不过，在其他许多著名商业家族和人士眼中，例如，极端保守的莫斯科城市杜马领袖尼古拉·奈德诺夫，和莫斯科总督弗拉基米尔·多尔戈鲁科夫[1]，尼古拉·阿列克谢夫是个讨厌的人。奈德诺夫领导着家族交易行帝国和具有巨大影响力的莫斯科交易委员会，莫斯科交易委员会代表着保守派实业家（包括尼古拉·阿列克谢夫的父亲在内）[2]。奈德诺夫自称保守人士，一生都怀有亲斯拉夫主义观点[3]。他憎恶尼古拉·阿列克谢夫市长，部分原因似乎在于他极度不信任尼古拉的年轻和活力[4]。

阿列克谢夫等家族成员受莫斯科民间文化影响，通常对圣彼得堡相关的一切都不相信。这些家族利用纺织业和铁路所得收入，支持俄国和斯拉夫文化[5]。他们在文化上持保守主义，并

（接上页）*Bezvozvratno ushedshaia Rossiia. Neskol'ko stranits iz knigi moei zhizni* (Berlin：Moskva-Logos，192?)，pp. 83 - 94.

[1] Liubov' Fedorovna Pisar'kova，"Gorodskie golovy Moskvy（1863 - 1917gg.），" *Otech-estvennaia istoriia 1997*，no. 2，pp. 3 - 19：8 - 10.

[2] Iurii A. Petrov，"'Moscow City'：Financial Citadel of Merchant Moscow，" in West and Petrov，eds.，*Merchant Moscow*，pp. 45 - 50：46. 关于阿列克谢夫家族的信息出自 Ul'ianova，"Blagotvoritel 'nost' moskovskikh predprinimatelei"。

[3] 奈德诺夫在其回忆录中明确表达了这点：Nikolai A. Naidenov，*Vospominaniia o vidennom，slyshannom i isputannom. Moscow：1903 - 1905* (Newtonville，Mass.：Oriental Research Partners，1976)。

[4] Owen，*Capitalism and Politics*，pp. 86 - 87.

[5] 这一时期许多纪实回忆录都记录了这些商人对艺术的支持。例如参见 Valerii Briusov，*Dnevniki，1891 - 1910* (Moscow：Izdanie M. i S. Sabashnikovykh，1927)；Valerii Briusov，*Iz moei zhizni. Moia iunost'，Pamiati* (Moscow：Izdanie M. i S. Sabashnikovykh，1927)；（转下页）

不会阻碍家庭成员学习外语或接受西式教育，例如尼古拉·阿列克谢夫学习法语、德语还有一点英语。 他们大力引入西方技术和管理理念[1]，在莫斯科商界建立了"完全符合国际标准甚至有时标准更高的"商业教育体系。 阿列克谢·维什尼亚科夫1902年成立了莫斯科商学院，可以说是世界上第一所本科商学院[2]。 其他人也因在各自领域的创新获得了国际声誉，比如和尼古拉有共同曾祖父母的斯坦尼斯拉夫斯基·阿列克谢夫[3]。

他们仇视罗马天主教和欧洲新教，认为彼得大帝将西化状态

（接上页） Chetverikov, *Bezvozvratno ushedshaia Rossiia*；V. S. Mamontov, *Vospominaniia o Russkikh khudozhnikakh* （Moscow：Iza. Akademii khudozhestv S. S. S. R., 1950）；Vladimir Nemirovitch-Dantchenko, *My Life in the Russian Theatre*, trans. John Cournos （Boston：Little, Brown, 1936）；and Ziloti, *V dome Tret'iakova*。

相对学术的著述可参见 Stuart Ralph Grover, "Savva Mamontov and the Mamontov Circle, 1870 - 1905：Art Paronage and the Rise of Nationalism in Russian Art"（Ph. D. diss., University of Wisconsin, Madison, 1971）；and Beverly Whitney Kean, *French Painters, Russian Collectors: The Merchant Patrons of Modern Art in Pre-Revolutionary Russia* （London：Hodder and Stoughton, 1994）。

[1] Ruckman, *The Moscow Business Elite*, pp. 128 - 129.

[2] Sergei V. Kalmykov, "Commercial Education and the Cultural Crisis of the Moscow Merchant Elite," in West and Petrov, eds., *Merchant Moscow*, pp. 109 - 116.

[3] Nemirovitch-Dantchenko, *My Life in the Russian Theatre*, pp. 115 - 117, 149. 关于当代对早期莫斯科艺术剧院的生动描述，参见 Z. I. Zhamurina, "Moskovskie teatry v'XIX viekie," *Moskva v'eia proshlom 'i nastoiashchem'* 11, pp. 29 - 59。

"强加"在"真正"俄国身上。 这些商业家族一直强烈反感西化的贵族阶层，害怕"真正的俄国"价值观受到任何扭曲，比如他们自己家族维系的家族式结构。 即使他们培养工业、银行业和文化机构，对传统的斯拉夫世界有所损害，但阿列克谢夫等莫斯科商业家族致力于维持一个"原汁原味的"俄国。这种深刻矛盾反映和促进了俄国商人对政治首都和西方持有极其模棱两可的态度[1]。 要补充的一点是，他们的政治立场绝不是对皇室不忠或反对皇室[2]。

由于与圣彼得堡皇室精英相疏远，莫斯科这座古都及其周边与俄国其他地区并不相同，形成了扎根民间活动和资本积累的独特创业精神，而不是依靠攀附政府或以国家资本和外国资本为生[3]。 正如托马斯·C.欧文指出，莫斯科特色资本主义反映了俄国传统文化和欧洲商业模式艰难地达成了妥协[4]。莫斯科经济领袖们既"彻底现代化"，又精于运用传统交易手

---

[1] 观点出自：Boris V. Anan'ich, "The Economic Policy of the Tsarist Government and Enterprise in Russia from the End of the Nineteenth through the Beginning of the Twentieth Century," in Greg Guroff and F. V. Carstensen, eds., *Entrepreneurship in Imperial Russia and the Soviet Union* (Princeton: Princeton University Press, 1983), pp. 125 – 139。

[2] Rieber, *Merchants and Entrepreneurs*, pp. 165 – 170, 285.

[3] 观点出自：William Blackwell, "The Russian Entrepreneur in the Tsarist Period: An Overview," in Guroff and Carstensen, eds., *Entrepreneurship in Imperial Russia*, pp. 13 – 26。

[4] Thomas C. Owen, "Doing Business in Merchant Moscow," in West and Petrov. eds., *Merchant Moscow*, pp. 29 – 36: 32.

段[1]。　尼古拉·阿列克谢夫就是出于这一背景，毕生既在推动现代化组织结构和基础设施创新，又是个独断专行、因循守旧的保守主义者。

莫斯科政治机制远非民主，甚至最为保守的芝加哥人看来也是如此。　依据 1870 年通过的新城市法，莫斯科获得了一定自主权，但即使这一改革到 1892 年也一定程度上遭到倒退[2]。　在 1905 年以前，只有不到 1% 的本地居民能够参加城市杜马选举[3]。　而市长又是从杜马内部选举产生。

---

[1] Thomas C. Owen, "Entrepreneurship and the Structure of Enterprise in Russia 1800 – 1880," in Guroff and Carstensen, eds., *Entrepreneurship in Imperial Russia*, pp. 59 – 83: 72.

[2] Ruckman, *The Moscow Business Elite*, p. 115.

[3] Laura Engelstein, *Moscow 1905: Working-Class Organization and Political Conflict* (Stanford: Stanford University Press, 1982), pp. 51 – 53.

　　根据 1870 年前治理体系，莫斯科城市议会由五个社会阶层的代表构成（sosloviia，指俄国的社会组织结构，类似于旧时法国等级制度）。　1870 年以后，根据资产所有情况，城市杜马内新设了三个阶层类别。　1892 年新法令之后废除了所有阶层分类，仅"第一等级"商人和有资格的财产所有者拥有投票权。　虽然与芝加哥和大阪相比，在莫斯科，有资格的女性财产所有者可以通过指定代理参加选举。　但事实上，所有没有住房的人都没有投票权。

　　更具体而言：

　　无论什么阶层，拥有不动产的城市纳税者和缴纳特定工商税的个人都有权利参加选举。　而且，诸如各个政府部门、机构、协会、公司、教会、修道院等法人实体也有选举权。　年满 25 岁的男性可以参加选举，但是满足选举条件规定的女性只能通过指定代理参加选举。　雇佣劳工（是没有房产的绝大多数人口）并不拥有选举权，工（转下页）

在这种环境下，讨论政治包容性或多元主义困难重重。 不过，在莫斯科小世界里，尼古拉·阿列克谢夫成功为其项目争取到了各个群体的支持，同时还在劳工关系等问题上保持了在当时环境下比较开明的观点。

1876 年，杜马主流商人阶层首次从内部选举出了一位商人市长——谢尔盖·特列季亚科夫。 特列季亚科夫从来没能与小商人和手工业者的杜马代表就政策和目标达成一致（小商人是一种类似法国小资产阶级的俄国社会范畴）。 他于 1882 年辞职，继任者为常住坦波夫的经济学家教授鲍里斯·奇切林[1]。

事实证明，奇切林担任市长并不称职。 为了有资格在莫斯科拥有选举权和担任职务，奇切林在莫斯科郊区买了个小破屋，引起了大量争议[2]。 很快他又和莫斯科保守派总督弗拉基米尔·多尔戈鲁科夫公爵产生纠葛，结果后者说服新任保守派内务省大臣德米特里·托尔斯泰伯爵罢免了这位自由派教授[3]。卸任前，奇切林发表了几次演讲，要求通过"将社会所有合法成

（接上页）程师、医生、教师、官员等受教育白领也同样不享有。
（Valeriia A. Nardova, "Municipal Self-Government after the 1870 Reform," trans. Lori A. Citti, in Ben Eklof, John Bushnell, and Larissa Zakharova, eds., *Russia's Great Reforms*, 1855 – 1881 [Bloomington: Indiana University Press, 1994], pp. 181 – 196: 184. ）

[1] Iurii Luzhkov, "Moskva-stolitsapatriarkhal'naia," *Obshchaia gazeta 1994*, no. 26（July 1 – 7）, p. 16.

[2] Valeriia A. Nardova, "Municipal Self-Government after the 1870 Reform," p. 184.

[3] Ger'e, "O moskovskoi gorodskoi dume," pp. 424 – 425.

分纳入考量"对地方政府进行改革[1]。 他还迫使莫斯科杜马发起成立了几个服务导向型企业，最后这些企业为莫斯科市提供了重要的财政来源[2]。 奇切林继任者是位平淡无奇的本地官员 S. A. 塔拉索夫，于 1885 年被阿列克谢夫所取代。

乔·安·鲁克曼认为，在 1870 年城市法通过后 15 年间，莫斯科市杜马没能找到一位称职市长的原因有两个，一是城市杜马中富商和小商人之间相互内耗，二是杜马本身缺乏整体目标和方向。 富商中缺乏有魄力的领导，自然无法成功[3]。阿列克谢夫富有活力和智慧，组织能力强，能够尽可能互相调和，或当无法达成妥协时采取强制命令来确保行动一致。 阿列克谢夫彻底改变了地方政治局面。 鲁克曼认为，"阿列克谢夫的当选开启了莫斯科政府自治历史上一段风起云涌、极具创新的时期"[4]。

阿列克谢夫 33 岁时就任莫斯科市长，上任后立刻着手整顿市政服务[5]。 当时莫斯科正步入快速发展阶段，正如圣彼得堡科学家德米特里·门捷列夫所言： 莫斯科汇集了"不计其数

---

[1] Aleksandr　Aleksandrovich　Kizevetter, *Na　rubezhe　dvukh　stoletii* (*Vospominaniia 1881 – 1914*) (Prague：Orbis, 1929), p. 19.

[2] Pisar'kova, "Gorodskie golovy Moskvy," pp. 7 – 8.

[3] Ruckman, *The Moscow Business Elite*, pp. 115 – 116.

[4] 出处同前，p. 116。

[5] 关于阿列克谢夫市长任期的更多讨论，参见 Rieber, *Merchants and Entrepreneurs*, pp. 205 – 206; Alla Belousova and Nikolai Laman, "Moskovsko; gorodskoi golova. K 100 – letiiu so dnia smerti Nikolaia Aleksandrovicha Alekseeva," *Nezavisimaia gazeta*, March 17, 1993, p. 5。

的创业人士和创新形态……将长期引领俄国未来大规模的制造业发展"[1]。

阿列克谢夫寻求合作来支持扩大城市供水，启动庞大的铺路计划，建造莫斯科首个地下排水系统，以及扩大城市屠宰场规模[2]。他实现了上述所有目标，同时在市政运营中维持着严格的财政管理。阿列克谢夫是个强硬的管理者，有时不被当地自由派人士欣赏，却是个无与伦比的斡旋家和联盟建立者[3]。

尼古拉·阿斯特罗夫于 1897 年任莫斯科城市杜马秘书，于1917 年担任了 4 个月市长之职。他在 1941 年旅居国外期间出版的回忆录中，描述了杜马极为正式的话语方式[4]。阿斯特罗夫表示："莫斯科杜马有着不可打破的严格的道德标准、规章习惯。因此，并非所有代表都能在杜马自由发表言论……年轻代表字斟句酌，观点不受待见，没人认真倾听，而那些发言冷冰

[1] D. I. Mendeleev，"Introduction," *The Industries of Russia*，vols. 1 - 2：*Manufactures and Trade*，trans. John M. Crawford（Chicago：World Columbian Exposition，1893），p. xix.

[2] 这些活动受到了广泛关注，例如参见 Pisar'kova，"Gorodskie golovy Moskvy," pp. 8 - 10；I. P. Mashkov，*Putevoditel'po Moskve*（Moscow：Moskovskoe arkhitekturnoe obshchestvo，1913），pp. 85 - 106。马什科夫在莫斯科 1913 年举办第五届建筑师大会时，为与会者准备的莫斯科建筑指南中突出介绍了莫斯科供排水系统。

[3] 参见 Luzhkov，"Moskva"。

[4] 关于阿斯特罗夫市长任期，参见 Pisar'kova，"Gorodskie golovy Moskvy," pp. 15 - 16。

冰、时间短的代表更受欢迎。"[1]阿列克谢夫年轻任性、有冲劲，鞭策杜马这个平淡乏味的审议机构进行改变。 当阿列克谢夫成为市长后，莫斯科地方政府将改头换面。

阿列克谢夫有着当时莫斯科商人典型的浮夸之风[2]，他借助儿时伙伴强大的特列季亚科夫家族的大力支持，动员易变的精英阶层为各个项目提供支持。

尼古拉·阿列克谢夫本人是位慷慨的慈善家，自掏腰包支持了许多成人教育项目，以及阿列克谢夫家族最爱的慈善机构——尼古拉耶夫斯基孤寡院。 他的遗孀亚历山德拉比他多活了十年，也一样给尼古拉耶夫斯基孤寡院捐款（他父亲和兄弟们也都如此）。 亚历山德拉还给许多精神病医院和儿童医疗保健机构进行慈善捐款，可能是意识到她和尼古拉的三个女儿中有一个从小残疾，遭受了不少艰辛[3]。

阿列克谢夫取得的许多成就（尤其在财政领域的成就），前提是特列季亚科夫和饱受诟病的奇切林两人开展的改革已经成熟，公职人员任命也已完成[4]。 阿列克谢夫个性专断、活力四射而耐心不足，因此任职期间争议不少。 用同时代公民领袖弗拉基米尔·格里的话说，阿列克谢夫有着"权力嗜好"，待人接

---

[1] Nikolai Ivanovich Astrov, *Vospominaniia* (Paris：YMCA Press，1941)，vol. 1, p. 261.

[2] 浮夸是莫斯科商人生活中一个重要特征。 参见 Clowes, "Merchantson Stage"。

[3] Ul'ianova, "Blagovoritel'nost' moskovskikh predprinimatelei."

[4] Owen, *Capitalism and Politics*, p. 87.

物上脾气暴躁，"热切地渴望权力"[1]。

阿列克谢夫成就斐然：成功阻止了莫斯科省征税行动，成立了莫斯科市火灾保险机构，建造了新的杜马建筑（1890—1892年）和上流贸易行（1886—1893年）。贸易行后来成为苏维埃时期的古姆百货商店，至今仍屹立莫斯科红场[2]。保罗·特列季亚科夫还赞许阿列克谢夫在推动家族著名的俄国艺术画廊市政所有化中发挥了关键作用[3]。

托马斯·欧文举例指出，阿列克谢夫派头十足，像个芝加哥

---

[1] Ger'e, "O Moskovskoi gorodskoi dume," pp. 427 - 429. 米哈伊尔·诺维科夫在同一时期的回忆录中也提到了这点, *Ot Moskuy do N'iu - Iorka*, pp. 11 - 12.

[2] G. Iaroslavskii, "Gorodskoe samoupravlenie Moskvy," *Moskva v'eia prosblom 'i nastoiashchem '* 12, pp. 17 - 48; Brumfield, "Aesthetics and Commerce."

[3] Iu. Aleksandrov, "Gogolevskii bul'var," in Kiselev, et al., eds., *Moskouskii arkhiv*, pp. 95 - 106. 另可参见帕维尔·特列季亚科夫于 1893 年 12 月 11 日就成立特列季亚科夫画廊写给 V. V. 斯塔索夫的信件 "Pis'mo no. 162 P. M. Tret'iakov - V. V. Stasovu," in N. G. Galkina and M. N. Grigor'eva, eds., *Perepiska P. M. Tret'iakouai V. V. Stasova, 1874 - 1897* (Moscow: Iskusstvo, 1949), pp. 171 - 174, 263 - 265. 阿列克谢夫关心和积极参与画廊事务，还体现在 1891 年 8 月 12 日著名画家伊利亚·列宾致帕维尔·特列季亚科夫的信件中："Pis'mo No. 197. I. E. Repin-P. M. Tret'iakovu," in M. N. Grigor'eva and A. N. Shchekotova, eds., *Pis'ma I. E. Repina. Perepiska s P. M. Tret'iakovym. 1873 - 1898* (Moscow: Iskusstvo. 1946), p. 148. 在帕维尔·特列季亚科夫女儿亚历山大回忆录中也有相关叙述: Aleksandra Pavlovna Botkina, *Pavel Mikhailovich Tret'iakou u zhizni iiskusstve* (Moscow: Izdatel'stvo Tret'iakovskoi galerei, 1951), pp. 249 - 259。

"大佬"。 欧文说，阿列克谢夫市长为了建造莫斯科第一座也是欧洲顶级的精神病院，努力争取资金支持（大概需要 150 万卢布）。 欧文写道："和往常一样，富商被邀请进行捐款。 当有个富商捐了 1 万卢布时，阿列克谢夫在一个富商云集的活动场合公开提起，说 1 万卢布少得丢人，而如果捐 5 万卢布的话，阿列克谢夫声称会在大庭广众之下向其跪拜。 该商人回应说，能让莫斯科市长如此谦恭，那么多钱也值了。 阿列克谢夫立刻跪地说：'除非你写下 5 万卢布的支票，否则我不起来了。'商人别无选择，只能照做。 阿列克谢夫站起来，装好支票，拍了拍裤子说道：'看，结果如何；知道么，我本来差点打算为了 25 000 就下跪的！'捐款商在一片笑声中仓皇离开。"[1]

莫斯科当代市长尤里·卢日科夫具有阿列克谢夫一二轶事之风。 例如，1996 年卢日科夫毫不掩饰地进行自我推销，想让自己和"理想的市长"尼古拉·阿列克谢夫直接媲美[2]。用卢日科夫的话说，阿列克谢夫会在向上级征求最终批准之前，用自己的政令取代杜马方案，会在面临杜马议会中必败之地之前就批准建筑项目，在任何时候发现会被杜马议员挫败前避开杜马。

就像芝加哥的哈里森父子和一个世纪后的卢日科夫，阿列克

---

[1] Owen, *Capitalism and Politics*, p. 87. 关于这一轶事的其他英文记述可参见: Valentine T. Bill, *The Forgotten Class: The Russian Bourgeoisie from the Earliest Beginnings to 1900* (New York: Praeger, 1959), p. 171。 关于这一轶事的俄语记述可参见: Buryshkin, *Moskva kupecheskaia*, p. 130。

[2] Luzhkov, "Moskva"; Iurii Luzhkov, *My deti tuoi, Moskva* (Moscow: Vagrius, 1996), pp. 199 – 208.

谢夫不是个典型的自由派改革家。 当时知识界改革家常攻击他
自己像个大佬一样，还是个反犹形象。 事实上，阿列克谢夫与
莫斯科乃至俄国犹太人间的复杂关系，暴露了从实用主义出发的
多元主义实践面对着很多重大矛盾。

　　阿列克谢夫对圣彼得堡帝国政府驱逐莫斯科犹太人的各种计
划，都积极拥护和落实。 这一拥护也导致他一直遭到俄国犹太
人痛恨[1]。 1891 年那次毫无预警的驱逐行动，迫使一两万犹
太商人迁往帝国西部犹太人定居区[2]。 但是，当出现限制布

------

[1] Hanchett, "Moscow in the Late Nineteenth Century," p. 141.

[2] Timothy J. Colton, *Moscow: Governing the Socialist Metropolis* (Cambridge,
Mass.: Harvard University Press, 1995), p. 35; Hans Rogger, *Jewish
Policies and Right-Wing Politics in Imperial Russia* (Berkeley: University of
California Press, 1986), p. 69. 在俄罗斯帝国兼并波兰后，关于流入帝
国的犹太人口的政策，更多讨论请参见 Solomon M. Schwarz, *The Jews in
the Soviet Union* (Syracuse: Syracuse University Press, 1951); T. B.
Geilikman, *Istoriia obshchestvennogo dvizheniia Evreev v Pol'she i Rossii*
(Moscow: Gosudarstvennoe izdatel'stvo, 1930); Iulii I. Gessen, *Istoriia
evreiskago naroda v Rossii* (St. Petersburg: Tipografiia L. Ia. Ganzburga,
1916)。

　　俄罗斯帝国的犹太人口，主要源于 17 世纪以后兼并的白俄罗斯、
乌克兰和波兰地区。 犹太人在莫斯科已存在相当长时间，但直到 19 世
纪才有大批犹太人来到莫斯科。 据估计，1861 年农奴解放时，莫斯科
的犹太人不足 300 人，随后 30 年出现快速增长。 到 1891 年实施驱逐
法令时，莫斯科犹太人可能已接近 35 000 人。 有些犹太人只是搬迁到
莫斯科城外周边地区，但是大部分犹太人显然迁回了波兰境内或周边
犹太人定居点。 1899 年后，第一等级的犹太商人在获得圣彼得堡财务
部长和莫斯科总督同意后，即可返回莫斯科。 还有大量犹太学生来
到莫斯科，1916 年时高达 3 000 名学生。 据估计，1917 年革命时，
约有六万犹太人在莫斯科居住，约占城市总人口的 3%。 （转下页）

哈拉犹太人商业活动的类似法令时，阿列克谢夫就改变了立场，和财政大臣谢尔盖·维特联手反对。这种立场变化反映出，阿列克谢夫所在的莫斯科商人阶层有着不同的利益点：布哈拉犹太商人推动着与莫斯科工厂主的棉纺贸易，而莫斯科本地犹太商人则代表着竞争[1]。这种立场变化表明，市长会采取不同策略，当有利于实现自己目标时就会对实用主义和多元主义持更加开放的态度。

阿列克谢夫生涯中这种前后矛盾，展现了本书所阐述的"从实用主义出发的多元主义"领导策略的基本特征。它凸显了公共政策中较为不堪的一面，即残酷的实用主义是首要条件。从这个角度而言，阿列克谢夫的市长生涯可能能够更好地展现这种领导策略的优缺点，胜过更为自由派、通常也更受爱戴的多元主义者市长，例如 1897 年到 1905 年就任莫斯科市长的弗拉基米尔·格利岑公爵。

总体而言，阿列克谢夫推进了改革议程，包括在公共卫生设施上取得了大量进展。正如小卡特·哈里森与叶凯士的斗争，阿列克谢夫为了实现长期目标，与令人讨厌的盟友打交道，采取了些令人质疑的手段，而在一个多世纪后回首来看，在当时特定环境下取得的这些成果似乎推动了城市改革事业的发展。

（接上页）出自 M. S. Kupovetskii, "Evreiskoe naselenie Moskvy（XV - XXvv.），" in E. M. Pospelov et al., eds., *Etnicheskie gruppy v gorodakh Europeiskoi chasti SSSR（formirovanie, rasselenie, dinamika kul'tury）*（Moscow：Moskovskii filial Geograficheskogo obshchestva S. S. S. R., 1987），pp. 58 – 71。另参见 Rogger, Jewish Policies, p. 69。

[1] Owen, *Capitalism and Politics*, p. 103.

阿列克谢夫尽管受到个人社会背景和城市治理乏力的限制，但依然支持了不计其数的自由派。他支持为工人提供成人教育，遭到当时一些工厂厂主的憎恨。他大力提倡地方自治，和圣彼得堡中央集权者产生冲突。如欧文所言，他的许多立场毫无疑问是出于"狭隘经济利益的考量"，而并非原则性信念[1]。

尼古拉·阿列克谢夫的所作所为，导致地方政治分裂成"反对阿列克谢夫"和"支持阿列克谢夫"的两大阵营[2]。阿列克谢夫就任市长时，正值在莫斯科历史上任何所作所为都可谓改革的时期，而采取任何行动不仅要求专制命令，还必须争取不同利益群体的支持。他在教育、公共健康和商业领域的关切必定推进了各领域的社会公共利益。

阿列克谢夫和当时莫斯科商业精英们可以说是"俄国有史以来最为开明、最具活力的一群人"[3]。在苏联以前的莫斯科社会、经济和政治领袖（通常来自同样的企业家和社会阶层），也同样成功争取到支持，包括慈善援建的医院、公共图书馆、新建公园，扩大受教育机会，为工人提供免费高等教育等[4]。帝国晚期的莫斯科市长们，例如备受爱戴的格利岑、莫斯科大学法学

---

[1] Owen, *Capitalism and Politics*, p. 103.

[2] Ruckman, *The Moscow Business Elite*, p. 117.

[3] West, "Merchant Moscow in Historical Context," p. 5.

[4] Robert W. Thurston, *Liberal City, Conservative State: Moscow and Russia's Urban Crisis, 1906 – 1914* (Oxford, U. K.: Oxford University Press, 1987), pp. 154 – 180; M. P. Shchepkin, *Obshchestvennoe khoziaistvo goroda Moskvy v 1863 – 1887 godakh. Istoriko-statisticheskoe opisanie* (Moscow: Moskovskaia gorodskaia tipografiia, 1890).

教授尼古拉·古奇科夫，及后来的塞尔维亚英雄米哈伊尔·切伦科夫，在极力推行自由派政策，尤其是教育领域政策时，一直与圣彼得堡冲突不断[1]。 能否取得成功，通常取决于地方官员能否与中央部委有效达成妥协[2]。 在整个这一时期，比起圣彼得堡，莫斯科中间群体越来越多地参与到城市治理过程中。

　　莫斯科自由主义之风，在"年轻的实业家"和围绕"里亚布申斯基圈子"之类团体的"改良主义者"中尤为明显，它将莫斯科城市领袖与两大势力都置于对立地位： 一是居于北方首都更为保守的帝国政府；一是底层日益激进、要求革命的社会主义运动[3]。 当然，俄国自由主义最终会走向失败。 不过，这要在阿列克谢夫被枪杀 25 年之后才会发生。

---

[1] Pisar'kova, "Gorodskie golovy Moskvy," pp. 10 – 15.

[2] 关于这一时期俄罗斯帝国的各部委功能，参见 Hans Rogger, *Russia in the Age of Modernisation and Revolution, 1881 – 1921* (London: Longman, 1983), pp. 27 – 43。

[3] Petrov, " 'Moscow City' "; James L. West, "Visions of Russia's Entrepreneurial Future: Pavel Riabushinsky's Utopian Capitalism," in West and Petrov, eds., *Merchant Moscow*, pp. 161 – 170; James L. West, "The Fate of Merchant Moscow," in West and Petrov, eds., *Merchant Moscow*, pp. 173 – 178; James L. West, "Merchant Moscow in Historical Context," in West and Petrov, eds., *Merchant Moscow*, pp. 3 – 12; James Lawrence West, "The Moscow Progressists: Russian Industrialists in Liberal Politics, 1905 – 1914" (Ph. D. diss., Princeton University, 1974), pp. 57 – 64; Ruth AmEnde Roosa, *Russian Industrialists in an Era of Revolution: The Association of Industry and Trade, 1906 – 1917*, ed. Thomas C. Owen (Armonk, N. Y.: M. E. Sharpe, 1997); Ruth AmEnde Roosa, "Russian Industrialists during World War I: The Internationalization of Economics and （转下页）

关一

大阪市长关一也是践行讲求实用的多元主义的代表人物。杰弗里·汉斯在一篇关于关一的著名论文中表示，关一是位经济学家、劳工关系专家、交通规划师、社会改革家，由于对学术生活感到厌倦，于 1914 年离开东京，赴大阪就任副市长之职[1]。自此，关一担任副市长直到 1924 年提任市长，于市长之位直到 1935 年去世[2]。 为日本这座第二大都市服务长达 20 年之久，给他赢得了"大阪之父"的称号。

表面上看，关一和哈里森、阿列克谢夫相比，似乎属于另类政治领袖和人物。 就专业而言，关一是经济学教授，恰恰是更接地气的哈里森和年轻的阿列克谢夫最不放在眼里的那种"改革派"知识分子。

大阪仅具备有限程度的选举政治。 京都、大阪和东京作为"都辖县"，在 1898 年前不允许设立市长，1898 年后只能通过

（接上页） Politics," in Guroff and Carstensen, eds., *Entrepreneurship in Imperial Russia*, pp. 159 - 187; Ruth AmEnde Roosa, "The Association of Industry and Trade, 1906 - 1914: An Examination of the Economic Views of Organized Industrialists in Pre-revolutionary Russia" (Ph. D. diss., Columbia University, 1967).

[1] 依据 Jeffrey Eldon Hanes, "Seki Hajime and the Making of Modern Osaka" (Ph. D. diss., University of California, Berkeley, 1988), pp. 1 - 11。

[2] "Mayor of Osaka [Mr. Ikegami Saburo]: Impending Resignation," *Japan Weekly Chronicle* (Kobe), November 15, 1923, p. 687; "Mayor of Osaka: Retiring Bonus," *Japan Weekly Chronicle*, December 13, 1923, p. 829.

市议会间接选出市领导，而市议会本身选自极为有限的选民群体[1]。 市议会提名三位候选人，其中一位经内务省推荐由中央任命为市长。 在这种体系下，与莫斯科个人政治或芝加哥多选区公共政治博弈相比，大阪市政部门内官僚斗争及与东京中央部委间的较量显然更加重要。 关一并没有权力使用或滥用的精彩故事，而这在哈里森和阿列克谢夫身上屡见不鲜。

不过，仔细观察就会发现他们具有相似之处。 关一和哈里森一样，在德国大学求学。 关一也和阿列克谢夫一样，对国家复兴怀有强烈愿望。 和哈里森、阿列克谢夫都类似的是，关一是个实用主义者，愿意借助一切可行的城市管理工具。 关一认为国家的未来依靠各个城市取得经济成就，这点也是三人的共同特征。

关一对于自己治理的这座城市并无不切实际的幻想。 事实上，他被大阪所吸引，正是因为大阪是个巨型工业城市，与自己所在的东京社会文化社区截然不同[2]。 从更深层次而言，关一相信由内而外的渐变式改革政治，相信妥协政治，相信将大阪市各个社会力量尽可能多地联合起来，有助于调和政治分歧。

关一兄弟姐妹四人，他是长子，于 1873 年 9 月 26 日出生在日本西海岸伊豆半岛附近一个偏僻的寺院[3]。 十几岁时父亲就去世了，父亲是数学教师，母亲也是在多个私立学校和公立学

---

[1] Edward Seidensticker, *Low City*, *High City: Tokyo from Edo to the Earthquake* (New York: Knopf, 1983), p. 30.

[2] Hanes, "Seki Hajime," p. 2.

[3] 出处同前，pp. 25 - 27。

校教过书。 关一 4 岁时，父母举家搬到了东京浅草区，童年正好经历了明治维新。

和当时许多青少年一样，关一既对西方着迷不已，又担心可能会失去日本特色。 他的求学之地东京商学院，是致力于传播西方知识的明治维新机构，后来升格为大学。 关一在 1914 年前往大阪之前，一直在此磨炼，他在这里完成了初中、大学、研究生学业，并于 24 岁获得教职。

执教前，关一和东京商学院其他五位同事一起被派往欧洲进行大约两年的研学[1]。 关一完全是个认真求学的日本留学生典范，在欧洲期间似乎只是一门心思勤奋学习。 他还曾在比利时学习交通规划和经济学，这一专业将使其在未来整个事业中受益无穷。 在这期间，关一掌握了法语、德语和英语，学业结束后他的足迹遍至德国、英国，回日本时途经了美国。 对他后来学术生涯最重要的一点是，他参加了柏林大学的课程。 他还在北美交通中心芝加哥得以停留，被芝加哥新型高架通勤列车网深深吸引。

关一及其东京商学院的同学们日益质疑在社会文化空缺的环境中推行自由放任原则的经济理论。 他们偏向对经济发展采用历史学方法，将文化、政治和社会环境都纳入经济学思考。 在这方面，关一对德国历史学派了如指掌，乃至在东京商学院成立了一个柏林协会[2]。

关一越来越怀疑自由放任式市场发展。 事实上在现在来

---

[1] Hanes, "Seki Hajime," pp. 29 – 33.

[2] 出处同前，pp. 38 – 46, 67。

看，经济学家关一会被贴上"凯恩斯主义"的标签。 关一认为，如果不加干预，金融家将只是"资本掮客"，而不是建造者、管理者或真正意义的"资本家"[1]。 他写道，应理性和适度地要求管理层和劳动力两方为了推进国家利益进行相互妥协[2]。 而且，要实现"宜居城市"，只能靠建立基于社会公正的道德经济[3]。 关一的所作所为体现了从实用主义出发的多元主义者的精髓，即和哈里森、阿列克谢夫一样偏好妥协，这一点在关一参与混乱的大阪城市政治后得到了充分运用。

关一的东京学术生涯和同期其他教授并无不同[4]。 他授课，著书数本，撰文接近50篇，参加各类学生运动，参与和中央政府的论战，为众多政府和非政府机构提供咨询。 关一是位备受尊敬的经济学家，理论研究深厚。 最后，他厌倦了高高在上的学术研究、背后诽谤的学校政治和毫无意义的思维游戏。他决心推动劳工改革，不仅写学术论文，更写些通俗短文，成为一个劳工联合会的董事，创办了《国民经济学期刊》。 面对不少新闻报纸宣传大阪在寻找一名副市长，可能也是在大阪著名银行家小山健三的推动下（小山任东京商学院领导时两人就已认识），关一做出了决定性行动，从概念性世界转到公共事务的世界[5]。 在市长池上四郎的热情推荐下，大阪市议会全票通过、

---

[1] Hanes，"Seki Hajime," p. 101.

[2] 出处同前，pp. 6 – 8。

[3] 出处同前，pp. 2 – 5。

[4] 出处同前，pp. 67 – 95。

[5] 出处同前，pp. 251 – 255。

选举关一为副市长[1]。

关一就像同时代日本其他改革家，其实也像芝加哥、莫斯科等城市改革家，他不是劳工阶层，甚至可能也反对赋予劳工阶层投票权。 他害怕爆发大规模社会冲突或阶级冲突，渐渐对单纯通过改变劳工关系无法实现社会改革感到失望。 与其说他是基于理想信念，不如说关一更是基于实用主义的改革家。 关一最后发现，"工人问题"的根源在于工人生活环境的本质上，反对改革只将局限在工厂之内。 他认为，应将改革范围扩大到工人居住条件，最终涵盖整个工业城市。

关一早在 1914 年刚到大阪，就致力于厘清 19 和 20 世纪之交大阪种种问题。 他迅速解决了大量城市关键问题，取得巨大成功。 在他最擅长的交通领域更是如此。 他集中精力解决电车安全问题，以及机动车到来后的公路建设问题[2]。

在 1919 年国家《城市规划法》筹备中，关一是首要参与人[3]。 他和其他城市的改革家（如京都的山崎龙太郎、大槻隆二）受到了英美城市改革家的启发。 这些"市政社会主义者"提倡以规划手段来解决日本日益增长的城市问题。 不过，中央政府对赋予地方政府和管理者过多自治权依然持有怀疑态度。 中央政府管控着城市预算，如果规划超出现有城市基础设施改善的狭隘范围，就会进行遏止。 和芝加哥尤其是莫斯科一样，地

---

[1] "New Deputy-Mayor for Osaka: Dr. Seki Recommended," *Japan Weekly Chronicle*, July 16, 1914, p. 137.

[2] Hanes, "Seki Hajime," pp. 322 – 323.

[3] 出处同前，pp. 208 – 233, 322 – 331。

方机制发展落后损害了改革计划[1]。 府级（相当于美国的
"州"）官员和国家首都维护自我势力。 面对日益专制的东京
帝国政府的反对，加上地方财政不足、机制发展落后，导致这种
讲求实用的多元主义政治在大阪市政府无法维系下去。

　　卡特·哈里森父子、尼古拉·阿列克谢夫和关一虽然个性不
同，文化背景各异，教育水平和社会地位有别，但在资本主义爆
发巅峰时期，在治理规模庞大、分歧严重、变革快速的工业城市
过程中，成功解决了许多实际问题。 而当时许多前仆后继者都
没有实现这点。 他们的市长生涯虽然有别，但都反映了秉承妥
协、实用主义和温和改革的共同特征。 四位均践行了讲求实用
的多元主义理念，推动了社会福祉，从方方面面改善了市民生活
质量。

---

[1] 例如查尔斯·A. 比尔德在 1923 年关于城市管理的报告中讨论了东京
　　市长后藤新平新成立的东京城市研究所。 比尔德在报告中讨论了整个
　　日本城市管理的许多内容。 Charles A. Beard, *The Administration and
　　Politics of Tokyo: A Survey and Opinions* (New York: Macmillan, 1923). 关
　　于后藤新平的生涯，参见 Yukiko Hayase, "The Career of Goto Shimpei:
　　Japan's Statesman of Research, 1857-1929" (Ph. D. diss., Florida State
　　University, 1974)。

第十二章
讲求实用的多元主义实践：转型资本主义、莫斯科及其寓意

　　林肯·斯特芬关于芝加哥特征的描述，用于 19 世纪和 20 世纪之交的芝加哥、莫斯科和大阪都非常贴切："冲突首屈一指，泥泞深不可及；喧闹不堪、无法无天、难看难闻、没有礼貌、充满新奇；一个发展过度的村庄，一个粗野的城市，一个国家奇观。"[1]三个城市都代表了一种城市新现象：创新技术驱动私人资本创造出高度灵活、复杂、碎片化的大城市，反过来城市相辅相成又催生私人资本[2]。

　　芝加哥经常被描述成一个粗野的城市，莫斯科和大阪也是如

---

[1] Lincoln Steffens, *The Shame of the Cities* (1904; reprint, New York: Hill and Wang, 1992), p. 163.

[2] 事实上，这证明了小亨利·D. 史密斯的名言："城市绝非如我们所想，其复杂性和多变性远超我们所想。"Henry D. Smith II, "Tokyo and London: Comparative Conceptions of the City," in Albert M. Craig, ed., *Japan: A Comparative View* (Princeton: Princeton University Press, 1979), pp. 49 – 99: 49.

此。　正是芝加哥这座中西部都市，使得 1899 年拉迪亚德·吉卜林宣称："见了之后，我迫切希望再也不要见它。　它住着一群野蛮人，河水像加尔各答休利河一般浑浊，空气里灰尘弥漫。"[1]吉卜林没必要抹黑芝加哥，因为芝加哥老牌新闻观察家乔治·阿德就写过"这座城市对自己从不满意"[2]。

　　粗野并非芝加哥的全部特征，莫斯科和大阪同样如此。　正是由于芝加哥充满新奇、赤裸裸的功利主义、令人无所适从的粗野特征，才被视为典型的美国城市。　不过，伴随商业和工业发展，艺术和文化生活也一直活跃共存[3]。　对此，20 世纪晚期美国社会观察家加里·威尔斯作了精辟描述："芝加哥见证了不少残酷暴行，如干草市场暴动反应、情人节'大屠杀'或芝加哥大学斯塔格操场原子核裂变事件。　不过，是时候抛弃关于这座'男性城市'——肩膀长在脑袋上——的酒场谬论了。　重要的是，芝加哥从最开始就是脑袋长在肩膀上。　它主要是个技术大脑、商业大脑，同时还是个思索改革，甚至具有社会创造力的知

---

[1] Rudyard Kipling, "How I Struck Chicago, and How Chicago Struck Me: Of Religion, Politics, and Pig-Sticking, and the Incarnation of the City among Shambles," in Bessie Louise Pierce, comp., *As Others See Chicago: Impressions of Visitors*, *1673 – 1933* (Chicago: University of Chicago Press, 1933), p. 251.

[2] George Ade, *Stories of the Streets and of the Town: From the Chicago Record*, *1893 – 1900*, ed. Frank J. Meine (Chicago: Caxton Club, 1941), p. 104.

[3] 就此观点的有力论证，参见 Helen Lefkowitz Horowitz, *Culture and the City: Cultural Philanthropy in Chicago from the 1880s to 1917* (Lexington: University Press of Kentucky, 1976)。

识分子。"[1]在 19 和 20 世纪之交，莫斯科和大阪也有着技术创新力强、商业适应性强、社会创造力强、艺术素养高的知识分子。 这些城市都盛产有影响力的人。

一个世纪前，芝加哥、莫斯科和大阪都是位于不同国家和政治体系下具有相似特征的城市。 国家体制不同，解释了这三座城市随后发展中的差异。 在本书研究时期，芝加哥、莫斯科、大阪是同时处在重大社会、技术、经济和政治转型高峰时期的商业重镇。 鉴于这些共同特征，这三座城市与各自国家的城市相比，彼此间更具共性。 他们培育了不同的人类生存组织方式，不同于美国、俄国和日本其他地区。

讲求实用的多元主义实践都没能制度化，最终侵蚀了这三座商业重镇的长期积累下来的成果。 这种权力方式非常灵活，除了要写入法律以外，还必须扎根在集体记忆之中。 芝加哥贪婪政客传奇与城市宪章和州立法规一样，都对进行政治妥协与调和至关重要。 同样，布尔什维克清除革命前集体记忆的做法，给莫斯科城市法律地位造成的改变之大，也摧毁了莫斯科讲求实用的多元主义实践。 不过，尽管最终走向失败，但并不影响本书就这一时期的比较研究。

转型中的三大资本主义城市

彼得·霍尔认为，在历史长河中，创造型城市拥有许多共

---

[1] Garry Wills, "Chicago Underground," *New York Review of Books*, October 21, 1993, p. 22.

性[1]。 城市规模具有重要意义，因为当城市规模大到一定程度时，能够催生复杂性和多元化。 生活条件一般非常恶劣。 高度创造性的城市通常向"新型、未知组织方式"转型[2]。 财富溢出吸引着"来自世界各个角落"的人前往[3]。 霍尔还表示："可以说，如果不是持续流入具有创造力的新血液，没有哪个城市能够一直具有创造性。"[4]

霍尔在其巨著《文明中的城市》中阐述了数十个诸如此类的城市，这些特征芝加哥、莫斯科、大阪也具备。 它们正是霍尔所说的，开启创新和文明之门、非等级化的开放型城镇。 这些城市粗糙、社会碎片化、空间上受影响，其中生活的大量居民没理由相互喜欢，但不得不找到共存共生的方式，从而为培养讲求实用的多元主义提供了土壤。

芝加哥地产所有者能够成功运用政府机制和政策来保护其巨额投资。 可能讽刺的是，这一成功正是源于长达半世纪之久的社会、经济和政治碎片化。 随着众多阶层和族群金字塔取代更为单一的社会体系，芝加哥土地所有者学会了联合政治。 他们通过放弃并不重要的权利，保护住管理地产的重要权利。

不断变化的多极化政治游戏创造了令人惊奇的联盟，这在70 年芝加哥交通之争中可见一斑。 贵族改革家加入了民族政治机器，工会大佬寻求企业支持者，中产阶级社会和相邻社会群体

---

[1] Peter Hall, *Cities in Civilization* (New York: Pantheon, 1988), pp. 282 - 287.

[2] 出处同前，p. 284。

[3] 出处同前，p. 285。

[4] 出处同前。

努力寻求平衡，"南区"与"北区"展开合作，爱尔兰人、德国人、波兰人、犹太人互相开始合作。

芝加哥风云万变，没有任何单一群体能够主宰得了，20 世纪早期芝加哥城市宪章失败就是个例子。 多年来政治结构和实践不断演变，为所有人拓宽了机遇，从而使得芝加哥高度碎片化现象相对温和。 而且，这保证卡特·哈里森等芝加哥最成功的政治家必须熟谙妥协政治艺术。 当然，地方经济和国家经济繁荣也起到了推动作用，经济基础不断扩大似乎为改善每个人的生活提供了无穷无尽的机遇。 正如埃丝特·福克斯指出，一旦根本性的问题不是从日益增长的经济蛋糕中分配，而是分得变少，那么美国城市政治的冲突会明显增多[1]。

与美国经济欣欣向荣不同，帝制俄国陷入经济崩溃。 沙皇尼古拉二世的部长们很少觉得有必要和各种新兴社会势力达成和解。 国家政治机制拒绝扩大政治参与。 狡猾的官僚和帝国法令破坏为确立起 1905 年革命后实施的更加多元化机制而采取的折中政策[2]。 讲求实用的多元主义走向失败。

随着莫斯科城市经济和人口日益多元化，地方政治生活令人惊奇地变得具有包容性。 尼古拉·阿列克谢夫等成功的商人市长通过拓展城市服务，有效地扩大了地方当局的管理权限。 慈善家和城市领袖争先恐后建立教育、医疗和社会组织，帮助吸纳

---

[1] Ester R. Fuchs, *Mayors and Money: Fiscal Policy in New York and Chicago* (Chicago：University of Chicago Press，1992).

[2] 关于专制制度受到削弱的更多讨论，参见 Abraham Ascher, *The Revolution of 1905*, vol. 2；*Authority Restored* (Stanford：Stanford University Press，1992)。

城市新工人。 地方政治风俗和习惯反映了莫斯科波涛汹涌的经济生活。

　　帝国政府及其位于莫斯科的官员或代理，与莫斯科保守派一道破坏许多新兴机制和惯例。 在充满政治对峙的这一时期，莫斯科改革派商人和土地所有者越来越难以在左派或右派找到同盟。 随着权力追逐者寻求垄断权力，多元化政治走向失败。 对19和20世纪之交莫斯科活力作出巨大贡献的群体，随着俄国步入苏维埃时期而走向消亡。

　　在19世纪末，大阪进行了一段温和改革时期。 从1890年到1914年，整个日本的生产和实际收入翻了一倍，国家经济发展对大阪政治产生助益[1]。 关一等大阪最成功的政治家都支持妥协、践行政治包容化。 他们取得了巨大成就，有时形成实际产出，比如大阪大型港口开发项目。

　　当社会治理出现失败时，诸如1918年稻米骚乱，事实证明是源于没能与大阪许多商业领袖合作，去共同改善工业化带来的大量问题。 多元主义在大阪最终失败，与在莫斯科失败后走向不一样，大阪走向了对内右翼独裁和对外军国主义扩张。 在国家层面，以利益多元化为基础的政治行为机制和准则没能站住脚跟，也破坏了大阪以实用主义为基础的多元主义地方政治文化。

　　因此，芝加哥、莫斯科和大阪狂风骤雨般的政治生活表明，在社会、经济和政治剧烈转型时期，实用主义地方领袖可以在市

---

[1] Thomas R. H. Havens, *Farm and Nation in Modern Japan: Agrarian Nationalism, 1870 - 1940* (Princeton：Princeton University Press, 1974), p. 87.

民和更具破坏性的变革力量间起到关键的缓冲作用。　务实的政治家针对具体问题，践行包容性艺术、打造合作关系，能够缓解先前稳固的社会、政治、经济和文化体系变得碎片化而产生的紧张局势。　但是，要做到这一点，地方政治家除了追求个人利益和政治所得，还必须寻求城市和地区利益。　地方政治机器如要"增加价值"，保护地方免受经济不确定性、资源短缺和结构性变化带来的极端恶果，要做的就不仅仅是搜刮他人财富。

借用 20 世纪末巴塞罗那市长霍安·克洛斯·马修的观点，城市扎根于复杂多样之中，而这种复杂多样正是成千上万种人际关系的产物[1]。　政治家必须接受这种复杂多样性，目标不能过于宏大，因为成功转瞬即逝，金融资源并非无穷无尽。　从中长期而言，不同群体间建立起的同盟是城市管理者能够运用的少数基本工具。　克洛斯和传奇般的前任帕斯夸尔·马拉加尔及其同僚在巴塞罗那管理上，正是从实用主义出发、以过程为导向，证明了他们是 20 世纪最有效的城市管理者[2]。　他们的成功给予我们的启示，超越了时间和地点，对于 19 世纪晚期爆炸式增

---

[1] 1997 年 10 月 11 日，在巴塞罗那的巴塞罗那当代文化中心举行的真实及构想中城市大会上，霍安·克洛斯·马修发表了题为"巴塞罗那城市成功样板"的演讲。　修订版演讲稿得到发表：Joan Clos, "Barcelona: patrimoni, creacio, qualitat," in Pep Subiros, ed., *Debat de Barcelona* (*III*)*: Ciutat real*, *ciutat ideal* (Barcelona: Centre de Cultura Contemporania de Barcelona, 1998), pp. 113 – 116。

[2] 关于 20 世纪 80 年代和 90 年代巴塞罗那城市成功的评论，参见 Joan-Eugeni Sanchez, "Barcelona: The Olympic City," in Chris Jensen-Butler, Arie Shachar, and Janvan Weesep, eds., *European Cities in Competition* (Brookfield, Vt.: Avebury, 1997), pp. 179 – 208。

长的工业城市来说再适合不过了。

　　莫斯科和大阪的新兴民主机制最终走向失败，以及第一次世界大战末芝加哥产生的巧取豪夺的政治机器，标志着从实用主义出发的多元主义也有限制。 就像霍尔描述的创新型城市，以整合不同群体为基础的政治也需要时刻留意。 基于实用主义的多元主义政客所提供的稳定表象，在变化多端的环境面前将被一触即破。 在社会和经济快速颠覆的时期，保有权力成为"一项极其脆弱微妙的平衡艺术"[1]。 尤其芝加哥民主党机器的权力维系——控制了 1931 年到 1979 年的市长交椅——是项卓越非凡的政治成就。

　　在社会和经济转型的艰难时期，讲求实用的多元主义成为一项尤为有力的政治策略。 尼尔·L.沃特斯关于明治维新在川崎的影响中，有句论述对芝加哥、莫斯科和大阪同样适用："经济多元化和地方有力领导在对抗明治转型中令人不快的方面，是个意想不到的有效铠甲。"[2]

　　虽然在川崎的明治政府官员是"僵化的中央集权体系下照本宣科的公职人员，"沃特斯补充道，"但是他们实际上愿意，也通常有能力根据其对地方利益的理解，相应调整负责实施的项

[1] Robert A. Slayton, "Labor and Urban Politics: District 31, Steel Workers Organizing Committee, and the Chicago Machine," *Journal of Urban History* 23, no. 1 (November 1996), pp. 29 – 65: 31.

[2] Neil L. Waters, *Japan's Local Pragmatists: The Transition from Bakumatsu to Meiji in the Kawasaki Region* (Cambridge, Mass.: Harvard University Press, 1983), p. 55.

目。"[1]结果不但没有破坏明治改革，恰恰相反。"地方领袖
有能力保护山崎地区免受早期明治行政管理和经济变革产生的一
些短期不利影响，"沃特斯认为，"这帮助解释了为何这一地区
经历了幕末到明治转型而没有出现暴力事件。"[2]

　　本书研究的三座城市中，暴力随处可见。有独裁主义倾向的
平民主义者宣扬民族特性，基于独裁主义的平民主义者，给注重
改革、讲求实用的多元主义政治造成了极为严峻的挑战。霍尔在
论述创造型城市中表示：

> 　　因为这些都是处在经济转型中的社会，也是处在社会关
> 系、价值观、世界观艰难转型中的社会。大而化之却站得
> 住脚的是，他们都被夹在令人不安、变化多端的紧张关系
> 中，一方面是保守派力量和价值观——贵族的、等级的、宗
> 教的和因循守旧，另一方面是恰恰相反的激进的价值观——
> 中产阶级的、开放的、理性的和具有怀疑精神。这些社会
> 自我充满困惑，正在逐渐失去原有确定性，但又对即将发生
> 的忧虑不已[3]。

　　一旦把莫斯科放在与其他城市相比较的背景下，莫斯科乃至
俄国并不像民族主义神话揭示的那样与众不同。

---

[1] Neil L. Waters, *Japan's Local Pragmatists: The Transition from Bakumatsu to Meiji in the Kawasaki Region* (Cambridge, Mass.: Harvard University Press, 1983), p. 81.

[2] 出处同前，p. 76。

[3] Hall, *Cities in Civilization*, p. 285.

莫斯科与俄国"不同"的本质

本书叙述的许多事情，乍看似乎证明莫斯科不同于其他北大西洋沿岸的城市。随着美国中产阶级市场日益庞大，芝加哥的管理革命应运而生。芝加哥创新先驱普尔曼、麦克科密克、菲尔德开始对大众中间市场提供商品和服务。涩泽荣一和野村等大阪创新先驱也开始迎合日本中产阶级消费。而莫斯科旧礼仪派纺织品商人却过久地停留在基本没有变化的农村农民市场。

中产阶层在芝加哥和大阪至关重要，而俄国一开始却看似"缺失"中产阶层[1]。哈雷·巴尔泽认为恰恰相反：专业人员将会构成"时至1900年俄国新兴中产阶级的主体，比工商界资产阶级在政治活动中发挥更加重要的作用"[2]。但是，"地理空间、经济部门和市场方向上的分歧很大程度上阻碍了开展共同事业"[3]。即使莫斯科也是如此，虽然基于上文原因，莫斯科可能是俄国自治程度最高的经济中心了。

克里斯汀·鲁安提出，上述论点漏掉了更重要的一点。"因为俄国专业人员好像并不符合英美模式，"她写道，"所以西方

---

[1] Kendall E. Bailes, "Reflections on Russian Professions," in Harley D. Balzer, ed., *Russia's Missing Middle Class: The Professions in Russian History* (Armonk, N. Y.: M. E. Sharpe, 1996), pp. 39 – 54: 41.

[2] Harley D. Balzer, "Conclusion: The Missing Middle Class," in Balzer, ed., *Russia's Missing Middle Class*, pp. 293 – 320: 293.

[3] 出处同前，pp. 293 – 294。

大部分学者认为俄国专业化进程是失败的。"她表示，虽然他们没有创造出西式专业职业，但是"俄国专业人员参与了激动人心的社会转型这一重要过程"[1]。本书也持类似观点。

国家环境扼杀创业，莫斯科商人又夹在岌岌可危的阶级体系中，倾向利用民族主义狂热掩盖现代资本主义的缺陷，因此，有些莫斯科商人从来没能超越其传统方式[2]。反而，他们将传统方式演变为"商业上的传统主义、政治上的保守主义、文化上的民族主义"[3]。

俄国具有不同特征，因为至少俄国似乎有着不同的专制制度[4]。俄国的新兴专业人员还保留了早期遗留下来的奉献国家的理念[5]。工人夹在城镇和农村之间，有时确确实实在工

---

[1] Christine Ruane, *Gender, Class, and the Professionalization of Russian City Teachers, 1860－1914* (Pittsburgh: University of Pittsburgh Press, 1994), p. 9.

[2] 出处同前，p. 4。论点还出自 Thomas C. Owen in *Russian Corporate Capitalism from Peter the Great to Perestroika* (Oxtord, U. K.: Oxford University Press. 1995); "Entrepreneurship and the Structure of Enterprise in Russia, 1800－1880," in Greg Guroff and F. V. Carstensen, eds., *Entrepreneurship in Imperial Russia and the Soviet Union* (Princeton: Princeton University Press, 1983), pp. 59－83。

[3] William Blackwell, "The Russian Entrepreneur in the Tsarist Period: An Overview," in Guroff and Carstensen, eds., *Entrepreneurship in Imperial Russia*, pp. 13－26: 18.

[4] Marc Raeff, *Understanding Imperial Russia: State and Society in the Old Regime*, trans. Arthur Goldhammer (New York: Columbia University Press, 1984), pp. 188, 223.

[5] Ruane, *Gender, Class*, p. 9.

厂和农场之间来回摆动[1]。 莫斯科劳动力供给乏力，导致创新不足，生产受阻，而且在一些观察家看来，这不可避免地削弱了莫斯科作为制造业中心的能力。 直到20世纪之后莫斯科城市外观几乎都保持着传统模样，这点非同寻常[2]。

与大阪的比较最有启示意义。 当然，如前文所述，大阪商人与东京帝国官员之间争执不和过于频繁。 明治和大正政府在本质上都致力于将日本打造为一个资本主义工业化强国。 天皇及其建言献策者像欧洲大国一样，推崇将日本转型为"现代化"国家的理念（虽然有时并不完全清楚具体遵循哪一种欧洲模式，或者可能变为一个什么样的"强国"）。

罗曼诺夫王朝从来没有坚定不移地以此为目标[3]。 他们

[1] 关于莫斯科工厂依赖从周边农村雇佣临时工所造成影响的有力论述，参见 Robert E. Johnson, *Peasant and Proletarian: The Working-Class of Moscow in the Late Nineteenth Century* (New Brunswick, N. J.: Rutgers University Press, 1979)。

[2] Irina V. Potkina, Moscow's Commercial Mosaic, in James L. West and Iurii A. Petrov, eds., *Merchant Moscow: Images of Russia's Vanished Bourgeoisie* (Princeton: Princeton University Press, 1998), pp. 37－44: 41.

[3] 这令俄国许多重要的创业家和实业家非常失望，他们极力倡导国家支持经济复兴。 参见 Cyril E. Black, "Russian and Soviet Entrepreneurship in a Comparative Context," in Guroff and Carstensen, eds., *Entrepreneurship in Imperial Russia*, pp. 3－11; Ruth AmEnde Roosa, "The Association of Industry and Trade, 1906－1914: An Examination of the Economic Views of Organized Industrialistsin Prerevolutionary Russia" (Ph. D. diss., Columbia University, 1967); Ruth AmEnde Roosa, "Russian Industrialists during World War I: The Internationalization of Economics and Politics," in Guroff and Carstensen, eds., *Entrepreneurship in* （转下页）

关注点不同，他们关注的是如何在不改变国内核心权力关系的情况下，维持俄国在欧洲大国游戏中的地位。 在俄国 1905 年至 1907 年的灾难性事件后，尼古拉斯二世抓住一切机会避免改革[1]。 高层信号的模棱两可，导致罗曼诺夫王朝这样的中央集权体系寸步难行。 虽然莫斯科与其他城市有着显著相似之处，但是由于帝国官员无能无为，而不是社会阶层缺失，导致了俄国与日本和美国呈现出不同特征。

未竟之事

追寻莫斯科与欧美城市的共性、俄国与西方的共性，本身并不足以从新视角阐释俄国发展。 肯定和否定俄国特殊性的案例不胜枚举。 本书试图跳出一个世纪以来对俄国情况孤立来看的视角。 本书从历史学相关角度与美国等地城市对比，以及从创新性与城市特征二者关系辩论角度来审视莫斯科。

本书的案例积累将能对城市发展历程作出清晰的定义和假设，随着时间推移，将有益于增加探讨城市在文明中地位的理论方法。 刘易斯·芒福德的经典之作《城市文化》和《历史中的

（接上页）*Imperial Russia*, pp. 159 – 187; Ruth AmEnde Roosa, *Russian Industrialists in an Era of Revolution: The Association of Industry and Trade*, *1906 – 1917*, ed. Thomas C. Owen（Armonk, N. Y.: M. E. Sharpe, 1997）。

[1] Marc Raeff, "The Bureaucratic Phenomena of Imperial Russia, 1700 – 1905," *American Historical Review* 84, no. 2（April 1979）, pp. 399 –411: 411.

城市》，以及彼得·霍尔巨著《文明中的城市》为未来研究必须努力的方向确立了高标准[1]。

此时此刻，无法比肩芒福德和霍尔的学者也贡献了案例研究，推动了通史和理论的发展。重要的是还有一点，正如大卫·哈马克在其关于纽约的著作中指出，各种分析点综合起来关乎重大决定和众多人物[2]。本书六个案例研究和四位市长分析正回应了哈马克的这一观点，即他们深刻地影响了大量芝加哥、莫斯科和大阪人民的生活。谨此希望能对城市比较研究尽绵薄之力。

虽然莫斯科在一些重要方面与19世纪末的芝加哥和大阪相似，但19和20世纪之交的俄国与欧美和日本并不相同。但有多大不同呢？莫斯科企业领导和芝加哥企业领袖相差甚远，莫斯科工人的安静顺从不同于芝加哥工人的好斗，或是正教熏陶下的斯拉夫知识分子不同于杜威工具主义实践者。但是，莫斯科并没有比芝加哥或大阪"更加落后"。至少，莫斯科的安东·契诃夫、亚历山大·高斯基、瓦西里·康定斯金、安东·鲁宾斯坦、康斯坦丁·斯坦尼斯拉夫斯基-阿列克谢夫等，可以说比同期芝加哥或大阪人对高雅文化作出了更为永恒的贡献。

---

[1] Lewis Mumford, *The Culture of Cities* (New York：Harcourt, Brace, 1938)；Lewis Mumford, *The City in History: Its Origins, Its Transformations, and Its Prospects* (NewYork：Harcourt, Brace and World, 1961)；Hall, *Cities in Civilization*.

[2] David C. Hammack, *Power and Society: Greater New York at the Turn of the Century* (New York：Russell Sage Foundation, 1982), p. 22.

莫斯科在文化艺术领域的成就并非偶然[1]。 恰恰相反，他们是莫斯科重商主义、社会动乱、政治动荡和转型中资本主义的直接产物。 莫斯科文化成就扎根的土壤，同样也是莫斯科采取从实用主义出发的多元主义方式来处理社会分歧的沃土。 所获成就是人才与城市对抗的直接结果，斯坦尼斯拉夫斯基-阿列克谢夫在其著名回忆录《我的艺术生涯》中自豪地表示："我的一生都受到命运眷顾。 有幸遇到一些人，身处有利的社会环境。首先，我出生时正值艺术、科学和美学领域活力迸发。 在莫斯科，这是因为有大量不仅热衷商业还热衷艺术的年轻商人。"[2]

埃里斯·基默林·维特施夫特说的没错，总的来说，俄国尤其是莫斯科与全球大部分地区相比异常活跃。 尽管说，或者可能正是因为缺少宪法赋予的地方自治，国家广泛参与工业发展，使城市发展停滞不前，关于地方资本主义发展不足的新闻报道和学术研究汗牛充栋[3]。 19 和 20 世纪之交莫斯科人民的现状、心理状态和精神状态最终证明是 20 世纪成百上千万人的共性。莫斯科完全可以说是与芝加哥、大阪一样，是座 20 世纪城市先驱。

---

[1] 事实上，亚伦·约瑟夫·科恩认为，艺术领域自成一个新兴公民社会。 参见 Aaron Joseph Cohen, "Making Modern Art National: Mass Mobilization, Public Culture, and Art in Russia during the First World War" (Ph. D. diss., Johns Hopkins University, 1998)。

[2] Konstantin Stanislavskii [- Alekseev], *My Life in Art* (Moscow: Foreign Languages, 1958), p. 36.

[3] Elise Kimerling Wirtschafter, *Social Identity in Imperial Russia* (DeKalb: Northern Illinois University Press, 1997), p. 75.

回归未来

1900 年的未来学家不容易预测芝加哥、莫斯科、大阪 20 世纪的各种命运。 事实上，发生的许多事情远远超出了一个世纪前人类的想象。 第一次世界大战之后，这三座第二大都市走上了不同的发展轨迹。

当然，这三座城市人口都有增长：到了 20 世纪 90 年代，芝加哥大都市人口超过了 800 万，莫斯科接近 900 万，大阪 1 000 万。 这三座城市在当时不仅是经济重镇，每年创造的财富几乎比一些国家还多，而且都还是重要的国际交通中心。 但是，芝加哥和大阪在国内地位已经不如一个世纪以前那么重要。 而莫斯科成了国际一流城市，上千英里以西至柏林、数千英里以东至北京都没有城市足以匹敌。

在随后几十年间，这三座城市在 19 和 20 世纪之交时的建筑环境都受到了重创。 芝加哥环线记录了城市英雄时代建造的许多革命性的摩天大楼。 随着密歇根大道恢复活力，高端零售随之北上，城市也沿着州际高速公路向草原深处拓展。 普尔曼工厂和围场曾在 19 世纪末城市生活中占据突出位置，现早已关闭，在城市南侧留下巨大伤痕。

红军在莫斯科不远处挡住了希特勒德国军队，使莫斯科避免了毁于第二次世界大战战火。 苏联时期自上而下的计划将莫斯科这座商业古城变成了一座极权主义帝国首都，只有零星少数莫斯科商人存活下来。 斯皮里多诺夫卡、马来亚·布罗尼亚和波斯尼亚·尼基斯卡亚等人的府邸现在成了外国使馆驻地。 在 19

和 20 世纪之交的莫斯科，木制住宅占据重要部分，如今只是城市老人的遥远记忆，在 20 世纪六七十年代被低层预制公寓楼所取代。

在大阪，除了中之岛上或附近少数著名公共建筑，如日本银行、府立图书馆、中央公会堂和帝国造币厂，古老的大阪已经毁于美国炸弹和贪婪的房地产开发。 如今的大阪宛如混凝土森林，品味不敢恭维。

人口增长以及一个世纪以来城市开发改变了城市样貌，对 19 世纪的人来说不难理解。 而芝加哥、莫斯科、大阪复杂的社会经济转型，就不是意料之中了。 1920 年后，这三座城市变得与各自过去迥然不同，芝加哥和大阪之间依然比较相像，而莫斯科则转为另一种城市形态。

芝加哥与 1900 年相比有三大根本不同。 在人口方面，数十万非裔美国人沿着铁路线北上来到这里，使种族成为芝加哥生活中一个基本要素。 当然，族群和宗教问题也依然突出。 但是，种族分歧将之前所有族群差异都融为一个白色世界，与芝加哥非裔美国人世界常形成对立。 在政治方面，如前文展现的许多小型政治机器（政党）之间的分歧和竞争让步给了半个世纪以来一个大型政治机器的崛起。 就像种族问题，政治机器使分歧严重的城市陷入一系列严酷选择——白对黑、机器政治对改革、郊区对中心城市。

在经济方面，到了 20 世纪 20 年代，芝加哥已不再是受到未来眷顾之地。 阳光地带取代了中西部，成为北美新的经济动力中心。 失去经济地位后，直到 20 世纪 80 年代，芝加哥在人口规模上正式降为"第三大城市"（败给洛杉矶）。 芝加哥经济基础早就相对停滞不前，如今由于经济全球化导致的后工业化转型又面临诸多困境。 电车线路之争和电车本身一样都被遗忘，城市宪章改革在华盛顿中央官僚和国际银行家主宰的这个世界中似乎是个有点古怪的斗争。 在 20 世纪和 21 世纪之交，芝加哥政治生活关注的议题与 19 世纪和 20 世纪之交有着根本不同。

大阪同样面临经济全球化及后工业化带来的困境。 依赖廉价劳动力的纺织业等产业只停留在记忆之中。 大阪在第二次世界大战中几乎彻底被摧毁，战后进行了重建，经过 25 年的建设于 1970 年举办了大阪世界博览会。 战争留下的创伤并非肉眼直接可见，而是更为深层次影响。 大阪港口一直定位为服务日本的亚洲帝国，1945 年后则失去了这片市场。 大阪城内有些区域在全国处境最为岌岌可危。 战后大阪重工业竞争力下降，大阪领导人面临着如同芝加哥、曼彻斯特、马赛一样的大量棘手的社会经济难题。

战后日本变得越来越中央集权化，使大阪面临着更为严峻的问题。 东京日益巩固政治和经济权力，取走了大阪一些有象征意义的企业总部及急需的金融资本。 到了 20 世纪 90 年代，靠近东京的横滨已经超越大阪，成为日本第二大都市。 正如芝加哥一样，大阪不再是未来眷顾之地。

20 世纪莫斯科的历史比芝加哥和大阪都更加神秘莫测。 莫斯科东部面临的许多问题，正是后工业化转型带来的重工业衰退及所有相关社会问题。 但是，莫斯科主线是一个帝国政治统治的故事。

1918 年，列宁将政权从圣彼得堡转移到莫斯科，原本只是迫于国内战争的一个权宜之计。 事实证明没有什么比这个原以为的临时行动更为永久的了。　莫斯科继续作为苏维埃政权中心，随着布尔什维克势力扩大而增长。　莫斯科成为一个几乎触及所有大陆的意识形态帝国的总部和指挥中心；见证了前所未有的庞大军事力量和监狱规模；变成了展示苏联社会主义所有好的一面的场所。　社会主义及首都地位这两点改变了莫斯科，创造了一种绝对权力的新文化（即资本主义还是社会主义），使得几年前尚存的妥协政治没有了丝毫空间[1]。　莫斯科成为覆盖 12 个时区广大地域的最重要城市，而芝加哥和大阪从第二大都市滑落为第三大城市。　从布拉格到平壤，都看向莫斯科时间。　1900 年没有哪个预言家能够预见这点。

　　苏维埃联盟的解体，几乎没有削弱莫斯科在欧亚大陆中部平原的主宰地位。　在经济上而言，莫斯科如今比十年前与欧亚中部其他地区的差异更大。　当代莫斯科拼命努力要登上全球城市链的最顶端。　如今的莫斯科是个城市帝国主义者，远远超出了 19 世纪 90 年代莫斯科人的想象。

　　尽管出现上述变化，但当代莫斯科与芝加哥或大阪相比，政治事务与百年前更为相似。　与其说苏维埃政权摧毁了 20 世纪初的世界，不如说是冻结了。　如今随着解冻，众多"恐龙蛋"开始孵化。　如今莫斯科人对不公平、慈善、教育等议题展开激烈辩论，如同前文所述的先驱一样。　莫斯科如今面临的根本问题和一个世纪前并无变化：　俄国如何在不违背过去传统、风俗、

―――――――

[1] 关于这一变化的更多讨论，参见 Blair A. Ruble, "Failures of Centralized Metropolitanism: Inter-war Moscow and New York," *Planning Perspectives* 9, no. 4 (1994), pp. 353 – 376; Timothy J. Colton, *Moscow: Governing the Socialist Metropolis* (Cambridge, Mass.: Harvard University Press, 1995)。

习惯的同时，玩转西方游戏来保持大国地位？ 莫斯科人正追溯历史寻求答案，希望能从过去发现未来。 本书探讨的事件和议题与当今莫斯科生活息息相关。 与芝加哥和大阪不同的是，莫斯科依旧能以史为鉴，展望未来。

伍德罗·威尔逊国际学者中心系列丛书

Michael J. Lacey, editor, *Religion and Twentieth-Century American Intellectual Life*

Michael J. Lacey, editor, *The Truman Presidency*

Joseph Kruzel and Michael H. Haltzel, editors, *Between the Blocs: problems and Prospects for Europe's Neutral and Nonaligned States*

William C. Brumfield, editor, *Reshaping Russian Arcbitecture: Western Technology, Utopian Dreams*

Mark N. Katz, editor, *The USSR and Marxist Revolutions in the Third World*

Mary O. Furner and Barry Supple, editors, *The State and Economic Knowledge: The American and British Experiences*

Michael J. Lacey and Knud Haakonssen, editors, *A Culture of Rights: The Bill of Rights in Philosophy, Politics, and Law – 1791 and 1991*

Robert J. Donovan and Ray Scherer, *Unsilent Revolution: Television News and American Public Life, 1948 – 1991*

William Craft Brumfield and Blair A. Ruble, editors, *Russian Housing in the Modern Age: Design and Social History*

Nelson Lichtenstein and Howell John Harris, editors, *Industrial Democracy in America: The Ambiguous Promise*

Michael J. Lacey and Mary O. Furner, editors, *The State and Social Investigation in Britain and the United States*

Hugh Ragsdale, editor, *Imperial Russian Foreign Policy*

Dermot Keogh and Michael H. Haltzel, editors, *Northern Ireland and the Politics of Reconciliation*

Joseph Klaits and Michael H. Haltzel, editors, *The Global Ramifications of the French Revolution*

René Lemarchand, *Burundi: Ethnic Conflict and Genocide*

James R. Millar and Sharon L. Wolchik, editors, *The Social Legacy of Communism*

James M. Morris, editor, *On Mozart*

Blair A. Ruble, *Money Sings: The Changing Politics of Urban Space in Post-Soviet Yaroslavl*

Theodore Taranovski, editor, *Reform in Modern Russian History: Progress or Cycle?*

Deborah S. Davis, Richard Kraus, Barry Naughton, Elizabeth J. Perry, editors, *Urban Spaces in Contemporary China: The Potential for Autonomy and Community in Post-Mao China*

William M. Shea and Peter A. Huff, editors, *Knowledge and Belief in America: Enlightenment Traditions and Modern Religious Thought*

W. Elliott Brownlee, editor, *Funding the American State, 1941 –*

1995: The Rise and Fall of the Era of Easy Finance

W. Elliott Brownlee, *Federal Taxation in America: A Short History*

R. H. Taylor, editor, *The Politics of Elections in Southeast Asia*

Sumit Ganguly, *The Crisis in Kashmir: Portents of War, Hopes of Peace*

James W. Muller, editor, *Churchill as Peacemaker*

Donald R. Kelley and David Harris Sacks, editors, *The Historical Imagination in Early Modern Britain: History, Rhetoric, and Fiction, 1500 – 1800*

Richard Wightman Fox and Robert B. Westbrook, editors, *In Face of the Facts: Moral Inquiry in America Scholarship*

Morton Keller and R. Shep Melnick, editors, *Taking Stock: American Government in the Twentieth Century*

Richard Grassby, *Kinship and Capitalism: Marriage, Family, and Business in the English-Speaking World, 1580 – 1720*

Charles E. Butterworth and I. William Zartman, editors, *Between the State and Islam*